에듀윌과 함께 시작하면,
당신도 합격할 수 있습니다!

막막하고 불안한 마음을
기본서 40회독으로 극복해 합격한 취준생

취업 후 경비원 관리직 승진을 위해 도전하여
첫 시험에 합격한 20대 경비원

정년을 앞두고 제2의 인생을 위해 공부하여
7개월 만에 동차 합격한 직장인

누구나 합격할 수 있습니다.
해내겠다는 '다짐' 하나면 충분합니다.

마지막 페이지를 덮으면,

**에듀윌과 함께
경비지도사 합격이 시작됩니다.**

경비지도사 1위

만점합격자 5인 배출
합격 후기로 검증된 교재

전○준 에듀윌 경비지도사 합격자(現 전역군인)

2차 시험 만점으로 인생 2막의 시작!

처음 혼자 학습할 때는 많은 어려움이 있었으나, 에듀윌과 학습한 이후에는 교수님들께서 공부 방향성과 핵심 포인트를 찍어주셔서 요점을 확실하게 정리할 수 있었습니다. 특히, 어상일 교수님께서 행정형벌과 과태료를 혼합한 문제가 반드시 나올 거라고 예상하셨는데 실제로 출제되었고, 이근명 교수님께서 "기본에 충실하면 어떠한 문제가 나오더라도 해결할 수 있다."라고 하셨던 말씀이 시험 중 떠올라 생소한 문제도 두려움 없이 해결하여 만점의 영광을 얻을 수 있었습니다.

김○환 에듀윌 경비지도사 합격자(現 대학공무원)

직장생활과 육아를 병행하며 2차 시험 만점!

직장생활과 육아를 하며 또 부상에 시달리며 포기해야 하나 고민했지만, 에듀윌 커리큘럼을 끝까지 믿어보았습니다. 강의는 세 번은 무조건 들어야 한다고 생각했습니다. 두 번째까지는 다 아는 내용 같아 또 들을 필요 없을 것 같았지만, 세 번째 듣는 강의에서 같은 내용을 심층적으로 이해하고 다른 파트와 연계하여 흐름을 정리할 수 있게 되었습니다. 기본서 위주로 이해와 암기를 병행하여 실수 없이 만점을 받을 수 있었다고 생각합니다.

유○빈 에듀윌 경비지도사 합격자(現 대학생)

2차 시험 만점으로 경찰의 꿈에 한 걸음 더!

에듀윌의 커리큘럼은 이론부터 기출, 실전 모의고사, 고득점, 개정법령 특강까지 준비되어 있어서 기본부터 심화까지 흐름을 잡을 수 있었습니다. 특히 고득점 특강 자료는 꽤 많은 분량이었는데, 헷갈리는 부분이 정리되어 있어 공부하는 데 가장 큰 도움이 되었습니다. 시험 전에는 개정법령 특강으로 개정된 법을 숙지하고, 온라인 모의고사 응시로 시험 전 점수를 예측할 수 있어 좋았습니다. 이렇게 시험 직전까지 수험생들을 챙겨주는 에듀윌 덕분에 합격할 수 있었습니다.

다음 합격의 주인공은 당신입니다!

더 많은 합격스토리

* 2021년 제23회 경비지도사 2차 시험 만점합격자 5인 배출

에듀윌 경비지도사

회원 가입 시
100% 무료 혜택 제공

가입 즉시, 경비지도사 공부에 필요한 모든 걸 드립니다!

무료 혜택 1	무료 혜택 2	무료 혜택 3	무료 혜택 4	무료 혜택 5
경비지도사 합격필독서	경비지도사 초보수험가이드	전과목 이론강의 0원	최신 기출문제 &해설특강	온라인 모의고사
	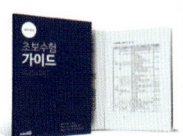			
합격에 꼭 필요한 내용만 담은 합격필독서 *PDF로 제공함	최신 정보&합격 비법 수험가이드 *PDF로 제공함	1, 2차 전과목 기본 이론 강의 무료수강 (3일) *신규가입 회원에 한함	전문 교수진의 꼭 필요한 기출문제 핵심 무료 특강	확실한 실력 체크 무료 온라인 모의고사 *별도 모의고사 신청페이지 오픈 시 확인 가능

더 많은
무료 혜택

* 본 혜택의 경로와 내용은 예고 없이 변경되거나 대체될 수 있습니다.

eduwill

| 회독 플래너 활용 TIP |

1. 이론 학습 후 회독표에 학습한 날짜를 기록하세요!
2. 〈3회독 워크북〉을 통해 취약한 절을 파악하고, 〈회독 플래너〉를 통해 반복 학습해 보세요.

챕터	절	1회독	2회독	3회독
CH 01 민간경비 개설	01 민간경비와 공경비의 개념	__월 __일 □	__월 __일 □	__월 __일 □
	02 민간경비와 공경비의 제 관계	__월 __일 □	__월 __일 □	__월 __일 □
	03 민간경비의 이론적 배경	__월 __일 □	__월 __일 □	__월 __일 □
CH 02 세계 각국의 민간경비의 발전과정	01 각국의 민간경비의 역사적 발전	__월 __일 □	__월 __일 □	__월 __일 □
	02 각국의 민간경비의 법적 지위	__월 __일 □	__월 __일 □	__월 __일 □
CH 03 민간경비산업 현황	01 각국의 민간경비 현황	__월 __일 □	__월 __일 □	__월 __일 □
	02 국내 치안여건의 변화	__월 __일 □	__월 __일 □	__월 __일 □
	03 국내 경찰의 역할과 방범상황	__월 __일 □	__월 __일 □	__월 __일 □
CH 04 민간경비의 조직 및 업무	01 경비업무의 유형	__월 __일 □	__월 __일 □	__월 __일 □
	02 민간경비의 실시과정	__월 __일 □	__월 __일 □	__월 __일 □
	03 경비계획의 수립	__월 __일 □	__월 __일 □	__월 __일 □
	04 경비원 교육	__월 __일 □	__월 __일 □	__월 __일 □
CH 05 시설경비	01 시설경비	__월 __일 □	__월 __일 □	__월 __일 □
	02 외곽경비	__월 __일 □	__월 __일 □	__월 __일 □
	03 내부경비	__월 __일 □	__월 __일 □	__월 __일 □
	04 화재경비	__월 __일 □	__월 __일 □	__월 __일 □
CH 06 각종 민간경비활동의 유형	01 재난예방과 비상계획	__월 __일 □	__월 __일 □	__월 __일 □
	02 내부절도 및 산업스파이	__월 __일 □	__월 __일 □	__월 __일 □
	03 시설물에 따른 경비	__월 __일 □	__월 __일 □	__월 __일 □
	04 신변보호경비	__월 __일 □	__월 __일 □	__월 __일 □
	05 호송경비	__월 __일 □	__월 __일 □	__월 __일 □
	06 특수경비(중요시설경비)	__월 __일 □	__월 __일 □	__월 __일 □
	07 재난 및 안전관리	__월 __일 □	__월 __일 □	__월 __일 □
CH 07 컴퓨터 범죄 및 안전관리	01 컴퓨터 범죄 및 예방대책	__월 __일 □	__월 __일 □	__월 __일 □
	02 컴퓨터 안전관리	__월 __일 □	__월 __일 □	__월 __일 □
CH 08 민간경비산업의 과제와 전망	01 한국 민간경비업의 문제점	__월 __일 □	__월 __일 □	__월 __일 □
	02 국내 민간경비업법의 개선방안	__월 __일 □	__월 __일 □	__월 __일 □
	03 민간경비산업의 전망 등	__월 __일 □	__월 __일 □	__월 __일 □

에듀윌이
너를
지지할게

ENERGY

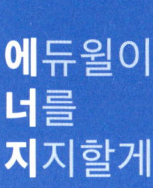

시작하라.

그 자체가 천재성이고,
힘이며, 마력이다.

– 요한 볼프강 폰 괴테(Johann Wolfgang von Goethe)

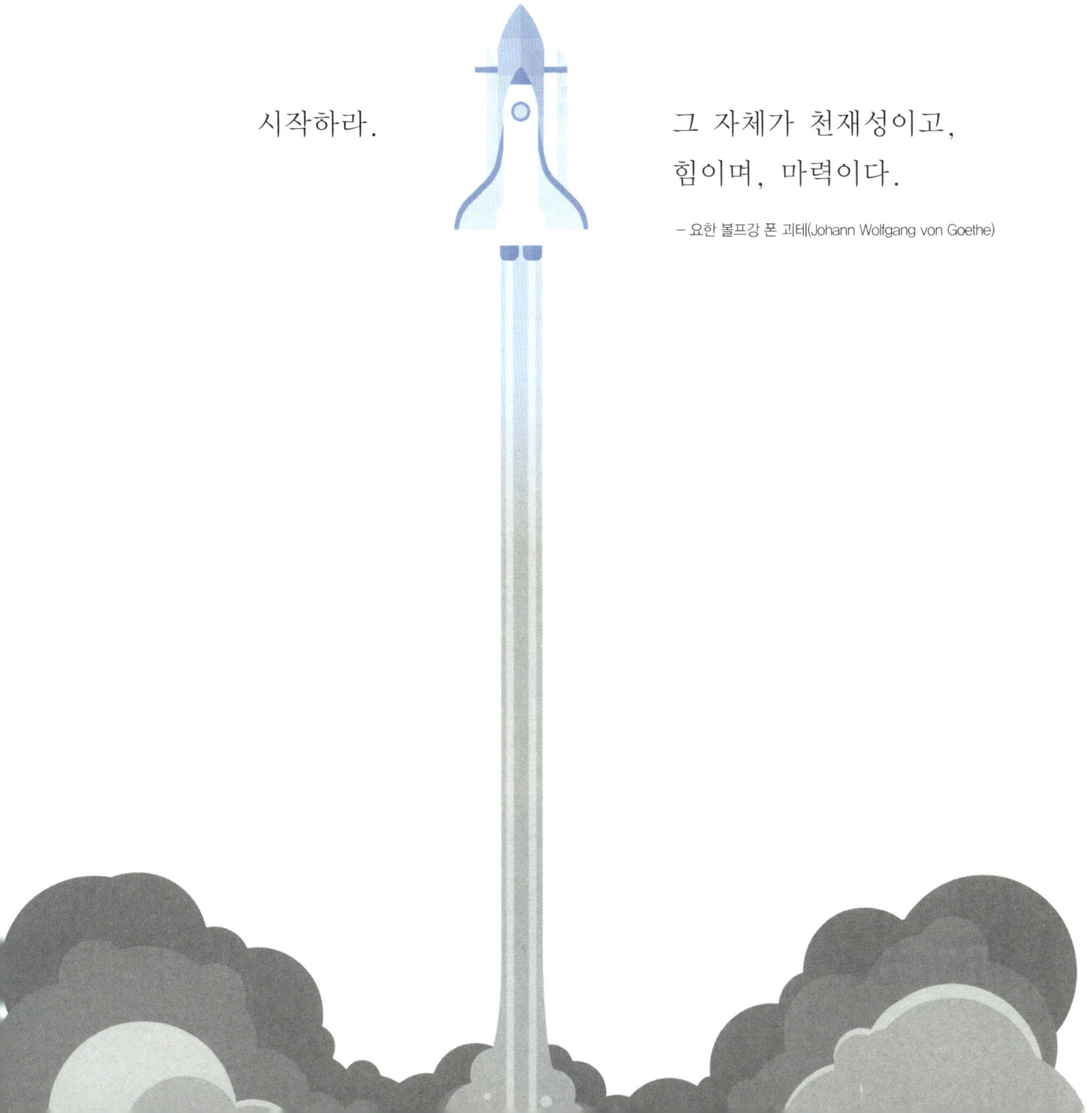

13개년 기출분석으로 보는 민간경비론

최근 13개년 챕터별 출제비중

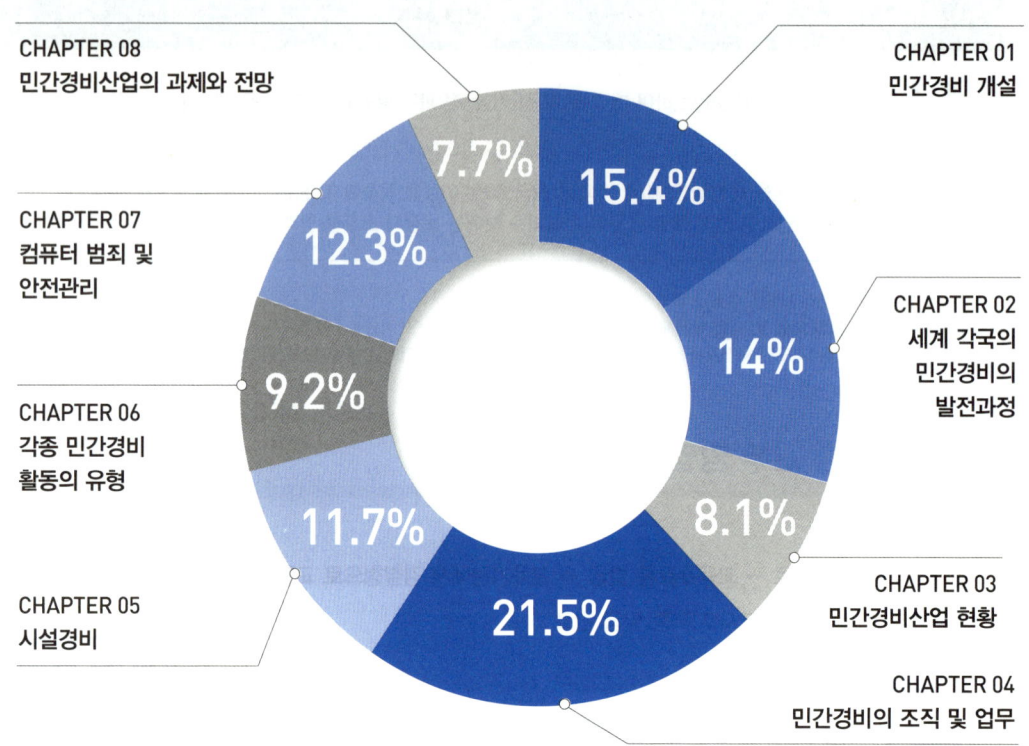

- CHAPTER 01 민간경비 개설 — 15.4%
- CHAPTER 02 세계 각국의 민간경비의 발전과정 — 14%
- CHAPTER 03 민간경비산업 현황 — 8.1%
- CHAPTER 04 민간경비의 조직 및 업무 — 21.5%
- CHAPTER 05 시설경비 — 11.7%
- CHAPTER 06 각종 민간경비 활동의 유형 — 9.2%
- CHAPTER 07 컴퓨터 범죄 및 안전관리 — 12.3%
- CHAPTER 08 민간경비산업의 과제와 전망 — 7.7%

최근 13개년 출제분석 POINT3!

👉 **다수의 문제가 출제가 되는 중요 챕터는 따로 있다**
매년 CHAPTER 01 민간경비 개설에서 약 6문제, CHAPTER 04 민간경비의 조직 및 업무에서 약 9문제, CHAPTER 02 세계 각국의 민간경비의 발전과정과 CHAPTER 07 컴퓨터 범죄 및 안전관리에서는 약 5문제씩 출제됩니다. 이 부분만 집중해도 과반수는 맞힐 수 있습니다.

👉 **기출문제를 공략해야 한다**
기존에 출제된 기출문제를 응용 또는 변형해 재출제하는 경우가 많습니다. 자주 출제되는 기출문제와 지문은 반드시 파악하고, 완벽하게 익혀야 합니다.

👉 **자주 출제되는 지문은 정해져 있다**
민간경비의 개념이나 기본 바탕을 제공하는 기초 개념에 해당하는 지문은 자주 출제되는 경향이 강합니다. 반복 학습을 통해 반드시 특화된 지식으로 삼아야 합니다.

· 제14회~제26회 기출문제 기준

최근 13개년 출제문항 수

구분	내용	14회	15회	16회	17회	18회	19회	20회	21회	22회	23회	24회	25회	26회
민간경비 개설	민간경비와 공경비의 개념	1	2	3	2	1	3	2	3	2	3	1	1	1
	민간경비와 공경비의 제 관계	2	1		1	3	1	1	1	2	2	2	1	3
	민간경비의 이론적 배경	1	2	2	4	2	4	3	2	3	3	2	3	4
세계 각국의 민간경비의 발전과정	각국의 민간경비의 역사적 발전	5	7	4	5	5	3	3	3	3	4	3	5	5
	각국의 민간경비의 법적 지위	1	2		1	3	2	1		1	1	3	2	1
민간경비 산업 현황	각국의 민간경비 현황		2		2	2		3	1	3	1	1	2	1
	국내 치안여건의 변화	1	1				1	1		2	1	1	1	1
	국내 경찰의 역할과 방범상황	1				1	2	2	1	1	2	1		3
민간경비의 조직 및 업무	경비업무의 유형	2	3	3	2	2	3	1	2	2	2	2	2	1
	민간경비의 실시과정	2	1		1	2	2	2	3	4	1	2	3	1
	경비계획의 수립	4	2	1	3	3	3	3	2	1	2	3	3	3
	경비원 교육	1	1	3	1	1	1	2	1	4	4	2	4	4
시설경비	시설경비	1	2					1						
	외곽경비	1		1	1	2	1		3	1	1	1	1	2
	내부경비	5	3	2	3	2	3	2	3	2	1	3	2	2
	화재경비	1	1	1	1	1			2				1	
각종 민간경비 활동의 유형	재난예방과 비상계획	1	1	1	2	1	1	2	1	1	2		2	2
	내부절도 및 산업스파이			1							1			
	시설물에 따른 경비	1		1	1		1							
	신변보호경비		1											
	호송경비			1						1			1	
	특수경비(중요시설경비)		2	1	1			1	1	1	1			
	재난 및 안전관리	2	1	4	1	1	1		2			1		
컴퓨터 범죄 및 안전관리	컴퓨터 범죄 및 예방대책	3	2	5	2	4	4	4	1	4	3	3	3	4
	컴퓨터 안전관리	1	3		2	1	2	1	3	1	1	3	2	2
민간경비산업의 과제와 전망	한국 민간경비업의 문제점	1		4	1	1	1	2	1				2	
	국내 민간경비법의 개선방안	1		1		1			2	2	1	1		1
	민간경비산업의 전망 등	1		1	2	1	1	1	1	2	1	2	2	1
	합계	40	40	40	40	40	40	40	40	40	40	40	40	40

지난 시험분석으로 27회 시험 미리보기

Ⅰ 제26회 시험 총평

☑ 기본 개념 + 응용력이 필요한 시험

전통적으로 높은 출제 빈도를 보였던 챕터에서 여전히 높은 빈도로 출제되었습니다. 민간경비와 공경비의 개념, 민간경비의 성장이론 중 공동화 이론, 미국·일본의 민간경비의 역사발전, 최근 민간경비의 치안환경변화, 계약경비와 자체경비의 비교와 관련된 문제 등이 이에 해당됩니다.

☑ 비교적 참신한 유형 출제

민간경비와 공경비의 구분 기준, 민간경비의 이론적 배경 중 서비스 주체의 다원화, 민간에 의한 방범활동의 유형, 컴퓨터 범죄의 특징, 컴퓨터시스템의 관리적 안전대책과 관련된 문제 등은 조금 더 참신한 문제 유형에 해당합니다.

Ⅰ 제27회 합격전략

☑ 체계 중심의 학습 지향

전체적인 체계를 파악한 후, 중요한 부분을 선별하는 과정이 선행되어야 합니다. 기본서 목차와 최근 13개년 출제분석표로 전체 맥락을 잡고, 기출문제를 통해 체계적으로 접근하는 것이 좋습니다.

> **With 에듀윌 기본서**
> 최근 13개년 출제분석표와 목차를 기준으로 흐름을 잡고, 본문의 중요도 표시를 활용해 강약을 조절하며 학습할 수 있습니다.

☑ 빈출 핵심지문 반복 암기

그간의 기출문제를 분석해보면 자주 출제되는 기출문제를 변형해 재출제하는 경향이 강합니다. 따라서 내용을 이해한 후에 빈출되는 핵심지문들을 반복 암기하는 것이 좋습니다. 이해의 영역과 암기의 영역을 체크하며 학습의 강약을 조절하세요.

> **With 에듀윌 기본서**
> 각 챕터의 시작에 수록된 학습TIP을 활용해 키워드 위주로 학습할 수 있습니다. 또한 기본서 교재의 흐름에 따라 에듀윌 강의를 듣는다면 완벽한 마무리가 가능합니다.

시험 직전까지 개정되는 법령, 어떻게 하나요?

경비지도사 시험은 시험일 기준의 법령을 근거로 문제가 출제됩니다. 따라서 시험 당해 개정된 법령과 관련된 내용은 시험에 출제될 확률이 높습니다. 본 교재는 2025.01.09.까지 개정된 법령을 담고 있습니다. 해당일 이후에 개정된 법령은 아래의 안내를 참고해 반드시 확인하세요!

개정 법령, 이렇게 확인하세요!

1 | '국가법령정보센터(law.go.kr)'를 적극 활용하세요!
국가법령정보센터 홈페이지에서는 법령의 제목만 검색하면 개정 일시와 법령의 내용을 볼 수 있습니다.

2 | '에듀윌 도서몰'에서 개정 내용을 PDF로 확인하세요!
'에듀윌 도서몰'에서는 법 개정 내용과 함께 법과 관련한 교재의 수정 내용까지 PDF로 확인할 수 있습니다.

▶ 에듀윌 도서몰 바로가기   book.eduwill.net
▶ 도서몰 활용 방법   에듀윌 도서몰 접속 > '도서자료실' 클릭 > '부가학습자료' 클릭 > '경비지도사' 검색

시험 직전 에듀윌에서 개정 법령 특강을 무료로 제공합니다! (10월 중 오픈 예정)
▶ 에듀윌 경비지도사 홈페이지 바로가기   guard.eduwill.net

1차 시험 관련 주요 법령

구분	법령	시행일	구분	법령	시행일
경비업법	경비업법	2025.01.31	사회법	고용보험법 ★	2024.05.17
	경비업법 시행령	2025.01.31		사회보장기본법 ★	2021.12.09
	경비업법 시행규칙	2025.01.31	상법	–	2025.01.31
경찰관직무집행법	–	2024.09.20	청원경찰법	–	2022.11.15
민사법	민법 ★★★	2025.01.31	행정법	국가공무원법 ★	2023.10.12
	민사소송법	2025.07.12		지방자치법	2024.05.17
사회법	근로기준법 ★★	2025.10.23		행정절차법	2023.03.24
	노동조합 및 노동관계조정법 ★	2021.07.06	헌법	헌법 ★★★	1988.02.25
	산업재해보상보험법 ★★	2025.01.01		헌법재판소법	2022.02.03
	국민연금법 ★	2024.12.30	형사법	형법 ★★	2024.02.09
	국민건강보험법 ★	2025.04.22		형사소송법 ★★★	2025.01.17

한권으로 끝내는 민간경비론 커리큘럼

STEP 1 CHAPTER별 학습TIP 및 출제비중으로 학습방향 설정

CHAPTER 01 민간경비 개설

최근 13개년 출제비중 **15.4%**

- 제1절 민간경비와 공경비의 개념
- 제2절 민간경비와 공경비의 제 관계
- 제3절 민간경비의 이론적 배경

학습 TIP
- 민간경비의 개념과 공경비의 개념을 확실하게 정립하고, 민간경비와 공경비의 차이점과 공통점을 파악해야 한다.
- 민간경비의 성장배경에 관한 이론의 핵심주장과 근거를 숙지해야 한다.

POINT | CHAPTER 내 절별 출제비중
- 01 민간경비와 공경비의 개념 — 31%
- 02 민간경비와 공경비의 제 관계 — 25%
- 03 민간경비의 이론적 배경 — 44%

13개년 기출데이터 기반의 학습TIP 제시, 절별 출제비중 산정

- 각 CHAPTER 학습 전, CHAPTER별 학습TIP과 절별 출제비중을 확인하시기 바랍니다.
- 이를 통해 어떤 부분을 더 강조해 학습할지 학습방향을 설정하시기 바랍니다.

＋ 최신 8개년 기출문제 해설특강

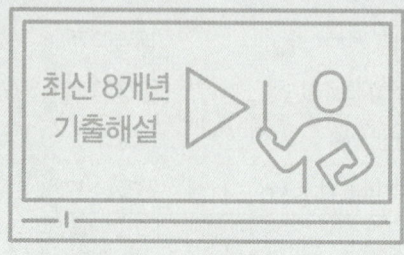

공부는 언제나 기출이 기본!
최고의 예상문제인 기출문제 해설특강으로
최신 출제경향을 완벽하게 파악할 수 있습니다.

※ 에듀윌 홈페이지 회원가입 시, 무료 수강이 가능합니다.

에듀윌 book.eduwill.net ＞ 동영상 강의실 ＞ '경비지도사' 검색

| STEP 2 | 기초부터 심화까지, 회독하며 보는 완벽 이론

중요도 표시를 통한 강약조절학습
- 별의 개수에 따라 중요도를 한눈에 파악할 수 있습니다.
- 중요도가 높은 이론은 여러 번 반복하며 효율적인 학습이 가능합니다.

심화학습을 통한 보충이론학습
- 헷갈릴 수 있는 어려운 개념은 심화학습 코너에 따로 정리하였습니다.
- 한 번 더 정리하며 고난도 개념도 완벽하게 숙지할 수 있습니다.

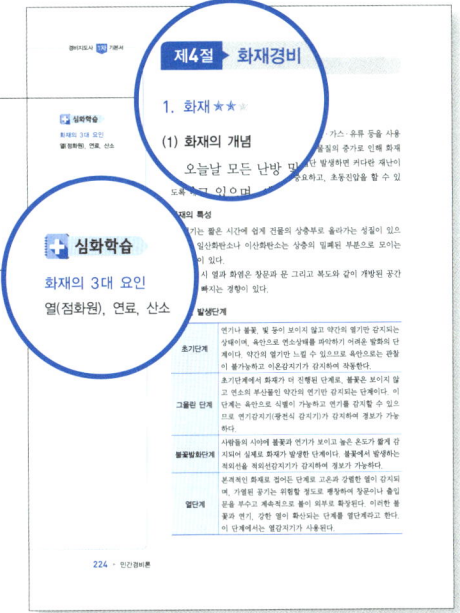

| STEP 3 | 13개년 기출의 핵심만 엄선한 출제 예상문제

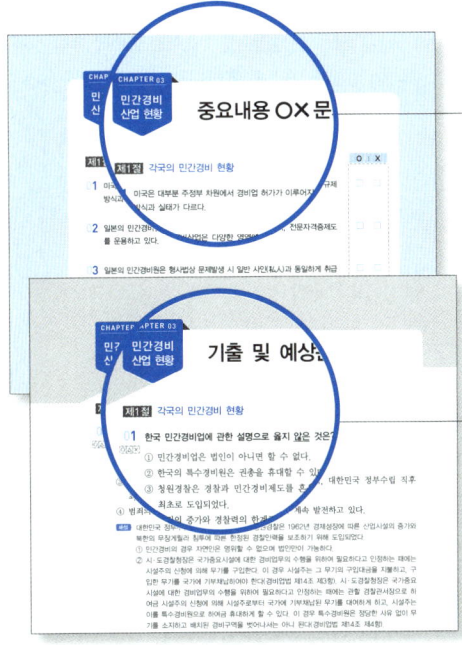

중요내용 OX 문제
중요내용 OX 문제를 통해 시험에 출제될 수 있는 보기 문항들을 미리 살펴보고 익힐 수 있습니다.

기출 및 예상문제
- 13개년 출제분석을 통해 다시 시험에 나올 기출문제만 엄선하였습니다.
- 최신 출제경향에 맞는 예상문제를 함께 수록하여 확실한 개념정리가 가능합니다.

한권으로 끝내는 민간경비론 커리큘럼

STEP 4 — 기본서의 이해를 돕는 3회독 워크북

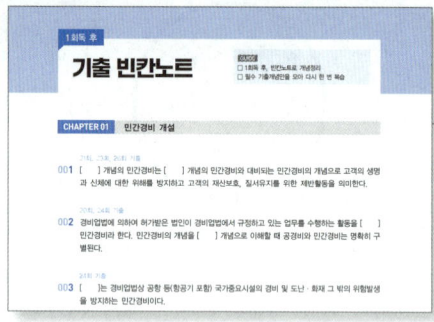

개념정리: 기출 빈칸노트

1회독 후, 필수로 알아 두어야 하는 기출개념만 주관식으로 풀어 보며 확실히 복습하세요.

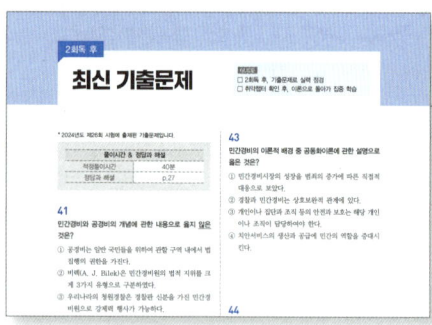

문제풀이: 최신 기출문제

2회독 후, 2024년 기출문제를 풀어 보며 실력을 점검하세요. 문제풀이로 취약챕터를 재점검해 집중적으로 학습하세요.

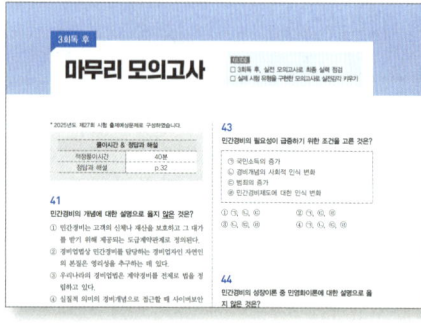

실전연습: 마무리 모의고사

3회독 후, 마무리 모의고사로 실전연습을 하세요. 출제확률 높은 문제만 모아 실전감각을 확실히 익힐 수 있습니다.

+ 회독 플래너

학습 효율을 높이는 회독 플래너

- 목표와 일정을 세울 수 있는 플래너를 함께 활용하면 더욱 효과가 좋습니다.
- 이론 학습 후 워크북을 사용하며 회독표에 학습한 날짜를 기록하세요.

만점 합격생이 소개하는 경비지도사 학습 TIP!

대학생 합격자 문**님
▶ 2017년 1차 시험 합격
▶ 2018년 2차 시험 만점 합격

수험생

합격까지 학습기간은 얼마나 되나요?

1차 시험은 평균 점수에만 도달하면 되기 때문에 한 달의 시간을 가지고 공부했고, 고난도인 2차 시험은 5개월 정도의 학습기간을 잡고 공부했습니다.

저는 경호학을 전공해서 기본 배경 지식을 갖추고 있었지만, 그렇지 않은 경우 학습 기간을 조금 더 길게 잡아도 좋을 것 같습니다.

합격생

수험생

만점자만의 학습 노하우가 있다면 무엇일까요?

가장 효과적이었던 학습방법은 책을 반복해 학습하며 암기하는 것과 기출문제를 주관식처럼 푸는 방법입니다.

❶ **먼저 기본서를 정독하세요.** 이해가 되지 않는 부분도 전체 내용의 뼈대를 세우는 과정이라 생각하며 정독하세요. 이 과정을 반복하다 보면 내용에 대한 이해도가 높아지고, 정독하는 시간이 점점 짧아집니다.

❷ **기출문제를 주관식처럼 풀어보세요.** 처음에는 기출문제의 답을 책에 표시하지 않고, 이면지 등을 활용하며 여러 번 반복해서 풀어보세요. 이 과정을 반복한 후에는 문제를 보고 주관식으로 답을 적어 보세요. 객관식과 다르게 개념을 확실히 정립할 수 있고, 반복되는 문제 풀이로 중요 포인트가 자연스럽게 정리됩니다.

합격생

수험생

합격 후, 경비지도사 자격증은 어떻게 활용하나요?

저는 자격증 취득 후에 현재는 경비지도사로 활동하고 있습니다. 반드시 경비지도사로 활동하지 않아도 취업 가산점을 받는 등 더욱 다양한 분야로 진출이 가능합니다!

합격생

차례

CHAPTER 01 민간경비 개설

제 1 절	민간경비와 공경비의 개념	18
제 2 절	민간경비와 공경비의 제 관계	22
제 3 절	민간경비의 이론적 배경	25
	■ 중요내용 OX 문제	36
	■ 기출 및 예상문제	38

CHAPTER 02 세계 각국의 민간경비의 발전과정

제 1 절	각국의 민간경비의 역사적 발전	56
제 2 절	각국의 민간경비의 법적 지위	68
	■ 중요내용 OX 문제	78
	■ 기출 및 예상문제	80

CHAPTER 03 민간경비산업 현황

제 1 절	각국의 민간경비 현황	102
제 2 절	국내 치안여건의 변화	106
제 3 절	국내 경찰의 역할과 방범상황	111
	■ 중요내용 OX 문제	118
	■ 기출 및 예상문제	120

CHAPTER 04 민간경비의 조직 및 업무

제 1 절	경비업무의 유형	132
제 2 절	민간경비의 실시과정	140
제 3 절	경비계획의 수립	146
제 4 절	경비원 교육	157
	■ 중요내용 OX 문제	170
	■ 기출 및 예상문제	174

CHAPTER 05 시설경비

제 1 절	시설경비	206
제 2 절	외곽경비	208

제 3 절	내부경비	215
제 4 절	화재경비	224
	■ 중요내용 OX 문제	231
	■ 기출 및 예상문제	234

CHAPTER 06 각종 민간경비활동의 유형

제 1 절	재난예방과 비상계획	256
제 2 절	내부절도 및 산업스파이	262
제 3 절	시설물에 따른 경비	266
제 4 절	신변보호경비	274
제 5 절	호송경비	277
제 6 절	특수경비(중요시설경비)	281
제 7 절	재난 및 안전관리	286
	■ 중요내용 OX 문제	290
	■ 기출 및 예상문제	294

CHAPTER 07 컴퓨터 범죄 및 안전관리

제 1 절	컴퓨터 범죄 및 예방대책	312
제 2 절	컴퓨터 안전관리	321
	■ 중요내용 OX 문제	330
	■ 기출 및 예상문제	332

CHAPTER 08 민간경비산업의 과제와 전망

제 1 절	한국 민간경비업의 문제점	350
제 2 절	국내 민간경비업법의 개선방안	355
제 3 절	민간경비산업의 전망 등	360
	■ 중요내용 OX 문제	365
	■ 기출 및 예상문제	368

워크북 3회독 워크북

기출 빈칸노트	2
최신 기출문제	13
마무리 모의고사	20

CHAPTER 01 민간경비 개설

- **제1절** 민간경비와 공경비의 개념
- **제2절** 민간경비와 공경비의 제 관계
- **제3절** 민간경비의 이론적 배경

최근 13개년 출제비중

15.4%

학습 TIP
- ☑ 민간경비의 개념과 공경비의 개념을 확실하게 정립하고, 민간경비와 공경비의 차이점과 공통점을 파악해야 한다.
- ☑ 민간경비의 성장배경에 관한 이론의 핵심주장과 근거를 숙지해야 한다.

POINT CHAPTER 내 절별 출제비중

- 01 민간경비와 공경비의 개념 ——— 31%
- 02 민간경비와 공경비의 제 관계 ——— 25%
- 03 민간경비의 이론적 배경 ——— 44%

CHAPTER 01 민간경비 개설

제1절 민간경비와 공경비의 개념

1. 민간경비의 개념 ★★★

(1) 민간경비의 의미

① **개념**: 민간경비의 개념은 각 나라의 시대적 · 사회적 상황에 따라 달리 정의되고 있으나, 일반적으로 공경비와 대비되는 개념으로 영리법인에 요금을 지불하는 고객 또는 자기를 고용한 개인이나 조직체에 대하여 각종 위해로부터 신체나 재산을 보호하고 그 대가를 받기 위해 제공되는 도급계약관계로 정의된다.

② **경비의 구분**: 일반적으로 경비는 민간경비와 공경비로 구분된다. 범죄의 예방, 사회질서유지, 위험방지 등의 업무에서 양자의 기능은 차이가 없고 공통점을 가지고 있으나, 공경비는 민간경비와 달리 실력행사에 있어 강제력을 수반하는 점에서 본질적인 차이를 가지고 있다.

③ **영리성 추구**: 민간경비를 담당하는 법인의 본질은 영리성을 추구하는 데 있다. 다만 공경비와 마찬가지로 범죄의 예방, 재산의 손실방지, 사회질서유지의 기능을 담당한다는 점에서 공익적 기능을 수행하고 있다.

④ **자체경비의 포함 여부**: 민간경비의 성격에 따라 개인 및 기업 등이 보호 대상을 보호하기 위해 자체적으로 경비인력을 조직화하여 운용하는 '자체경비'와 경비서비스를 전문으로 하는 외부경비업체에 계약을 체결하는 '계약경비'로 구분된다. 민간경비의 개념에 자체경비도 포함시킬 것인가의 문제가 논의되고 있지만, 서구에서는 자체경비도 민간경비의 개념에 포함시키는 경향이 있으며, 우리나라의 「경비업법」은 계약경비를 전제로 「경비업법」을 정립하고 있다.

도급

도급이란 당사자 일방(受給人)이 어느 일을 완성할 것을 약정하고 상대방(都給人)이 그 일의 결과에 대하여 보수를 지급할 것을 약정함으로써 성립하는 계약이다(민법 제664조).

(2) 실질적 의미의 경비개념과 형식적 의미의 경비개념

① **실질적 경비개념**: 고객의 생명과 신체 그리고 재산 보호 및 사회적 손실 감소와 질서유지를 위한 일체의 경비 관련 제반활동을 실질적 민간경비라고 한다. 민간경비의 개념을 실질적 경비개념으로 이해하면 실질적 개념의 민간경비와 공경비의 개념은 거의 유사한 경비개념으로 접근한다. 최근 각광받고 있는 정보보호, 사이버보안의 경비, 자율방범대 등의 활동도 실질적 의미의 민간경비 분야에 포함된다.

② **형식적 경비개념**
  ㉠ **의의**: 경비 관련 제반활동과 관계없이 실정법인「경비업법」에 의하여 허가받은 법인이「경비업법」에서 규정하고 있는 업무를 수행하는 활동을 형식적 민간경비라고 한다.
  ㉡ **공경비와 구별**: 경비개념을 형식적 개념으로 이해할 때 공경비와 민간경비는 명확히 구별된다.
  ㉢ **경비주체의 구별**: 경비의 주체를 공적 주체와 사적 주체로 명확하게 구별한다.

> **:: 보충학습** 「경비업법」상 형식적 의미의 경비(경비업법 제2조 제1호)
>
> 1. **시설경비업무**: 경비를 필요로 하는 시설 및 장소에서의 도난·화재 그 밖의 혼잡 등으로 인한 위험발생을 방지하는 업무
> 2. **호송경비업무**: 운반 중에 있는 현금·유가증권·귀금속·상품 그 밖의 물건에 대하여 도난·화재 등 위험발생을 방지하는 업무
> 3. **신변보호업무**: 사람의 생명이나 신체에 대한 위해의 발생을 방지하고 그 신변을 보호하는 업무
> 4. **기계경비업무**: 경비대상시설에 설치한 기기에 의하여 감지·송신된 정보를 그 경비대상시설 외의 장소에 설치한 관제시설의 기기로 수신하여 도난·화재 등 위험발생을 방지하는 업무
> 5. **특수경비업무**: 공항(항공기 포함) 등 대통령령(공항·항만, 원자력발전소 등의 시설 중 국가정보원장이 지정하는 국가보안목표시설과「통합방위법」제21조 제4항의 규정에 의하여 국방부장관이 지정하는 국가중요시설)이 정하는 국가중요시설의 경비 및 도난·화재 그 밖의 위험발생을 방지하는 업무
> 6. **혼잡·교통유도경비업무**: 도로에 접속한 공사현장 및 사람과 차량의 통행에 위험이 있는 장소 또는 도로를 점유하는 행사장 등에서 교통사고나 그 밖의 혼잡 등으로 인한 위험발생을 방지하는 업무

(3) 광의의 경비개념과 협의의 경비개념

① **광의의 민간경비**: 방범(防犯), 방재(防災), 방화(防火) 등을 모두 포함한 포괄적 경비활동을 광의의 민간경비라고 한다. 경비개념에서

공공기관에 의한 공경비활동을 제외한 모든 경비활동을 광의의 개념으로 파악하기도 한다. 민간경비의 개념을 광의로 접근할 때, 공경비와 민간경비는 본질적인 차이가 없다.
② 협의의 민간경비: 민간이 주체가 되는 모든 경비활동을 민간경비의 개념으로 파악하는 것이다.
③ 최협의의 민간경비: 고객의 생명과 신체, 재산을 보호하고 질서를 유지하기 위한 범죄예방활동을 민간경비의 개념으로 파악하는 것이다.

(4) 영미법계의 경비개념과 대륙법계의 경비개념

① 영미법계의 경비개념
  ㉠ 개념: 영미법계 국가는 민간경비업무를 실질적 개념으로 이해하여 국민의 생명과 재산보호, 사회질서유지 등의 주체인 경찰의 경비활동과 대등하게 인식하며, 대륙법계 국가의 민간경비원보다 폭넓은 권한을 행사하고 있다.
  ㉡ 집행권한의 차이: 민간경비의 업무범위가 경찰과 유사하나 집행 권한의 차이가 있다.

> **영미법계**
> 어떤 사건과 내용이 같은 사건이 일어나면 이전 사건의 판결 결과를 그대로 적용하는 판례법 형식의 법체계를 갖추고 있다. 영국과 미국이 이를 취한다.

② 대륙법계의 경비개념
  ㉠ 개념: 대륙법계 국가에서는 전통적으로 국가권력의 우위를 인정하여, 국가행정의 수행이나 국가체제의 유지 등을 경찰의 중요한 경비개념으로 이해하여 왔다.
  ㉠ 역할의 한정: 민간경비는 경찰의 지도·감독하에 관련 법규에 따른 최소한의 역할에 한정하고, 범죄예방에서의 사전적 측면에서만 제한적으로 인정하고 있다.

> **대륙법계**
> 법을 미리 만들어 놓고 사건이 발생하면 그 사건에 미리 만들어 둔 법을 적용하는 형식으로, 프랑스·독일이 이를 취한다.

③ 양자의 비교

구분	영미법계	대륙법계
경비주체	경찰뿐만 아니라 민간경비의 경비업무 주체성을 인정한다.	경비업무를 경찰의 고유업무로 파악한다.
국가체제	지방자치적	중앙집권적
임무	민간경비를 실질적인 개념으로 이해하여 경찰과 함께 국민의 생명과 신체를 보호하고 사회질서를 유지하는 주체로 인식하고 있다.	민간경비는 경찰의 지도·감독하에서 범죄의 사전적·예방적 기능만을 제한적으로 담당하고 있다.
경찰체제	자치경찰	국가경찰

> **보충학습** 지방자치와 중앙집권
>
> 1. **지방자치**: 일정 지역에 거주하는 주민이 지역단체를 구성해 지역공동사회의 정치와 행정을 그들의 의사와 책임 아래 처리하는 것을 말한다.
> 2. **중앙집권**: 조직화된 사회집단에서 결정권이 중앙정부에 집중되는 것을 말한다.

핵심 기출문제

01 민간경비의 개념에 관한 설명으로 옳지 <u>않은</u> 것은? • 제24회 기출

① 형식적 개념은 공경비와 민간경비가 명확히 구분된다.
② 실질적 개념은 자율방범대 및 개인적 차원의 범죄예방 활동도 포함한다.
③ 협의의 개념은 주요 기능으로 방범·방재·방화를 들고 있다.
④ 광의의 개념에서 공경비와 민간경비는 본질적 차이가 없다고 본다.

해설 방범·방재·방화 등을 포함하는 경비개념은 광의의 민간경비개념이다.
① 형식적 경비개념은 「경비업법」에 의하여 허가받은 경비법인이 「경비업법」에 규정하고 있는 업무를 수행하는 것을 의미한다. 경비개념을 형식적 경비개념으로 이해할 때 공경비와 민간경비는 명확하게 구별된다.
② 고객의 생명과 신체 그리고 재산 보호의 제반활동을 실질적 민간경비라 한다. 자율방범대 및 개인적 차원의 범죄예방 활동도 재산 보호의 제반활동에 해당하여 실질적 민간경비 개념에 포함된다.
④ 민간경비 개념을 광의의 민간경비 개념으로 이해할 때, 경찰이 행하는 공경비 활동과 민간경비 활동에 본질적 차이가 없어진다.

정답 ③

2. 공경비의 개념 ★★

(1) 의의

① 공경비는 국가공권력을 집행하는 국가기관이 행하는 경비이다. 검찰, 경찰, 교정기관, 소방서와 같은 기관이 공경비에 해당한다. 일반적으로는 국민들을 위하여 경찰에 의해 제공되는 치안서비스를 의미한다.
② 일반통치권을 기초로 국민들을 위하여 행하는 공공의 질서유지, 개인의 생명 및 재산보호, 범인의 체포 및 수사, 범죄예방, 교통통제 등과 같이 공공의 안전과 이익에 기여하는 업무 또는 일반적인 업무를 포함하는 모든 활동을 말한다.

(2) 공경비의 주요 임무

① 사전적 범죄예방 임무를 수행한다.
② 사회 전반적인 질서유지 업무를 수행한다.
③ 시민의 생명과 재산보호 임무를 수행한다.

> **체포 및 수사**
> 1. **체포**: 피의자의 신체를 구속하는 강제처분이며 행동의 자유를 박탈하는 행위이다.
> 2. **수사**: 범죄가 발생하였거나 발생한 것으로 생각되는 경우에 범죄의 혐의 유무를 밝혀 공소(公訴)의 제기와 유지 여부를 결정하기 위하여 범인과 증거를 찾고 수집하는 수사기관의 활동이다.

④ 민간경비와 가장 구별되는 임무로서, 사후적 범죄수사 및 범인의 체포 임무를 수행한다.

(3) 공경비의 특성
① 공공성, 공익성, 비영리성을 갖는다.
② 사법적 강제력을 갖는다는 점에서 민간경비의 특성과 뚜렷이 구별된다.

> **비영리성**
> 이익이 있는 경우에도 구성원에게 분배할 수 없는 성질을 말한다.

(4) 치안서비스의 순수공공재이론
① 개념: 국방, 경찰, 소방, 외교처럼 정부 또는 공공부문이 세금으로 운영 및 공급하며 비경합성과 비배제성의 특성을 갖는 것을 순수공공재라고 한다. 사유재산이나 자유시장경제활동이 없으므로 치안을 순수공공재로 본다면 민간경비가 발달할 여지가 축소된다.
② 특성
  ㉠ 비경합성: 여러 사람이 함께 사용하여도 경합(경쟁)이 붙지 않는 성질을 의미한다. 즉, 어떤 특정 공공재를 여러 명이 함께 사용하더라도 추가 이용자에 대한 추가 비용이 발생하지 않는 특성을 의미한다.
  ㉡ 비배제성: 치안서비스의 이용에 대가를 지불하지 않는 다른 사람을 배제할 수 없는 성질을 의미한다. 비배제성의 특성 때문에 무임승차 문제가 발생한다.

제2절 민간경비와 공경비의 제 관계

1. 민간경비의 역할

(1) 특정 고객에 대한 서비스 제공
민간경비란 특정 의뢰자의 생명이나 재산을 보호하기 위해 영리법인이 대가를 받고 생명이나 재산의 안전에 필요한 서비스를 제공하는 행위이며, 일정한 비용을 지불하는 특정 고객에 한해 서비스를 제공한다는 점에서 특색이 있다.

(2) 개인의 생명·재산보호
민간차원의 범죄예방이나 사회안전관리를 담당함으로써 각종 위해로부터 개인의 생명이나 재산 및 이익을 보호한다.

(3) 영리성 우선

민간경비도 공익적 기능을 수행하고 있으나, 고객에게 대가를 받기 위해 제공되는 서비스인 점에서 공익성보다 영리성을 우선한다.

2. 민간경비의 특성 ★★☆

민간경비의 특성은 각 나라마다 다를 수 있다. 민간경비조직을 일반 조직과 비교해 보면 유사한 점도 있지만 서로 다른 점이 많다. 따라서 민간경비의 조직화 과정에서 사건의 위험성, 돌발성, 조직성, 기동성 등 경비업무의 특수성을 고려해야 한다. 이러한 민간경비의 서비스 제공 책임은 고객과의 도급계약관계를 통해 형성된다.

> **심화학습**
>
> **민간경비의 특성**
> 1. 영리성을 본질로 하지만 공공성이 요구된다.
> 2. 범죄발생의 사전예방적 기능을 주요 임무로 한다.
> 3. 공경비에 비해 한정된 권력을 가지며, 각종 제약을 받는다.

3. 민간경비의 공공성

(1) 범죄예방활동

범죄는 사회 공공의 적으로, 이에 대한 예방활동이야말로 가장 공공성이 강한 활동이다. 범죄예방은 국가 또는 지방자치단체의 중요 임무이기도 하지만, 민간경비도 범죄예방을 주된 임무로 한다. 다만, 특정한 의뢰자를 위한 활동이라는 점에서 공경비의 대상과 구별된다.

> **심화학습**
>
> **경비법인의 설립 요건**
> 경비업을 영위하고자 하는 법인은 도급받아 행하고자 하는 경비업무를 특정하여 그 법인의 주사무소의 소재지를 관할하는 시·도경찰청장의 허가를 받아야 한다[경비업법 제4조(경비업의 허가)].

(2) 질서유지활동

질서유지는 공동생활의 기본이며 사회구조의 토대이다. 따라서 이를 위한 활동이 공공성을 띠고 있음은 당연한 것이다.

(3) 위험방지활동

사회는 범죄가 없고 질서가 유지되는 것 외에 평온을 해치는 위험이 존재하지 않아야 한다. 그 위험은 자연적인 위험일 수도 있고, 인위적인 위험일 수도 있다.

핵심 기출문제

02 우리나라 민간경비의 주요 임무가 아닌 것은? · 제21회 기출

① 범죄예방 ② 위험방지
③ 증거수집 ④ 질서유지

해설 민간경비의 주요 임무는 범죄예방업무, 질서유지업무, 위험방지업무 등이다. 범죄가 발생한 현장에서 실시하는 증거수집업무는 법집행 및 범인체포에 그 목적이 있는 공경비의 임무에 속한다.   **정답** ③

4. 민간경비의 역할과 임무영역

일반적 역할	실정법상 역할(경비업법 제2조)
• 시설방범경비업무 • 신변보호업무 • 호송경비업무 • 화재예방 및 통제업무 • 질서유지업무 • 비상 및 재난통제업무	• 시설경비업무 • 호송경비업무 • 신변보호업무 • 기계경비업무 • 특수경비업무 • 혼잡·교통유도경비업무

5. 공경비의 역할

공경비는 경찰 등이 관할 구역 내에서 법집행에 대한 권한을 가지고 국민의 생명·재산보호, 공공의 질서유지, 범죄예방, 범인의 체포·수사 등과 같은 공공의 안전과 이익 또는 보호 등의 일반적인 업무를 국민들을 위하여 수행하는 국가기관으로서의 역할을 담당한다. 이러한 공경비는 사법적 강제권을 행사한다는 점에서 민간경비와 구별된다.

6. 민간경비와 공경비의 비교 ★★★

(1) 민간경비와 공경비의 특징

민간경비	공경비
• 계약자, 즉 특정 고객의 경비·경호 및 안전에 대한 서비스를 제공한다. • 법적 강제력의 사용에 제약을 받는다는 점에서 사전적·특정적·제한적이다. • 민간경비원의 신분은 민간인과 같이 취급한다.	• 국민의 이익을 위한 범죄예방을 목적으로 한다. • 범죄자 체포 및 수사를 임무로 한다. • 공공의 질서유지 등의 임무를 행하기 위한 공권력 또는 강제권의 사용권한이 주어져 있다.

(2) 민간경비와 공경비의 공통점

범죄예방과 범죄의 감소, 질서유지, 재산의 손실예방, 사회 공공질서유지 등의 임무를 수행한다는 점에서 민간경비와 공경비의 공통점이 있다. 민간경비는 공경비와 밀접한 관련을 가지고 업무를 수행하며, 특정 분야에서는 공경비와 거의 유사한 활동을 한다.

심화학습

민간경비와 공경비의 관계
1. 공경비 분야에서 나타나는 한계와 비생산성은 민간경비가 등장하는 계기가 되었다.
2. 공경비는 국민의 세금으로 운용되지만, 민간경비는 소비자의 경제능력이 이용에 큰 영향을 미친다.

(3) 민간경비와 공경비의 차이점

구분	민간경비	공경비
대상	특정 의뢰인	일반시민(국민)
목적(기능)	의뢰자 보호 및 손해 감소, 사익보호	법집행 및 범인체포, 공익 및 사익보호
주체(전달조직)	민간 영리기업	정부(지방자치단체)
임무(역할)	범죄의 예방	범죄의 예방과 대응
강제권	강제권 사용에 제약이 있다. 민간경비가 수행하는 질서유지활동은 사전적·예방적 활동이 주가 된다.	법집행에 관하여 범인의 체포·수사·감금·구금·구인권을 가지고 있다.
권한의 근거(적법성)	계약자의 사권(私權)	통치권

> **심화학습**
>
> **권한 측면에서 차이점**
> 1. 공경비는 사법적 강제권이 있는 반면 민간경비는 이러한 권한이 극히 한정되어 있고, 각종 제약을 받는다.
> 2. 경비업자는 불특정 다수인에게 경비서비스를 제공할 의무가 없다.

핵심 기출문제

03 민간경비와 공경비에 관한 내용으로 옳지 <u>않은</u> 것은? ・제25회 기출

① 민간경비와 공경비의 영역이 뚜렷하고 확실하게 구분되는 것은 아니다.
② 범죄와 관련한 치안서비서를 제공한다는 점에서 민간경비와 공경비의 역할은 유사하다.
③ 민간경비와 공경비 모두 의뢰자로부터 받은 대가 내지 보수만큼만 자신의 역할과 기능을 수행한다.
④ 사회가 다원화되면서 민간경비의 중요성이 강조되고 있다.

해설 민간경비는 의뢰자로부터 받은 대가 내지 보수를 받고 임무를 수행한다. 반면, 공경비는 의뢰자라는 개념이 없고, 국민이 낸 세금을 재원으로 국가로부터 보수를 받고 임무를 수행한다는 점에서 구별된다.

정답 ③

제3절 ▶ 민간경비의 이론적 배경

민간경비의 발전은 수많은 정치·경제·사회적 배경 속에서 이루어져 왔다. 근대화 과정에서 성장·발전해 온 민간경비를 구체적으로 어떠한 관점에서 의미를 부여할 것인가에 대한 이론이 민간경비의 성장이론이며, 경제환원론, 공동화이론, 이익집단이론, 수익자부담이론, 치안서비스 공동생산이론 등이 이에 해당한다. 이러한 이론들

에 대해 살펴보고, 특히 최근에 중요하게 등장하고 있는 환경설계를 통한 범죄예방(CPTED)에 대해 구체적으로 살펴보고자 한다.

1. 경제환원론 ★★★

(1) 의의

경제환원론은 특정한 사회현상의 원인을 경제적인 문제에서 찾으려는 입장으로, 경기침체로 인해 실업자가 증가하면 범죄율이 증가하고 이는 민간경비의 발전으로 이어진다는 이론이다.

(2) 배경

경제환원론은 경제침체기 미국 민간경비시장의 성장과정에 대한 경험적 관찰에 기초한 이론이다.

(3) 특징

경찰과의 직접적인 관련성을 논함이 없이 순수경제학적인 입장에서 민간경비의 발생원인에 접근하려는 시각이다. 경제침체와 민간경비의 수요증가의 관계를 원인과 결과를 규정지을 수 있는 인과관계적 성격이 아니라, 미국 민간경비시장의 성장과정에 대한 단순논리적인 사회현상의 경험적 관찰에 기초한 이론이다.

(4) 민간경비의 성장원인

① 민간경비시장의 성장을 범죄의 증가에 따른 직접적 대응이라는 전제에서 출발한다고 본다.
② 거시적 차원에서 접근할 때 실업의 증가를 범죄의 증가원인으로 파악한다.
③ 실업은 경제의 일반적 침체에서 발생한다고 보고 민간경비시장의 성장을 경제 전반의 상태 및 운용과 연결 지어 설명하려고 한다.

(5) 문제점

사회범죄의 원인에는 다각적인 시각의 접근이 필요하다. 이에 반해 경제환원론은 사회현상이 직접적으로 경제와 무관하더라도 발생 원인을 경제문제에서 찾고자 한다. 이는 경제환원론의 문제점으로 지적된다. 또한 경제가 발전하고, 경제가 호황일 때에도 범죄가 지속되는 것을 설명하지 못한다는 것이 경제환원론의 한계이다.

핵심 기출문제

04 경제환원론에 관한 설명으로 옳지 <u>않은</u> 것은? • 제20회 기출

① 민간경비가 성장함에 따라 민간경비 기업들은 하나의 이익집단을 형성한다고 본다.
② 민간경비시장의 성장을 범죄의 증가에 따른 직접적인 대응이라는 전제하에서 출발한다.
③ 거시적 차원에서 범죄의 증가를 실업의 증가에서 그 원인을 찾으려고 한다.
④ 민간경비시장의 성장을 경제 전반의 상태와 운용에 연결시켜서 설명한다.

해설 민간경비가 성장함에 따라 민간경비 기업들이 하나의 이익집단을 형성한다고 보는 것은 플레빌이 주장한 이익집단이론이다.

정답 ①

2. 공동화이론 ★★★

(1) 의의

공동화이론은 경찰이 수행하고 있는 경찰 본연의 기능이나 역할을 민간경비가 보완하면서 민간경비가 성장했다는 점에 주안을 두고 있다. 범죄증가에 비례하여 경찰력이 그에 맞게 증가해야 하지만, 현실적으로 그 한계가 있어 그 공백을 메우기 위해 민간경비가 발전한다고 주장한다.

(2) 상호보완적 관계

민간경비는 경찰이 수행하고 있는 본연의 기능이나 역할상에 나타나는 한계를 보충 내지 보조한다고 본다. 이 견해에 의하면 공경비와 민간경비는 상호갈등관계가 아니라 상호보완적·역할분담적 관계를 갖는다.

(3) 공경비와 민간경비의 성격 규정

공동화이론에서 민간경비는 경찰과 같은 공경비의 제한적 능력 때문에 생기는 시민치안의 부재나 경찰의 힘이 미치지 못하여 생기는 범죄의 사각지대를 민간경비가 메우는 기능을 함으로써 경찰력의 보충적 기능으로 작용한다.

공동화
어떤 일이나 사물에 둘 이상의 사람이나 단체, 국가 따위가 함께 관계하게 되는 것을 말한다.

공동화이론
사회의 다원화와 분화에서 초래되는 사회적 긴장과 갈등, 범죄의 증가에 대응하여 경찰력이 증가하여야 하지만 현실적으로 어려워 그 공백을 메우기 위해 민간경비가 발전한다는 이론이다.

3. 이익집단이론 ★★☆

(1) 의의

이익집단이론은 경제환원론이나 공동화이론과 달리 민간경비를 하나의 독립된 행위자로 파악하고 그 이익을 추구할 수 있는 이익추구집단으로서의 활동에 따라 민간경비가 발전되었다는 이론이다. 민간경비가 자체적인 고유한 영역을 가질 수 있다는 전제에서 출발한다.

(2) 플레빌(Flovel)의 독립된 행위자

플레빌은 이익집단이론에서 공동화이론이 주장하고 있는 민간경비의 보조적 견해를 부정하면서 민간경비를 독립된 하나의 행위자로 인식하고 자체적으로 고유한 이해관계를 가질 수 있는 것으로 본다. 플레빌은 그냥 내버려 두면 보호받지 못한 채로 방치될 재산을 민간경비가 보호하는 것이라며 민간경비의 존재이유를 이익집단이론을 통해 설명하였다.

(3) 특징

한 사회 내에 존재하는 많은 이익집단들이 그들의 이익을 최대화하기 위해 행위하는 것과 같이, 민간경비도 자신의 집단적 이익을 극대화하기 위해 규모를 팽창시키고 새로운 규율과 제도 등을 만드는 노력을 함으로써 발전한다고 설명한다.

(4) 성장의 단계

이익집단이론에서는 민간경비의 양적 성장은 초기 단계에서 일어나며, 궁극적인 성장은 이익집단으로서의 내부적 결속과 제도화·조직화의 결과로 민간경비의 세력과 입지가 강화되며 이루어진다고 본다.

4. 수익자부담이론 ★★☆

(1) 의의

① 수익자부담이론은 자본주의 사회에서 경찰의 공권력 작용은 질서유지나 체제수호 등과 같은 거시적 역할에 한정시키고, 사회구성원 개개인의 안전과 사유재산의 보호는 해당 개인이나 집단이 스스로 담당하여야 한다는 이론이다.
② 자본주의 사회에서 공경비가 갖는 근본적인 성격과 역할 및 기능에 관한 통념적 인식에 의문을 제기하면서 출발하였다.

③ 개인이 자신의 건강과 재산보호를 위해 보험에 가입하듯, 범죄로 인한 신체적 피해의 보호는 개인적 비용부담에 의해 민간경비가 담당하여야 한다고 본다.

(2) 근거

① 국제적인 스포츠 행사, 지역사회축제, 영리를 목적으로 하는 대형 이벤트 등은 주최 측에서 시설과 관중에 대한 경비 및 각종 안전 제반조치를 취해야 한다.
② 이는 영리를 추구하는 일반 기업체의 빌딩 내까지는 경찰의 공권력이 보호할 필요가 없다는 것을 근거로 한다.

(3) 경비개념의 인식 전환

수익자부담이론이 성립하기 위해서는 전반적인 국민소득의 증가와 경찰력은 개인이나 단체의 영리사업 등에 무제한 동원되어서는 안 되며 전체적인 운영상태 등의 파악을 위해 최소한의 인력만 투입되어야 한다는 경비개념에 대한 사회인식의 변화가 수반되어야 하며, 범죄의 증가로 민간경비의 수요가 증대되어야 한다.

> **심화학습**
>
> **수익자부담이론 입장에서 민간경비의 필요성이 급증하는 조건**
> 1. 국민소득의 증가
> 2. 경비개념의 사회적 인식 변화
> 3. 범죄의 증가
> 4. 민간경비제도에 대한 인식 변화

핵심 기출문제

05 수익자부담이론에 관한 설명으로 옳지 않은 것은? • 제25회 기출

① 경찰의 근본적 역할 및 기능은 개인의 안전과 사유재산의 보호에 있다는 일반적 통념에 의문을 제기하면서 출발한다.
② 자본주의 사회에서 경찰의 공권력 작용은 질서유지와 체제수호와 같은 거시적 역할 및 기능에 한정시켜야 한다고 주장한다.
③ 사회구성원으로서의 개인이나 집단의 안전과 보호는 결국 해당 개인이나 집단이 담당하여야 한다고 주장한다.
④ 경기침체에 따른 국민소득 감소 및 치안비용 부담의 증가와 함께 주장되었다.

해설 수익자부담이론이 성립하기 위해서는 전반적인 국민소득의 증가로 경비개념에 대한 사회인식의 변화가 수반되어야 한다.

정답 ④

5. 공동생산이론 ★★★

(1) 의의

① 공동생산이론은 국내외의 급변하는 치안환경 속에서 범죄 등 수많은 사회 문제를 극복할 수 있는 방안은 경찰력을 지속적으로 증대하여 범죄예방 및 통제를 하는 것만이 아니라는 반성에서 출발한 이론이다.
② 공동생산이론은 시민의 안전욕구를 충족시키기 위해 경찰의 역할수행이 사실상 근본적으로 한정적일 수밖에 없음을 인정하고 민간부문의 능동적 참여를 다각적으로 유도하며, 민간경비를 공경비의 보조적 차원이 아닌 주체적 차원으로 인식한다.
③ 이 이론에 따르면 치안서비스의 제공은 경찰의 역할수행과 민간경비의 독립적인 주체로서의 공동참여로 이루어진다.
④ 공동생산이론은 민간경비의 활동과 관련하여 '서비스 주체의 다원화'에 초점을 맞추고 등장한 이론으로 평가된다.

(2) 치안환경에 민간경비 참여의 활성화

① 치안환경과 관련한 치안서비스 생산과정에 있어 경찰과 같은 공공부문의 역할증대뿐만 아니라 민간부문의 참여를 활성화시킬 수 있는 방안이 제기되었다. 경찰과 민간경비의 상호협력 프로그램, 경찰과 시민의 상호협력 프로그램, 서비스주체 삼자 간의 상호협력 프로그램 등이 그 예이다.
② 치안서비스 생산과정에서 경찰과 같은 공공부문의 역할수행은 한정적일 수밖에 없으므로 점차 민간부문의 공동참여를 통해 민간경비를 성장시키는 안목이 필요하다.

6. 민영화이론 ★★★

(1) 의의

정부의 역할을 줄이고 민간 역할의 증대를 통해 국가는 비용절감의 효과를 거두고 나아가 작은 정부의 수립을 통한 시민권리의 성장과 국민 기본권의 신장, 정치권력의 최소화를 통한 권력남용의 폐해를 줄이고자 하는 이론이다. 우리나라에 2010년 최초로 설립된 소망민영교도소는 민영화의 대표적인 사례에 해당한다.

민영화
경쟁을 강화하고 규제를 완화함으로써 공적 영역을 축소하기 위해 국가나 공기업의 재산 등을 민간이 경영하도록 하는 것을 말한다.

(2) 시장경쟁논리의 도입

1980년대 이후 복지국가의 이념에 대한 반성으로 국가독점에 의한 비효율성을 극복하기 위해 국가의 역할범위를 축소하고, 공공부문에 시장경쟁논리를 도입하여 효율성을 증대시키려는 움직임이 나타났다. 국가중요시설의 경호 및 경비를 민간에 위탁하여 공경비의 역할을 줄이는 대신 민간경비의 역할이 확대되었다.

(3) 경비서비스의 공급 전환

경비서비스를 내부공급에서 외부공급으로 전환함으로써 경비서비스 분야에 자율적 경쟁개념을 도입하고 효율적인 경비서비스를 제공하는 것을 목적으로 둔다. 또한 경비서비스 공급 과정에 국민들이 참여할 수 있게 함으로써 소비자의 서비스 선택의 폭을 확대한다.

(4) 민영화의 효용

재화나 서비스의 생산이 공공분야에서 민간분야로 이전하게 되면 민간의 활동이 활성화됨으로써 자원이용의 효율성을 높일 수 있고 공공부문의 공공지출과 행정비용의 감소효과를 유발할 수 있다.

> **심화학습**
>
> 민영화 활성화의 배경
> 1. 작지만 효율적인 정부를 지향해 자원의 비효율적인 공급 축소
> 2. 민간부문의 확대로 민간활동 활성화
> 3. 소비자들의 재화나 서비스 선택의 폭 확대

핵심 기출문제

06 甲과 乙의 대화내용에 해당하는 민간경비의 이론적 배경이 올바르게 연결된 것은?

• 제24회 기출

甲: "경찰의 역할 수행은 사실상 근본적으로 한정적일 수밖에 없어."
乙: "그래. 이제는 민간경비도 자체적인 고유한 영역을 가져야 한다고 생각해."

㉠ 민영화이론   ㉡ 경제환원론
㉢ 이익집단이론   ㉣ 수익자부담이론
㉤ 공동생산이론

① 甲 - ㉠, 乙 - ㉢
② 甲 - ㉠, 乙 - ㉤
③ 甲 - ㉡, 乙 - ㉠
④ 甲 - ㉤, 乙 - ㉢

해설 ㉤ 공동생산이론은 치안서비스 생산과정에서 경찰과 같은 공공부문의 역할 수행은 한정적일 수밖에 없음을 인정하고 점차 민간부문의 공동참여를 통해 민간경비를 성장시키고자 한다.
㉢ 이익집단이론은 민간경비가 자체적인 고유한 영역을 가질 수 있다는 전제에서 출발한 이론이다.

정답 ④

> **심화학습**
>
> **CPTED의 연혁**
>
> 뉴만(O. Newman)이 방어공간이라는 개념을 확립한 것에서 제프리(Jeffery)가 처음으로 CPTED의 개념을 제시하였다.

7. 환경설계를 통한 범죄예방(CPTED; Crime Prevention Through Environmental Design) ★★☆

(1) 의의

① 개념: 환경설계를 통한 범죄예방(CPTED)이란 물리적 환경을 개선함으로써 범죄를 억제하고 주민의 불안감을 해소하는 제도이다. 건물과 가로등, 감시장비 등을 범죄를 줄이는 방향으로 설계하는 건축기법으로, 1970년대 미국에서 유래하여 1980년대 캐나다, 영국, 호주, 일본 등 선진국의 건축관계법령에 반영되었다.

　㉠ 전통적 CPTED: 단순한 외부 공격으로부터 보호대상을 강화하는 THA(Target Hardening Approach)방법을 사용하여 보호대상에 공격자의 접근을 금지하는 방법이다.

　㉡ 현대적 CPTED: 시민의 삶의 질 향상까지 고려하여 시행하는 방법이다.

② 종합적 범죄예방전략: 적절한 건축설계나 도시계획 등 물리적 환경설계를 통해 대상지역의 방어적 공간특성을 높여 범죄가 발생할 기회를 줄이고 지역주민들이 안전감을 느끼도록 하여 궁극적으로는 삶의 질을 향상시키는 종합적인 범죄예방전략을 말한다. 도시계획이나 건축설계 시 사각지대를 없애기 위해 건물 모서리를 둥글게 하거나 폐쇄회로TV(CCTV)를 설치하는 것 등이 이에 해당한다.

(2) 탄생배경

① 20세기 중반까지만 해도 범죄의 발생·예방과 관련한 환경요인으로 범죄를 저지르는 사람 혹은 그 사람을 둘러싼 인적 환경에만 국한하였고, 이에 도덕과 윤리규범 및 형벌 등 사회통제장치의 적정성에 대한 연구에 몰두하였다.

② 1960년대에는 과학기술의 발달과 대량생산, 자유무역의 확대 등으로 삶의 조건과 사회환경이 크게 개선되었지만, 범죄문제는 질적·양적으로 크게 악화되었다. 이를 계기로 사람과 사회에 국한되었던 범죄문제 연구관행에 의문이 제기되어 범죄를 저지르는 사람으로부터 범죄가 행해지는 장소와 공간 등 물리적 환경으로 관심이 이동하게 되었다.

(3) 내용
  ① **자연적 감시**: 범죄피해를 당할 잠재적 피해자를 보호하기 위해 범죄의 구성요소인 피해자, 범죄인, 장소들 간의 상관성을 분석하여 일반인들에 의한 가시권을 최대화할 수 있도록 건물이나 시설물을 배치한다. 예를 들어, 시야가 차단된 폐쇄형 담장을 투시형 담장으로 고치는 것, 담장을 헐고 조경을 고려한 개방공간으로 바꾸는 것, 외부조명을 개선하고 잠재적 피해자가 주민의 눈에 잘 띄는 환경을 확보하는 것 등이 이에 해당한다.
  ② **자연적 접근통제**: 사람들을 진입로, 보행로, 전용정원, 문 등을 통해 일정한 공간으로 유도함과 동시에 허가받지 않은 사람들의 진·출입을 차단하여 범죄 목표물에 대한 접근을 어렵게 만들고 범죄행위의 노출 위험을 줄인다. 침입자의 임의접근을 차단하기 위해 차단기, 방범창, 잠금장치 등을 이용하여 출입을 통제한다. 외부로 노출된 아파트의 가스배관을 실내로 유도하는 것 등이 이에 해당한다.

  > **자연적 접근통제**
  > 허가받지 않은 사람들의 진·출입을 차단하여 접근에 대한 심리적 부담을 증대시킨다.

  ③ **영역성의 강화**: 어떤 지역을 지역주민들이 자유롭게 사용하거나 점유함으로써 그들의 권리를 주장할 수 있는 가상의 영역을 지정한다. 특히, 개인의 소유를 증진하고 주인의식을 강화하기 위하여 울타리(펜스) 등을 설치하고 개발 초기부터 영역을 구분한다. 주민의 옥외활동교류를 촉진하여 외부인이 침입하기 어려운 환경을 조성하거나 필로티 공간을 넓게 개방형으로 축조하는 것 등이 이에 해당한다.

  > **영역성의 강화**
  > 사적인 공간에 대해 경계를 표시(울타리 설치)하여 주민의 책임의식을 증대시킨다.

(4) 목표
  ① 개인의 본래 활동을 방해하지 않으면서 범죄예방효과를 극대화시키는 데 목표를 두고 범죄원인을 개인적 요인보다 환경적 요인에서 찾고 있다.
  ② 모든 인간이 잠재적 범죄욕망을 가지고 있다는 전제하에 사전에 범행기회를 차단한다는 것에 기초를 두고 있다.

(5) CPTED의 기본전략
  ① **1차적 기본전략**: 자연적 접근통제, 자연적 감시, 영역성의 강화라는 세 가지 차원에서 출발하는 이론이며, 자연적 접근방법을 통해 범죄예방 효과를 극대화하고자 한다.

② **2차적 기본전략**: 경비원을 통한 조직적 통제, 자물쇠 등을 통한 기계적 통제, 공간구획을 통한 자연적 통제 등을 고려하는 것이다.

(6) 환경설계를 통한 범죄예방설계의 예

① 폐쇄형 담장을 투시형 담장으로 고치거나, 담장을 헐고 조경을 고려한 개방공간으로 바꾸는 것이 필요하다.
② 범죄가 잦은 골목에 CCTV를 설치하여 범죄를 저지르려는 자의 범죄의지를 약화시킨다.
③ 침입자의 임의접근을 차단하기 위해 차단기, 방범창, 잠금장치 등을 이용하여 출입을 통제한다.
④ 범인이 쉽게 도망칠 수 없게 막다른 골목을 설치한다.
⑤ 주민요구와 범죄분석을 통해 안심 골목길을 조성한다.
⑥ 범죄발생률이 높은 지역을 선정하여 전봇대 등에 범죄심리 차단 비상벨과 반사경을 설치한다.

(7) 동심원영역론(Concentric Zone Theory)

딘글(J. Dingle)이 시설물의 물리적 통제시스템 구축과 관련하여 보호가치가 높은 자산일수록 보다 많은 방어공간을 형성해야 한다고 주장한 이론으로, CPTED의 접근방법 중 하나로 볼 수 있다.

(8) 브랜팅햄(P. Brantingham)과 파우스트(F. Faust)의 범죄예방 구조 모델론

① **의의**: 질병예방과 의학적 치료를 위한 의료적 모델을 일반 범죄예방에 응용한 것으로, 1차 범죄예방, 2차 범죄예방, 3차 범죄예방 이론으로 체계화하였다.
② **내용**
  ㉠ **1차 범죄예방**: 1차 범죄예방은 일반대중을 대상으로 물리적·사회적 환경 중 범죄원인이 되는 조건들을 개선시키는 데 초점을 두는 것으로, 환경설계·이웃 감시·민간경비·방범교육 등이 이에 해당하며, 형사사법기관의 활동에 의해 이루어진다.
  ㉡ **2차 범죄예방**: 우범자나 우범집단을 대상으로 잠재적 범죄자를 초기에 발견하고 비합법적 행위가 발생하기 이전에 예방하고자 하는 것으로, 우범환경이나 우범자를 대상으로 이들과 많이 접하는 지역사회 지도자, 교육자, 부모에 의해 이루어진다.

심화학습

환경요소의 중시
CPTED는 환경적인 요소가 인간의 행동 및 심리적 성향을 자극하여 범죄를 예방한다는 환경행태학적 이론에 기초하고 있다.

ⓒ 3차 범죄예방: 실제 범죄자들을 대상으로 하여 그들이 더 이상 범죄를 저지르지 않게 하는 활동으로, 이에는 체포, 기소, 교도소구금, 치료, 사회복귀와 같은 것이 관련된다. 이러한 활동의 대부분은 형사사법기관이 담당하지만, 이외에도 민간단체나 지역사회의 교정프로그램도 포함된다.

핵심 기출문제

07 환경설계를 통한 범죄예방(CPTED)에 관한 설명으로 옳지 않은 것은?

· 제24회 기출

① 물리적 환경을 개선하여 범죄를 억제하고 주민의 불안감을 해소하는 제도이다.
② 시야가 차단된 폐쇄형 담장을 투시형 담장으로 바꾸는 것은 자연적 감시이다.
③ 범죄의 원인을 환경적 요인에서 찾으며 모든 인간은 잠재적 범죄욕망을 가진다고 보았다.
④ 딘글(J. Dingle)이 주장한 방어공간이론은 보호가치가 높은 자산일수록 보다 많은 물리적 통제 공간을 형성해야 한다는 것이다.

해설 보호가치가 높은 자산일수록 보다 많은 물리적 통제 공간을 형성해야 한다는 이론은 딘글(J. Dingle)이 동심원영역론에서 주장하였다. 방어공간이론은 뉴만(O. Newman)이 확립한 개념이다.

정답 ④

CHAPTER 01 민간경비 개설

중요내용 OX 문제

제1절 민간경비와 공경비의 개념

01 영미법계 국가의 민간경비원이 대륙법계 국가의 민간경비원보다 폭넓은 권한을 행사한다.

02 광의의 민간경비 개념은 국민의 생명과 재산을 보호하기 위하여 일정한 비용을 지불한 특정 고객에게 안전관리서비스를 제공하는 개인만을 의미한다.

03 민간경비를 형식적 개념으로 이해할 때 그 경비범위는 공경비와 차이가 없다.

04 경비업법상 공항 등(항공기 포함하지 않음) 국가중요시설의 경비 및 도난·화재 그 밖의 위험발생을 방지하는 것은 민간경비의 업무이다.

05 치안서비스 이용에 대가를 지불하지 않는 다른 사람을 배제하거나 제한할 수 없다는 것은 치안서비스의 순수공공재이론 중 비경합성을 의미한다.

제2절 민간경비와 공경비의 제 관계

06 민간경비의 주요 임무는 범죄예방임무, 질서유지임무, 위험방지임무 등이다.

07 민간경비는 의뢰인을 보호하기 위하여 필요한 서비스를 제공하는 행위이다.

08 민간경비는 범죄예방기능을 수행하므로 영리성보다 공익성을 우선시한다.

09 민간경비도 질서유지활동을 한다는 점에서 통치권에 근거한 경비활동이다.

10 민간경비의 임무는 범죄예방이고, 공경비의 임무는 범죄대응에 국한된다.

제3절 민간경비의 이론적 배경

11 경제환원론은 민간경비의 성장에 대한 경험적 관찰에 근거한 이론이다.

12 공동화이론은 민간경비가 자체적인 고유한 영역을 가질 수 있다는 전제에서 출발한 이론이다.

	O	X

13 민영화이론에 따르면 기업의 경쟁력 강화와 효율성 증가에 따라 소득 재분배와 시너지 효과를 기대할 수 있다.

14 수익자부담이론에 따르면 개인이 자신의 건강을 보호받기 위해 상업적 의료보험에 가입하는 것처럼, 개인 스스로 안전감을 증진시키기 위해 비용을 지불해야 한다고 한다.

15 치안서비스 공동생산이론은 치안서비스 생산과정에서 경찰과 같은 공공부문 역할 수행은 한정적일 수밖에 없음을 인정하고 민간부문의 공동참여를 통한 민간경비를 성장시키고자 한다.

16 민영화이론은 복지국가 확장의 부작용에 따른 재정위기를 극복하기 위해 국가의 역할 범위를 확대하고 재정립한다.

17 딘글(J. Dingle)이 주장한 방어공간이론은 보호가치가 높은 자산일수록 보다 많은 물리적 통제 공간을 형성해야 한다는 것이다.

OX 정답 01 ○ 02 × 03 × 04 × 05 × 06 ○ 07 ○ 08 × 09 × 10 × 11 ○ 12 × 13 ○ 14 ○ 15 ○ 16 × 17 ×

X 해설
02 민간경비의 개념을 광의로 접근할 때 특정 고객만을 보호대상으로 보지 않는다.
03 민간경비를 형식적 개념으로 이해할 때 경비범위는 공경비와 확연하게 구별된다.
04 「경비업법」상 국가중요시설의 경비에서 공항경비에는 항공기경비가 포함된다.
05 순수공공재이론 중 비배제성에 대한 설명이다.
08 민간경비는 공익성보다 영리성을 중시한다.
09 통치권에 근거한 경비활동은 공경비이다.
10 범죄예방활동도 공경비의 중요한 임무인 점에서 범죄대응에 국한되지 않는다.
12 민간경비가 자체적인 고유한 영역을 가질 수 있다는 전제하에 출발한 이론은 이익집단이론이다.
16 민영화이론은 복지국가 확장의 부작용에 따른 재정위기를 극복하기 위해 국가의 역할 범위를 축소하고 재정립하여 국가의 재정지출을 축소하기 위한 이론이다.
17 보호가치가 높은 자산일수록 보다 많은 물리적 통제 공간을 형성해야 한다는 이론은 딘글(J. Dingle)이 동심원영역론에서 주장하였다. 방어공간이론은 뉴만(O. Newman)이 확립한 개념이다.

CHAPTER 01 민간경비 개설

기출 및 예상문제

제1절 민간경비와 공경비의 개념

01 민간경비의 특성으로 옳지 않은 것은?
· 제19회 기출

① 영리성을 추구하지만 공공성은 배제된다.
② 국가마다 제도적 차이가 있다.
③ 범죄발생의 사전예방적 기능을 주요 임무로 한다.
④ 서비스 제공 책임은 고객과의 계약관계를 통해 형성된다.

해설 민간경비 활동은 영리기업에 요금을 지불하는 고객의 신체나 재산을 보호하는 활동인 점에서 영리성을 본질로 하지만, 범죄의 예방, 재산의 손실방지, 사회질서유지의 기능을 담당한다는 점에서 공공성을 띠고 있다.
② 민간경비의 개념은 각 나라의 시대적·사회적 상황에 따라 달리 정의되고 있으며, 민간경비의 특성으로 국가마다 제도적 차이가 있다.
③ 민간경비는 범죄발생의 사전예방적 기능을 수행하며 범죄발생 후 범인의 체포·수사는 공경비의 역할에 속한다.
④ 공경비의 수행은 「경찰관 직무집행법」 등 법령에 근거를 두고 있으나, 민간경비의 서비스 제공 책임은 고객과의 도급계약을 통해 형성된다.

02 민간경비의 개념에 관한 설명으로 옳지 않은 것은?
· 제16회 기출

① 민간경비는 일반통치권에 근거하는 활동이다.
② 민간경비와 공경비는 모두 범죄예방 역할을 수행한다.
③ 현재 우리나라에는 경찰관 신분을 가진 민간경비원이 없다.
④ 국가는 민간경비의 제공주체에 포함되지 않는다.

해설 민간경비는 개인과 개인 사이의 도급계약에 근거하는 사적 활동이다. 일반통치권에 근거하는 활동은 공경비의 활동에 해당한다.
② 민간경비는 고객에게 대가를 받고 제공되는 서비스인 점에서 영리성을 본질로 하나, 범죄예방의 공익적 기능을 수행한다. 이러한 범죄예방 역할은 민간경비와 공경비의 공통점에 해당한다.
③ 우리나라의 민간경비원은 민간인의 신분을 가지고 있으며, 경찰관이 민간경비원의 직무를 수행할 수 없다. 따라서 우리나라에는 경찰관 신분을 가진 민간경비원이 없다.
④ 민간경비의 제공주체는 법인의 주사무소의 소재지를 관할하는 시·도경찰청장의 허가를 받은 영리법인이다. 국가와 지방자치단체는 민간경비의 제공주체에 포함되지 않는다.

03 민간경비의 개념에 관한 설명으로 옳지 않은 것은?

• 제19회 기출

① 공공기관에 의한 공경비활동을 제외한 모든 경비활동은 광의의 개념이다.
② 민간이 주체가 되는 모든 경비활동은 협의의 개념이다.
③ 고객의 생명과 신체 및 재산을 보호하는 활동은 최협의의 개념이다.
④ 우리나라 경비업법에 의한 개념은 실질적 의미의 개념이다.

해설 「경비업법」에 의하여 허가받은 법인이 「경비업법」에서 규정하고 있는 업무를 수행하는 경비활동을 형식적 의미의 민간경비라고 한다. 실질적 의미의 민간경비는 고객의 생명과 신체 그리고 재산 보호 및 사회적 손실 감소와 질서유지를 위한 제반의 활동을 말한다.

04 민간경비와 공경비에 관한 설명으로 옳지 않은 것은?

• 제24회 기출

① 민간경비는 공경비와 상호관련성을 가진다.
② 경비업법상 공항 등(항공기 포함하지 않음) 국가중요시설의 경비 및 도난·화재 그 밖의 위험발생을 방지하는 것은 민간경비의 업무이다.
③ 영미법계 국가의 민간경비원이 대륙법계 민간경비원보다 폭넓은 권한을 행사한다.
④ 민간경비는 범죄예방을 임무로 하지만, 경비대상이 공경비와 구별된다.

해설 「경비업법」상 국가중요시설의 경비에서 공항경비에는 항공기경비가 포함된다.
① 범죄예방 측면에서 민간경비는 공경비와 상호관련성을 가지면서 발전하고 있다.
③ 경비개념을 실질적 개념으로 이해하는 영미법계 국가의 민간경비원이 대륙법계 국가의 민간경비원보다 폭넓은 권한을 행사한다.
④ 민간경비의 경비대상은 고객(의뢰자)이나, 공경비의 경비대상은 일반국민이라는 점에서 구별된다.

01 ① 02 ① 03 ④ 04 ② **정답**

05 민간경비의 개념에 관한 설명으로 옳지 <u>않은</u> 것은?

① 민간경비업은 영리성을 특징으로 한다.
② 민간경비라는 용어는 경찰조직에서의 경비와 의미에서 차이가 있다.
③ 민간경비 종사자는 사인 신분으로 특정 고객에게 계약사항 내에서의 서비스를 제공한다.
④ 우리나라 경비업법상 경비업에는 시설경비, 호송경비, 신변보호경비, 기계경비, 특수경비, 민간정보조사업무가 있다.

해설 「경비업법」제2조는 형식적 의미의 경비업무의 유형으로 시설경비, 호송경비, 신변보호경비, 기계경비, 특수경비업무, 혼잡·교통유도경비업무를 규정하고 있다. 민간정보조사업무는 「경비업법」상 형식적 의미의 경비업무에 해당하지 않는다.

06 순수공공재이론에서 '치안서비스라는 재화는 이용 또는 접근에 대해서 제한할 수 없다.'는 내용에 해당하는 것은?
• 제23회 기출

① 비경합성　　　　　　　　② 비배제성
③ 비거부성　　　　　　　　④ 비순수성

해설 치안서비스의 이용에 대가를 지불하지 않는 다른 사람을 배제할 수 없거나 제한할 수 없다는 것은 치안서비스의 순수공공재이론 중 비배제성을 의미한다.

07 민간경비의 특성에 대한 설명으로 옳지 <u>않은</u> 것은?

① 민간경비의 역할은 범죄의 예방과 위험방지의 업무를 수행한다는 측면에서 공공성을 갖는다.
② 인적·물적 특정 대상을 경비대상으로 한다.
③ 경찰관이 부업으로 민간경비원의 업무를 수행할 수 있다.
④ 민간경비의 조직화 과정에서 위험성, 돌발성, 조직성 등 경비업무의 특수성을 고려해야 한다.

해설 현재 우리나라에는 경찰관 신분을 가진 민간경비원이 없으며, 경찰관이 부업으로 민간경비원의 업무를 수행할 수 없다.
① 민간경비업은 영리성을 본질로 하지만, 범죄의 예방과 위험방지 측면에서 공공성을 가진다.
②「경비업법」상 형식적 의미의 민간경비는 인적·물적 특정 대상을 경비대상으로 한다.
④ 경비업무의 특수성을 고려하여 민간경비업이 수행되어야 한다.

08 민간경비의 개념에 관한 설명으로 옳지 않은 것은?
• 제22회 기출

① 실질적 개념의 민간경비는 고객의 생명과 신체에 대한 위해를 방지하고 재산을 보호하는 제반활동으로 인식된다.
② 형식적 개념의 민간경비는 경비관련 제반활동의 특성과 관계없이 실정법에서 규정하는지의 유무에 따른다.
③ 형식적 개념은 공경비와 민간경비가 명확히 구별된다.
④ 광의의 개념은 국민의 생명과 재산을 보호하기 위하여 일정한 비용을 지불한 특정 고객에게 안전관리서비스를 제공하는 개인만을 의미한다.

해설 공공기관에 의한 공경비활동을 제외한 모든 경비활동을 광의의 민간경비라고 한다. 공경비의 대상이 시민, 즉 국민을 대상으로 한다는 점에서 일정한 비용을 지불한 특정 고객에게 안전관리서비스를 제공하는 개인만을 대상으로 하지 않는다.
① 실질적 개념의 민간경비는 형식적 개념의 민간경비와 대비되는 민간경비의 개념으로 고객의 생명과 신체에 대한 위해를 방지하고 고객의 재산보호, 질서유지를 위한 제반활동을 의미한다.
② 형식적 개념의 민간경비는 「경비업법」(실정법)에서 규정하고 있는 업무를 민간경비 개념으로 파악하므로 「경비업법」이 규정하고 있는지의 유무에 따른다.
③ 「경비업법」이 규정하고 있는 민간경비(시설경비, 호송경비, 신변보호경비, 기계경비, 특수경비, 혼잡·교통유도경비)가 형식적 개념의 민간경비이므로 공경비와 민간경비는 명확히 구별된다.

09 민간경비의 의의에 관한 설명으로 옳지 않은 것은?

① 서구에서는 민간경비를 논의할 때 영리를 목적으로 하는 계약경비뿐만 아니라 자체경비도 포함시키는 경향이 있다.
② 민간경비산업을 계약경비산업으로 한정하면 자체경비는 민간경비산업에서 제외된다.
③ 실정법에서 규정하고 있는 민간경비는 개념적으로 실질적인 의미의 민간경비에 해당한다.
④ 민간경비는 주로 일정한 비용을 지불하는 특정 고객을 대상으로 한다.

해설 「경비업법」(실정법)이 규정하고 있는 민간경비는 형식적 의미의 민간경비에 해당한다.

05 ④ 06 ② 07 ③ 08 ④ 09 ③

10 경비업법상 규정된 경비업무에 관한 설명으로 옳지 <u>않은</u> 것은? • 제21회 기출

① 특수경비업무: 운반 중에 있는 현금·유가증권·귀금속·상품 그 밖의 물건에 대하여 도난·화재 등 위험발생 방지
② 시설경비업무: 경비를 필요로 하는 시설 및 장소에서의 도난·화재 그 밖의 혼잡 등으로 인한 위험발생 방지
③ 신변보호업무: 사람의 생명이나 신체에 대한 위해의 발생을 방지하고 그 신변을 보호
④ 기계경비업무: 경비대상시설에 설치한 기기에 의하여 감지·송신된 정보를 그 경비대상시설 외의 장소에 설치한 관제시설의 기기로 수신하여 도난·화재 등 위험발생 방지

해설 운반 중에 있는 현금·유가증권·귀금속·상품 그 밖의 물건에 대하여 도난·화재 등 위험발생을 방지하는 경비는 호송경비업무이다. 특수경비업무는 공항(항공기 포함) 등 대통령령이 정하는 국가중요시설의 경비 및 도난·화재 그 밖의 위험발생을 방지하는 업무를 수행한다.

제2절 민간경비와 공경비의 제 관계

11 민간경비에 관한 설명으로 옳은 것은? • 제20회 기출

① 영리성을 갖는다.
② 불특정 다수의 시민이 수혜대상이다.
③ 사전예방과 법집행을 한다.
④ 공권력을 추구한다.

해설 민간경비는 고객으로부터 보수를 받고 경비서비스를 제공한다는 점에서 영리성을 본질로 한다.
② 민간경비는 특정 의뢰인이 수혜대상이다.
③ 범죄의 사전예방은 민간경비와 공경비의 공통점이지만, 법집행은 공경비만의 특징이다.
④ 민간경비는 공권력을 추구하지 않는다.

12 민간경비의 특징에 관한 설명으로 옳지 않은 것은?

① 계약자 등 특정인이 수혜대상이다.
② 범죄예방 기능을 주요 임무로 한다.
③ 공경비와 상호관련성을 가지고 있다.
④ 영리성보다 공익성을 우선시한다.

해설 민간경비는 개인 및 단체, 그리고 영리기업에 요금을 지불하는 고객 또는 자신을 고용한 개인이나 조직체의 신체나 재산을 각종 위해로부터 보호하고 그에 대한 대가를 받기 위해 제공되는 서비스라는 점에서 영리성을 우선시한다.
① 공경비는 불특정 다수(국민)를 수혜대상으로 하나, 민간경비는 도급계약을 체결하는 의뢰인(특정인)이 수혜대상이다.
② 공경비는 범죄예방과 사후 법집행을 특징으로 하지만, 민간경비는 범죄예방 기능을 주요임무로 한다.
③ 민간경비도 개인의 생명·재산보호, 사회의 공공질서유지 등의 공익적 기능을 수행한다는 점에서 공경비와 상호관련성을 가지고 있다.

13 민간경비의 주요임무로 옳지 않은 것은?
• 제23회 기출

① 질서유지활동
② 범죄수사활동
③ 위험방지활동
④ 범죄예방활동

해설 민간경비의 주요임무에는 범죄예방업무, 질서유지업무, 위험방지업무, 「경비업법」상의 경비업무(시설경비, 호송경비, 신변보호, 기계경비, 특수경비, 혼잡·교통유도경비) 등이 있다. 사후적 범인체포 활동이나, 범죄수사활동은 민간경비와 구별되는 공경비의 주요임무에 해당한다.

14 민간경비와 공경비에 대한 설명으로 옳지 않은 것은?

① 공경비란 주로 경찰의 활동을 말한다.
② 공경비의 경우 사법적 강제권을 행사할 수 있다.
③ 민간경비업은 자연인이 아니면 영위할 수 없다.
④ 민간경비는 주로 특정 의뢰자를 대상으로 경호 및 경비서비스를 제공한다.

해설 민간경비업은 법인이 아니면 영위할 수 없다.
① 공경비란 일반통치권을 기초로 국민을 위하여 행하는 활동이며, 주로 경찰의 활동을 의미한다.
② 공경비는 법집행에 관하여 범인의 체포·수사·감금 등이 가능하다는 점에서 사법적 강제권을 행사할 수 있다.
④ 공경비는 일반시민을 대상으로 하고, 민간경비는 특정 의뢰자를 대상으로 한다.

정답 10 ① 11 ① 12 ④ 13 ② 14 ③

15 공경비와 민간경비의 관계에 관한 설명으로 옳지 <u>않은</u> 것은?

① 우리나라의 치안메커니즘은 크게 공경비와 민간경비 양축으로 구성된다.
② 공경비 분야에서 나타난 한계와 비생산성은 민간경비가 발전하는 계기가 되었다.
③ 오늘날 민간경비의 도움 없이 공경비만으로 공동체의 안전과 질서를 유지하기 어렵다.
④ 민간경비서비스는 공경비서비스와 같이 소비자의 경제능력과 상관없이 이용할 수 있다.

> **해설** 민간경비는 일정한 비용을 지불하는 특정 고객에 한해 제공된다는 점에서 소비자의 경제능력과 밀접한 관련성을 가진다.
> ① 우리나라의 범죄예방의 치안을 담당하는 축은 크게 공경비와 민간경비로 나뉜다.
> ② 공경비는 국회에서 편성하는 예산의 제약을 받고, 영리를 추구하는 민간경비보다 생산성이 떨어진다는 단점이 있다. 이에 따라 이를 보완하는 민간경비가 등장하게 되었다.
> ③ 공경비를 무한 확대할 수 없으므로 질서유지, 범죄예방적 측면에서 민간경비가 필요하다.

16 민간경비업무의 특수성으로 옳지 <u>않은</u> 것은? • 제15회 기출

① 조직성　　　　　　　② 돌발성
③ 위험성　　　　　　　④ 권력성

> **해설** 민간경비업무의 특수성으로는 위험성, 돌발성, 조직성, 기동성 등이 있다. 민간경비업무는 고객으로부터 대가를 받고 생명이나 재산의 안전에 필요한 서비스를 제공한다. 이런 점에서 권력성은 민간경비의 특수성으로 타당하지 않다.

17 다음 설명 중 옳지 <u>않은</u> 것은? • 제21회 기출

① 공경비의 대상은 국민이고, 민간경비는 특정 의뢰인이다.
② 공경비의 목적은 법집행이고, 민간경비는 의뢰자의 보호 및 손실 감소이다.
③ 공경비의 주체는 정부이고, 민간경비는 영리기업이다.
④ 공경비의 임무는 범죄의 예방과 대응이고, 민간경비는 범죄의 예방과 피해회복이다.

> **해설** 공경비의 임무는 범죄의 예방과 대응이고, 민간경비는 범죄의 예방이다. 범죄가 발생한 후 피해자의 피해회복은 민간경비의 임무에 해당하지 않는다. 피해자의 피해회복은 당사자의 합의나 민사소송절차에 따르게 된다.

18 민간경비와 공경비에 관한 설명으로 옳지 않은 것은?
• 제18회 기출

① 민간경비원은 현행범을 영장 없이 체포할 수 있다.
② 민간경비의 역할은 범죄의 예방, 진압 및 수사가 포함된다.
③ 경비업자는 불특정 다수인에게 경비서비스를 제공할 의무가 없다.
④ 민간경비의 목적은 사익보호이고, 공경비의 목적은 공익 및 사익보호이다.

해설 범죄의 진압 및 수사는 공경비의 역할에 해당한다.
① 범죄의 실행 중이거나 실행의 직후인 자를 현행범인이라고 한다(형사소송법 제211조). 현행범인은 누구든지 영장 없이 체포할 수 있다(형사소송법 제212조). 따라서 민간경비원은 현행범을 영장 없이 체포할 수 있다.
③ 경비업자는 특정 의뢰인의 이익을 위해 경비서비스를 제공할 의무가 있는 자이다.
④ 민간경비는 의뢰인의 이익을 보호하는 점에서 사익보호를 목적으로 한다. 공경비는 공익과 사익 모두를 보호한다.

19 민간경비와 공경비에 관한 설명으로 옳지 않은 것은?

① 민간경비와 공경비는 공통적으로 범죄예방, 질서유지, 위험방지의 역할을 한다.
② 민간경비는 특정 고객을 대상으로 한다.
③ 공경비의 범위는 특정적, 제한적이다.
④ 민간경비는 범죄예방활동 및 재산보호를 목적으로 한다.

해설 민간경비는 법적 강제력의 사용에 있어 제약을 받는다는 점에서 범위가 특정적, 제한적이다.
① 범죄의 예방과 감소, 질서유지, 재산의 손실예방, 사회의 공공질서유지 등이 민간경비와 공경비의 공통점이다.
② 민간경비는 계약자, 즉 특정 고객에게 경비·경호 및 안전의 서비스를 제공한다.
④ 민간경비의 주된 임무는 범죄예방, 손실감소 및 재산보호이다.

20 민간경비와 공경비의 제 관계에 관한 설명으로 옳지 않은 것은?
• 제17회 기출

① 민간경비의 주체는 민간영리기업이고, 공경비는 국가(지방자치단체)이다.
② 민간경비 법률관계의 근거는 경비계약이고, 공경비는 법령이다.
③ 민간경비의 역할은 범죄예방과 범죄진압이고, 공경비는 범죄예방과 손실예방이다.
④ 민간경비의 직접적인 목적은 사익보호이고, 공경비는 공익 및 사익보호이다.

해설 민간경비의 역할은 범죄의 사전적·예방적 활동이 주가 되고, 범인의 체포·수사·감금 등의 범죄진압은 허용되지 않는다.

정답 15 ④ 16 ④ 17 ④ 18 ② 19 ③ 20 ③

21 민간경비에 관한 설명으로 옳지 <u>않은</u> 것은?

① 특정 분야에서는 공경비와 거의 유사한 활동을 한다.
② 공경비에 비해 한정된 권한과 각종 제약을 받는다.
③ 특정한 의뢰자의 이익을 위하여 안전활동을 수행한다.
④ 공경비와 완전히 다른 안전 기법을 활용하여 업무를 수행한다.

> **해설** 민간경비는 공경비와 밀접한 관련을 가지고 업무를 수행하며, 특정 분야(특수경비)에서는 공경비와 거의 유사한 활동을 한다. 또한 안전 기법 면에서도 공경비와 비슷한 안전 기법을 사용한다.

22 우리나라의 경찰과 민간경비의 관계에 관한 설명으로 옳지 <u>않은</u> 것은?

① 경비업법상 경찰청장 또는 시·도경찰청장은 경비업무의 적정한 수행을 위하여 경비업자 및 경비지도사를 지도·감독하며, 필요한 명령을 할 수 있다.
② 경찰활동의 재원은 세금이지만, 민간경비의 재원은 고객이 지급하는 도급계약의 대가(代價)라고 할 수 있다.
③ 경찰의 활동영역은 법령에 근거하는 데 비해 민간경비의 활동범위는 경비계약에 근거한다.
④ 수익자부담이론에 따르면 개인이나 단체의 사유재산보호는 기본적으로 경찰의 역할이라고 본다.

> **해설** 수익자부담이론에 따르면 경찰의 공권력 작용은 질서유지나 체제수호 등과 같은 거시적 역할에 한정시키고, 개인이나 단체의 사유재산보호는 기본적으로 개인이 스스로 담당하여야 한다고 본다.

제3절 민간경비의 이론적 배경

23 민간경비의 성장에 관한 이론적 설명으로 옳지 <u>않은</u> 것은? • 제25회 기출

① 경제환원이론은 경기변동의 영향을 받아 민간경비가 성장한다는 이론이다.
② 공동생산이론은 경찰과 민간이 치안서비스를 공동으로 생산한다는 이론이다.
③ 공동화이론은 공경비 자원의 한계로 발생하는 치안서비스 수요의 공백을 민간경비가 채워준다는 이론이다.
④ 이익집단이론은 공동화이론과 유사하나 공경비가 독립적 행위자로서의 고유영역을 가진다는 점을 강조한 이론이다.

> **해설** 공동화이론은 민간경비는 공경비가 수행하는 본연의 기능이나 역할상에 나타나는 한계를 보충 내지 보조한다고 주장한다. 이익집단이론은 민간경비를 공경비와 독립된 행위자로서 고유영역을 가진다고 주장하는 점에서 공동화 이론과 다르다.

24 민간경비의 성장이론 중 경제환원론에 관한 설명으로 옳지 <u>않은</u> 것은?   • 제18회 기출

① 거시적 차원에서 범죄의 증가원인을 실업의 증가에서 찾는다.
② 경제침체와 민간경비 부문의 수요증가의 관계를 인과적 성격으로 보고 있다.
③ 경제침체기 미국 민간경비 시장의 성장과정에 대한 경험적 관찰에 기초한 이론이다.
④ 사회현상이 직접적으로 경제와 무관하더라도 발생원인을 경제문제에서 찾고자 한다.

> **해설** 경제환원론은 경제침체와 민간경비 수요증가의 관계를 원인과 결과를 규정지을 수 있는 인과관계적 성격이 아니라, 미국이 경기침체를 보였던 1965년에서 1972년 동안 민간경비 시장의 성장이 다른 서비스업 전체의 증가보다 성장하였던 시대의 단순논리적이고 경험적 관찰에 기초한 이론이다.

25 민간경비 성장이론에 관한 설명으로 옳은 것은?

① 공동화이론은 경제적 관점의 이론이다.
② 경제환원론은 사회적 관점의 이론이다.
③ 공동생산이론은 경찰이 안고 있는 한계를 일부 극복하고 시민의 안전욕구를 충족시키기 위하여 민간부문의 능동적 참여를 다각적으로 유도하는 이론이다.
④ 공동화이론은 그냥 내버려 두면 보호받지 못한 채로 방치될 재산을 민간경비가 보호한다는 이론이다.

> **해설** 공동생산이론은 경찰이 안고 있는 한계를 일부 극복하고, 더 나아가 시민의 안전욕구를 충족시키기 위해 경비분야에 있어 민간부문의 능동적 참여를 다각적으로 유도한다.
> ① 경찰의 범죄예방능력이 국민의 욕구를 충족시키지 못할 때의 공동상태를 민간경비가 보충한다고 보는 공동화이론은 사회적 관점의 이론이다.
> ② 사회현상이 직접적으로 경제와 관련이 없더라도 발생원인을 경제현상에서 찾고자 하는 경제환원론은 경제적 관점의 이론이다.
> ④ 그냥 내버려 두면 보호받지 못한 채로 방치될 재산을 민간경비가 보호한다고 보는 이론은 이익집단이론이다.

정답 21 ④ 22 ④ 23 ④ 24 ② 25 ③

26 공동화이론에 관한 설명으로 옳지 않은 것은?
• 제23회 기출

① 경찰이 수행하는 경찰 본연의 기능·역할을 민간경비가 보완한다.
② 경찰은 거시적 질서유지 기능을 하고 개인의 신체와 재산보호는 개인 비용으로 부담해야 한다.
③ 민간경비와 공경비의 관계는 상호갈등·경쟁관계가 아니라, 상호보완적·역할분담적 관계를 갖는다.
④ 범죄증가에 비례해 경찰력이 증가해야 하지만, 현실적으로 어려워 그 공백을 메우기 위해 민간경비가 발전한다.

해설 경찰이 거시적 질서유지 기능을 수행하고 개인의 신체와 재산보호는 개인 비용으로 부담해야 한다는 것은 수익자부담이론과 관련 있다.

27 민간경비의 성장이론 중 이익집단이론에 관한 설명으로 옳은 것은?
• 제18회 기출

① 그냥 내버려 두면 보호받지 못한 채로 방치될 재산 등을 민간경비가 보호한다.
② 공경비의 힘이 미치지 못하는 치안환경의 사각지대를 민간경비가 메워 주어야 한다.
③ 정부의 비용절감을 위하여 공경비의 역할을 줄이는 대신 민간경비의 역할이 확대된다.
④ 사회구성원 개개인 차원의 안전과 사유재산의 보호는 해당 개인이나 집단이 담당하여야 한다.

해설 플레빌의 이익집단이론은 민간경비를 하나의 독립된 행위자로 인식하고 민간경비가 자체적으로 고유한 이해관계를 가질 수 있는 것으로 이해한다.
② 공동화이론, ③ 민영화이론, ④ 수익자부담이론에 대한 설명이다.

28 공동생산이론에 관한 설명으로 옳지 않은 것은?
• 제19회 기출

① 민간경비는 집단적 이익의 실현을 위해 규모를 팽창시킨다.
② 민간경비를 공경비의 보조적 차원이 아닌 주체적 차원으로 인식한다.
③ 치안서비스 제공은 경찰의 역할수행과 민간경비의 공동참여로 이루어진다.
④ 시민의 안전욕구를 증대시키기 위해 민간부문의 능동적 참여를 다각적으로 유도한다.

해설 이익집단이론은 민간경비도 자신의 집단적 이익을 극대화하기 위해 규모를 팽창시키고, 새로운 규율이나 제도를 창출시키는 등의 노력을 함으로써 발전한다고 보는 이론이다.

29 수익자부담이론의 관점에서 본 민간경비의 성장요인에 관한 설명으로 옳은 것은?

① 경찰이 수행하고 있는 경찰 본연의 기능이나 역할을 민간경비가 보완하면서 민간경비가 성장하였다.
② 공경비는 질서유지와 체제수호 등의 역할을 담당하고, 개인이나 조직의 안전과 보호는 해당 개인이나 조직이 스스로 담당하여야 한다는 인식을 바탕으로 민간경비가 성장하였다.
③ 치안서비스 생산과정에서 경찰과 같은 공공부문의 역할수행과 민간부문의 공동참여를 통해 민간경비가 성장하였다.
④ 경기침체로 실업자가 증가하고 그로 인한 자연스러운 범죄증가를 해결하기 위해 민간경비가 성장하였다.

> **해설** 수익자부담이론은 경찰의 공권력 작용은 질서유지 등 거시적 역할에 한정시키고, 개인이나 조직의 안전과 보호는 개인이나 조직 스스로 담당하여야 한다는 인식을 바탕으로 하는 이론이다.
> ① 공동화이론의 관점에서 본 민간경비의 성장요인에 대한 설명이다.
> ③ 공동생산이론의 관점에서 본 민간경비의 성장요인에 대한 설명이다.
> ④ 경제환원론의 관점에서 본 민간경비의 성장요인에 대한 설명이다.

30 민간경비산업 성장의 이론적 배경에 관한 설명으로 옳지 <u>않은</u> 것은?

① 수익자부담이론 - 그냥 내버려 두면 보호받지 못한 채로 방치될 재산을 민간경비가 보호한다.
② 공동화이론 - 경찰에게 부여된 범죄예방이나 통제능력이 감소됨으로써 생겨난 공백을 민간경비가 메워 준다.
③ 공동생산이론 - 경찰이 근본적으로 안고 있는 한계를 일부 극복하고, 시민의 안전욕구를 증대시키기 위하여 민간부문의 능동적인 참여를 다각적으로 유도한다.
④ 경제환원론 - 경기침체로 인하여 실업이 증가하면 범죄가 증가하고, 이에 대응하기 위해 민간경비산업이 성장한다.

> **해설** 그냥 내버려 두면 보호받지 못한 채로 방치될 재산을 민간경비가 보호한다는 것은 이익집단이론과 관련 있다. 수익자부담이론은 개인이나 조직의 안전과 보호는 개인과 조직이 담당하여야 한다고 본다.

26 ② 27 ① 28 ① 29 ② 30 ① **정답**

31 민간경비의 민영화에 관한 설명으로 옳지 않은 것은? ・제25회 기출

① 국가권력의 시장개입을 비판하고 작은 정부를 지향하는 신자유주의적 흐름을 반영한다.
② 공경비의 일부 활동을 민간에 이전하여 민간경비로 전환하는 것도 민영화이다.
③ 민영화는 모든 부문에서의 배타적 자율화를 의미하며 국가권력의 개입이 전적으로 배제된다.
④ 대규모 행사의 안전관리에 참여하여 공권력의 부담을 감소시키는 것도 민영화이다.

> **해설** 경비서비스 분야에서 민영화는 자율적 경쟁개념을 도입하고 효율적인 경비서비스를 제공하는 것을 목적으로 한다. 이는 경비서비스의 모든 부문에서 배타적 자유화를 의미하지는 않으며, 국가권력의 개입을 전적으로 배제하는 이론 또한 아니다.

32 민영화이론에 관한 설명으로 옳은 것은? ・제23회 기출

① 복지국가 확장의 부작용에 따른 재정위기를 극복하기 위해 국가의 역할 범위를 축소하고 재정립한다.
② 그냥 내버려 두면 보호받지 못한 채로 방치될 만한 재산을 민간경비가 보호한다.
③ 경기침체에 따른 실업자의 증가로 범죄가 증가함으로써 민간경비 시장이 성장・발전한다.
④ 경찰의 치안서비스 제공 과정에서 시민과 민간경비의 능동적 참여를 다각적으로 유도한다.

> **해설** 복지국가는 국민의 인간다운 생활을 위해 국가가 적극적으로 복지 혜택을 부여하고, 국민의 최소한의 생활을 위해 국가가 물질적 급부를 제공하는 국가를 말한다. 국민 전체의 복지 증진과 확보 및 행복 추구를 국가의 가장 중요한 사명으로 보는 복지국가는 거대정부를 지향하게 되고, 이는 재정위기를 수반하게 된다. 이에 대한 반성으로 작지만 효율적인 정부를 지향하고 민간 역할의 증대를 통해 비용을 절감하자는 이론이 민영화이론이다.
> ② 이익집단이론의 내용이다.
> ③ 경제환원론의 내용이다.
> ④ 공동생산이론의 내용이다.

33 민영화이론에서 말하는 민영화의 내용에 관한 설명으로 옳지 <u>않은</u> 것은? • 제22회 기출

① 자원이용의 효율성을 높일 수 있다.
② 민간의 활동이 활성화될 수 있다.
③ 공공지출과 행정비용의 증가효과를 유발하기 위한 방법이다.
④ 재화나 서비스의 생산이 공공분야에서 민간분야로 이전되는 것이다.

> 해설 복지국가 이념에 따르면 정부의 역할이 비대해지고 공공지출과 행정비용이 증가될 수밖에 없다. 복지국가 이념에 대한 반성으로 재화나 서비스의 생산을 공공분야에서 민간분야로 이전함으로써 국가독점에 의한 비효율성을 극복하여 공공지출과 행정비용을 줄이려는 이론이 민영화이론이다.

34 민간경비활동의 기본전략인 환경설계를 통한 범죄예방(CPTED)에 관한 설명으로 옳지 <u>않은</u> 것은?

① 1차적 기본전략은 자연적 접근통제, 자연적 감시, 영역성의 강화라고 할 수 있다.
② CPTED는 개인의 본래 활동을 방해하지 않으면서 범죄예방 효과를 극대화하는 데 목표를 두고 있다.
③ CPTED는 모든 인간이 잠재적 범죄욕망을 가지고 있다는 전제하에 사전에 범행기회를 차단한다는 것에 기초를 두고 있다.
④ CPTED의 2차적 기본전략으로서 조직적 · 기계적 접근방법은 고려되지 않는다.

> 해설 CPTED의 2차적 기본전략에는 조직적 통제(경비원), 기계적 통제(자물쇠), 자연적 통제(공간구획) 등이 있다. 이는 조직적 · 기계적 접근방법을 고려하는 것이다.

정답 31 ③　32 ①　33 ③　34 ④

35 환경설계를 통한 범죄예방(CPTED)에 관한 설명으로 옳지 <u>않은</u> 것은?

① CPTED는 환경적인 요소가 인간의 행동 및 심리적 성향을 자극하여 범죄를 예방한다는 환경행태학적 이론에 기초하고 있다.
② 전통적 CPTED는 공격자가 보호대상에 접근하지 못하도록 하는 방법을 주로 활용한다.
③ 현대적 CPTED는 삶의 질 향상을 고려하지 않는다.
④ CPTED의 기본전략은 자연적인 접근통제와 감시, 영역성의 강화에서 출발한다.

해설 현대적 CPTED는 개인의 본래 활동을 방해하지 않으면서 범죄예방 효과를 극대화함으로써 개인의 삶의 질 향상을 도모하고 있다.

36 환경설계를 통한 범죄예방(CPTED)에 관한 설명으로 옳지 <u>않은</u> 것은?   • 제21회 기출

① 범죄의 원인을 환경적 요인에서 찾고자 한다.
② 동심원영역론(Concentric Zone Theory)은 CPTED의 접근방법 중 하나이다.
③ 2차적 기본전략은 자연적 접근방법을 통해 범죄예방 효과를 극대화하고자 한다.
④ 모든 인간은 잠재적 범죄욕망을 가지고 있기 때문에 사전에 범행기회를 차단하고자 한다.

해설 2차적 기본전략은 조직적·기계적 접근방법을 고려하는 것이다.

37 환경설계를 통한 범죄예방(CPTED)에 관한 설명으로 옳지 <u>않은</u> 것은? • 제23회 기출

① 브랜팅햄(P. Brantingham)과 파우스트(F. Faust)의 범죄예방 구조모델 개념과 관련된다.
② 뉴만(O. Newman)의 방어공간 개념과 관련된다.
③ 지역의 환경을 개선하여 범죄자의 범법심리를 억제하고, 주민의 범죄에 대한 두려움을 줄이는 기법을 말한다.
④ 범죄의 원인을 환경적 요인보다는 개인적 요인에서 찾는다.

해설 환경설계를 통한 범죄예방(CPTED)은 범죄의 원인을 개인적 요인보다 환경적 요인에서 찾는다.
① 브랜팅햄(P. Brantingham)과 파우스트(F. Faust)가 주장한 범죄예방 구조모델은 범죄예방의 대상과 그 내용에 대한 접근방법 및 과정을 설명한 이론이다.
② 뉴만(O. Newman)의 방어공간 개념은 환경설계를 통한 범죄예방(CPTED) 개념의 기초가 되었다.
③ CPTED는 물리적 환경을 개선하여 범죄자의 범법심리를 억제하고, 주민의 범죄에 대한 두려움을 줄이는 기법을 말한다.

38 환경설계를 통한 범죄예방(CPTED)에 관한 설명으로 옳은 것은? • 제19회 기출

① 환경의 효율적 이용을 통한 범죄예방을 위하여 자연적 전략에서 기계적 전략으로 그 중심을 바꾸는 데 기여하였다.
② 1차적 기본전략은 자연적인 통제, 자연적인 감시, 영역성의 강화라는 세 가지 차원에서 출발한다.
③ 시민의 삶과 질 향상과는 관계없이 범죄예방만을 추구한다.
④ 범죄원인을 환경적 요인보다 개인적 요인에서 찾는다.

해설 ① 환경설계를 통한 범죄예방에서 1차적 기본전략과 2차적 기본전략은 상호보완하기 때문에 1차적인 자연적 전략에서 2차적인 기계적 전략으로 그 중심이 바뀌었다는 내용은 적절하지 않다.
③ 환경설계를 통한 범죄예방으로 시민의 삶과 질을 향상시키자는 이론이다.
④ 범죄원인을 개인적 요인보다 환경적 요인에서 찾는다.

정답 35 ③ 36 ③ 37 ④ 38 ②

CHAPTER 02

세계 각국의 민간경비의 발전과정

제1절 　각국의 민간경비의 역사적 발전
제2절 　각국의 민간경비의 법적 지위

최근 13개년 출제비중

14%

학습 TIP
- ☑ 영국, 미국, 일본 그리고 우리나라의 민간경비의 발전과정을 이해하고, 중요한 인물들의 업적과 중요한 연도를 반드시 숙지해야 한다.
- ☑ 각국의 민간경비의 민사법적, 형사법적 지위를 이해하고 차이점을 숙지해야 한다.

POINT   CHAPTER 내 절별 출제비중

| 01 | 각국의 민간경비의 역사적 발전 | 75% |
| 02 | 각국의 민간경비의 법적 지위 | 25% |

CHAPTER 02 세계 각국의 민간경비의 발전과정

제1절 각국의 민간경비의 역사적 발전

1. 고대 민간경비

개인의 생명과 재산을 보호한다는 것은 인류 역사상 가장 오래된 목표 중 하나이다. 고대에는 국가적 소유와 시민적 소유가 분명하지 않았고, 경비를 주로 외부침략으로부터의 방어나 종족 또는 영토의 보존차원에서 이해하였다. 따라서 역사적으로 볼 때 경비제도에서 민간경비는 공경비보다 앞선 제도라고 할 수 있다.

(1) 고대 원시시대

① 고대 원시시대에서 경비는 생존을 위한 수단으로서 주변의 적대적 환경, 즉 자연재해나 타 종족으로부터 자신을 스스로 보호하기 위한 방법으로 강구되었다. 대표적인 예로 절벽에 위치한 동굴, 땅에서 사다리를 이용하여 나무에 올라가는 주거형태나 수상가옥 등이 있다.

② 고대문헌이나 성서와 같은 많은 자료를 통해 개인의 안전과 재산을 지키기 위해 야간감시자나 신변보호요원을 이용했음을 알 수 있다.

(2) 함무라비(바빌론)왕시대

① 기원전 1750년경 고대 바빌론의 함무라비왕에 의해 문서화된 법령으로 정부가 법집행을 할 수 있게 되었다.

② 국가차원의 경비와 개인차원의 민간경비개념이 분리되기 시작하여 국가는 문서화된 법령으로 법집행을 이행하고, 국민에게는 책임을 부여하였다.

③ '눈에는 눈, 이에는 이'와 같이 동해보복형(同害報復刑) 처벌을 규정하고 있다.

> **동해보복형**
> 고대 바빌로니아 법률에서 범죄자에게 피해자가 입은 상처 및 피해와 정확히 똑같은 벌을 주도록 한 원칙으로, 반좌법, 탈리오 법칙이라고도 한다.

(3) 고대 그리스시대

① 부족이나 씨족차원의 경비개념에서 사회적 차원의 공공개념으로 분화되기 시작한 것은 초기 그리스 도시국가시대이다.
② 예를 들어, 스파르타에서는 법을 집행하기 위한 치안책임자를 임명하는 치안책임자제도가 발달하였는데, 이는 최초의 국가경찰의 존재를 의미한다.

(4) 고대 로마시대

① 고대 로마시대에는 통치자의 군대조직에 의하여 사회안전을 유지하였다.
② 아우구스투스 황제는 각 관할 구역의 질서유지를 위하여 수천 명의 비무장 군대를 임명하고 이를 자경단원(Vigilance Man)이라고 불렀다. 이는 역사상 최초의 비무장 수도경찰로 간주된다.
③ 그 후 로마제국의 몰락으로 경비의 책임이 국가적 차원에서 개인적 차원으로 귀속되는 과정을 겪었다.

핵심 기출문제

01 고대 민간경비에 관한 설명으로 옳은 것은? · 제24회 기출

① 원시시대에는 동해보복형(同害報復刑)의 처벌을 하였다.
② 공경비와 민간경비가 분리된 시대는 함무라비시대이다.
③ 그리스시대에는 법집행을 위해 최초의 국가경찰인 자경단원제도를 운영하였다.
④ 로마시대에는 최초의 무장 수도경찰을 운영하였고, 민간경비가 크게 성장하여 경비책임이 개인에게 귀속되었다.

해설 함무라비시대에 문서화된 법령에 의하여 정부가 법집행을 할 수 있게 됨에 따라 국가차원의 공경비와 개인차원의 민간경비가 분리되었다.
① 동해보복형(同害報復刑)의 처벌은 함무라비왕시대이다.
③ 법집행을 위해 최초의 국가경찰인 자경단원제도를 운영한 것은 로마시대 아우구스투스 황제 때이다.
④ 로마시대에는 최초의 비무장 수도경찰을 운영하였다.

정답 ②

2. 국가별 민간경비제도 ★★★

(1) 영국 민간경비의 발전

민간경비의 역사는 영국을 중심으로 유럽에서 시작되었다. 영국에서는 사설 경찰활동이 공적인 경찰활동보다 먼저 존재하였으며, 이로 인해 공경찰의 도입 필요성을 제기하였다.

① 규환제도(Hue and Cry)
  ㉠ 개인차원의 경비개념으로서 모든 사람은 자신의 행동뿐만 아니라 이웃의 행동에 대해서도 책임이 있다고 명시하고, 일단 범죄가 발생하면 고함을 지르고 사람을 모아 그 지역에 침범한 범죄자를 추적하는 것이 시민 각자의 의무이다.
  ㉡ 범죄자를 체포하지 못하면 관련된 이웃의 모든 시민들에게 국왕으로부터 벌금이 부과된다. 따라서 규환제도는 범죄에 대하여 개인과 집단이 공동책임을 지는 제도라고 할 수 있다.
  ㉢ 노르망디의 군주인 윌리엄(William)은 각 도시의 치안질서를 유지하기 위하여 군인이면서 재판관인 사이어 리브(Shire Reeve)를 임명하였다. 이는 오늘날의 국가 또는 주(州)의 치안과 행정을 집행하는 민선행정관인 보안관(Sheriff)제도로 발전하였다.

② 헨리(Henry) 국왕의 법령
  ㉠ 영국의 헨리 1세 국왕은 레지스 헨리시법(The Legis Henrici Law)을 공포하여 민간경비차원에서 실시된 경비활동을 국가적 치안개념으로 발전시켰다.
  ㉡ 헨리시법으로 인해 시민의 재산과 권위보호를 해하는 범죄는 국왕의 평화에 대한 도전으로, 사법에서 공법으로 법 개념의 변천이 생기게 되었다.
  ㉢ 헨리시법은 국왕에게 살인, 위폐범, 강도, 강간 등 범죄에 대한 재판권을 부여하였다.
  ㉣ 중죄와 경범죄에 대한 법률적 구분을 하였다는 점에서 큰 의의가 있다.
  ㉤ 경찰은 사립경찰로서의 활동이 아닌 국민의 공복으로서 활동해야 한다는 개념이 서게 되었다는 점에서 중요한 의미가 있다.

③ 주야감시시대
  ㉠ 법의 집행이 개인에서 정부로 이양되어 지역경찰에 대한 국왕의 통제가 강화되었고, 주를 관할하는 보안관의 무능을 견제

하기 위해 법의 집행기관으로서 경찰권과 재판권을 부여받은 치안판사직이 신설되었다. 하지만 범죄의 증가로 치안상태를 대처할 능력이 없어 이를 대신할 민간경비기관이 발달하게 되었다.
- ⓒ 경제 침체로 인해 사회의 불안과 범죄가 증가하였으며 정부의 치안능력으로는 시민의 생명과 재산을 충분히 보호할 수 없게 되었다. 이와 같은 치안 부재로 인해 점차 민간경비기관이 발달하였으며, 이들은 주로 은행의 경비, 상인들의 고용인, 사업장소의 주·야간감시원으로 근무하였다.
- ⓒ 에드워드 1세가 발표한 윈체스터법에 의하여 파수제가 마련되었다. 윈체스터법에는 런던 내외에서 야경 및 경비제도, 주·야간파수제, 15세 이상 60세 미만 남자의 무기비치 의무화 등이 규정되었다.

④ 헨리 필딩(Henry Fielding)의 보우가의 주자시대
- ㉠ 런던 보우스트리트의 치안판사로 임명된 헨리 필딩(Henry Fielding)은 시민들 중 지원자를 대상으로 소규모의 범죄예방 조직을 만들어 보수를 지급하고 급료를 받는 민간경비제도를 제안하였다. 또한 범죄예방을 위해서는 시민 스스로 단결해야 한다는 개념을 확립하였다.
- ㉡ 보우가경찰대는 도보경찰대, 기마경찰대, 보우가의 주자(The Bow Street Runners; 최초의 형사기동대) 등 3개 부문으로 조직되었다.
- ㉢ 이들은 단순 범죄예방차원을 넘어 공경찰과 같은 형사기동대의 역할까지 하였고, 1839년 영국의 수도경찰에 흡수되어 공경찰의 모태가 되었다.

⑤ 현대적 의미의 방범활동 시작
- ㉠ 1800년대 산업혁명으로 산업화와 함께 화폐위조범의 등장, 장물아비의 활동 증가 등 범죄가 범람하였다. 이에 길가에 가로등을 세우고, 범죄자를 체포하는 자에게 현상금을 주고, 범인추방제도를 실시하기도 하였으나 효과를 보지 못하면서 민간경비가 발달하게 되었다.
- ㉡ 산업혁명과 과학기술의 발달로 인한 사회변화에 따라 발생하는 여러 범죄활동에 대비하여 민간경비와 공경비가 더불어 발달하였다.

윈체스터법
조직적인 경찰제도를 확립하려는 조치로서 근대경찰이 탄생하기 이전의 영국 중세경찰제도의 기본법이다.

보우가의 주자
범죄현장에서 수사를 담당하며, 신속한 범죄수사와 분실 재산의 성공적인 회수활동으로 인해 최초의 형사기동대로 알려졌다.

➕ **심화학습**

산업혁명과 민간경비
영국에서는 산업혁명 후 민간경비 업체가 출현하였고, 민간경비가 크게 성장하였다.

ⓒ 로버트 필(Robert Peel)
ⓐ 내무부장관이었던 로버트 필은 1829년 수도경찰법을 의회에 제출하여 영국수도경찰을 창설하였고, '범죄문제를 해결하는 데 있어 책임이 분리되어서는 훌륭한 경찰활동을 운영할 수 없다.'라고 주장하였다.
ⓑ 로버트 필은 교구경찰, 주·야간경비대, 수상경찰, 상인경찰, 보우가경찰대 등을 하나의 능률적인 유급경찰로 통합하였다.
ⓒ 경찰은 헌신적이어야 하며 훈련되고 윤리적이며, 지방정부의 봉급을 받는 요원들이어야 한다고 주장하였다.
ⓓ 범죄와 혼란을 바로잡기 위해서는 엄격하게 선발되고 훈련된 사람으로 조직된 기관이 필요함을 주장하였다.
ⓔ 로버트 필의 형법개혁안(Peelian Reform)은 현대적 경찰조직의 시초가 되었으며, 이후 영국을 포함한 기타 다른 경찰부서의 모델 역할을 하였다.

핵심 기출문제

02 영국의 로버트 필(Robert Peel)이 행한 경찰개혁에 관한 내용으로 옳지 않은 것은?
• 제24회 기출

① 경찰은 헌신적이고 윤리적이며, 중앙정부로부터 봉급을 받는 요원들이어야 한다고 주장하였다.
② 수도경찰법을 의회에 제출하여 수도경찰을 창설하였다.
③ 범죄와 혼란을 바로잡기 위해서는 엄격하게 선발되고 훈련된 사람으로 조직된 기관이 필요하다고 하였다.
④ 교구경찰, 수상경찰, 상인경찰 등을 능률적인 유급경찰로 통합하였다.

[해설] 로버트 필은 경찰이 헌신적이고 윤리적이며, 지방정부로부터 봉급을 받는 요원들이어야 한다고 주장하였다.

[정답] ①

(2) 미국 민간경비의 발전

① 역사적 배경
㉠ 건국 초기 영국왕실의 권위적인 통치방식을 싫어하여 자치적인 통치방식을 선택하였으며, 범죄에 대응하는 방식에 있어서도 주민자치에 의한 자치경비조직 형태를 선호하였다.

ⓒ 시민의 보호는 자생적으로 발생한 안전장치에 의존하는 실정이었으며, 대표적인 예는 야간경비원(Night Watchman)이다. 이는 밤에 빈번하게 발생하는 범죄로부터 시민의 생명과 재산을 보호하기 위한 야간방범순찰 개념의 민간시민보호장치였다.

ⓒ 산업혁명과 도시화의 진전에 따라 상설경찰조직이 탄생하였으나 전문적인 범죄에 대처할 수 있는 지식과 능력이 부족하였고, 이는 민간경비조직이 발달한 계기가 되었다.

② 민간경비의 발달과정

㉠ **자경단과 유급경비원**: 신개척지의 주민들을 보호하기 위해 자경단과 유급경비원이 야간경비나 순찰 등의 임무를 수행하면서 미국의 민간경비가 시작되었다.

㉡ **도망노예송환법**: 남부지역은 건국 초기 미국의 민간경비 발달과정에서 노예의 탈출과 소요사태 등을 통제하기 위해 도망노예송환법을 제정하였으며, 노예농장의 활성화에 따른 예방과 순찰업무가 주요한 경비업무가 되었다. 이에 대한 경비대로는 찰스턴 시경비대가 시초이며, 이후 1846년 시경찰국이 되었다.

㉢ **서부개척시대**

ⓐ 1800년대 서부지역 개발과 관련하여 철도가 운행되고, 철도는 사람들이 거주하지 않는 불모지를 통과하는 경우가 많아 이를 보호하기 위해 민간경비산업이 발전하였다.

ⓑ 19세기 중엽 캘리포니아 서부개척시대에는 금괴수송을 위한 철도경비가 강화되어 민간경비가 획기적으로 발달하는 계기가 되었으며, 미국연방정부는 철도경찰법을 제정하여 일정한 구역 내에서 경찰권한을 부여한 민간경비조직을 설치하였다.

ⓒ 역마차회사, 철도회사가 동서 간의 철도경비를 위해 자체 경비조직을 구비하면서 민간경비가 발달하는 계기가 되었다. 이 같은 요청에 의해서 생긴 경비조직이 핑커톤 경비조직이다.

㉣ **핑커톤 경비조직**

ⓐ 1850년 핑커톤(Allan Pinkerton)은 탐정사무소를 설립한 후, 1857년에 핑커톤 국가탐정회사로 회사명을 변경하였다.

ⓑ 핑커톤은 위조지폐사범 일당을 검거하는 데 결정적인 공헌을 하여 부보안관으로 임명되었다.

> **도망노예송환법**
> 남부지역에서 제정한 법률로, 남북전쟁의 원인을 제공한 법이다. 노예탈출을 돕는 자를 엄벌하고, 법정에서 도망노예의 진술권 박탈과 배심원평결적용에서 제외하는 법이다.

> ➕ **심화학습**
>
> **핑커톤**
> 1. 과학적인 수사와 경비의 개념을 최초로 정립하였고, 남북전쟁 당시 링컨 대통령의 경호업무를 담당하였다.
> 2. 경찰당국의 자료요청에 응하여 경찰과 민간경비업체의 바람직한 관계를 정립하는 데 공헌하였다.

ⓒ 핑커톤 국가탐정회사는 미국 철도수송경비의 발전에 기여하였고, 서부개척시대에 치안에 있어 공경비의 공백을 메우는 역할을 수행했다.
ⓓ 핑커톤의 범죄자 유형별 정리 방식은 오늘날 프로파일링 수사기법에 영향을 주었다.

핵심 기출문제

03 핑커톤(Allan Pinkerton)에 관한 설명으로 옳은 것은? •제22회 기출

① 보우가의 주자(Bow Street Runner)에 영향을 주었다.
② 서부개척시대에 치안의 공백을 메우는 역할을 수행하였다.
③ 링컨대통령의 경호를 담당한 것은 남북전쟁 종료 이후부터이다.
④ 프로파일링 수사기법과는 무관하다.

해설 핑커톤(Allan Pinkerton)은 서부개척시대에 치안의 공백을 메우는 역할을 수행하였으며, 미국 철도수송경비의 발전에 기여하였다.
① 영국의 헨리 필딩(Henry Fielding)은 신속한 범죄수사와 분실 재산의 성공적인 회수활동으로 인해 최초의 형사기동대로 알려진 보우가경찰대를 조직하였다.
③ 남북전쟁 당시 링컨대통령의 경호업무를 담당하였다.
④ 범죄자를 유형별로 정리하는 프로파일링 수사기법에 영향을 주었다.

정답 ②

ⓜ **에드윈 홈즈(Edwin Holmes)**: 1858년 야간경비회사인 홈즈방호회사를 설립하여 최초의 중앙감시방식의 경보서비스 사업을 시작하였다.
ⓗ **사설탐정기관의 발전**: 19세기 중엽에는 위조화폐나 각종 범죄에 대처할 수 있는 사설탐정기관 등이 발전하였다.
ⓢ **사회운동과 민간경비의 발전**: 19세기 말엽에는 유럽사회의 사회주의·무정부주의의 영향을 받은 노동자들의 격렬한 사회운동으로 산업시설의 보호와 스파이 방지를 위하여 자본가들이 민간경비를 성장시키게 되었다.
ⓞ **산업스파이 활동**: 제1차 세계대전 직전까지는 산업화와 도시화에 따른 산업시설을 보호하고 산업스파이 활동에 대한 예방책으로 민간경비나 흥신소와 같은 조사의뢰기관이 발전하는 계기가 되었다.
ⓩ **제1차 세계대전**: 제1차 세계대전 직전까지 산업화·도시화에 따른 산업시설 보호와 스파이 방지를 위해 자본가들의 민간경비 수요가 증가하였고, 제1차 세계대전 당시 민간경비원이 군수공장을 파업 등으로부터 보호하는 임무를 수행하기도 하였다.

- ㅊ 제2차 세계대전: 제2차 세계대전 이후에는 국가의 중요 산업과 주요 군수물자를 생산하는 업체의 시설, 인원, 장비, 물자, 기밀 등의 보호를 위한 경비 수요의 증가가 민간경비 발전의 토대가 되었고, 전자·기계·전기공업의 발달로 기계경비산업의 발전적 토대를 마련하였다.
- ㅋ 은행보호법: 20세기 중엽 은행보호법이 제정되며 기계경비가 발전하였다.
- ㅌ 국제테러와 민간경비: 미국의 2001년 9·11테러와 같은 국가적 위기상황은 국토안보부 설립과 공항경비 등 민간경비산업 발전의 중요한 계기가 되었다.
- ㅍ 러셀 콜링: 러셀 콜링은 미국 병원경비협회의 책임자로서 경비원의 기능을 통제하고 향상시키기 위해서는 경비원 자격증제도가 필요하다고 주장하였다.
- ㅎ 산업보안자격증의 도입: 산업보안자격증인 CPP(Certified Protection Professional)제도는 공인경비사 자격제도로 민간경비업체가 민간경비의 질적인 수준의 향상을 위해 시행하면서 전국적인 수준으로 발전하였다. 현재 미국산업안전협회에서 시행하고 있으며, 주정부 관할하에 시행하고 있다.

> **산업보안자격증(CPP)**
> 세계 최대의 민간보안조직인 미국의 산업안전협회에서 시행하고 있는 산업보안 최고의 자격증이다.

핵심 기출문제

04 미국 민간경비의 발전에 관한 설명으로 옳은 것을 모두 고른 것은?

• 제20회 기출

㉠ 건국 초기부터 영국식의 강력한 중앙집권적 경찰조직이 발전하였다.
㉡ 서부개척시대 철도운송의 발달과 함께 민간경비가 획기적으로 발전하였다.
㉢ 핑커톤(A. Pinkerton)은 경찰당국의 자료요청에 응하여 경찰과 민간경비업체의 바람직한 관계를 정립하는 데 공헌하였다.
㉣ 2001년 9·11테러와 같은 국가적 위기상황은 민간경비가 발전하는 중요한 계기가 되었다.
㉤ 현재 산업보안자격증인 CPP(Certified Protection Professional) 제도를 연방정부차원에서 시행하고 있다.

① ㉠, ㉡, ㉢
② ㉠, ㉣, ㉤
③ ㉡, ㉢, ㉣
④ ㉢, ㉣, ㉤

해설 ㉠ 미국은 건국 초기부터 영국왕실의 권위적인 통치방식에 반대하여 자치적인 통치방식을 선택하였으며, 주민자치에 의한 자치경비조직의 형태를 선호하였다.
㉤ 산업보안자격증인 CPP(Certified Protection Professional)제도는 연방정부차원이 아닌 민간경비업체가 민간경비업체의 질적 향상을 위해 시행하면서 전국적으로 발전하였다. 현재는 주정부 관할하에 미국산업안전협회에서 시행하고 있다.

정답 ③

(3) 일본 민간경비의 발전

① 초기의 민간경비
  ㉠ 일본에서 현대 이전의 민간경비는 헤이안(平安)시대에 출현한 무사계급에서 뿌리를 찾을 수 있다.
  ㉡ 도쿠가와시대에는 경비업을 전문으로 하는 직업경비업자가 등장하여 일본 민간경비의 발전에 영향을 주었다. 이들은 노동자 공급과 경비업무를 실시하였고, 장병위라고 하였다.
  ㉢ 도쿠가와시대 이후에는 경비업무의 범위를 넓혀 전문적인 직업경비원들이 호상들의 저택경비나 물품 및 귀중품 운반을 하였다.

② 민간경비의 성장·발전
  ㉠ 제2차 세계대전 이전에는 야경, 순시, 보안원 등의 이름으로 자체경비를 실시하였다.
  ㉡ 제2차 세계대전 후 스웨덴의 경비회사 SP(Security Patrol)와 제휴하여 1962년 설립된 일본경비보장회사(SECOM의 전신)는 현대적 민간경비업을 전문으로 하는 민간경비업체라 할 수 있다.
  ㉢ 1964년 동경올림픽을 계기로 민간경비가 획기적으로 발전하였다.
  ㉣ 1970년 오사카 만국박람회를 통해 민간경비가 하나의 경비산업으로 자리를 잡았으며, 이때 민간경비는 시설관리, 관람객 안전, 질서유지 등의 기능을 수행하였다.
  ㉤ 1972년 「경비업법」이 제정되어 그 활동영역을 넓혀 감과 동시에 고도의 전자기술을 도입하여 기계경비가 급속하게 발전하는 추세를 보였다.
  ㉥ 1972년 「경비업법」 제정 당시에는 민간경비가 신고제로 운영되다가 1982년 허가제로 바뀌었다.
  ㉦ 일본은 미국으로부터 민간경비제도를 도입하여 일본 최대 성장사업으로 발전하였고, 기계경비를 중심으로 1980년대 초 한국, 1988년 중국까지 진출하였다.

ⓗ **공안위원회**: 비상설의 경찰관리기관으로, 경찰의 민주성과 정치적 중립성 확보를 목적으로 한다. 국가공안과 관련된 경찰운영과 경찰교양, 경찰예산, 범죄감식, 범죄통계 및 경찰장비에 관한 사항 등 경찰청의 소관사무에 대해 경찰청을 관리하며, 경비원지도책임까지 담당하고 있다.

　　ⓘ 일본의 민간경비는 시설경비·공항보안뿐만 아니라 핵연료물질 운반 등 폭넓은 분야로 발전하고 있다.

> **공안위원회**
> 합의제 행정관청인 행정위원회, 국가공안에 관련된 경찰운영 및 경찰행정에 대한 조정을 행한다.

(4) 한국 민간경비의 발전

① 전통적 민간경비제도

　　㉠ 고대에는 부족이나 촌락단위의 공동체 성격을 가진 자체경비조직을 활용하였다.

　　㉡ 삼국시대에는 지방의 실력자들이 해상을 중심으로 사적 경비조직을 활용하였다.

　　㉢ 고려시대에는 지방호족이나 중앙의 세도가들이 무사를 고용하는 다양한 형태의 경비조직이 출현하였으며, 삼별초가 대표적이다.

　　㉣ 조선시대에는 다양한 공경비조직이 출현하여 민간경비조직은 상대적으로 위축되었다. 이 시대에는 무사를 고용해 사병화하는 형태의 경비조직을 선호하였으며, 지방의 귀족이나 중앙의 세도가들은 경비조직을 자신의 권력을 유지하거나 재산을 보호하기 위한 방편으로 사용하였다.

　　㉤ 조선시대 이후 전문민간경비제도가 시작되기 이전인 1960년대까지는 주로 권력가나 사업가들이 힘센 장정을 고용하여 주택이나 시설물에 대한 경비나 자신들을 경호하는 임무를 시키는 것이 주류를 이루었다.

> **삼별초**
> 별초는 용사들로 조직된 선발군이라는 뜻이다. 삼별초는 좌별초, 우별초, 신의군으로 구성된다.

② 현대적 민간경비제도

　　㉠ **의의**: 현대적 의미의 민간경비는 1960년대 이후부터 오늘에 이르기까지 민간경비 경영자가 경비활동을 상품으로 하여 경비수요자들에게 영리 목적의 전문적인 경비서비스를 제공하던 경비제도를 의미한다.

　　㉡ **현대적 의미의 민간경비**: 현대적 의미의 최초의 민간경비는 화영기업과 경원기업이 1962년에 주한미군에 대한 군납형태를 통해 민간경비산업을 시작한 것이다.

ⓒ 청원경찰의 도입
  ⓐ 청원경찰은 경찰과 민간경비제도를 혼용한 제도로서, 1962년 경제성장으로 증가한 산업시설을 보호하고 북한의 무장게릴라 침투에 따른 한정된 경찰인력을 보조하기 위해 「청원경찰법」이 제정되면서 도입되었다.
  ⓑ 1960년부터 1970년대에는 청원경찰에 의한 국가 주요 기간산업체의 경비가 주류를 이루었다.
ⓔ 1962년 2개의 민간경비업체(화영기업, 경원기업)가 주한미군부대(미8군부대) 용역경비를 실시하였다.
ⓜ 용역경비업법: 1976년 용역경비업법이 제정되면서 본격적인 용역경비가 실시되었고, 1977년 한국경비실업은 경비업 허가 제1호를 취득하였다.
ⓗ 한국용역경비협회 설립: 1978년 내무부장관의 승인으로 사단법인 한국용역경비협회가 설립되었다.
ⓢ 경비지도사 시험 실시: 1997년 제1회 경비지도사 자격시험을 실시하였다.
ⓞ 기계경비의 출현
  ⓐ 1970년대 후반부터 일부 업체는 미국이나 일본 등지에서 방범기기를 구입하거나 종합적인 경비시스템 구축을 위한 노하우를 도입하였다. 한국에서 외국경비회사와 기술제휴를 통해 기계경비시대가 본격적으로 열린 시기는 1980년대라고 할 수 있으며, 한국 민간경비분야에서 기계경비가 활발하게 시작된 시기는 1980년대 이후이다.
  ⓑ 1980년대 아시안게임과 서울올림픽의 개최를 전후로 기계경비시대가 본격적으로 출현하였다. 다만, 한국의 민간경비산업은 아직까지 기계경비보다 인력경비에 많이 의존하고 있는 실정이다.
ⓩ 경비산업의 발전: 1986년 아시안게임, 1988년 서울올림픽, 1993년 대전엑스포에 민간경비회사가 대거 참여하여 역할을 수행함으로써 경비산업이 비약적으로 발전하게 되었다.
ⓧ 신변보호업무의 추가: 1995년 12월 30일 용역경비업법 개정에 따라 경비지도사제도가 신설되고 신변보호업이 경비업무에 추가되었다.

심화학습

한국경비실업은 삼성그룹 계열의 보안시스템 서비스업체이다. 1977년 설립하였고, 1996년 에스원으로 상호변경하였다.

심화학습

민간경비의 급성장 계기
1. **영국**: 산업혁명
2. **미국**: 제1차·제2차 세계대전
3. **일본**: 1964년 동경올림픽, 1970년 오사카 만국박람회
4. **한국**: 1986년 아시안게임, 1988년 서울올림픽

ⓒ 「경비업법」으로 법률명 변경: 1999년 용역경비업법의 법률명을 「경비업법」으로 변경하였다.
ⓔ 특수경비제도의 도입
 ⓐ 2001년에는 「경비업법」이 전면 개정되면서 경비업의 종류에 특수경비업무가 추가되어 청원경찰의 입지가 축소되었다. 또한 기계경비산업이 급속히 발전하여 기계경비업무의 신고제를 허가제로 변경하였으며, 특수경비원제도가 도입되었다.
 ⓑ 특수경비원제도의 실시로 오늘날 인천국제공항의 경비를 맡고, 민영교도소를 설립하는 등 국가치안서비스 영역도 분담하여 역할을 다하고 있다.
ⓕ 민영교도소 설립: 2010년 개신교계의 지원으로 민간이 참여한 소망교도소가 설립되었다.
ⓗ 경비원의 지도·감독: 2013년 「경비업법」상 경비지도사의 직무로 집단민원현장에 배치된 경비원에 대한 지도·감독이 추가 강화되었다.

핵심 기출문제

05 우리나라 민간경비산업에 관한 설명으로 옳지 <u>않은</u> 것은? • 제21회 기출

① 1976년 용역경비업법이 제정되었고, 1978년 한국용역경비협회가 설립되었다.
② 인건비 절감을 위해서 인력경비보다 기계경비의 성장이 가속화될 것이다.
③ 2001년 경비업법 개정으로 특수경비업무가 도입되어 청원경찰의 입지가 축소되었다.
④ 비용절감 등의 정책시행으로 인하여 계약경비보다 자체경비가 발전하고 있다.

해설 기업체 등이 자체적으로 조직 내에 경비인력을 조직화하여 운용하는 자체경비는 경비서비스를 전문으로 하는 외부경비업체와 도급계약을 체결하여 운용하는 계약경비에 비해 비용이 많이 든다. 이에 기업들은 비용절감을 이유로 계약경비를 선호한다.

정답 ④

제2절 각국의 민간경비의 법적 지위

일반적으로 민간경비원의 역할은 공경비인 경찰과의 역할관계 속에서 논의되고 있다. 공경비인 경찰을 기준으로 했을 때 그와 관련하여 민간경비는 어느 정도의 권한을 가지고 있는가에 대한 것이 문제가 된다. 우리나라에서 경찰은 타인에게 명령·강제할 수 있는 권한이 있는 반면, 민간경비원은 이와 달리 권한에 있어 각종 제한을 받는다.

1. 미국 민간경비의 법적 지위 ★☆☆

지방분권주의의 활성화로 인해 대륙법계 국가와 달리 경찰과의 원활한 공조체계가 발전되어 민간경비산업이 상대적으로 많은 발전을 보이고 있다. 대륙법계 국가는 민간경비의 권한과 지위가 상당히 제한적이지만, 미국은 상대적으로 폭넓은 편이다.

(1) 「헌법」상의 권리
① 형사적 제도에서 법을 집행하는 경찰과, 경찰과 같은 성격의 업무를 수행하는 준경찰조직에 대한 권한을 규정하고 있다.
② 민간경비원은 경찰과의 협력 또는 기소를 목적으로 증거를 수집하여 경찰에게 제공하는 대리인으로 활동할 경우, 개인의 사생활비밀침해금지 등의 「헌법」적 제한이 따른다.

(2) 형사법상의 권리
① 실력행사
  ㉠ 특권이나 동의 없이 타인의 권리를 침해했을 경우 민간경비원에게 책임이 있다. 동의는 민간경비원에 의해 수행되는 활동의 기본적인 법적 근거가 되는 것이지만, 이를 타인에게 강요할 수는 없다.
  ㉡ 동의 없는 경찰활동에 대한 정당성 부여의 법적 근거
    ⓐ 재산소유자가 자신의 재산의 침해행위를 막기 위한 자기방어의 경우
    ⓑ 신체적 해악을 가하려는 의도가 명백한 타인의 행위에 대해 정당한 실력행사의 경우

ⓒ 정당한 목적을 실현하는 데 필요한 긴급피난, 정당방위의 경우 허용은 되지만, 이 경우에도 합리적 범위 안에서 행사하여야 한다.
　② 수색활동
　　　㉠ 경찰관이 행하는 수색과 민간경비원이 행하는 수색에는 상당한 차이가 있다.
　　　㉡ 민간경비원에 의해 실시되는 수색의 범위는 법으로 명백하게 규정되어 있지 않지만, 경찰관의 수색에는 명백한 규정이 있으며 사생활의 침해 또는 희생자의 손해가 발생한 경우에는 경찰관이 책임을 져야 한다.
　　　ⓒ 민간경비원의 수색활동은 경찰과 협조하에 활동하거나 또는 준경찰로 활동하는 경우를 제외하고는 일반 사인(私人)과 동일하며 어떠한 특권도 인정되지 않는다.
　③ **심문과 질문**: 민간경비원이 일정한 사안에 대해 심문 또는 질문하는 경우 일반시민이 이에 대해 반드시 응답해야 한다는 규정은 없다.

(3) 「민법」상의 권리

① 「민법」상 불법행위에 대해 민간경비원에게 특별한 권한을 부여하지는 않으며, 민사법상 어느 일방이 상대방의 행위에 의해 보상받아야 할 손실을 입은 경우 손해배상을 청구할 수 있다. 따라서 민간경비원의 불법행위도 일반인의 불법행위와 마찬가지로 동일한 민사책임을 진다.
② 계약법적으로 민간경비원 또는 민간경비업체가 제공하는 경비서비스에 대해서는 일반민사책임보다 엄격한 책임을 부과하고 있다.
③ 특별권한을 부여하는 경비원과 경찰관 신분의 경비원에 대한 신분상의 특례 이외에는 민간인의 법적 권한·의무와 차이가 없다.

(4) 비렉(A. J. Bilek)이 분류한 민간경비원의 법적 지위 유형

① **일반시민과 같은 민간경비원**: 공공기관으로부터 선서에 의해 임명되거나 경찰기관으로부터 특별한 임무의 위임이나 자격증(License) 등을 받지 못한 상태에서 경비업무를 수행하는 민간경비원으로, 일반시민과 똑같은 법적 권리를 갖는다. 우리나라 대부분의 민간기업체 경비원이 이에 해당한다.

② **특별한 권한을 가진 민간경비원**: 제한된 근무지역 내에서 경찰업무(경찰권)를 일부 수행하는 경비원으로, 학교 및 공원지역이나 주지사, 보안관, 시 당국, 정부기관에 의해 특별한 경찰업무를 위임받은 민간경비원을 말한다. 우리나라의 청원경찰이 이에 해당한다.
③ **경찰관 신분을 가진 민간경비원**: 경찰관 신분으로 민간경비 분야에 부업(Part-time)으로 근무하는 민간경비원으로, 두 가지 신분을 모두 가지고 일한다.

➕ **심화학습**

우리나라의 경찰관 신분을 가진 민간경비원

우리나라에는 경찰관 신분을 가진 민간경비원이 없다. 경찰관 신분으로 민간경비회사에서 부업(Part-time)을 할 수 없기 때문이다.

핵심 기출문제

06 각국 민간경비원의 법적 지위와 권한에 관한 설명으로 옳지 <u>않은</u> 것은?

• 제24회 기출

① 미국에서 경찰관이 행하는 수색과 민간경비원이 행하는 수색에는 차이가 없다.
② 미국에서 민간경비원이 경찰과 협력 또는 기소를 목적으로 증거를 수집하여 경찰에 제공하는 대리인으로 활동한 경우 헌법적 제한이 따른다.
③ 일본에서 민간경비원은 업무의 특수성으로 인해 헌법에 규정된 국민의 권리를 침해할 우려가 있으므로 주의가 필요하다.
④ 한국에서 민간경비원이 증거를 수집할 수 있는 형사소송법상의 규정은 없다.

해설 미국에서 경찰관이 행하는 수색과 민간경비원이 행하는 수색에는 상당한 차이가 있다. 정부에서 행하는 수색활동은 법적 근거 또는 권한이 필요하지만 민간경비원에 의해 실시되는 수색의 허용범위는 명백하게 규정되어 있지 않다.

정답 ①

2. 일본 민간경비의 법적 지위 ★☆☆

(1) 일반인과 동일한 지위

① 일본에서 민간경비원은 업무의 특수성으로 인해 「헌법」에 규정된 국민의 권리(사생활의 비밀보장 등)를 침해할 우려가 있으므로 주의가 필요하다.
② 일본 민간경비원의 법적인 지위는 미국과 달리 일반인으로서 지위 이상의 특권이나 권한이 부여되지 않는다. 민간경비원의 법집행 권한은 일반인의 재산 관리권 범위 내에서만 정당화될 수 있으며, 민・형사상의 책임에 있어서는 순수 일반 사인(私人)과 동일한 지위로 취급된다.

(2) 현행범 체포

① 형사법상의 문제가 발생할 경우 일반인과 동일하게 취급되어 현행범인이나 범행 직후의 범인은 누구라도 현행범으로 체포할 수 있으며, 현행범 체포행위는 정당행위로서 위법성이 조각된다.
② 정당방위나 긴급피난 등에 의한 민간경비원의 행위는 현행범 체포와 같이 위법성이 조각된다.

(3) 공경비와 권한 비교

경찰에게는 신문, 보호, 피난조치, 수색, 무기의 사용 등 여러 가지 권한이 부여되어 있으나, 민간경비에는 특별한 권한이 주어져 있지 않고 일반시민이 활동할 수 있는 범위와 동일하다.

3. 한국 민간경비의 법적 지위 ★★★

(1) 경비원의 형사법상 지위

① 민간경비원이 범인을 체포·감금하는 경우에는 「형법」상 체포·감금죄가 성립한다. 「형법」상 민간경비원은 사인에 불과하기 때문이다. 다만, 체포·감금행위가 정당방위·긴급피난·자구행위가 되거나, 「형사소송법」상 현행범 체포에 해당하는 경우에는 정당행위에 해당하므로 위법성이 조각된다.
② 특수경비원이 휴대할 수 있는 무기 종류는 권총과 소총이 있다. 특수경비원은 인질·간첩 또는 테러사건에 있어 은밀히 작전을 수행하는 부득이한 경우에는 경고 없이 소총을 발사할 수 있다.
③ 특수경비업자는 특수경비원으로 하여금 배치된 경비구역 안에서 관할 경찰서장 및 공항경찰대장 등 국가중요시설의 경비책임자와 국가중요시설 시설주의 감독을 받아 시설을 경비하고 도난·화재 그 밖의 위험의 발생을 방지하는 업무를 수행하게 해야 한다.
④ 국가중요시설에 근무하는 특수경비원은 필요한 경우 무기휴대가 가능하지만 수사권은 인정되지 않는다.
⑤ 우리나라에서 민간경비원이 증거를 수집할 경우 그에 대한 법적인 근거규정이 아직까지는 「형사소송법」상 존재하지 않는다.

심화학습

민간경비의 활동영역에 관한 법적 규정

민간경비의 활동영역은 「경비업법」외에도 「청원경찰법」, 「재난 및 안전관리 기본법」등에서도 규정하고 있다.

심화학습

위법성조각과 자구행위

1. **위법성조각**: 범죄가 성립하려면 구성요건 해당성, 위법성 및 책임의 3가지 요건이 충족되어야 한다. 위법성을 조각한다는 것은 위법성을 깨뜨린다는 의미이다. 따라서 위법성을 조각하면 범죄가 성립되지 않는다.
2. **자구행위**: 법정 절차에 의해 청구권을 보전할 수 없을 경우 그 청구권의 실행 불능 또는 현저한 실행 곤란을 피하기 위한 행위를 말한다.

핵심 기출문제

07 각국 민간경비의 법적 관계에 관한 설명으로 옳지 않은 것은?

• 제25회 기출

① 미국은 주정부 또는 지방자치단체 차원에서 규제가 이뤄지다보니 주에 따라 민간경비업의 규제방식과 실태가 다르다.
② 일본은 경비업법 제정을 통하여 민간경비업에 대한 규제사항을 정립하고 안전사회의 기반을 형성하는 산업으로 발전하였다.
③ 호주는 독립된 민간경비산업위원회(Security Industry Authority)를 통하여 민간경비업을 통합 및 규제한다.
④ 한국에서 민간경비원은 사법(私法)적 규율의 대상이므로 사인(私人)적 지위에 불과하다.

> **해설** 영국의 경우 2001년 민간경비업법을 근거로, 2003년 전문가로 구성된 국가주도의 독립된 민간경비산업위원회(Security Industry Authority)를 내무부 산하에 설치하였다. 이를 통해 민간경비 규제업무의 전문화와 품질향상 효과를 높임으로써 민간경비산업의 질적 발전을 이끌고 있다.
> 한편, 인구는 적고 영토는 넓은 호주는 연방·주정부협의회(이하 COAG)에서 자격상호인정(Mutual Recognition)의 큰 틀에서 민간경비업을 규제감독하고 있다.
>
> 정답 ③

(2) 경비원의 민사법상 지위

① 민간경비업은 법인이 아니면 설립하지 못하고 이에 대한 규율은 「민법」상 사단법인에 대한 규정을 준용하도록 되어 있다.
② 민간경비단체의 설립 시에는 주무관청(시·도경찰청장)의 허가를 받아야 하며, 법인사무에 대한 검사·감독 등도 주무관청의 검사·감독이 필요하다.
③ 경비원이 업무를 수행하는 도중에 고의나 과실로 경비대상의 손해를 방지하지 못한 경우에는 「민법」제756조 사용자의 배상책임의 원칙에 따라 민간경비업자가 1차적인 배상책임을 부담하며, 경비원이 업무수행 중 고의 또는 과실로 제3자에게 손해를 입힌 경우에는 경비업자가 이를 배상하여야 한다.
④ 이 경우 민간경비업자는 경비원의 선임·감독에 과실이 없음을 항변하여 책임을 면할 수 있으며, 민간경비업자가 사용자배상책임에 따라 손해를 배상한 경우 경비원에게 구상권을 행사할 수도 있다. 다만, 이러한 「민법」의 규정만으로는 피해자의 손해를 충분히 보전할 수 없기 때문에 이행보증보험계약을 보험회사와 체결하도록 강제하고 있다.

⑤ 민간경비원은 계약자의 이익을 보호한다는 점에서 일반적으로 공무수탁사인으로서 지위를 가진다고 볼 수 없지만, 국가중요시설의 경비를 담당하는 특수경비원은 한정된 범위에서 공무수탁사인의 지위를 가진다.

> **보충학습 공무수탁사인**
>
> 공적인 행정업무 권한이나 공권력적 지위를 부여받아 행정행위를 행사하는 개인을 말한다. 개인의 경우 행정객체가 되는 것이 일반적이나 예외적으로 공적인 업무를 처리할 권한을 부여받은 사인은 그 범위 안에서 행정주체의 지위에 서게 된다. 이 경우의 사인을 공무수탁사인이라고 한다.

⑥ 우리나라의 민간경비원은 형사법이나 민사법상 실력행사에 있어 일반인에 비해 특별한 권한을 가지고 있다고 평가할 수 없으며, 민·형사법상 문제발생 시 일반 사인(私人)과 동일하게 취급된다.

> **심화학습**
>
> 공무위탁의 기능
>
> 민간위탁을 통해 행정의 분산을 도모하고, 사인의 독창적 전문지식을 활용하기 위함이다.

(3) 경찰과의 법적 지위 상호비교

구분	경찰(공경비)	경비원(민간경비)
범인체포권	경찰관에게는 범인체포권한이 있다.	민간경비원은 「형법」상 사인과 동일하다. 따라서 범인체포권한이 없으므로 타인을 체포·감금할 시 현행범 체포, 정당방위, 긴급피난 등에 해당하지 않으면 「형법」 제276조의 체포·감금죄에 해당한다.
증거능력	경찰이 수집한 증거는 증거능력이 인정된다.	법정에서 소송당사자에 의해 증거로서 원용될 경우 이에 대한 증거능력이 인정된다.
손해배상청구권	「국가배상법」 적용	「민법」상 불법행위 적용

(4) 「경비업법」의 행정적 통제

① 경비업의 허가 등

　㉠ 경비업을 영위하고자 하는 법인은 도급받아 행하고자 하는 경비업무를 특정하여 그 법인의 주사무소의 소재지를 관할하는 시·도경찰청장의 허가를 받아야 한다. 도급받아 행하고자 하는 경비업무를 변경하는 경우에도 또한 같다(경비업법 제4조 제1항).

　㉡ 경비업 허가의 유효기간은 허가받은 날부터 5년으로 하며, 유효기간이 만료된 후 계속하여 경비업을 하고자 하는 법인은 행정안전부령이 정하는 바에 따라 갱신허가를 받아야 한다(경비업법 제6조).

② 감독
- ㉠ 경찰청장 또는 시·도경찰청장은 경비업무의 적정한 수행을 위해 경비업자 및 경비지도사를 지도·감독하며 필요한 명령을 할 수 있다(경비업법 제24조 제1항).
- ㉡ 시·도경찰청장 또는 관할 경찰관서장은 소속 경찰공무원으로 하여금 관할 구역 안에 있는 경비업자의 주사무소 및 출장소와 경비원 배치장소에 출입하여 근무상황 및 교육훈련상황 등을 감독하며 필요한 명령을 하게 할 수 있다. 이 경우 출입하는 경찰공무원은 그 권한을 표시하는 증표를 관계인에게 내보여야 한다(경비업법 제24조 제2항).
- ㉢ 시·도경찰청장 또는 관할 경찰관서장은 경비업자 또는 배치된 경비원이 이 법이나 이 법에 따른 명령, 「폭력행위 등 처벌에 관한 법률」을 위반하는 행위를 하는 경우 그 위반행위의 중지를 명할 수 있다(경비업법 제24조 제3항).
- ㉣ 시·도경찰청장 또는 관할 경찰관서장은 경비업무 장소가 집단민원현장으로 판단되는 경우에는 그때부터 48시간 이내에 경비업자에게 경비원 배치 허가를 받을 것을 고지하여야 한다(경비업법 제24조 제4항).

집단민원현장(경비업법 제2조 제5호)

1. 「노동조합 및 노동관계조정법」에 따라 노동관계 당사자가 노동쟁의 조정신청을 한 사업장 또는 쟁의행위가 발생한 사업장
2. 「도시 및 주거환경정비법」에 따른 정비사업과 관련하여 이해대립이 있어 다툼이 있는 장소
3. 특정 시설물의 설치와 관련하여 민원이 있는 장소
4. 주주총회와 관련하여 이해대립이 있어 다툼이 있는 장소
5. 건물·토지 등 부동산 및 동산의 소유권·운영권·관리권·점유권 등 법적 권리에 대한 이해대립이 있어 다툼이 있는 장소
6. 100명 이상의 사람이 모이는 국제·문화·예술·체육 행사장
7. 「행정대집행법」에 따라 대집행을 하는 장소

핵심 기출문제

08 민간경비원의 법적 지위와 권한에 관한 설명으로 옳지 않은 것은?

• 제18회 기출

① 민간경비원은 정당방위나 자구행위를 할 수 있다.
② 민간경비원의 법적 지위는 일반시민과 같은 사인(私人)에 불과하다.
③ 특수경비원은 인질·간첩 또는 테러사건에 있어서 은밀히 작전을 수행하는 부득이한 경우에는 경고 없이 소총을 발사할 수 있다.
④ 특수경비원은 배치된 기관·시설 또는 사업장 등의 구역을 관할하는 시·도경찰청장의 감독을 받아 그 경비구역만의 경비를 목적으로 경찰관 직무집행법에 따른 경찰관의 권한을 행사한다.

해설 특수경비업자는 특수경비원으로 하여금 배치된 경비구역 안에서 관할 경찰서장 및 공항경찰대장 등 국가중요시설의 경비책임자와 국가중요시설의 시설주의 감독을 받아 시설을 경비하고 도난·화재 그 밖의 위험발생을 방지하는 업무를 수행하게 하여야 한다(경비업법 제14조 제1항).

정답 ④

4. 한국의 청원경찰

(1) 도입배경

급속한 경제개발과 발전으로 계속적으로 늘어나는 국가중요산업시설물에 대한 경비를 경찰인력만으로는 감당할 수 없어 민간인 신분으로 근무지역 내에서 「경찰관 직무집행법」에 의거 경찰관의 직무를 수행할 수 있도록 조직된 자체경비의 일종이다.

(2) 청원경찰의 정의

청원경찰이란 국가기관 또는 공공단체와 그 관리하에 있는 중요시설 또는 사업장, 국내 주재(駐在) 외국기관, 그 밖에 행정안전부령으로 정하는 중요시설, 사업장 또는 장소의 어느 하나에 해당하는 기관의 장 또는 시설·사업장 등의 경영자가 경비를 부담할 것을 조건으로 경찰의 배치를 신청하는 경우 그 기관·시설 또는 사업장 등의 경비(警備)를 담당하게 하기 위하여 배치하는 경찰을 말한다(청원경찰법 제2조).

(3) 청원경찰의 직무 및 임용

① **직무**: 청원경찰은 청원경찰의 배치 결정을 받은 자(청원주)와 배치된 기관·시설 또는 사업장 등의 구역을 관할하는 경찰서장의 감독을 받아 그 경비구역만의 경비를 목적으로 필요한 범위에서 「경찰관 직무집행법」에 따른 경찰관의 직무를 수행한다(청원경찰법 제3조).

② **임용**: 청원경찰은 청원주가 임용하되, 임용을 할 때에는 미리 시·도경찰청장의 승인을 받아야 한다(청원경찰법 제5조 제1항). 청원경찰의 임용자격·임용방법·교육 및 보수에 관하여는 대통령령으로 정한다(청원경찰법 제5조 제3항).

③ **청원경찰경비의 부담**: 청원주는 청원경찰에 지급할 봉급과 각종 수당, 청원경찰의 피복비, 청원경찰의 교육비, 보상금 및 퇴직금 등의 청원경찰경비를 부담하여야 한다(청원경찰법 제6조 제1항).

(4) 청원경찰의 지위

① **형사법상 지위**: 청원경찰은 「형법」이나 그 밖의 법령에 따른 벌칙을 적용할 때에는 공무원으로 간주되나, 이 경우를 제외하고는 공무원으로 보지 아니한다(청원경찰법 제10조 제2항).

심화학습

청원경찰의 특성
청원경찰은 자체경비의 일종으로, 외국에서 보기 어려운 특별한 제도이다.

행정안전부령으로 정하는 중요시설(청원경찰법 시행규칙 제2조)
1. 선박, 항공기 등 수송시설
2. 금융 또는 보험을 업(業)으로 하는 시설 또는 사업장
3. 언론, 통신, 방송 또는 인쇄를 업으로 하는 시설 또는 사업장
4. 학교 등 육영시설
5. 「의료법」에 따른 의료기관
6. 그 밖에 공공의 안녕질서 유지와 국민경제를 위하여 고도의 경비(警備)가 필요한 중요시설, 사업체 또는 장소

② 민사상 지위: 청원경찰의 직무상 불법행위에 대한 배상책임에 관하여는 「민법」의 일반불법행위책임을 부담한다(청원경찰법 제10조의2). 다만, 국가기관이나 지방자치단체에 근무하는 청원경찰의 직무상 불법행위에 대해서는 「국가배상법」이 적용된다.

(5) 벌칙

① 직권남용에 대한 벌칙: 청원경찰이 직무를 수행할 때 직권을 남용하여 국민에게 해를 끼친 경우에는 6개월 이하의 징역이나 금고에 처한다(청원경찰법 제10조 제1항).

② 불법행위에 대한 손해배상: 청원경찰의 직무상 불법행위에 대해서는 민법의 불법행위에 대한 손해배상책임을 따른다(청원경찰법 제10조의 2). 다만 국가기관이나 지방자치단체에 근무하는 청원경찰의 불법행위에 대해서는 「국가배상법」이 적용된다.

▶ 공경비 · 청원경찰 · 민간경비의 비교

구분	경찰(공경비)	청원경찰(준공경비)	민간경비
이념	국민의 생명 및 재산보호(공공의 이익)	기관장 및 시설주의 이익보호(준공공적 이익)	계약자의 이익보호(개인적 이익)
교육	• 간부후보생: 1년 • 비간부후보생: 9개월	• 신임교육: 2주(76시간) • 직무교육: 월 4시간 이상	• 일반경비원 신임교육: 24시간(이론교육 4시간, 실무교육 19시간, 기타 1시간) • 특수경비원 신임교육: 80시간(이론교육 15시간, 실무교육 61시간, 기타 4시간) • 직무교육: 일반경비원 월 2시간 이상, 특수경비원 월 3시간 이상
신분	국가공무원	민간인	민간인
보수	경찰공무원 보수규정에 의함	순경최저부담 기준액 이상(경찰청장이 매년 최저임금 고시)	계약의 내용에 의함
근거법령	「경찰공무원법」, 「경찰관 직무집행법」	「청원경찰법」, 「경찰관 직무집행법」	「경비업법」

지역	공공지역	경비구역만의 경비를 목적으로 필요한 범위에서「경찰관 직무집행법」에 따른 경찰관의 직무를 수행	고용주의 관리권 범위 내에서 경비업무를 수행
직무 범위	무기휴대 가능	경비구역 내에서 경비목적을 위해 필요한 경우 불심검문 및 무기사용 가능	• 일반경비원: 무기휴대 불가 • 특수경비원: 국가중요시설의 경비를 위해 필요한 한도 내에서 무기휴대 가능

핵심 기출문제

09 특수경비원과 청원경찰에 관한 내용으로 옳은 것은? ・제24회 기출

① 특수경비원이 휴대할 수 있는 무기 종류는 권총·소총과 도검이다.
② 특수경비원은 특정한 경우 사법경찰권한이 허용된다.
③ 청원경찰의 임용은 관할 경찰서장이 한다.
④ 청원경찰은 형법이나 기타 벌칙을 적용할 때에는 공무원으로 간주된다.

해설 청원경찰 업무에 종사하는 사람은 「형법」이나 그 밖의 법령에 따른 벌칙을 적용할 때에는 공무원으로 본다(청원경찰법 제10조 제2항).
① 특수경비원이 휴대할 수 있는 무기 종류는 권총 및 소총이다(경비업법 시행령 제20조 제5항).
② 특수경비원의 사법경찰권한은 인정되지 않는다.
③ 청원경찰은 청원주가 임용하되, 임용을 할 때에는 미리 시·도경찰청장의 승인을 받아야 한다(청원경찰법 제5조 제1항).

정답 ④

CHAPTER 02 세계 각국의 민간경비의 발전과정

중요내용 O✕ 문제

제1절 각국의 민간경비의 역사적 발전

01 핑커톤(Allan Pinkerton)은 서부개척시대에 치안의 공백을 메우는 역할을 수행하였으며, 미국 철도수송경비의 발전에 기여하였다.

02 영국의 로버트 필(Robert Peel)은 교구경찰, 주·야간경비대, 수상경찰, 보우가경찰대 등으로 경찰조직을 더욱 세분화하였다.

03 미국의 민간경비는 남북전쟁시대에 금괴수송을 위한 철도경비를 강화하면서 획기적으로 발전했다.

04 우리나라는 1986년 아시안게임, 1988년 서울올림픽의 개최로 민간경비산업이 급성장하였다.

05 용역경비업법이 제정된 시기는 1978년이다.

06 2001년 경비업법이 개정되어 기계경비업무의 허가제를 신고제로 변경하였다.

제2절 각국의 민간경비의 법적 지위

07 미국에서 경찰관이 행하는 수색과 민간경비원이 행하는 수색에는 차이가 없다.

08 일반시민과 같은 민간경비원, 특별한 권한을 가진 민간경비원, 경찰관 신분을 가진 민간경비원으로 분류한 사람은 비렉(A. J. Bilek)이다.

	O	X
09 우리나라 민간경비업은 법인이나 자연인이 영위할 수 있다.	☐	☐
10 우리나라의 민간경비원이 업무수행 중 경비대상에게 손해를 준 경우 1차적 배상책임은 경비원이 부담한다.	☐	☐
11 청원경찰은 경찰관 직무집행법에 의해 경찰관의 직무를 행하므로 신분은 공무원이다.	☐	☐
12 청원경찰의 직무상 불법행위에 대해서는 국가배상법이 적용된다.	☐	☐
13 청원경찰은 자체경비의 일종이다.	☐	☐
14 우리나라 민간경비원의 신임교육은 이론교육 8시간, 실무교육 20시간으로 실시한다.	☐	☐

OX 정답 01 ○ 02 × 03 × 04 ○ 05 × 06 × 07 × 08 ○ 09 × 10 × 11 × 12 × 13 ○ 14 ×

X 해설
02 로버트 필은 교구경찰, 주·야간경비대, 수상경찰, 상인경찰, 보우가경찰대 등을 하나의 유급경찰로 통합하였다. 또한 경찰은 헌신적이고 윤리적이며, 지방정부로부터 봉급을 받는 요원들이어야 한다고 주장하였다.
03 미국의 민간경비는 서부개척시대에 금괴수송을 위한 철도경비를 강화하면서 획기적으로 발전했다.
05 용역경비업법은 1976년에 제정되었다.
06 2001년에 기계경비업무가 신고제에서 허가제로 변경되었다.
07 미국에서 경찰관이 행하는 수색과 민간경비원이 행하는 수색에는 상당한 차이가 있다.
09 우리나라 민간경비업은 법인이 아니면 영위할 수 없다.
10 경비업자가 1차적 배상책임을 부담한다.
11 청원경찰은 민간인 신분이다.
12 「민법」의 일반불법행위책임을 적용한다.
14 이론교육 4시간, 실무교육 19시간, 기타교육 1시간으로 실시한다.

CHAPTER 02
세계 각국의 민간경비의 발전과정

기출 및 예상문제

제1절 각국의 민간경비의 역사적 발전

01 고대 민간경비에 대한 설명으로 옳지 <u>않은</u> 것은?

① 경비제도를 역사적으로 볼 때 공경비가 민간경비보다 앞서 있다.
② 고대 그리스 도시국가시대에는 부족이나 씨족차원의 경비개념에서 사회적 차원의 공공개념으로 확대되었다.
③ 개인의 생명과 재산을 보호하는 경비는 인류 역사상 가장 오래된 과제 중 하나이다.
④ 고대문헌이나 성서와 같은 많은 자료에서 개인의 안전과 재산을 지키기 위해 야간감시자나 신변보호요원을 이용했음을 발견할 수 있다.

> **해설** 민간경비는 공경비의 주체인 국가의 개념이 등장하기 전 초기 원시시대에 자율적인 자기방어와 종족보호의 방어행위에 기원하므로 공경비보다 민간경비가 시간적으로 앞선 제도이다.

02 민간경비와 공경비를 개인차원과 국가차원으로 분리하기 시작한 시기는?

① 고대 원시시대 ② 함무라비왕시대
③ 로마제국 말기 ④ 영국왕조시대

> **해설** 법집행이라는 개념은 함무라비왕시대에 도입되었으며, 이때부터 국가차원의 경비와 개인차원의 경비개념이 분리되기 시작하였다.

03 영국에서 민간경비차원에 실시되던 경비활동을 국가적 치안개념으로 발전시킨 것은?

① 규환제도(Hue and Cry)
② 상호보증제도(Frank Pledge System)
③ 윈체스터법(The Statute of Winchester)
④ 레지스 헨리시법(The Legis Henrici Law)

해설 영국의 헨리 1세 국왕은 레지스 헨리시법을 공포하여 범죄를 더 이상 개인에 대한 위법이 아니라 국왕의 평화에 대한 도전이라 명시하여 민간경비를 국가적 치안개념으로 발전시켰다.
① 규환제도는 개인차원의 경비개념으로 모든 사람은 자신의 행동뿐만 아니라 이웃의 행동에 대해서도 책임이 있다고 명시하고, 범죄가 발생하면 사람을 모아 그 지역에 침범한 범죄자를 추적하는 것이 시민 각자의 의무였다.
② 상호보증제도는 법집행을 보장하고 침입 부족으로부터 지역사회를 보호하기 위한 제도이다. 12세 이상의 모든 남자들이 돌아가면서 경계를 서는 등 일종의 치안공동책임제도이다.
③ 윈체스터법은 1285년 에드워드 1세 때 제정되었으며, 지방도시의 치안유지를 위해 경찰활동을 보장하기 위한 법률이다. 1829년 수도경찰법 제정 전까지 약 500년 동안 존재한 경찰법이다.

04 영국의 헨리 필딩(Henry Fielding)이 시민들 중 지원자에 의한 소규모 단위의 범죄예방조직을 만들어 보수를 지급하고 역사상 최초의 형사기동대에 해당하는 조직을 만든 시기는?

① 주야감시시대
② 보우가의 주자(The Bow Street Runners)시대
③ 산업혁명시대
④ 헨리 국왕의 King's Peace 시대

해설 영국의 헨리 필딩(Henry Fielding)이 영구적인 직업으로 보수를 받는 민간경찰을 제안하여 역사상 최초의 형사기동대에 해당하는 조직을 만든 시기는 보우가의 주자시대이다.

01 ① 02 ② 03 ④ 04 ② **정답**

05 로버트 필(Robert Peel)의 업적에 관한 설명으로 옳지 <u>않은</u> 것은?　•제21회 기출

① 영국 수도경찰을 창설하였다.
② 교구경찰, 주·야간경비대, 수상경찰, 보우가경찰대 등으로 경찰조직을 더욱 세분화하였다.
③ Peelian Reform(형법개혁안)은 현대적 경찰조직 설립의 시초가 되었다.
④ 경찰은 훈련되고 윤리적이며, 정부의 봉급을 받는 요원이어야 한다고 주장하였다.

> **해설** 로버트 필은 교구경찰, 주·야간경비대, 수상경찰, 보우가경찰대 등을 하나의 능률적인 유급경찰로 통합하였다.

06 영국에서 민간경비와 공경비의 발달을 가져온 시기는?

① 산업혁명시대　② 헨리 국왕 시대
③ 보우(Bow)가의 주자시대　④ 주야감시시대

> **해설** 영국에서 산업혁명에 의한 도시화·산업화의 현상은 다양하고 흉악한 사회범죄를 양산하게 되어 민간경비와 공경비가 더불어 발전하는 계기가 되었다.

07 영국에서 지방도시의 치안유지를 위해 경찰활동을 보장한 법률은?

① 규환제도(Hue and Cry)
② 상호보증제도(Frank Pledge System)
③ 윈체스터법(The Statute of Winchester)
④ 레지스 헨리시법(The Legis Henrici Law)

> **해설** 1285년 에드워드 1세는 각종 범죄의 증가로 사회불안이 증가하자 지방의 중소도시의 경찰활동을 보장하기 위해 윈체스터법(The Statute of Winchester)을 만들어 개혁을 시도하였다.

08 민간경비에 관련된 인물과 내용 중 옳지 않은 것은?
• 제19회 기출

① 로버트 필(Robert Peel): 1829년 수도경찰법을 의회에 제출하여 영국수도경찰 창설
② 헨리 필딩(Henry Fielding): 영국에서 급료를 받는 민간경비제도를 제안했으며, 보우가의 주자(The Bow Street Runners) 등을 만드는 데 기여
③ 헨리(Herny) 국왕: 민간경비차원에서 공경비차원의 경비개념으로 바뀌게 되는 레지스 헨리시법(The Legis Henrici Law) 공포
④ 에드윈 홈즈(Edwin Holmes): 시카고 경찰국 최초 형사로 임명되었으며, 철도수송 경비회사 설립

해설 시카고 경찰국 최초 형사로 임명되었으며, 철도수송 경비회사를 설립한 사람은 핑커톤이다. 에드윈 홈즈는 1858년 야간경비회사인 홈즈방호회사를 설립하여 최초의 중앙감시방식의 경보서비스 사업을 시작하였다.

09 미국에서 경비원의 역량을 강화시키기 위해 전문자격증제도가 필요하다고 주장한 사람은?

① 헨리 필딩　　　　　② 로버트 필
③ 러셀 콜링　　　　　④ 앨런 핑커톤

해설 러셀 콜링은 미국 병원경비협회의 책임자로, 경비원의 기능을 통제하고 향상시키기 위해서는 경비원 자격증제도가 필요하다고 주장하였다.

10 미국 민간경비의 역사적 발전과정으로 옳지 않은 것은?
• 제15회 기출

① 1861년 핑커톤(A. Pinkerton)은 국가탐정회사를 설립하였다.
② 서부개척시대의 귀금속 운송을 위한 철도의 개발은 미국 민간경비산업의 획기적인 발달을 가져왔다.
③ 식민지시대 법집행과 관련된 기본적 제도는 영국의 영향을 받은 보안관(Sheriff), 치안관(Constable), 경비원(Watchman) 등이 있다.
④ 2001년 9·11테러가 발생하면서 공항경비 등 민간경비산업이 급성장하게 되었다.

해설 시카고 경찰국의 최초의 탐정인 핑커톤(A. Pinkerton)은 경찰에서 물러나 1850년 탐정회사를 설립한 후 1857년에 핑커톤 국가탐정회사로 회사명을 바꾸고 철도수송 안전 확보에 기여하였다.

05 ②　06 ①　07 ③　08 ④　09 ③　10 ①　**정답**

11 미국에서 금괴수송을 위한 철도경비가 강화되어 민간경비가 획기적으로 발달했던 시대는?

① 남북전쟁시대　　　　　　② 제1차 세계대전시대
③ 서부개척시대　　　　　　④ 제2차 세계대전시대

> 해설　19세기 중엽 캘리포니아 서부개척시대에 이주민의 보호와 금괴수송을 위한 자경조직인 철도경비 회사의 발달은 민간경비를 획기적으로 발전시키는 계기가 되었다.

12 미국의 민간경비 발전과정에 관한 설명으로 옳지 않은 것은?　　　•제18회 기출

① 철도경찰의 설립과 민간경비의 발전에 큰 역할을 한 사람은 헨리 필딩(Henry Fielding)이다.
② 제1차 세계대전 직전까지 산업화·도시화에 따른 산업시설 보호와 스파이 방지를 위하여 자본가들의 민간경비 수요가 증가하였다.
③ 제2차 세계대전 이후에는 군사, 산업시설의 안전보호와 군수물자 및 장비 또는 기밀 등의 보호를 위한 경비 수요의 증가가 민간경비 발전의 토대가 되었다.
④ 1800년대 서부지역 개발과 관련하여 철도가 운행되고, 철도는 사람들이 거주하지 않는 불모지를 통과하는 경우가 많아 민간경비산업이 발전하였다.

> 해설　영국의 헨리 필딩(Henry Fielding)은 시민들 중 지원자를 대상으로 소규모 단위의 범죄예방 조직을 만들어 최초의 형사기동대를 조직하였다. 미국의 철도수송 안전 확보와 민간경비의 발전에 큰 역할을 한 사람은 핑커톤(A. Pinkerton)이다.

13 미국 민간경비의 역사적 발전과정으로 옳지 않은 것은?

① 1850년 핑커톤(A. Pinkerton)은 탐정회사를 설립하였다.
② 2001년 9·11테러가 발생하면서 건물 등을 관리하는 상주경비는 발달하였으나, 공항경비는 성장세가 둔화되었다.
③ 식민지시대 법집행과 관련된 기본적 제도는 영국의 영향을 받은 보안관(Sheriff), 치안관(Constable), 경비원(Watchman) 등이 있다.
④ 20세기 중엽 은행보호법이 제정되며 기계경비가 발전하였다.

> 해설　2001년 9·11테러 이후 국토안보부를 설립하였으며, 이는 공항경비 등 민간경비산업이 발전하는 중요한 계기가 되었다.

14 미국 민간경비의 역사적 발전에 관한 내용으로 옳지 않은 것은?

① 식민지시대의 대표적 법집행 기관에는 보안관(Sheriff), 치안관(Constable), 경비원(Watchman) 등이 있다.
② 현대적 의미의 민간경비는 1850년 로버트 필이 설립한 사설경비업체가 시초이다.
③ 남캐롤라이나의 찰스턴 시경비대는 1846년 시경찰국으로 발전하였다.
④ 제2차 세계대전 이후에 전자, 기계, 전기공업의 발달로 기계경비산업의 발전적 토대를 마련하였다.

> 해설 영국 로버트 필의 형법개혁안은 현대적 경찰조직의 시초가 되었으며, 이후 영국 경찰의 모델 역할을 하였다. 로버트 필은 영국의 내무부장관으로, 미국 민간경비와 관련 없다.
> ③ 미국 남부지역은 노예의 탈출과 소요사태 등을 통제하기 위해 도망노예송환법을 제정하였으며, 노예농장의 활성화에 따른 예방과 순찰업무가 주가 되었다. 찰스턴 시경비대가 그 시초이며, 이는 1846년 시경찰국이 되었다.

15 핑커톤(Allan Pinkerton)에 관한 설명으로 옳지 않은 것은? • 제18회 기출

① 위폐사범 일당을 검거하는 데 결정적 공헌을 하여 부보안관으로 임명되었다.
② 범죄자를 유형별로 정리하여 프로파일링(Profiling) 수사기법의 전형을 세웠다.
③ 1858년에 최초의 경보회사(Central-Station Burglar Alarm Company)를 설립하였다.
④ 경찰당국의 자료요청에 응하여 경찰과 민간경비업체의 바람직한 관계를 정립하였다.

> 해설 핑커톤은 1850년 탐정사무소를 설립한 후, 1857년 핑커톤 국가탐정회사로 회사명을 바꾸고 철도수송 안전 확보에 일익을 담당하였다. 1858년 야간경비회사인 홈즈방호회사를 설립하여 최초의 중앙감시방식의 경보서비스 사업을 개시한 사람은 에드윈 홈즈(Edwin Holmes)이다.

16 핑커톤(Allan Pinkerton)의 업적에 관한 설명으로 옳지 않은 것은? • 제21회 기출

① 미국 철도수송경비의 발전에 기여했다.
② 오늘날 프로파일링(Profiling) 수사기법에 영향을 주었다.
③ 남북전쟁 당시 링컨 대통령의 경호업무를 수행하였다.
④ 최초의 중앙감시방식 경보서비스 회사를 설립하였다.

> 해설 1858년 야간경비회사인 홈즈방호회사를 설립하여 최초의 중앙감시방식의 경보서비스 사업을 개시한 사람은 에드윈 홈즈(Edwin Holmes)이다.

정답 11 ③ 12 ① 13 ② 14 ② 15 ③ 16 ④

17 일본 민간경비산업의 특징에 관한 설명으로 옳지 않은 것은?

① 경비원지도 교육책임자제도가 있다.
② 기계경비업무관리자제도가 있다.
③ 일본경비협회가 실시하는 신변보호사제도가 국가공인으로 활성화되어 있다.
④ 경비택시제도는 긴급사태가 발생하였을 때, 택시가 출동하여 관계기관에 연락하거나 가까운 의료기관에 통보하는 제도이다.

해설 일본경비협회가 실시하는 신변보호사제도는 아직 국가공인을 취득하지 못하였다.

18 일본 민간경비에 대한 설명으로 옳은 것은?

① 일본에서는 1970년대에 이르러 민간경비업무를 전문적·직업적으로 수행하는 민간경비회사가 등장하였다.
② 일본 민간경비는 기계경비보다 인력경비를 중심으로 새로운 시장을 개척하고 있다.
③ 일본 민간경비는 1980년대 초 한국에 진출하였고, 1980년대 후반에는 중국에까지 진출하는 등 성장을 계속하고 있다.
④ 일본 민간경비는 1964년 도쿄올림픽 선수촌 경비과정을 거치면서 침체기를 겪었다.

해설 ① 일본에서 전업 경비업자가 탄생한 것은 1962년 3월 주식회사 대일경이다. 그리고 같은 해 7월 일본경비보장주식회사(SECOM의 전신으로 스웨덴 경비회사와 제휴)가 설립되었다.
② 일본 민간경비는 기계경비 위주로 새로운 시장을 개척하고 있다.
④ 일본 민간경비는 1964년 동경(도쿄)올림픽 선수촌 경비과정을 거치면서 비약적으로 발전하였다.

19 한국 민간경비산업의 특징이 아닌 것은?

① 한국의 청원경찰제도는 외국에서는 볼 수 없는 특별한 제도이다.
② 1976년 용역경비업법이 제정되었고, 1978년 사단법인 한국용역경비협회가 설립되었다.
③ 현대적 의미의 민간경비제도는 1960년대부터 시작되었다.
④ 1993년 대전엑스포를 계기로 한국에 기계경비가 도입되었다.

해설 1980년대 외국경비회사와의 기술제휴로 기계경비시대가 본격적으로 시작되었다.

20 한국 민간경비의 역사에 관한 설명으로 옳은 것은?

① 1960년 국가중요시설의 설립 및 북한의 위협에 대응하기 위하여 경비업법이 제정되었다.
② 1968년 민간경비산업의 발전을 위해 한국경비협회가 설립되었다.
③ 1990년대 후반에 기계경비의 출현을 계기로 비약적인 발전을 이루었다.
④ 현대적 의미의 민간경비제도는 주한미군의 군납경비의 일환으로 시작되었다.

> **해설** 1960년대 초 화영기업, 경원기업의 2개 회사가 주한미군에 군납형태로 제한된 형태의 용역경비를 실시한 것이 현대적 의미의 민간경비의 시작이다.
> ① 1976년 용역경비업법이 제정되었고, 1999년 용역경비업법의 법률명이 「경비업법」으로 변경되었다.
> ② 1978년 한국용역경비협회가 설립되었다.
> ③ 한국은 1980년대 서울올림픽과 아시안게임 개최를 전후로 기계경비시대가 본격적으로 출현하였고, 이를 계기로 한국의 민간경비가 급성장하게 되었다.

21 미국과 일본의 민간경비제도에 관한 설명으로 옳지 않은 것은?

① 일본은 1964년 동경올림픽을 계기로 민간경비가 획기적으로 발전하였다.
② 미국에서는 20세기 중엽 은행보호법이 제정됨으로써 기계경비가 발전하였다.
③ 일본 민간경비원의 법적인 지위는 미국과 달리 일반인으로서 지위 이상의 특권이나 권한이 부여되어 있지 않다.
④ 미국에서도 경찰관 신분을 가진 민간경비원의 활동을 인정하지 않는다.

> **해설** 미국에서는 경찰관 신분으로 민간경비 분야에 부업으로 근무하는 민간경비원을 인정함으로써 경찰관 신분을 가진 민간경비원의 활동을 인정하고 있다.

| 17 ③ | 18 ③ | 19 ④ | 20 ④ | 21 ④ | 정답 |

22 한국의 민간경비 발전과정에 관한 설명으로 옳지 않은 것은?

① 청원경찰은 경찰과 민간경비를 혼용한 제도로서 1962년 경제성장으로 증가한 산업시설을 보호하기 위해 청원경찰제가 도입되었다.
② 1999년 용역경비업법의 법명을 경비업법으로 개정하였다.
③ 2002년 경비업법이 전면 개정되면서 경비업의 종류에 특수경비업무가 추가되었다.
④ 1980년대에 기계경비가 성장하면서 경비업무의 기계화 및 과학화가 활성화되었다.

> 해설 2001년 「경비업법」이 전면 개정되면서 경비업의 종류에 특수경비업무가 추가되었고, 기계경비산업이 급속히 발전하여 기계경비업무를 신고제에서 허가제로 변경하였다.

23 우리나라 민간경비의 발전과정에 관한 설명으로 옳지 않은 것은?

① 정부는 치안상황이 경찰력만으로는 부족하다는 정책적 판단하에 1976년 용역경비업법을 제정하였다.
② 1980년대 들어오면서 기업들은 외국경비회사와 합작이나 제휴의 방식으로 시장진출을 모색하였다.
③ 1997년 제1회 경비지도사 자격시험을 실시하였다.
④ 2000년대 자본과 기술에서 어려움을 겪던 기존의 영세한 민간경비업체들이 대기업의 민간경비업 진출을 환영하였다.

> 해설 2000년대 자본과 기술에서 어려움을 겪던 기존의 영세한 민간경비업체들은 대기업의 민간경비업 진출에 생존권의 위협을 느껴 민간경비에 대한 대기업의 진출을 반대하였다.

24 우리나라의 민간경비 연혁을 역사적 순서에 따라 배열하는 경우에 세 번째에 해당하는 것은?

• 제16회 기출

| ㉠ 용역경비업법 제정 | ㉡ 특수경비원제도 도입 |
| ㉢ 청원경찰법 제정 | ㉣ 한국경비협회 설립 |

① ㉠ ② ㉡
③ ㉢ ④ ㉣

> 해설 ㉠ 용역경비업법 제정(1976년), ㉡ 특수경비원제도 도입(2001년), ㉢ 「청원경찰법」 제정(1962년), ㉣ 한국경비협회 설립(1978년)으로, 역사적 순서로 배열하면 ㉢ ⇨ ㉠ ⇨ ㉣ ⇨ ㉡ 순이다.

25 우리나라 민간경비산업에 관한 설명으로 옳지 않은 것은? •제18회 기출

① 2001년 경비업법의 개정으로 기계경비업무가 허가제에서 신고제로 변경되었다.
② 우리나라의 민간경비산업은 1986년 아시안게임, 1988년 서울올림픽, 1993년 대전 엑스포를 계기로 급성장하였다.
③ 1970년대 후반부터 일부 업체는 미국이나 일본 등지에서 방범기기를 구입하거나 종합적인 경비시스템 구축을 위한 노하우를 도입하였다.
④ 우리나라의 민간경비산업은 양적 팽창을 이루어냈지만 인력경비 중심의 영세한 경호 · 경비업체의 난립으로 민간경비의 발전에 걸림돌로 작용하고 있다.

해설 2001년 「경비업법」의 전면 개정으로 기계경비업무가 신고제에서 허가제로 변경되었다.

26 한국 민간경비의 발전과정에 대한 설명으로 옳지 않은 것은?

① 1960년부터 1970년대에는 청원경찰에 의한 국가 주요 기간산업체의 경비가 주류를 이루었다.
② 현대적 의미의 최초 민간경비는 1962년에 주한미군의 용역경비를 실시하면서 시행되었다.
③ 민간경비산업은 1980년대 중반부터 본격적으로 발전하기 시작하였다.
④ 2001년 경비업법의 개정으로 특수경비원제도가 도입되어, 청원경찰의 입지가 확대되었다.

해설 2001년 「경비업법」의 개정으로 특수경비원제도가 도입되어, 청원경찰의 입지가 축소되었다.

정답 22 ③ 23 ④ 24 ④ 25 ① 26 ④

27 한국 민간경비의 역사적 발전과정에 관한 설명으로 옳지 않은 것은? • 제23회 기출

① 1977년 설립된 한국경비실업은 경비업 허가 제1호를 취득하였다.
② 1989년 용역경비업법은 용역경비업자가 대통령령으로 정하는 기계경비시설을 설치 · 폐지 · 변경한 경우 허가관청에 신고하여야 한다고 규정하였다.
③ 2001년 경비업법이 전면 개정되면서 경비업의 종류에 신변보호업무가 추가되었다.
④ 2013년 경비업법 개정으로 집단민원현장에 배치된 경비원의 지도 · 감독 규정이 강화되었다.

해설 1995년 12월 30일 용역경비업법 개정에 따라 경비지도사제도가 신설되고, 신변보호업무가 경비업무에 추가되었다.

28 우리나라의 민간경비제도에 관한 설명으로 옳지 않은 것은? • 제19회 기출

① 청원경찰제도는 우리나라에만 있는 독특한 제도이다.
② 경비지도사는 경비원들의 지도 · 감독 및 교육을 임무로 한다.
③ 2000년 경비업법이 개정되어 특수경비업무가 도입되었다.
④ 1999년 용역경비업법이 경비업법으로 변경되었다.

해설 2001년 「경비업법」이 개정되어 경비업의 종류에 특수경비업무가 추가되었다.
① 청원경찰제도는 다른 나라에 없는 우리나라의 독특한 제도이다.
② 경비지도사는 경비원들의 지도 · 감독 및 교육의 수립 · 실시 및 그 기록의 유지, 경비현장에 배치된 경비원에 대한 순회점검 및 감독, 경찰기관 및 소방기관과의 연락방법에 대한 지도, 집단민원현장에 배치된 경비원에 대한 지도 · 감독의 임무를 수행한다(경비업법 제12조 제2항).

29 각국의 민간경비산업에 관한 설명으로 옳지 않은 것은?
• 제25회 기출

① 미국은 제2차 세계대전 중 전쟁수요에 힘입어 한층 더 확대되었다.
② 일본은 1964년 동경올림픽과 1970년 오사카만국박람회 개최 후 급속하게 발전하였다.
③ 한국은 1960년대 경제발전과 더불어 급속하게 성장하였다.
④ 독일은 1990년대 통일 후 치안수요의 증가로 인해 양적으로 확대되었다.

해설 한국의 민간경비산업은 1980년대 아시안게임과 서울올림픽을 계기로 비약적으로 발전하였다.

30 각국의 민간경비에 관한 설명으로 옳지 않은 것은?
• 제24회 기출

① 영국의 윈체스터법에는 주·야간 감시제도, 15세 이상 60세 미만 남자의 무기비치 의무화가 규정되었다.
② 미국의 민간경비는 남북전쟁시대에 금괴수송을 위한 철도경비를 강화하면서 획기적으로 발전했다.
③ 독일의 민간경비업체는 개인회사, 주식회사, 중소기업 형태로 다양하다.
④ 일본의 공안위원회는 민간경비에 대한 주요 정책을 다루고 있다.

해설 서부개척시대에 미국의 민간경비는 금괴수송을 위한 철도경비를 강화하면서 획기적으로 발전했다.
① 에드워드 1세가 발표한 윈체스터법에 대한 내용이다.
③ 독일의 민간경비업체는 그 형태가 다양한 점에 특색이 있다.
④ 일본의 공안위원회는 비상설의 경찰관리기관으로 민간경비에 대한 주요 정책을 다루고 있으며, 경비원지도책임까지 담당하고 있다.

정답 27 ③ 28 ③ 29 ③ 30 ②

31 각국 민간경비의 발전과정에 관한 설명으로 옳은 것은?

• 제19회 기출

① 영국은 공경찰활동이 사경찰활동보다 먼저 존재하여 사경찰 도입의 필요성을 불러오는 계기가 되었다.
② 미국의 민간경비산업은 소규모화되고 있으며, 변화속도가 느린 특성을 가진다.
③ 일본 경비업체 세콤(SECOM)은 스웨덴 경비회사 SP(Security Patrol)와 제휴하여 경비시스템을 도입하였다.
④ 한국은 1972년 청원경찰법과 1980년 용역경비업법을 제정하여 경비업이 정착되었다.

해설 ① 영국은 사경찰활동이 공경찰활동보다 먼저 도입되었다.
② 미국의 민간경비산업은 제2차 세계대전을 계기로 산업경비의 필요성에 대한 인식 증대와 더불어 비약적으로 발전하고 있다.
④ 한국은 1962년 「청원경찰법」, 1976년 용역경비업법을 제정하여 경비업이 정착되었다.

32 각국의 민간경비에 대한 설명으로 옳지 않은 것은?

① 미국의 민간경비 산업은 제1차, 제2차 세계대전 이후 급속하게 발전하였다.
② 일본에는 교통유도경비제도가 있다.
③ 영국은 산업혁명 때 민간경비와 공경비의 발전을 이루었다.
④ 한국의 (용역)경비업법은 청원경찰법 이전에 제정되어 일찍부터 공경비인 경찰과 더불어 치안활동에 많은 기여를 해 오고 있다.

해설 우리나라에서는 1962년 청원경찰제가 도입되었고, 1976년 용역경비업법이 제정되어 민간경비가 실시되었다.

33 각국 민간경비의 발전에 관한 설명으로 옳지 <u>않은</u> 것은?

・제16회 기출

① 과거 영국에서는 규환제도(Hue and Cry)를 통하여 범죄가 발생하면 사람들이 고함을 지르고 범죄자를 추적하도록 의무를 부과하였다.
② 미국의 민간경비는 제1차 세계대전 당시 군수공장을 보호하는 임무를 수행하기도 하였다.
③ 일본에서는 장병위라는 이름의 직업군인이 출현하여 민간경비의 발전에 장애가 되었다.
④ 우리나라는 1960년대 초 미군부대의 용역경비를 담당하는 것이 현대적 민간경비의 시초라고 할 수 있다.

해설 도쿠가와시대에는 노동자 공급과 경비업무를 실시하는 장병위라는 경비업을 전문으로 하는 직업경비업자가 등장하여 일본의 민간경비의 발전에 공헌하였다.

34 각국의 민간경비 역사에 관한 설명으로 옳지 <u>않은</u> 것은?

① 일본공안위원회는 비상설의 경찰관리기관으로, 경찰의 민주성과 정치적 중립성을 목적으로 한다.
② 미국은 건국 초기 북부지역의 노예의 탈출과 소요사태 등을 통제하기 위해 도망노예송환법을 제정하였다.
③ 18세기 영국의 헨리 필딩(Henry Fielding)은 보우가의 주자(Bow Street Runners)를 만드는 데 공헌하였다.
④ 우리나라는 2010년에 최초로 민영교도소가 설립되었다.

해설 미국은 건국 초기 남부지역의 노예탈출과 소요사태 등을 통제하기 위해 도망노예송환법을 제정하였다. 도망노예송환법은 어떤 주에서 다른 주나 연방의 준주로 도망간 노예를 체포하여 원래의 주로 돌려주도록 규정한 법률이다.

정답 31 ③　32 ④　33 ③　34 ②

제2절 각국의 민간경비의 법적 지위

35 한국 민간경비원의 법적 지위에 관한 설명으로 옳지 않은 것은?

① 민간경비원의 법적 지위는 일반시민과 같다.
② 국가중요시설에서 근무하는 특수경비원은 수사권이 인정된다.
③ 민간경비원은 분사기를 휴대할 수 있다.
④ 한국의 민간경비원은 현행범을 체포할 수 있다.

> **해설** 범인의 체포·수사와 같은 법집행 권한은 경찰만이 가지므로 국가중요시설에서 근무하는 특수경비원이라 할지라도 범인에 대한 수사권은 인정되지 않는다.
> ① 민간경비원은 일반시민으로서의 지위를 갖는다.
> ③ 화재예방차원에서 분사기의 휴대가 가능하다.
> ④ 「형사소송법」 제212조에 따라 현행범인은 누구든지 영장 없이 체포할 수 있다. 따라서 민간경비원의 현행범 체포는 가능하다.

36 각국 민간경비원의 법적 지위에 관한 설명으로 옳지 않은 것은?   • 제20회 기출

① 미국에서 민간경비원의 불법행위는 일반인의 불법행위와 동일한 민사책임을 지지 않는다.
② 미국에서 민간경비원의 심문 또는 질문에 일반시민이 응답해야 할 의무는 없다.
③ 일본에서 형사법상 정당방위나 긴급피난에 의해 이루어진 민간경비원의 행위는 위법성이 조각된다.
④ 우리나라에서 국가중요시설에 근무하는 특수경비원은 필요한 경우 무기휴대가 가능하지만 수사권은 인정되지 않는다.

> **해설** 미국에서 민간경비원의 불법행위는 일반인의 불법행위와 동일한 민사책임을 진다.

37 민간경비원의 법적 지위에 관한 설명으로 옳지 않은 것은? • 제15회 기출

① 영미법계 국가의 민간경비원은 대륙법계 국가의 민간경비원보다 폭넓은 권한을 행사하고 있다.
② 민간경비원은 현행범 체포, 정당방위, 긴급피난에 있어 일반시민과 동일한 권한을 행사하고 있다.
③ 지방자치단체에 근무하는 청원경찰의 직무상 불법행위에 대한 배상책임은 국가배상법이 적용된다.
④ 범죄예방 등의 서비스를 제공하는 민간경비원은 일반적으로 공무수탁사인으로서 지위를 가지고 있다.

해설 공무수탁사인이란 공적인 행정업무 권한이나 공권력적 지위를 부여받아 행정행위를 하는 개인을 의미한다. 민간경비원을 일반적인 또는 전형적인 공무수탁사인으로 보기는 어렵지만, 「경비업법」상의 특수경비원의 직무는 공무수탁사인으로 볼 수 있다.

38 민간경비원의 권한에 대한 설명으로 옳은 것은?

① 한국 경비업법상의 민간경비원은 경찰로부터 일정한 위임(경비업무의 자격부여)을 받고 이루어지는 것이기 때문에 원칙적으로 일반시민보다 비교우위의 권한을 행사할 수 있다.
② 한국 민간경비원은 제한된 범위 내에서 경찰의 위임을 받아 수사권을 행사할 수 있다.
③ 일본의 민간경비원은 특별한 법적 권한이 주어져 있지 않다.
④ 한국의 경우 경찰관이 민간경비업무를 본업으로 수행하는 것은 불가능하지만 부업으로 하는 것은 인정되고 있다.

해설 일본의 민간경비원에게는 특별한 권한이 부여되어 있지 않으며, 한국의 민간경비원과 같이 일반시민의 지위에 있다.
① 한국 「경비업법」상 민간경비원은 일반시민과 다르지 않다. 따라서 민간경비원의 권한이 일반시민보다 비교우위의 지위에 있지 않다.
② 한국 민간경비원에게 경찰과 같은 수사권은 인정되지 않는다.
④ 한국의 경우 경찰관이 민간경비를 부업으로 하는 것은 인정되지 않는다.

정답 35 ② 36 ① 37 ④ 38 ③

39 민간경비원의 권한관계에 관한 설명으로 옳지 <u>않은</u> 것은?
・제17회 기출

① 민간경비원은 자구행위를 할 수 있다.
② 민간경비원은 현행범을 체포할 수 없다.
③ 특수경비원이 휴대할 수 있는 무기 종류는 권총 및 소총으로 한다.
④ 청원경찰은 경비구역 내에서 경비목적을 위해 필요한 경우 불심검문 및 무기사용을 할 수 있다.

> **해설** 현행범인이란 범죄의 실행 중이거나 실행 직후인 자를 말한다. 현행범의 체포는 영장주의의 예외로 영장 없이 가능하다. 검사 또는 사법경찰관리가 체포한 현행범을 구속하고자 할 때에는 체포한 때로부터 48시간 이내에 구속영장을 청구하여야 하고, 그 기간 내에 구속영장을 청구하지 아니한 때에는 피의자를 즉시 석방하여야 한다. 즉, 현행범인은 영장 없이 누구라도 체포할 수 있다. 따라서 민간경비원도 현행범 체포가 가능하다.

40 민간경비의 권한에 대한 설명으로 옳은 것은?

① 일반적으로 영미법계 민간경비원은 대륙법계 민간경비원에 비해 권한이 많다.
② 민간경비의 가장 중심적인 권한은 법집행 권한이다.
③ 우리나라의 경우에도 경찰관 신분을 가진 민간경비원이 있다.
④ 민간경비원의 법적 지위와 관련하여 비렉(A. J. Bilek)은 4가지 유형으로 구분하였다.

> **해설** ② 공경비의 가장 중심적인 권한은 법집행 권한이며, 민간경비는 법집행 권한이 없다.
> ③ 미국과 같이 경찰관 신분을 가진 민간경비원은 우리나라에 없다.
> ④ 민간경비원의 법적 지위와 관련하여 비렉(Bilek)은 일반시민과 같은 민간경비원, 특별한 권한을 가진 민간경비원, 경찰관 신분을 가진 민간경비원의 3가지 유형으로 분류하였다.

41 민간경비원의 직무 및 형사상 법적 문제에 관한 설명으로 옳은 것은?

① 민간경비원의 지위는 일반시민과 동일하다.
② 민간경비원의 모든 업무행위는 위법성이 조각된다.
③ 근무구역 내에서 경찰관 직무집행법에 따라 직무를 행한다.
④ 민간경비원도 공권력을 가지고 수사를 할 수 있다.

해설 ② 민간경비원의 행위가 정당방위, 긴급피난, 자구행위, 현행범 체포일 경우 위법성이 조각된다.
③ 근무구역 내에서 「경찰관 직무집행법」에 따라 직무를 행하는 자는 청원경찰이다.
④ 민간경비원에게 범죄수사권과 같은 공권력은 인정되지 않는다.

42 비렉(A. J. Bilek)이 제시한 민간경비원의 법적 지위의 유형이 아닌 것은?

① 청원주의 권한을 가진 민간경비원
② 특별한 권한을 가진 민간경비원
③ 경찰관 신분을 가진 민간경비원
④ 일반시민과 같은 민간경비원

해설 비렉(A. J. Bilek)은 민간경비원의 법적 지위를 일반시민과 같은 민간경비원, 특별한 권한을 가진 민간경비원, 경찰관 신분을 가진 민간경비원으로 분류하였다.

정답 39 ② 40 ① 41 ① 42 ①

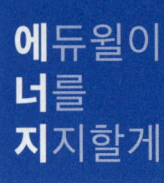

무지개를 보고 싶다면
먼저 비바람을 견딜 준비를
해야만 합니다.

– 조정민, 『고난이 선물이다』, 두란노

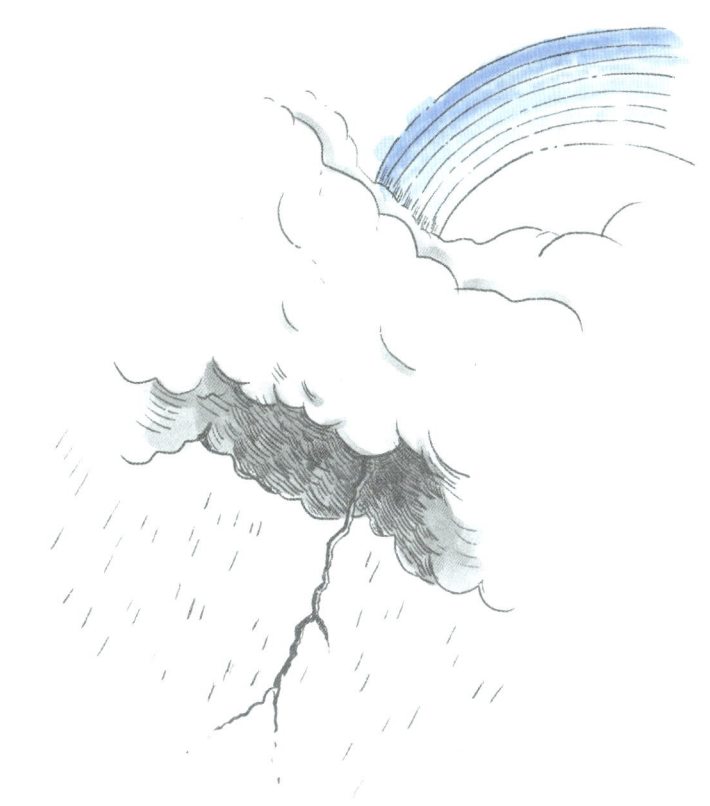

CHAPTER
03 민간경비산업 현황

제1절 각국의 민간경비 현황
제2절 국내 치안여건의 변화
제3절 국내 경찰의 역할과 방범상황

최근 13개년 출제비중

8.1%

학습 TIP
- ☑ 미국, 일본 그리고 한국 민간경비의 구체적인 현황과 특징을 정리해야 한다.
- ☑ 국내 치안여건과 범죄추세의 변화를 이해하고, 경찰방범능력의 한계와 대안에 대해 파악해야 한다.

POINT	CHAPTER 내 절별 출제비중	
01	각국의 민간경비 현황	44%
02	국내 치안여건의 변화	24%
03	국내 경찰의 역할과 방범상황	33%

CHAPTER 03 민간경비산업 현황

제1절 각국의 민간경비 현황

1. 미국 민간경비산업 현황 ★★★

(1) 구체적 현황

① 19세기 중엽부터 범죄를 예방하는 데 있어 민간경비 분야가 많은 역할을 해 왔으며, 오늘날에는 개인을 위한 생명, 신체 그리고 재산에 대한 보호를 일반적인 민간경비의 임무로 인식하기에 이르렀다. 이와 같은 민간경비에 대한 일반시민들의 인식 변화는 민간경비 분야를 20세기 최고 성장산업 중 하나로 만들었으며, 점차 고용과 예산규모에 있어 경찰의 공경비를 넘어서는 실정이다.

② 국가공권력인 경찰이 수행해 왔던 범죄 관련 서비스들은 헌법상의 권리와 주로 연관되어 있기 때문에 민간경비로의 이전이 쉽게 이루어지지 않는다. 그러나 공공건물경비, 주차 관련 경비업무, 공원순찰업무, 동물보호 및 통제, 특별행사의 경호, 법원의 경호, 죄수의 호송업무 등은 민간경비업체로의 업무이전이 가능하며, 이 중 상당 부분의 업무는 이미 민간업체로 이전된 상태이다.

③ 미국연방정부는 서부개척시대에 철도경찰법을 제정하여 일정한 구역 내에서 경찰권한을 부여한 민간경비조직을 설치하였다.

④ 미국 민간경비산업은 제1차 세계대전, 제2차 세계대전 이후 급속히 발전하였고, 특히 제2차 세계대전을 계기로 산업경비의 필요성에 대한 인식이 증대되어 민간경비가 비약적으로 발전하였다.

(2) 민간경비의 운영실태

① 미국에서 민간경비원과 경찰은 범죄예방활동을 위하여 긴밀한 상호협조체제를 유지하고 있으며 상호 간의 직위, 보수, 신분상 차이가 거의 없다. 각자의 영역에서 범죄예방활동을 실시하며, 각 주마다 차이는 있지만 경찰이 민간경비회사에서 부업(Part-time job)을 하기도 한다. 즉, 경찰과 민간경비가 상명하복 관계에 있지

심화학습

미국 경찰과 민간경비의 관계

경비원 선발을 위한 배경조사에 있어 상호협력이 비교적 잘 되어 있다. 주마다 차이는 있지만, 경찰과 민간경비원 간에 보수, 신분상의 차이가 거의 없다.

않다. 다만, 아직도 경찰과 민간경비 사이에는 정보교환의 부재, 상호존중의 결여, 상호협조체제의 미비, 상호역할기준의 불명확성 등의 갈등요인이 있어 이는 해결해야 할 과제라고 할 수 있다.
② 미국의 경비업체는 크게 계약경비업체와 자체경비업체로 나눌 수 있으며, 그중 계약경비업체가 크게 성장하고 있는 추세이다.
③ 미국의 민간경비 산업은 제2차 세계대전 이후 급속히 발전하였으며, 홀크레스트(Hallcrest) 보고서에 따르면 2000년대 이후 미국의 민간경비인력은 경찰인력의 2배 수준으로 성장하고 있다.
④ 2001년 9 · 11테러 이후 공항, 항만, 은행 등 주요 시설과 건물들이 테러의 주요 대상이 되면서 이에 대한 대비로 민간경비는 사회안전망의 중요한 축을 담당하고 있다.
⑤ 미국은 대부분 주정부 차원에서 경비업 허가가 이루어지므로 주에 따라 규제방식과 실태가 다양하게 나타나고 있다.

> **심화학습**
>
> **미국의 민간경비**
> 각 주마다 처한 환경에 따라 민간경비에 대한 법적규제가 다르게 나타나고 있으며, 전체적으로 일본이나 우리나라에 비해 활동영역이 포괄적이다.

2. 일본 민간경비산업 현황 ★★★

(1) 일본 민간경비산업의 특징

① 현대적 민간경비의 출현은 제2차 세계대전이 끝난 후인 1950년대 말 또는 1960년대 초반부터이다. 1964년 동경올림픽과 1970년 오사카 만국박람회를 통해 본격적으로 성장하였고, 민간경비업이 하나의 경비산업으로 자리를 잡았다.
② 일본의 민간경비는 경비원과 순찰차량 등을 다수 보유하고 있으며, 고도의 기동력과 경제력, 지식 · 기술 · 기기 확보 등으로 뒷받침되는 경비시스템을 보유하고 있다는 것이 장점이다.
③ 일본의 민간경비산업은 전문자격증제도를 운용하고 있다는 점에서 큰 특색을 가지고 있다.
④ 일본은 1972년 경비업법 제정 이래 민간경비를 공경비인 경찰이 일관되게 규제해야 하는 대상으로 보아 왔으나, 2003년 긴급치안대책프로그램을 통해 민간경비를 규제보다 자율적 성장을 위한 대상으로 파악하고 있다.

(2) 일본 민간경비의 활동영역

일본 민간경비회사에서 수행하는 주요 경비업무의 활동영역으로는 1980년대 이후 시설경비, 교통유도경비, 운반경비, 신변경비, 기계경비업무 등이 있다. 특히, 교통유도경비가 있다는 점에서 특색을 보인다.

① 시설경비
　㉠ 상주경비: 일반 빌딩과 공장 등의 경비시설 내에 경비원을 파견하여 24시간 상주시키면서 외부인의 출입관리, 순찰·감시·감독업무를 통해 도난방지 및 화재예방 등의 방범, 방재, 방화 등의 복합업무를 수행한다.
　㉡ 순찰경비: 경비대상시설 내에 경비원을 상주시키지 않은 채 일반경비원 또는 기계경비원 1인 또는 여러 명이 한 팀이 되어 도보 또는 차량을 이용하여 정기적으로 경비대상을 순회·순찰하는 방법이다.

② 교통유도경비
　㉠ 의의: 교통유도경비업무란 도로를 사용하는 공사현장 및 사람과 차량의 통행에 위험이 있는 장소 또는 도로를 점유하는 행사장에서 부상 등 사고발생을 방지하는 업무로서, 시 당국의 위탁을 받은 경비업체의 경비원은 교통 지도원의 입장에서 불법주차 및 운전자에 대해 계몽활동을 함으로써 안전하고 쾌적한 시민 생활을 확보하는 것이 주요 임무이다.
　㉡ 검정제도: 일본에서는 교통유도경비에 관한 검정제도가 있다는 점에 주의를 요한다.
　㉢ 일본 경비업법상의 경비형태: 일본 경비업법에서 정의하는 경비업무에는 사람 혹은 차량의 혼잡한 장소와 이로 인해 통행에 위험의 소지가 있는 장소에서의 부상 등 사고발생을 경계하고 방지하는 업무가 포함된다.

③ 운반경비: 원자력발전소 발달에 의한 핵연료 수송, 금융기관에서 현금탈취사건 방지, 귀중품 보관에 따른 절도의 방지에 대한 경비를 말한다.

④ 신변경비: 대도시의 치안상태가 날로 악화됨에 따라 신변경호회사가 증가하는 추세이다. 대기업의 간부를 경찰이 경호하는 것은 법집행에 있어 한계가 있으므로 민간경비원을 활용하는 신변경호가 이용되고 있다. 신변경비 수요의 대부분은 기업경영자이고, 이외에 각종 단체를 비롯하여 여성, 노약자 등 다양하다.

⑤ 기계경비: 정보통신기술과 방범기술의 발달로 인해 고도의 기계경비장치가 개발·보급되고 있다. 야간·휴일의 무인건물 증가, 사회의 고령화에 따른 노인가정의 증가 등에 의한 수요 확대 및 경비업자의 합리화 진전 등의 요인이 복합되어 기계경비업이 발전하고 있다.

심화학습

교통유도경비업무와 법적 강제력
민간경비원이 실시하는 교통유도경비업무는 경찰관이 실시하는 교통정리와 같은 법적 강제력은 없다.

⑥ 경비택시제도: 일본의 경비택시제도는 긴급사태 발생 시 택시가 관계기관에 연락하거나 가까운 의료기관에 통보하는 제도이다.

(3) 일본 민간경비의 해외진출

일본의 민간경비는 기계경비를 중심으로 1980년대 초에 한국, 1980년대 후반 중국에 진출하면서 비약적인 발전을 하였다.

3. 한국 민간경비산업 현황

(1) 민간경비산업의 성장과 발전

한국에서 경비제도가 민간인에 의해 최초로 시행된 시기는 1960년대 초이다. 1980년대 초 일본 민간경비의 기술과 자본을 도입하면서부터 본격적으로 활발한 성장을 했다. 나아가 1980년대 이후 기계경비시스템의 도입은 경비산업의 활성화에 기여하였으며 1986년 아시안게임과 1988년 서울올림픽, 1993년 대전엑스포, 2002년 한·일 월드컵을 치르면서 민간경비업계가 크게 발전하였다.

(2) 외국 경비업체의 국내 진출

1980년대에 들어 경제발전과 함께 다양한 형태의 경비서비스를 요구하게 되었으며, 일부 현장에서는 인력경비 중심의 형태에 치중된 경비업무에서 기계경비 형태로의 전환이 요구되었다. 특히, 공항, 원자력발전소, 방송사, 산업시설, 금융기관, 연구소, 박물관 등에서 요구하는 경비활동은 인력경비 형태만으로는 경비업무에 한계가 있어 1980년대부터 기계경비의 발전이 활성화되고 있다.

핵심 기출문제

01 미국의 민간경비산업에 관한 설명으로 옳지 <u>않은</u> 것은? • 제23회 기출

① 현재 계약경비업체가 자체경비업체보다 비약적인 발전을 보이고 있다.
② 경찰과 민간경비는 업무수행에 있어 상명하복의 관계가 명확하다.
③ 제2차 세계대전 이후 민간경비산업이 급속히 발전하였다.
④ 2001년 9·11테러 이후 국토안보부를 설치하였으며, 이는 공항경비 등 민간경비산업이 발전하는 중요한 계기가 되었다.

해설 미국에서 민간경비원과 경찰은 업무수행에 있어 상호평등관계를 기본으로 긴밀한 협력체제를 유지하고 있다.

정답 ②

4. 한국 민간조사제도 ★★☆

(1) 개념

민간조사제도란 개인이 타인의 사생활뿐만 아니라 어떤 이유로든 해결되지 않는 공적 영역의 문제점까지 조사할 수 있는 사설탐정을 말한다.

(2) 특징

① 아직까지 우리나라에서는 민간조사제도가「경비업법」상 규정되어 있지 않으며, 정형화된 형식을 갖추고 제도적으로 정착되어 운영되고 있지 않은 점에서 아직까지는 법제화되어 있다고 평가할 수는 없다.
② 따라서「경비업법」상 민간조사업무는 경비업무의 한 영역이라고 할 수 없다.

제2절 국내 치안여건의 변화

1. 국제 정세변화

(1) 다극화된 경제실리체제로 전환

미국과 소련 위주의 자본주의와 공산주의로 양극화된 이념체제가 붕괴되면서 다극화된 경제실리체제로 변모하고 있다.

(2) 지역블록화 현상

국제 간의 경제적 실익추구는 다자간 국제협력기반을 유지하면서도 금융·환율·기술투자의 각 분야별 마찰이 예상되며, 지역블록화 현상이 강화되어 유럽공동체, 북미권, 아시아·태평양권의 경제적 공동체가 활성화되고 있다.

(3) 국제 범죄의 급증

국제화·개방화로 인해 국제 범죄조직과 국제 테러조직의 국내 잠입 및 활동이 급증하고 있으며, 불법자금세탁, 불법이민 등 초국가적 범죄가 중요 문제로 부각되면서 국제적 연대가 활성화되고 있다.

(4) 국제 범죄의 지능화

국제화·개방화로 인해 국가 간 인적·물적 교류가 증가하게 되었지만, 한편으로는 국제성 범죄·외국인 범죄가 지능화·조직화되고 있다.

(5) 불법체류와 범죄 증가

노동력 부족 때문에 국내로 유입되는 교포 및 개발도상국가 인력의 불법취업과 체류, 다국적기업에 의한 범죄 그리고 국제 범죄조직을 통한 범죄가 계속해서 증가하는 추세에 있다. 또한 외국인 노동자, 다문화가정 등의 증가로 인해 새로운 치안수요가 발생하고 있다.

2. 대한민국의 정세변화

(1) 국가 간의 공조요구 필요성 증대

동남아시아와 중국 노동력의 불법취업과 체류가 증가하여 다국적기업에 의한 범죄와 국제 범죄조직을 통한 범죄가 계속 증가하고 있다. 이에 대한 국가 간의 협조와 연대의 필요성이 증대하고 있다.

(2) 금융공황과 범죄 증가

미국에서 시작한 금융공황으로 세계경제는 침체되고 IMF 이후 산업의 경쟁력 강화를 위한 구조조정으로 인해 범죄가 횡포화되고 있다. 국제 범죄 증가로 나타나는 국제치안의 변화에 대처하기 위해서는 국가 간 범인의 인도, 국제경찰기구와의 연계 및 협력 등 국가 간의 공조수사가 필요하다.

3. 범죄추세의 변화 ★★★

(1) 범죄의 양적 증대

1970년대 이후에는 범죄가 약 4배의 증가율을 보여 전반적으로 총 범죄발생 건수가 크게 증가하고 있다. 범죄의 증가원인으로는 인구의 증가, 도시화, 경제구조의 변화와 물질적인 풍요에 따른 가치관의 혼란, 정보·통신의 발달 등을 들 수 있다.

(2) 범죄의 질적 변화

① **화이트칼라 범죄의 증가**: 범죄의 양상에 있어 고전적인 단순한 재산 범죄보다 고학력자들에 의한 지능화되고 전문화된 금융, 보험, 신용카드, 컴퓨터 등과 관련된 화이트칼라 범죄가 증가하고 있다.

② **경제 범죄의 증가**: 신용카드 발급·사용의 남발로 인한 개인채무의 증가, 실업률 증가로 경제적 이익을 목적으로 하는 경제 범죄가 크게 증가하고 있다. 코로나19로 인한 경제충격으로 금융, 보험, 신용카드 등과 관련된 지능화·전문화된 범죄가 증가하는 추세이다.

③ **컴퓨터를 이용한 신종 범죄의 증가**: 교통·통신 등의 발달로 범죄행위와 방법 등이 더욱더 광역화·기동화되면서 조직화·집단화될 것으로 전망된다. 특히, 첨단기술을 활용하는 지능적인 범죄가 증가하고 컴퓨터를 활용한 각종 신종 범죄가 등장하고 있으며, 무선인터넷과 스마트폰의 보급 확대로 인해 사이버 범죄가 증가하고 있다.

④ **청소년과 여성 범죄의 증가**: 청소년과 여성의 범죄가 증가하고 있다. 대체적으로 범죄연령이 낮아지고 있는 추세이며(저연령화), 검거된 범죄자의 절반 이상이 재범자에 해당할 정도로 재범자의 범법행위가 증가하고 있다. 청소년 범죄의 증가와 더불어 우려할 만한 사실은 청소년 범죄의 흉포화이다.

⑤ **국제 범죄의 증가**: 국제화·개방화에 따른 국내인의 해외 범죄, 외국인의 국내 범죄, 밀수·테러 등의 국제 범죄가 증가하고 있어 외국인의 범죄가 증가하는 추세이다.

⑥ **마약 범죄의 증가**: 최근 마약류와 관련한 범죄가 꾸준히 증가하고 있으며, 언론을 통해 끊임없이 보도되고 있다. 인터넷이나 클럽, SNS 등 과거에 비해 마약 구입 경로가 다양해지면서 향정신성약품 흡입 및 투약 범죄는 시간이 지날수록 그 빈도가 높아지고 있는 추세이다.

⑦ **조직 범죄의 증가**: 조직 범죄는 여러 명으로 구성된 집단이 흔히 위계질서에 입각해서 저지르는 범죄이다. 조직 범죄는 부패와 결탁하여 지속적으로 진행되는데, 오늘날에 있어 조직 범죄는 더욱더 대규모화·조직화되고 있으며 이로 인한 피해도 증가하는 추세이다.

⑧ **생계형 노인 범죄의 증가**: 고령화 현상으로 생계형 노인 범죄가 증가하고 있으며, 사회적으로 여러 면에서 문제로 대두되고 있다.

⑨ **다문화가정 증가**: 다문화가정에 대한 치안수요도 증가하고 있다.

(3) 현대산업사회의 범죄현상

교통, 통신시설의 급격한 발달과 황금만능주의 사상으로 범죄의 광역화·기동화·조직화·대형화·흉포화 현상이 나타나고 있으며, 이기주의로 인한 집단행동의 증가와 그로 인한 범죄가 증가하는 추세이다.

4. 인구구조의 변화

저출산과 급격한 고령화로 인한 노동력 감소와 노인인구 부양 등이 사회 문제화되고 있다. 우리나라도 고령사회로 진입하여 정년문제와 노인문제 등이 출현함으로써 생계형 노인 범죄가 증가하고 있다.

핵심 기출문제

02 우리나라 치안환경의 변화로 옳지 <u>않은</u> 것은? • 제25회 기출

① 인구의 고령화로 인하여 노인범죄 및 노인대상범죄가 증가하고 있다.
② 전체적으로 도시와 농촌 간의 범죄 발생 차이가 적어 통일적인 치안활동이 요구된다.
③ 다문화 사회 및 인구구조의 글로벌화로 외국인 근로자 및 불법체류자 등에 의한 범죄가 증가하고 있다.
④ 빈부격차의 심화와 사회 해체적 범죄 양상이 나타나고 있다.

해설 우리나라는 전체적으로 도시와 농촌 간의 범죄 발생 차이가 현저히 큰 상태이다. 이에 대한 종합적인 치안활동이 요구된다.

정답 ②

---

5. 수사현황

(1) 첨단 과학수사기법의 도입

① 산업 발달과 인구증가 추세에 따른 개인주의의 영향으로 기존 증인의 확보나 탐문에 의한 자료수집 수사는 한계에 이르렀으며 과학수사를 통한 명백한 물증의 확보가 필요하다. 지문감식이나 유전자 분석 등이 그 예에 해당한다.

② 첨단 컴퓨터 시스템을 활용한 지문감식, 화재감식, 시체감식, 거짓말탐지기 활용의 확대, CCTV 판독시스템의 운영, 컴퓨터 몽타주그래픽 활용수사 등 첨단 과학수사기법이 도입되어 활용되고 있다.

> **컴퓨터 몽타주그래픽**
> 여러 사람의 사진에서 얼굴의 각 부분을 따서 따로 합쳐 만들어 어떤 사람의 형상을 이루게 하는 컴퓨터 그래픽을 말한다.

:: 보충학습 물리적 통제시스템인 CCTV의 기능

1. 영상정보를 특정인에게 전달함으로써 범죄 발생 시 신속한 대응이 가능하나, 영상정보처리기기의 무분별한 설치는 인권침해 가능성이 높아 「개인정보 보호법」에서 엄격하게 규제하고 있다.
2. CCTV의 사용으로 범죄자의 범법행위가 다른 장소와 대상으로 이동될 가능성이 높다.
3. CCTV를 통해 범죄를 범할 기회를 감소시킬 수 있다.
4. 녹화된 CCTV의 자료는 증거로서의 역할을 할 수 있다.
5. 아날로그(VCR) 방식에서 디지털(DVR) 방식으로 전환되어 그 효율성이 증대되었다.

(2) 수사역량의 강화

① **공조수사의 상시 운영체계**: 교통과 통신의 발달, 국가 간 발생하는 범죄의 증가로 인해 국가 간의 공조수사, 중앙경찰과 지방경찰의 공조수사를 위한 상시 운영체계의 구축이 요구된다. 기동성 있게 범인을 검거하기 위해 개인택시조합이나 영업용 택시회사와의 연계가 필요하다.

② **수사자료·범죄정보의 데이터베이스**: 사회적으로 큰 이슈가 된 중요 사건·사고의 범죄피해사례, 범행수법, 범인검거 실패사례 등을 종합검색시스템에 문자나 영상정보로 전산화하여 전국 일선 경찰서에서 활용할 수 있도록 하고 있다.

③ **선진 과학수사체계의 구축**: 최근 자주 문제되고 있는 컴퓨터 범죄나 금융사기에 대비하여 전국 시·도경찰청·경찰서에 전문 수사요원을 배치하여 각종 신종 범죄 발생 시 과학적인 증거자료를 수집할 수 있도록 선진 과학수사체계를 구축하여 활용하고 있다.

제3절 국내 경찰의 역할과 방범상황

1. 경찰의 임무

(1) 임무

국가경찰은 국민의 생명·신체 및 재산의 보호와 범죄의 예방·진압 및 수사, 치안정보의 수집, 교통의 단속, 그 밖에 공공의 안녕과 질서유지를 그 임무로 한다.

(2) 직무범위(경찰관 직무집행법 제2조)

① 국민의 생명·신체 및 재산의 보호
② 범죄의 예방·진압 및 수사
③ 범죄피해자 보호
④ 경비·주요 인사 경호 및 대간첩·대테러 작전 수행
⑤ 공공안녕에 대한 위험의 예방과 대응을 위한 정보의 수집·작성 및 배포
⑥ 교통 단속과 교통 위해의 방지
⑦ 외국 정부기관 및 국제기구와의 국제협력
⑧ 그 밖에 공공의 안녕과 질서유지

(3) 불심검문(경찰관 직무집행법 제3조)

① 경찰관은 수상한 행동이나 그 밖의 주위 사정을 합리적으로 판단하여 볼 때 어떠한 죄를 범하였거나 범하려 하고 있다고 의심할 만한 상당한 이유가 있는 사람 또는 이미 행하여진 범죄나 행하여지려고 하는 범죄행위에 관한 사실을 안다고 인정되는 사람을 정지시켜 질문할 수 있다.
② 경찰관은 그 사람을 정지시킨 장소에서 질문을 하는 것이 그 사람에게 불리하거나 교통에 방해가 된다고 인정될 때에는 질문을 하기 위해 가까운 경찰서·지구대·파출소 또는 출장소(경찰관서)로 동행할 것을 요구할 수 있다. 이 경우 동행을 요구받은 사람은 그 요구를 거절할 수 있다.
③ 경찰관은 질문을 할 때 그 사람이 흉기를 가지고 있는지를 조사할 수 있다.

④ 경찰관은 질문을 하거나 동행을 요구할 경우 자신의 신분을 표시하는 증표를 제시하면서 소속과 성명을 밝히고 질문이나 동행의 목적과 이유를 설명해야 하며, 동행을 요구하는 경우에는 동행장소를 밝혀야 한다.
⑤ 경찰관은 동행한 사람의 가족이나 친지 등에게 동행한 경찰관의 신분, 동행장소, 동행목적과 이유를 알리거나 본인으로 하여금 즉시 연락할 수 있는 기회를 주어야 하며, 변호인의 도움을 받을 권리가 있음을 알려야 한다.
⑥ 경찰관은 동행한 사람을 6시간을 초과하여 경찰관서에 머물게 할 수 없다.
⑦ 질문을 받거나 동행을 요구받은 사람은 형사소송에 관한 법률에 따르지 아니하고는 신체를 구속당하지 아니하며, 그 의사에 반하여 답변을 강요당하지 아니한다.

2. 경찰의 현장방범활동

(1) 경찰방문(방범심방)

경찰관이 관할 구역 내의 각 가정, 상가 및 기타 시설 등을 방문하여 청소년 선도, 소년·소녀가장 및 독거노인·장애인 등 사회적 약자 보호활동 및 안전사고방지 등의 지도·상담·홍보 등을 행하며 민원사항을 청취하고, 필요 시 주민의 협조를 받아 방범진단을 하는 등의 예방경찰활동을 말한다.

(2) 방범진단

범죄예방 및 안전사고방지를 위해 관내 주택, 고층빌딩, 금융기관 등 현금다액취급업소 및 상가·여성운영업소 등에 대해 방범시설 및 안전설비의 설치상황, 자위방범역량 등을 점검하여 미비점을 보완하도록 지도하거나 경찰력 운용상의 문제점을 보완하는 활동을 말한다.

(3) 방범홍보

범죄에 대한 정보와 방지대책을 일반시민에게 알려 범죄의 피해자가 되는 것을 방지하고, 경찰과 지역사회와의 친밀한 유대관계를 유지하기 위한 제반 활동을 말한다.

3. 경찰사범 단속

(1) 풍속사범 단속

윤락행위, 음란행위, 사행행위 등의 풍속사범을 단속하는 활동으로, 사회의 선량한 풍속을 유지하기 위해 사회 일반의 풍기 및 건전한 사회생활에 영향을 미치는 행위를 제한·금지하는 경찰활동이다.

(2) 기초질서 위반사범 단속

오물방치 및 방뇨, 광고물 무단첩부, 음주소란, 금연장소에서 흡연, 자연훼손, 무단횡단, 주차금지위반, 노상시비·다툼으로 인한 차량 통행방해 등을 단속하는 활동으로,「경범죄 처벌법」과「도로교통법」에 규정된 행위 유형에 해당하며 사람들이 일상생활에서 쉽게 범하게 되는 경미한 법익의 침해행위 단속을 말한다.

(3) 총기·화약류의 단속

국민의 생활안전을 확보할 목적으로, 사고발생 시 다수의 사람에게 치명적인 피해를 줄 우려가 있는 총기 및 폭발물 등의 사용을 단속하는 것이 이에 해당한다.

(4) 방범리콜제도

방범리콜제도는 경찰이 방범활동에 대한 주민의 의견을 직접 들어 치안활동에 반영하는 것으로, 잘못된 행정서비스에 대한 불만제기권을 시민에게 부여하고 이를 받아들여 시정하는 장치로 치안행정상 주민참여와 관련이 있다.

핵심 기출문제

03 민·경 협력 범죄예방에 관한 다음 내용에 해당하는 것은? • 제24회 기출

> 경찰이 방범활동에 대한 주민의 의견을 직접 들어 치안활동에 반영하는 것으로 치안행정상 주민참여와 관련이 있다.

① 아동안전지킴이　　② 자율방범대
③ 방범리콜제도　　　④ 경찰홍보

해설 방범리콜제도는 경찰이 방범활동에 대한 주민의 의견을 직접 들어 치안활동에 반영하는 것이다. 잘못된 행정서비스에 대한 불만제기권을 시민에게 부여하고 이를 받아들여 시정하는 장치로 치안행정상 주민참여와 관련이 있다.

정답 ③

4. 자치경찰제의 운용 ★★★

(1) 의의

자치경찰제란 지방분권의 이념에 따라 지방자치단체에 경찰권을 부여하고, 경찰의 설치·유지·운영에 관한 책임을 지방자치단체가 담당하는 제도를 말한다. 우리나라에서는 2006년부터 제주도에서 일부 시행되다가 2021년부터 전국에서 시행되고 있다.

(2) 국가경찰과 자치경찰의 조직 및 운영에 관한 법률

① **국가경찰의 사무**(국가경찰과 자치경찰의 조직 및 운영에 관한 법률 제3조): 다음의 임무를 수행하기 위한 사무, 다만 자치경찰사무는 국가경찰사무에서 제외한다.
  ㉠ 국민의 생명·신체 및 재산의 보호
  ㉡ 범죄의 예방·진압 및 수사
  ㉢ 범죄피해자 보호
  ㉣ 경비·요인경호 및 대간첩·대테러 작전 수행
  ㉤ 공공안녕에 대한 위험의 예방과 대응을 위한 정보의 수집·작성 및 배포
  ㉥ 교통의 단속과 위해의 방지
  ㉦ 외국 정부기관 및 국제기구와의 국제협력
  ㉧ 그 밖에 공공의 안녕과 질서유지

② **자치경찰의 사무**(국가경찰과 자치경찰의 조직 및 운영에 관한 법률 제4조)
  ㉠ 지역 내 주민의 생활안전 활동에 관한 사무
    ⓐ 생활안전을 위한 순찰 및 시설의 운영
    ⓑ 주민참여 방범활동의 지원 및 지도
    ⓒ 안전사고 및 재해·재난 시 긴급구조지원
    ⓓ 아동·청소년·노인·여성·장애인 등 사회적 보호가 필요한 사람에 대한 보호 업무 및 가정폭력·학교폭력·성폭력 등의 예방
    ⓔ 주민의 일상생활과 관련된 사회질서의 유지 및 그 위반행위의 지도·단속(다만, 지방자치단체 등 다른 행정청의 사무는 제외한다)
    ⓕ 그 밖에 지역주민의 생활안전에 관한 사무

ⓒ 지역 내 교통활동에 관한 사무
  ⓐ 교통법규 위반에 대한 지도·단속
  ⓑ 교통안전시설 및 무인 교통단속용 장비의 심의·설치·관리
  ⓒ 교통안전에 대한 교육 및 홍보
  ⓓ 주민참여 지역 교통활동의 지원 및 지도
  ⓔ 통행 허가, 어린이 통학버스의 신고, 긴급자동차의 지정 신청 등 각종 허가 및 신고에 관한 사무
  ⓕ 그 밖에 지역 내의 교통안전 및 소통에 관한 사무
ⓒ 지역 내 다중운집 행사 관련 혼잡 교통 및 안전 관리
ⓔ 다음의 어느 하나에 해당하는 수사사무
  ⓐ 학교폭력 등 소년범죄
  ⓑ 가정폭력, 아동학대 범죄
  ⓒ 교통사고 및 교통 관련 범죄
  ⓓ 「형법」 제245조에 따른 공연음란 및 「성폭력범죄의 처벌 등에 관한 특례법」 제12조에 따른 성적 목적을 위한 다중 이용장소 침입행위에 관한 범죄
  ⓔ 경범죄 및 기초질서 관련 범죄
  ⓕ 가출인 및 「실종아동등의 보호 및 지원에 관한 법률」 제2조 제2호에 따른 실종아동 등 관련 수색 및 범죄

5. 경찰방범능력의 한계 ★★★

(1) 경찰인력 부족

① 범죄의 양적·질적 심화로 인해 경찰은 그 역할에 있어서 한계에 직면하고 있다. 경찰 1인당 담당하는 시민의 비율이 선진국보다 높은 편이며, 경찰인력의 증가보다 범죄증가율이 2배나 빠르게 증가하고 있다.
② 더구나 경찰인력의 많은 부분이 시국치안에 동원되고 있으므로 실질적으로 민생치안에 근무하는 경찰인력은 많이 부족한 편이다.

(2) 경찰방범장비의 부족과 노후화

① 경찰관 1일 평균 근무시간이 선진국에 비해 많은 편이며, 방범순찰차량 등 기동장비의 부족으로 효율적인 민생치안체제 확립에 어려움이 따르고 있다.

② 통신장비의 성능 불량 및 노후화로 인해 효율적인 방범업무 연락체계 구축과 활용이 어려운 실정이다.

(3) 경찰의 민생치안부서 근무 기피현상

경찰의 민생치안부서의 업무량 과다 및 인사 복무상 불리한 근무여건 등으로 민생치안부서 근무 기피현상이 만연되어 있고, 너무 잦은 비상과 불규칙한 출퇴근으로 만성적 피로가 누적되어 근무의욕이 저하되고 있다.

(4) 타 부서 협조업무의 과중

경찰의 고유업무가 아닌 타 부서 협조업무가 많은 부분을 차지하고 있어 경찰의 민생치안 고유업무 수행에 지장을 초래하고 있다.

(5) 경찰에 대한 주민들의 이해 부족

민생치안문제의 해결에 있어 경찰과 주민들 간의 방범활동을 위한 협조가 매우 중요한 사항임에도 불구하고 과거에 존재하던 경찰에 대한 주민들의 부정적 이미지나 불신 등의 이유로 경찰과의 관계 개선이나 범죄발생 시 신고 등의 협조가 잘 이루어지지 않고 있다.

핵심 기출문제

04 범죄예방 및 안전사고방지를 위하여 관내 주택, 고층빌딩, 금융기관 등에 대한 방범시설 및 안전설비의 설치상황, 자위방범역량 등을 점검하여 문제점을 보완하는 경찰활동에 해당하는 것은? ・제23회 기출

① 문안순찰 ② 방범진단
③ 방범홍보 ④ 경찰방문

해설 범죄예방 및 안전사고방지를 위해 관내 주택, 고층빌딩, 금융기관 등 현금다액취급업소 및 상가・여성운영업소 등에 대한 방범시설 및 안전설비의 설치상황, 자위방범역량 등을 점검하여 문제점을 보완하는 경찰활동은 방범진단이다.

정답 ②

6. 민간에 의한 방범활동

(1) 민간방범활동의 필요성

현대사회의 발전은 경찰인력, 예산, 장비 등의 한계로 효율적인 범죄예방활동이 어려워지고 있다. 따라서 범죄예방에 있어서도 국민들의 자발적인 협조와 민·경 간의 공동노력이 필요하며, 범죄예방활동에 있어서 지역주민들의 참여 욕구가 점차 증가하고 있다.

(2) 민간방범활동의 형태

① **자율방범대**: 자원봉사자를 중심으로 지역주민이 지역 단위로 조직하여 관할 지구대와 상호협력관계를 갖고 방범활동을 하는 자율봉사 조직이다.
② **시민단체에 의한 방범활동**: 시민단체에 의한 방범활동은 시민이 자율적으로 조직한 단체에 의하여 야간순찰 등의 직접적인 활동을 하거나 방범홍보·연구활동 등 간접적인 방범활동을 하는 것을 의미한다.
③ **언론 매체에 의한 방범활동**: 언론매체의 대중성·홍보성·전파성을 잘 활용하면 방범활동에 큰 효과를 볼 수 있다.
④ **민간경비업 등의 방범활동**: 민간경비업의 급성장으로 민간방범활동의 중요한 분야로 자리 잡고 있다.

CHAPTER 03 민간경비 산업 현황

중요내용 O× 문제

제1절 각국의 민간경비 현황

01 미국은 대부분 주정부 차원에서 경비업 허가가 이루어지므로 주에 따라 규제 방식과 실태가 다르다.

02 일본의 민간경비산업은 다양한 영역에서 운영되고 있으며, 전문자격증제도를 운용하고 있다.

03 일본의 민간경비원은 형사법상 문제발생 시 일반 사인(私人)과 동일하게 취급된다.

04 국내 경비업자들은 외국 경비업체의 국내 진출을 환영하였다.

05 우리나라에서는 민간조사제도가 경비업법상 법제화되어 있다.

제2절 국내 치안여건의 변화

06 우리나라에서 이기주의로 인한 집단행동이 감소하는 추세이다.

07 외국인노동자, 다문화가정 등이 증가하여 민간경비에 대한 새로운 치안수요가 발생하고 있다.

08 현대의 범죄는 단순한 재산 범죄나 강력범들이 더욱 증가하는 경향을 보인다.

09 과거에 비해 인터넷, 클럽, SNS 등 마약류의 구입 경로가 다양하지만, 마약범죄는 감소 추세에 있다.

제3절 국내 경찰의 역할과 방범상황

10 2021년 국가경찰과 자치경찰의 조직 및 운영에 관한 법률을 통해 경찰관 신분을 가진 민간경비원이 합법화되었다.

11 방범리콜제도는 경찰이 방범활동에 대한 주민의 의견을 직접 들어 치안활동에 반영하는 것으로 치안행정상 주민참여와 관련이 있다.

12 범죄예방 및 안전사고방지를 위해 관내 주택, 고층빌딩, 금융기관 등 현금다액취급업소 및 상가·여성운영업소 등에 대한 방범시설 및 안전설비의 설치상황, 자위방범역량 등을 점검하여 문제점을 보완하는 경찰활동은 방범진단활동이다.

OX 정답 01 ○ 02 ○ 03 ○ 04 × 05 × 06 × 07 ○ 08 × 09 × 10 × 11 ○ 12 ○

X 해설
04 국내 경비업자들은 외국 경비업체의 국내 진출을 반대하였다.
05 우리나라에서는 「경비업법」상 민간조사제도가 법제화되어 있지 않다.
06 이기주의로 인한 집단행동이 증가하고 있으며 그에 따른 범죄가 증가하는 추세이다.
08 현대의 범죄는 지능화·전문화된 범죄가 증가하는 추세이다.
09 마약류의 구입 경로가 다양해짐에 따라 마약 범죄가 증가하는 추세에 있다.
10 경찰관 신분을 가진 민간경비원은 우리나라에는 현재까지 도입되어 있지 않다.

CHAPTER 03

민간경비 산업 현황

기출 및 예상문제

제1절 각국의 민간경비 현황

01 한국 민간경비업에 관한 설명으로 옳지 <u>않은</u> 것은?

① 민간경비업은 법인이 아니면 할 수 없다.
② 한국의 특수경비원은 권총을 휴대할 수 있다.
③ 청원경찰은 경찰과 민간경비제도를 혼용한 제도이며, 대한민국 정부수립 직후 최초로 도입되었다.
④ 범죄의 증가와 경찰력의 한계로 민간경비업은 계속 발전하고 있다.

> **해설** 대한민국 정부수립 연도는 1948년이다. 청원경찰은 1962년 경제성장에 따른 산업시설의 증가와 북한의 무장게릴라 침투에 따른 한정된 경찰인력을 보조하기 위해 도입되었다.
> ① 민간경비의 경우 자연인은 영위할 수 없으며 법인만이 가능하다.
> ② 시·도경찰청장은 국가중요시설에 대한 경비업무의 수행을 위하여 필요하다고 인정하는 때에는 시설주의 신청에 의해 무기를 구입한다. 이 경우 시설주는 그 무기의 구입대금을 지불하고, 구입한 무기를 국가에 기부채납하여야 한다(경비업법 제14조 제3항). 시·도경찰청장은 국가중요시설에 대한 경비업무의 수행을 위하여 필요하다고 인정하는 때에는 관할 경찰관서장으로 하여금 시설주의 신청에 의해 시설주로부터 국가에 기부채납된 무기를 대여하게 하고, 시설주는 이를 특수경비원으로 하여금 휴대하게 할 수 있다. 이 경우 특수경비원은 정당한 사유 없이 무기를 소지하고 배치된 경비구역을 벗어나서는 아니 된다(경비업법 제14조 제4항).
> ④ 경찰력은 범죄의 양적·질적 심화로 한계에 직면하고 있어 그 대안인 민간경비업이 발전하고 있다.

02 한국의 민간경비업에 관한 설명으로 옳지 <u>않은</u> 것은?

① 경비업법상의 경비업무는 시설경비업무, 호송경비업무, 신변보호업무, 기계경비업무, 특수경비업무, 혼잡·교통유도경비업무의 6종이다.
② 인력경비보다 기계경비의 비중이 크다.
③ 민간경비원의 법적 지위는 일반시민과 같다.
④ 1986년 아시안게임, 1988년 올림픽을 치른 이후로 민간경비업이 날로 발전하고 있다.

> **해설** 민간경비의 현재 실정으로는 기계경비보다 인력경비의 비중이 더 큰 편이다.

03 교통유도경비에 관한 설명으로 옳지 않은 것은?

• 제18회 기출

① 일본의 경우 민간경비원이 실시하는 교통유도경비업무는 경찰관이 실시하는 교통정리와 마찬가지로 법적 강제력이 있다.
② 교통유도경비업무란 도로에 접속한 공사현장 및 사람과 차량의 통행에 위험이 있는 장소 또는 도로를 점유하는 행사장에서 부상 등 사고발생을 방지하는 업무이다.
③ 일본 경비업법에서 정의하고 있는 경비업무 중에는 '사람 혹은 차량의 혼잡한 장소와 통행에 위험이 있는 장소에서의 부상 등의 사고발생을 경계하여 방지하는 업무'를 포함한다.
④ 미국의 교통유도원(Flagger)제도는 각 주에서는 다양한 방법 및 기관을 통해 교육과정을 개설하고 있으며, 일부 주에서는 필기 및 실기시험을 통과한 후 인증서를 발급하여 유도원 채용 시 반드시 인증서를 제출하도록 하는 등 체계적으로 관리하고 있다.

해설 일본의 경우 민간경비원에게 특별한 법적 권한이 주어지지 않는다. 이에 민간경비원이 실시하는 교통유도경비업무 역시 경찰관이 실시하는 교통정리와 같은 법적 강제력은 없다.

04 우리나라 경비산업에 대한 설명으로 옳지 않은 것은?

① 경비업법은 경비업의 육성·발전과 그 체계적 관리로 경비업의 건전한 운영에 이바지함을 목적으로 한다.
② 기계경비산업이 점차 활성화되고 있다.
③ 국가중요시설의 효율성 제고방안으로 2001년 특수경비업무가 경비업의 종류에 추가되었다.
④ 민간경비산업은 공경비에 비해 성장하지 못하고 있다.

해설 공경비인 경찰의 인력 부족, 장비의 한계, 업무 과다현상으로 인해 이를 보완할 수 있는 민간경비업이 빠른 속도로 성장하고 있다.

01 ③　02 ②　03 ①　04 ④　**정답**

05 우리나라 민간조사제도에 관한 설명으로 옳지 <u>않은</u> 것은? •제16회 기출

① 민간조사제도가 하나의 정형화된 형식을 갖추고 제도적으로 정착되어 운영되고 있지 않다.
② 경비업법상 민간조사원이 별도로 규정되어 있지 않다.
③ 민간조사 관련 분야에 종사하고자 하는 자는 관할 관청에서 서비스업으로 허가를 받아야 한다.
④ 경비업법상 민간조사업무는 경비업무의 한 영역이라고 보기 어렵다.

> **해설** 우리나라 민간조사제도는 아직 제도적으로 보장되어 있지 않다. 민간조사 관련 분야에 종사하고자 하는 자가 관할 관청에 허가를 받아야 한다면 이는 제도적인 보장이 된다.

06 우리나라 민간경비산업의 발전 및 특징에 관한 설명으로 옳지 <u>않은</u> 것은? •제20회 기출

① 1986년 아시안게임, 1988년 올림픽, 1993년 엑스포 등 국제행사를 치르면서 크게 발전하였다.
② 기계경비가 활성화되고 있으나 아직까지는 인력경비에 대한 의존도가 높다.
③ 계약경비보다는 상대적으로 비용이 저렴한 자체경비가 발전하고 있다.
④ 2001년 경비업법 개정으로 특수경비원제도가 도입되어 청원경찰의 입지가 축소되었다.

> **해설** 기업체 등이 조직 내에서 자체적으로 경비인력을 조직화하여 운영하는 자체경비는 비용이 많이 들어가기 때문에 자체경비보다 비용이 저렴한 계약경비가 발전하고 있다.

07 우리나라 민간경비산업 현황에 관한 설명으로 옳지 <u>않은</u> 것은? •제18회 기출

① 청원경찰제도는 외국에서는 보기 어려운 특별한 제도이다.
② 민간경비업의 경비인력 및 업체 수가 일부 지역에 편중되어 있다.
③ 비용절감 등의 효과로 인하여 자체경비보다 계약경비가 발전하고 있다.
④ 경비회사의 수나 인원 면에서 아직까지 기계경비에 대한 의존도가 높다.

> **해설** 경비회사의 수나 인원 면에서 아직까지 인력경비에 대한 의존도가 높다.

08 미국과 일본의 민간경비산업 현황에 관한 설명으로 옳은 것은?

• 제20회 기출

① 미국에서 경찰과 민간경비는 상명하복 관계에 있다.
② 홀크레스트(Hallcrest) 보고서에 의하면 2000년대 이후 미국의 민간경비인력은 경찰인력의 절반 수준으로 성장하고 있다.
③ 일본에서 민간경비원의 교통유도경비는 경찰관의 교통정리와 같은 법적 강제력이 없다.
④ 일본의 민간경비는 2000년대 이후부터 한국과 중국에 진출을 시도하면서 인력경비가 급속히 성장하고 있다.

해설 ① 미국에서 경찰과 민간경비는 수평적 대등관계에 있다.
② 홀크레스트(Hallcrest) 보고서에 의하면 2000년대 이후 미국의 민간경비인력은 경찰인력의 2배 수준으로 성장하고 있다.
④ 일본의 민간경비는 한국과 중국에 진출을 시도하면서 기계경비가 급속히 성장하고 있다.

09 현대 민간경비에 관한 설명으로 옳은 것은?

① 현대 민간경비는 주로 사회지배계층의 이익보호를 위해 존재하고 있다.
② 한국의 경우 아직까지 민간경비가 하나의 산업형태로 발전하지 못하고 있다.
③ 민간경비의 주요 대상은 민간시설에 국한되며 공공시설에는 적용되지 않는다.
④ 미국의 2001년 9·11테러와 같은 국가적 위기상황은 민간경비의 중요한 발전 계기가 되었다.

해설 ① 민간경비는 경비를 의뢰하는 의뢰인의 이익을 보호하는 제도이다.
② 우리나라의 경우 민간경비가 하나의 산업형태로 이미 자리 잡고 있다.
③ 민간경비 중 특수경비원은 국가중요시설의 경비 및 도난·화재, 그 밖의 위험발생을 방지하는 업무를 수행한다.

정답 05 ③ 06 ③ 07 ④ 08 ③ 09 ④

10 우리나라 민간경비산업에 관한 설명으로 옳지 않은 것은?　　•제17회 기출

① 경비회사의 수나 인원 면에서 기계경비보다 인력경비에 대한 의존도가 높다.
② 국가중요시설의 효율성 제고방안으로 특수경비원제도가 도입되어 청원경찰의 입지가 축소되었다.
③ 2000년대 어려움을 겪던 기존의 영세한 민간경비업체들이 대기업의 경비시장 진출을 환영하였다.
④ 경찰은 사회 전반의 범죄대응 역량을 강화하기 위해 민간경비업을 적극적으로 지도·육성하고 있다.

> **해설** 기존의 영세한 민간경비업체들은 대기업의 경비시장 진출을 반대하였다.

11 각국의 민간경비제도 발전에 관한 설명으로 옳지 않은 것은?　　•제18회 기출

① 미국에서 항공교통량의 급증에 따른 항공기 납치는 민간경비산업의 성장에 영향을 끼쳤다.
② 한국은 청원경찰과 민간경비 간 지휘체계, 신분보장 등 이원화와 관련된 문제가 대두되고 있는 실정이다.
③ 일본과 한국은 국가가 관리·규제하는 공인탐정제도를 도입하기 위한 입법적 노력을 지속적으로 펼치고 있다.
④ 미국에서 19세기 말 유럽사회의 사회주의, 무정부주의의 영향을 받은 노동자운동은 민간경비산업의 발달에 영향을 주었다.

> **해설** 우리나라에서 국가가 관리·규제하는 공인탐정제도 도입을 위한 입법적인 노력은 미미한 편이다.

제2절 국내 치안여건의 변화

12 물리적 통제시스템인 CCTV에 관한 설명으로 옳은 것은? • 제23회 기출

① 영상정보를 불특정 다수에게 전달함으로써 범죄 발생 시 신속한 대응이 가능하다.
② 영상정보처리기기의 무분별한 설치는 인권침해 가능성이 높아 개인정보 보호법에서 엄격하게 규제하고 있다.
③ 국가중요시설에 영상정보처리기기를 설치·운영하려는 자는 관련 안내판을 설치하여 정보주체가 쉽게 알아볼 수 있도록 해야 한다.
④ 디지털(DVR) 방식에서 아날로그(VCR) 방식으로 전환되어 그 효율성이 증대되었다.

> **해설** ① 영상정보를 특정인에게 전달하는 기능을 수행한다.
> ③ 국가중요시설에 영상정보처리기기를 설치·운영하려는 자는 관련 안내판을 설치하여 일반인이 쉽게 알아볼 수 있도록 해야 한다.
> ④ 아날로그(VCR) 방식에서 디지털(DVR) 방식으로 전환되어 그 효율성이 증대되었다.

13 국내 치안환경의 변화로 옳지 <u>않은</u> 것은? • 제19회 기출

① 경찰의 단속으로 마약 범죄 감소
② 고령화로 인한 노인 범죄와 사회 문제 대두
③ 과학기술의 발달로 사이버 범죄 증가
④ 경제적 양극화 심화로 다양한 유형의 범죄 발생

> **해설** 현대에 들어 사회적 불안과 스트레스가 증가하고, 인터넷을 통해 마약판매상과의 접선이 수월해졌으며, 택배 및 물류배송 시스템의 활성화로 인해 일반인이 마약을 구하기가 쉬워져 마약 범죄가 꾸준히 증가하고 있다.

14 국내 치안환경에 관한 내용으로 옳지 <u>않은</u> 것은?

① 인구의 도시집중에 따른 개인주의적 경향으로 조직 범죄가 감소하고 있다.
② 고령화로 인한 노인 범죄가 심각한 사회 문제로 대두되고 있다.
③ 사이버 범죄가 날로 지능화·전문화되어 더욱 증가하고 있다.
④ 도시화와 빈부격차 심화로 다양한 유형의 범죄가 발생하고 있다.

> **해설** 인구의 도시집중에 따른 개인주의적 경향으로 인간소외 및 범죄의 발생이 증가하고 있으며, 조직 범죄가 날로 증가하는 추세이다.

정답 10 ③ 11 ③ 12 ② 13 ① 14 ①

15 국내 치안환경과 관련하여 인구구조의 변화로 인해 예상할 수 있는 내용으로 옳지 <u>않은</u> 것은?

① 인구의 도시집중에 따른 인간소외, 범죄 발생 등의 심각한 사회 문제가 예상된다.
② 집단이기주의로 발생하는 불법적 집단행동이 증가할 것이다.
③ 고령화로 인해 노인 범죄가 감소할 것이다.
④ 도시인구 증가로 인한 도시치안 수요가 증가할 것이다.

해설 고령화로 인해 소외된 노인의 빈곤과 그에 따른 노인 범죄는 증가 추세에 있다.

16 민간경비의 국내·외 치안환경변화에 관한 설명으로 옳지 <u>않은</u> 것은? • 제20회 기출

① 양극화된 이념체제가 붕괴되면서 다극화된 경제실리체제로 변모하였다.
② 국제화, 개방화로 인하여 국제 범죄조직과 국제 테러조직의 국내잠입 및 활동이 우려되고 있다.
③ 지역별, 권역별 경제공동체인 EU, 북미자유경제권 등이 붕괴되었다.
④ 외국인노동자, 다문화가정 등으로 인하여 새로운 치안수요가 발생하고 있다.

해설 지역별, 권역별 경제공동체인 EU, 북미자유경제권 등이 발전하고 있다.

17 우리나라 치안여건의 변화에 관한 설명으로 옳지 <u>않은</u> 것은? • 제23회 기출

① 과거에 비해 인터넷, 클럽, SNS 등 마약류의 구입 경로가 다양하지만 마약 범죄는 감소 추세에 있다.
② 무선인터넷과 스마트폰 보급의 확대로 사이버 범죄가 증가하고 있다.
③ 노령 인구 증가로 노인 범죄가 사회 문제시되고 있다.
④ 금융, 보험, 신용카드 등과 관련된 지능화·전문화된 범죄가 증가하고 있다.

해설 과거에 비해 인터넷, 클럽, SNS 등 마약류의 구입 경로가 다양해짐에 따라 마약 범죄가 증가 추세에 있다.

제3절 국내 경찰의 역할과 방범상황

18 국내 치안여건과 경찰의 역할에 관한 설명으로 옳지 <u>않은</u> 것은?

① 범죄의 양적·질적 심화로 인해 경찰은 역할한계에 직면하고 있다.
② 한국은 자치경찰제도를 운용하고 있지 않다.
③ 경찰 1인당 담당하는 시민의 비율이 선진국에 비해 높은 편이다.
④ 경찰은 민간경비와 마찬가지로 1차적으로 범죄예방에 초점을 두고 대응하고 있다.

> **해설** 자치경찰제도란 지방분권의 이념에 따라 지방자치단체에 경찰권을 부여하고, 경찰의 설치·유지·운영에 관한 책임을 지방자치단체가 담당하는 제도를 말한다. 우리나라는 2006년부터 자치경찰제도를 운용하고 있다(2006년 제주도 시행, 2021년 전국 시행).

19 경찰 범죄예방능력의 한계에 관한 설명으로 옳지 <u>않은</u> 것은?   • 제20회 기출

① 경찰인력이 부족하다.
② 타 부처와의 업무협조가 과중하다.
③ 경찰장비가 부족하고 노후하다.
④ 의사결정구조가 수평적이다.

> **해설** 경찰의 의사결정구조는 상명하복의 수직적 관계이다.

20 다음 설명 중 옳지 <u>않은</u> 것은?

① 범죄예방이란 범죄를 미연에 방지하는 것으로, 범죄가 발생하지 않도록 미리 그 원인을 제거하고 피해 확대를 방지하는 활동을 말한다.
② 경찰은 지구대 도입을 통해 경찰의 인력부족문제를 해결하였다.
③ 방범경찰은 광의로는 공공의 안녕과 질서유지, 범죄예방 등 모든 경찰활동을 생활안전이라는 개념에 포함시킬 수 있다.
④ 방범리콜제도는 치안행정상 주민참여와 관련 있다.

> **해설** 경찰은 민생치안을 확립하기 위해 기존 10~20여 명이 근무하던 파출소를 2~5개씩 묶어 지구대 형식으로 운영하고 있다. 하지만 이러한 지구대 운영도 경찰의 인력을 늘린 것은 아니므로 경찰의 인력부족문제를 해결하지는 못하고 있다.

| 정답 | 15 ③ | 16 ③ | 17 ① | 18 ② | 19 ④ | 20 ② |

21 우리나라의 경찰관과 민간경비원에 대한 설명으로 옳지 않은 것은?

① 경찰관은 법적으로 범죄자를 체포할 권한이 있다.
② 민간경비원은 원칙적으로 현행범을 제외하고는 범죄자에 대한 체포 권한이 없다.
③ 경찰관의 경비활동으로 인한 손해에 대해서는 손실보상이나 손해배상을 해야 한다.
④ 경비업자는 경비원이 고의로 경비대상 등에 손해를 입힌 경우에만 손해를 배상한다.

해설 경비업자는 경비원이 업무수행 중 고의 또는 과실로 경비대상에 손해가 발생하는 것을 방지하지 못한 때에는 그 손해를 배상하여야 한다. 또한 경비업자는 경비원이 업무수행 중 고의 또는 과실로 제3자에게 손해를 입힌 경우에는 이를 배상하여야 한다(경비업법 제26조).

22 한국 경찰이 범죄예방활동을 수행할 때의 한계요인으로 옳지 않은 것은?

① 경찰방범장비의 부족 및 노후화
② 타 부서와의 업무협조 원활
③ 경찰활동에 대한 국민들의 이해 부족
④ 치안수요 증가로 인한 경찰인력의 부족

해설 타 부서와의 업무협조가 원활하지 못한 관계로 경찰의 범죄예방활동의 수행에 지장을 초래하고 있다.

23 경찰의 역할과 방범활동에 관한 설명으로 옳지 않은 것은?

① 범죄예방은 범죄가 발생하지 않도록 사전에 원인을 제거하는 활동이다.
② 일선경찰관들이 직접적으로 사용하는 개인장비의 표준화와 보급 및 관리는 지속적으로 개선되어야 한다.
③ 우리나라 경찰 1인당 담당하는 시민의 비율은 선진국에 비해 낮은 편이다.
④ 현재 경찰은 경찰의 이미지 및 경찰활동에 대한 국민들의 인식을 높이고자 노력하고 있다.

해설 우리나라 경찰 1인당 담당하는 시민의 비율은 선진국에 비해 높은 편이다.

24 우리나라 경찰방범능력의 한계로 적절하지 않은 것은?

① 경찰인력 부족
② 경찰방범장비 부족 및 노후화
③ 타 부서 협조업무 증가
④ 경찰에 대한 주민들의 협조 원활

해설 경찰에 대한 주민들의 이해 부족으로 주민들의 협조가 부족하여 범죄의 신고율이 미미하다.

25 범죄예방 및 안전사고 방지를 위해 관내 금융기관 등 현금다액취급업소, 상가, 여성운영업소 등에 대하여 방범시설 및 안전설비의 설치상황, 자위방범역량 등을 점검하여 미비점을 보완하도록 지도하기 위한 경찰활동은?

• 제21회 기출

① 방범홍보
② 경찰방문
③ 생활방범
④ 방범진단

> **해설** ① 방범홍보활동은 매스컴 등을 통해 지역경찰관의 지역경찰활동과 각종 경찰업무에 대한 사항 및 민원사항, 중요시책 등을 주민에게 널리 알려 방범의식을 고양하는 동시에 각종 범죄를 방지하기 위한 지도활동이다.
> ② 경찰방문활동은 경찰관이 관할 구역 내의 각 가정, 상가 및 기타시설 등을 방문하여 청소년 선도, 소년·소녀가장 및 독거노인·장애인 등 사회적 약자 보호활동 및 안전사고방지 등의 지도·상담·홍보 등을 행하며 민원사항을 청취하는 예방경찰활동이다.

26 경찰의 방범능력 한계에 해당하지 <u>않는</u> 것은?

① 경찰인력의 부족
② 민생치안부서 근무기피 현상
③ 경찰활동에 대한 주민의 이해 부족
④ 경찰방범장비 확충 및 현대화

> **해설** 경찰방범장비가 확충되지 않고, 장비의 현대화가 더딘 점이 경찰방범능력의 한계에 해당한다.

27 민·경협력 범죄예방에 관한 설명으로 옳지 <u>않은</u> 것은?

① 지역사회 경찰활동의 핵심은 경찰과 지역주민이 함께 지역사회의 문제해결을 위해 노력해야 한다는 것이다.
② 자율방범대의 경우 자원봉사자인 지역주민이 지구대 등 경찰관서와 협력관계를 갖고 범죄예방활동을 행한다.
③ 언론매체는 범죄예방활동에 효과가 없다.
④ 경찰은 지역주민들의 자발적인 참여를 이끌어 내기 위해 지속적으로 홍보활동을 해야 한다.

> **해설** 언론매체에서 범죄의 과정을 다루거나 그 경위를 설명하는 것으로도 범죄예방효과가 있다.

정답 21 ④ 22 ② 23 ③ 24 ④ 25 ④ 26 ④ 27 ③

CHAPTER 04 민간경비의 조직 및 업무

제1절	경비업무의 유형
제2절	민간경비의 실시과정
제3절	경비계획의 수립
제4절	경비원 교육

최근 13개년 출제비중

21.5%

학습 TIP

- ☑ 경비업무의 유형 중 인력경비와 기계경비의 장단점, 계약경비서비스와 자체경비서비스의 장단점을 이해해야 한다.
- ☑ 민간경비의 실시과정을 이해하고, 그 과정 중에서도 경비위해조사와 경비위해분석의 개념과 흐름을 암기해야 한다.
- ☑ 일반경비원, 특수경비원, 청원경찰 교육과정의 특징과 교육시간을 정리하고 민간경비원의 동기부여이론 핵심 내용을 숙지해야 한다.

POINT CHAPTER 내 절별 출제비중

01	경비업무의 유형	24%
02	민간경비의 실시과정	21%
03	경비계획의 수립	29%
04	경비원 교육	26%

CHAPTER 04 민간경비의 조직 및 업무

제1절 경비업무의 유형

1. 주체에 따른 경비업무의 유형 ★★★

(1) 인력경비

① **의의**: 각종 위해(범죄행위, 화재, 재난)로부터 인적·물적인 가치를 사람의 능력을 통해 보호하는 경비로서, 상주경비, 신변보호경비, 혼잡경비, 순찰경비 등이 이에 해당한다.

② **근본적 경비**: 오늘날 인력경비는 단순한 경비업무차원에서 벗어나 최첨단 방범시스템을 숙지하여 운영할 수 있는 전문화된 능력을 요구하고 있다. 그러나 대부분의 경비시스템은 아직까지는 근본적으로 인력경비에 기초를 두고 있다는 점에서 현실적으로 인력경비가 기계경비보다 더 많이 실시되고 있다.

③ **종류**

  ㉠ **상주경비**: 산업시설, 빌딩, 아파트, 상가 등의 주어진 근무시설 내에 상주하거나 이동하면서 24시간 고정적으로 경비하는 활동을 말한다.

  ㉡ **신변보호경비**: 정치인, 기업인, 연예인 등 특정인의 신체적 안전 확보와 질서유지를 목적으로 하는 경비활동을 말한다.

  ㉢ **혼잡경비**

   ⓐ 각종 기념행사, 경기대회, 지역축제, 대형콘서트와 관련하여 참석한 군중의 혼잡한 상태를 예방하고 경계하며 위험한 상황이 확대되지 않도록 하는 것을 말한다.

   ⓑ 수익자부담원칙에 따라 행사를 주관하는 단체가 경비책임을 지는 것으로 변화되고 있다.

   ⓒ 우리나라에서는 「경비업법」에서 혼잡경비를 최근 경비업의 한 유형으로 규정하였다. 일본은 혼잡경비를 「경비업법」에서 규정하고 있으며, 교통유도업무가 그 대부분을 차지하고 있다.

➕ 심화학습

행사장 경비의 비용부담

행사장 경비의 경우 수익자부담의 원칙에 따라 행사를 주관하는 단체가 경비비용을 부담한다.

ⓔ 순찰경비
  ⓐ 경비원이 일정 구역을 정기적으로 순찰하여 범죄 및 위해 요소로부터 고객의 인적·물적 안전을 확보하는 경비활동을 말한다.
  ⓑ 순찰의 유형

정시순찰 (정선순찰)	• 미리 순찰코스를 사전에 지정하고 순찰지역 내의 지리적 특성을 감안하여 정기적으로 순찰하는 방식이다. • 순찰 시 각 초소와의 통신체계 및 상황조치 대응이 용이하나, 범죄예방효과가 다소 떨어진다.
난시순찰 (난선순찰)	• 특정한 순찰코스나 시간을 사전에 지정함 없이 범죄에 취약하다고 인정되는 지역이나 시간대에 임의로 순찰하는 방식이다. • 범죄예방효과는 높으나, 연락이나 상황조치에는 다소 미흡하다.
요점순찰	• 순찰자가 미리 선정된 취약지는 반드시 통과하도록 하고, 그 외는 임의로 순찰하는 방식이다. • 정시순찰과 난시순찰의 장단점을 고려한 순찰방식이다.

④ 인력경비의 장단점

장점	단점
• 경비업무 이외의 추가적인 업무를 병행하여 통합적 업무수행이 가능하다. • 현장에서 사건이 발생하였을 때 신속한 대응으로 시간을 단축할 수 있다. • 고객과 친밀한 관계형성이 용이하다.	• 인건비가 많이 든다. • 사건발생 시 인명피해가 우려된다. • 상황연락이 신속하게 이루어지지 않아 사건의 전파에 장애가 발생할 수 있다. • 신체특성상 인간은 야간경비활동에 취약하다.

핵심 기출문제

01 주체에 따른 경비업무의 유형 중 성격이 다른 하나는? • 제20회 기출

① 상주경비 ② 무인기계경비
③ 신변보호경비 ④ 순찰경비

해설 경비업무의 유형을 주체에 따라 분류할 경우 인력경비와 기계경비로 나눌 수 있다. 상주경비, 신변보호경비, 혼잡경비, 순찰경비는 인력경비에 해당한다.

정답 ②

(2) 기계경비

① **의의**: 기계경비시스템을 통하여 각종 위해로부터 인적·물적 가치를 보호하는 경비형태로, 순수무인경비시스템과 혼합기계경비시스템이 있다. 기계경비업자는 경비대상시설에 관한 정보를 수신한 때에는 그 사실을 확인하는 등 필요한 대응조치를 취하여야 하며, 이를 위한 대응체제를 갖추어야 한다.

② **구성**: 기계경비시스템의 운용목적은 도난·화재 등 위험에 대한 예방 및 대응이며, 기계경비시스템의 구성요소는 경비대상시설, 관제시설, 기계경비원(관제경비원, 출동경비원) 등이 있다.

③ **과정**: '불법침입에 대한 감지 및 경고 ⇨ 침입 정보의 전달 ⇨ 침입에 대한 대응' 과정을 거친다.

④ **침입에 대한 대응**: 통제센터를 통해 상황대처요원에게 신속한 연락뿐만 아니라 각종 물리적 보호장치가 작동되도록 하여야 하며, 침입자의 행위를 지연시킬 기능을 갖춘 경비시스템이어야 한다.

⑤ **기계경비의 장단점**

장점	단점
• 장기적으로 운영비용의 절감효과를 기대할 수 있다. • 첨단 컴퓨터 등의 활용으로 감시가 정확하며, 사후 범죄의 수사 단서로 활용이 가능하다. • 인명피해를 예방할 수 있다. • 기계경비시스템을 설치하였다는 경고표시로 잠재적인 범죄자 등에 대한 경고효과가 크다. • 화재예방과 같은 다른 예방시스템과 통합적 운용이 가능하다. • 24시간 동일한 조건으로 지속적 감시가 가능하다. • 넓은 장소를 효과적으로 정확하게 감시할 수 있다.	• 설치비용이 많이 든다. • 기계경비를 잘 아는 범죄자에게 역이용당할 우려가 있다. • 오경보 및 허위경보의 가능성이 있다. • 경찰관서에 직접 연결하는 경비시스템의 오작동은 경찰력의 낭비를 유발한다. • 운영 매뉴얼에 입력된 업무 자체만 가능하며, 인력경비와 같은 종합적 서비스의 제공은 어렵다. • 현장에서 신속한 대처가 어려우며, 현장 출동 시간이 필요하다. • 고장 시 신속한 대응이 어렵고 유지보수에 전문인력이 요구된다.

심화학습

기계경비의 요소

불법침입에 대한 감지, 침입 정보의 전달, 침입 행위의 대응 등이 기계경비시스템의 기본요소이다.

심화학습

대응체제의 구축

기계경비업자는 관제시설 등에서 경보를 수신한 때부터 늦어도 25분 이내에는 경비원이 도착할 수 있는 대응체제를 갖추어야 한다.

(3) 우리나라의 인력경비와 기계경비의 실정
① 아직까지 많은 경비업체가 인력경비 위주의 영세성을 벗어나지 못하고 있다.
② 인력경비와 기계경비 중 어디에 비중을 둘 것인가의 문제는 경비대상의 특성과 관련 있다.
③ 아직까지는 인력경비 없이 순수한 기계경비시스템만으로는 경비활동의 목표달성을 할 수 있는 수준에 미치지 못하고 있다.
④ 최근 선진국과의 기술제휴 등을 통한 첨단 기계경비시스템의 개발뿐만 아니라 자체적으로도 새로운 기술이 개발되고 있으며, 인력경비보다 기계경비가 확대되고 있는 추세이다. 다만, 상주경비, 요인경호, 혼잡경비, 순찰경비에는 기계경비 적용이 적합하지 않다.

(4) 기계경비 오경보의 폐해
① 기계경비의 중대한 단점으로는 오경보 또는 오작동이 있다. 실제 상황이 아님에도 불구하고 기계경비의 자체결함이나 현재 기술력의 한계로 오경보가 발생함에 따른 출동은 경찰력 운용의 효율을 저하시키고 있다.
② 오경보를 방지하기 위한 유지·보수 및 이를 수리하기 위한 전문인력의 양성에도 많은 비용이 든다.
③ 실제 상황이 아님에도 불구하고 기계장치의 자체결함에 따른 오작동은 기계경비의 신뢰성을 저하시킨다.

> **심화학습**
>
> **오경보의 미해결**
> 기계경비의 단점인 오경보 또는 오작동의 폐해는 과학기술의 한계로 아직까지 해결하지 못하고 있다.

핵심 기출문제

02 인력경비와 기계경비에 관한 설명으로 옳은 것은? • 제24회 기출

① 인력경비는 넓은 장소를 효과적으로 감시할 수 있다.
② 기계경비는 고객과의 친밀한 관계형성이 용이하다.
③ 인력경비는 장기적으로 경비비용의 절감효과가 있다.
④ 기계경비는 유지보수에 전문인력이 요구된다.

해설 기계경비의 단점으로 유지보수에 전문인력이 요구되며 설치비용이 많이 드는 점이 지적되고 있다.
① 넓은 지역을 효과적으로 감시할 수 있으며 정확성을 기할 수 있는 점은 기계경비의 장점이다.
② 고객과의 친밀한 관계형성이 가능한 점은 인력경비의 장점에 해당한다.
③ 장기적으로 경비비용의 절감효과가 있는 것은 기계경비이다.

정답 ④

2. 목적에 따른 경비업무의 유형

시설경비	국가중요시설, 빌딩, 주택, 공장건물, 상가, 공항 등 경비대상시설에 대한 각종 위해(외부침입, 내부절도)로부터 그 시설물의 인적·물적 가치를 보호하는 경비형태이다.
혼잡·교통 유도경비	도로에 접속한 공사현장 및 사람과 차량의 통행에 위험이 있는 장소 또는 도로를 점유하는 행사장 등에서 교통사고나 그 밖의 혼잡 등으로 인한 위험발생을 방지하는 경비업무이다.
신변보호경비	의뢰자의 의뢰에 의하여 범죄행위, 화재, 재난 등의 위해로부터 고객을 보호하는 경비형태이다.
호송경비	운송이 필요한 현금, 보석, 각종 귀중품을 강도나 절도로부터 보호하고 안전하게 이송하는 경비형태이다.
특수경비	공항 등 대통령령이 정하는 국가중요시설의 경비 및 도난, 화재, 재난, 그 밖의 위험발생을 방지하는 업무를 행하는 경비형태이다.

> **심화학습**
>
> **시설경비의 특성**
> 1. **주거시설경비**: 인력경비에서 기계경비로 변화하고 있다.
> 2. **의료시설경비**: 지속적으로 수용되는 환자 및 방문객 등의 출입으로 관리상의 어려움이 있어 사전예방에 초점을 두어야 한다.
> 3. **교육시설경비**: 교육시설의 위험요소 조사 시 지역사회와의 상호관계를 고려하여야 한다.

3. 성격에 따른 경비업무의 유형 ★★★

(1) 계약경비서비스

① 의의
  ㉠ 개인 및 기관, 기업 등이 중요하다고 판단되는 자신들의 보호대상을 보호하기 위하여 산업시설 또는 기업시설의 경비에 대해 경비서비스를 전문으로 하는 외부경비업체와 계약(도급)을 체결하고, 외부경비업체는 고객 측에서 요구하는 시설물이나 인적 자원을 보호하는 경비형태이다.
  ㉡ 계약경비는 대규모 경비업체에 의해 서비스가 제공되기 때문에 비용을 절약할 수 있어 경제적이다. 이에 오늘날에는 계약경비서비스가 자체경비서비스보다 빠르게 확대되는 추세이다.

> **심화학습**
>
> **현행「경비업법」의 전제**
> 현재 시행되고 있는「경비업법」은 자체경비가 아닌 계약경비를 전제로 법을 정립하고 있다.

② 종류

시설경비	시설물에 대한 각종 위해로부터 시설물 내의 인적·물적 가치를 보호하는 경비형태이다.
순찰서비스	• 한 사람 또는 여러 명의 경비원이 한 팀이 되어 도보나 순찰차로 근무지역 내의 시설물을 정기적으로 확인하는 활동이다. • 건물을 순찰하는 데 시간이 걸리므로 건물 내부 사정을 잘 아는 침입자 방지에 어려움이 있다.
경호경비서비스	사설경호원들이 의뢰인을 각종 위해로부터 보호하는 경비로서 다른 경비서비스에 비해 성장속도가 빠르게 증가하고 있다.
경보응답서비스	건물 내에 설치된 경보감지장치가 중앙통제센터(관제실)에 연결되어 경비원들이 각종 위해를 모니터링하고, 이러한 정보를 경찰관서에 알려 주며 경비원을 범죄현장에 파견하는 역할을 한다.
사설탐정서비스	보험 또는 신용업무와 관련된 신임채용자들의 경력조사, 보험금 지불청구의 수사 등에 관한 정보조사, 이혼과 관련된 조사업무, 실종된 사람의 추적과 조사 등의 정보를 제공하는 서비스이다. 현재 우리나라에서는 제도적으로 시행되고 있지 않다.
기타 서비스	기타 민간경비서비스에는 군중통제, 거짓말탐지기 조사, 경비자문, 기업의 손실방지를 위한 지원과 관련된 경비서비스 등이 있다.

(2) 자체경비서비스

① 의의: 기업체 등이 조직 내에 자체적으로 경비인력을 조직화하여 운용하는 것으로, 오늘날 자체경비서비스는 점차 감소하는 추세이다.

② 자체경비의 운영상 고려사항

㉠ 경비책임자에게 적정한 권한을 부여하여 타 부서와 적절하게 조화할 수 있도록 해야 경비조직의 운영을 효율화할 수 있다.

㉡ 경비조직을 독립적으로 설치해야 하며 경비책임자의 권한을 최대한 보장하여야 기업의 이윤극대화가 가능하다.

㉢ 경비책임자는 최고경영자에게 직접 보고할 수 있는 권한이 있어야 한다.

> **자체경비**
> 자체경비는 개인 및 기관, 기업 등이 중요하다고 판단되는 자신들의 보호대상을 보호하기 위하여 자체적으로 관련 업무를 수행할 수 있는 경비부서를 조직화하는 것으로, 청원경찰은 자체경비의 일종에 속한다.

③ 경비책임자의 역할

경영상의 역할	기획, 조직, 채용, 지도, 감독 등의 역할을 수행한다.
관리상의 역할	예산과 재정상의 감독, 사무행정, 경비문제를 관할하는 정책의 수립, 직원교육·훈련과정의 개발, 타 부서와의 긴밀한 협조 등의 역할을 담당한다.
범죄예방적 역할	경비원에 대한 감독·순찰, 경비원의 안전·경비활동에 대한 규칙적인 감사, 교통통제·경보시스템·조명·울타리 등과 같은 모든 경비장비의 상태점검 등의 역할을 담당한다.
조사상의 역할	경비의 정확성, 회계, 일반경찰과 소방서와의 유대관계 관련 문서의 분류업무 등을 수행한다.

(3) 계약경비서비스와 자체경비서비스의 비교

경비가 요구되는 경비 특성을 고려하여 자체경비를 할 것인가, 계약경비를 할 것인가를 선택해야 한다.

① 계약경비서비스의 장점
 ㉠ 경비원들이 경비업무를 수행함에 있어 사용자를 의식하지 않고 소신껏 업무에 임할 수 있다.
 ㉡ 경비원 중에 질병이나 해임 등으로 인한 업무수행상의 문제발생 시 인사관리와 행정관리가 용이하다.
 ㉢ 경비 재계약과 수요의 변화가 생길 때마다 결원의 보충 및 추가인력의 배치가 용이하다.
 ㉣ 대규모 경비업체에 의해 서비스가 이루어지기 때문에 고용, 훈련, 교육 등의 비용을 절감할 수 있어 경제적이다.
 ㉤ 사용자의 요구에 맞는 경비서비스와 경비프로그램 전반에 걸쳐 전문성을 갖춘 경비인력을 쉽게 제공할 수 있다.
 ㉥ 편의점, 소규모 상점 등 보호대상시설의 규모가 작을수록 계약경비를 운용하는 경우가 많다.

② 계약경비서비스의 단점
 ㉠ 단기계약으로 인한 경비인력의 추가·감축현상으로 혼란의 여지가 있다.
 ㉡ 비교적 적은 급료로 인한 단기간 근무가 많아지고, 이직률이 높아진다.
 ㉢ 잦은 인원교체와 결원에 따른 대체인력이 전문적이지 못하다.
 ㉣ 회사내부의 비밀정보나 중요정보가 외부에 유출될 가능성이 높다.

③ 자체경비서비스의 장점
　㉠ 자체경비는 상대적으로 신분이 안정적이고 임금이 높으며, 경비원으로서의 위상이 높기 때문에 계약경비보다 이직률이 낮다.
　㉡ 경비책임자가 경비원을 직접 관리하기 때문에 경비원에 대한 관리 및 통제가 유리하며, 경비원을 고용한 고용주의 요구에 신속하게 대처할 수 있다.
　㉢ 자체경비원은 안정적인 신분보장이 가능하기 때문에 고용주로부터 업무수행능력을 인정받기 위해 자기발전과 자기계발을 위한 노력을 아끼지 않는다.
　㉣ 자체경비는 계약경비에 비해 고용주에게 높은 충성심을 갖게 하고 경비원 등에 대한 통제를 강화할 수 있다.

④ 자체경비서비스의 단점
　㉠ 자체경비는 비상상황 발생 시 인적 자원의 제한으로 탄력적인 상황대처를 하지 못한다.
　㉡ 경비인원을 새로 채용할 경우 불필요한 시간이 소요될 우려가 있으며, 전문성이 부족하다.
　㉢ 계약경비에 비해 해임이나 감원 또는 충원 등이 필요한 경우에 그 탄력성이 떨어진다.
　㉣ 신규 모집계획, 선발인원의 신원확인, 교육에 대한 개발과 관리를 자체적으로 실시함에 따라 인사관리 및 행정관리가 힘들고 비용이 많이 든다.

> **심화학습**
>
> **자체경비 수행 시 고려사항**
> 1. 경비안전의 긴급성
> 2. 예상되는 경비활동
> 3. 회사 성장의 잠재성

핵심 기출문제

03 자체경비와 계약경비의 장단점에 관한 설명으로 옳지 않은 것은?

• 제23회 기출

① 계약경비는 자체경비보다 다양한 경비분야에 전문성을 갖춘 경비인력을 쉽게 제공할 수 있다.
② 자체경비는 신분보장의 불안정성과 저임금으로 계약경비보다 이직률이 높다.
③ 계약경비는 경비인력의 추가 및 감축에 있어 자체경비보다 탄력적 운용이 가능하다.
④ 자체경비는 계약경비보다 고용주에게 높은 충성심을 갖는 경향이 있다.

해설 자체경비원은 계약경비원에 비해 신분보장이 안정적이고 상대적으로 고임금을 받고 있으므로 계약경비보다 이직률이 낮다.

정답 ②

제2절 민간경비의 실시과정

1. 민간경비의 실시 의의

민간경비의 실시는 경비진단(경비요소조사, 경비위해분석), 경비계획 수립, 조직화, 경비실시, 평가, 환류 등의 과정이 연속적으로 이루어지는 일련의 과정을 말한다.

2. 경비요소 조사활동 ★★★

(1) 의의
① 구체적인 경비활동을 시행하기 전에 어떠한 유형의 위해가 존재하는지, 이러한 위해에 대하여 어떠한 조치를 취해야 하는지 등을 분석하는 것을 경비위해분석이라고 한다. 경비계획에 있어 경비위해분석은 우선적으로 실시해야 할 사항이다.
② 경비위해분석을 하기 위해서는 경비요인에 대한 다양한 정보와 경비대상에 대한 위해요소의 파악이 요구되는데, 이러한 위해요소와 경비대상에 대한 다양한 정보를 수집하는 활동을 경비요소 조사활동이라고 한다.
③ 경비요소 조사활동은 경비상태의 취약점을 보완할 수 있는 종합적인 경비프로그램을 만들기 위한 객관적인 분석방법이 사용되어야 한다.

(2) 경비 관련 조사업무의 일반
① **조사업무의 목적**: 경비 관련 조사의 목적은 경비업무의 효율적인 수행을 위한 경비업무수행에 소요되는 예산의 정확한 산출과 확보, 경비시설물 내에 있는 모든 구성원에게 경비와 관련된 협력의 확보, 경비방어상의 취약점 확인을 위하여 행하여지는 조사활동이다.
② **조사업무의 방법**: 현재의 경비상태를 조사하여 경비방어의 취약점을 발견하고, 그 취약점을 보완할 수 있는 종합적인 경비프로그램을 만들기 위한 객관적인 분석방법이 사용되어야 한다.
③ **조사업무 담당자**: 조사는 경비부서의 내부적 담당자들이나 자격 있는 경비전문가에 의하여 행해져야 한다. 조사업무 담당자는 관련 분야에 대해 높은 지식을 가지고 있을 뿐만 아니라, 조사대상 시설물과 집행절차를 숙지하고 있어야 하며, 조사 진행의 각 단계에 대한 사전계획을 수립해야 한다.

심화학습

경비조사의 과정
경비조사의 과정은 '경비대상의 현 상태 점검 ⇨ 경비방어상의 취약점 확인 ⇨ 보호의 정도 측정 ⇨ 경비활동 전반에 걸친 객관적 분석 ⇨ 종합적인 프로그램의 수립' 순이다.

내부적 담당자에 의한 조사	장점	• 내부업무 숙지 정도가 높다. • 경비위해요소에 대한 사실의 경험이 풍부하다. • 조직 내 타 부서와 경비부서의 협조체제가 용이하다.
	단점	• 위해요소의 분석평가 시 전문성이 떨어진다. • 위해평가기준이 주관적일 수 있다.
경비전문가에 의한 조사	장점	• 경비위해분석에 있어 조직내부 관계자의 영향을 받지 않기 때문에 조사가 객관적이다. • 고도의 전문지식을 가진 자의 위해분석이므로 조사가 전문성을 가지며, 현 상태에 대해 더욱 정확한 평가가 가능하다.
	단점	• 내부업무 숙지 정도가 낮다. • 타 부서와의 협조가 어렵다.

(3) 일반시설물 조사

① 경비와 관련하여 일정지역의 울타리, 출입구, 배수로, 하수도, 조명, 주변 도로 등을 점검하고 돌출지역과 은폐지역 등 경비대상물의 주변 환경을 조사하여야 한다.

② 출입문과 창문의 개폐, 지붕으로 접근할 수 있는 공간의 여부 등 경비대상시설에서의 접근통로를 살펴보아야 한다.

③ 귀중품 등에 대한 확인 및 보관된 금고 및 창고 경보시스템의 적절성의 확인 등 보호시설의 적절성을 확인하여야 한다.

④ 경비원들의 장비, 순찰 여부, 근무시간대, 순찰형태, 비상통신체제 등을 확인하여야 한다.

⑤ 경비대상물에의 출입형태, 자물쇠의 교체빈도, 건물출입요소에 대하여 조사하여야 한다.

⑥ 차량조사를 위한 조명관계, 주차장을 통한 출입 가능성 유무, 울타리를 통한 주차장 안팎으로의 물건 반·출입의 가능성 유무, 주차되어 있는 차량의 절도 가능성 유무 등을 조사하여야 한다.

⑦ 시설물 내의 방화시설의 적절성 여부, 방화시설의 점검빈도, 소방서와의 거리와 연락체계, 금연표시의 지정 여부, 가연성 물질의 보관형태, 화재예방 프로그램의 존재 여부 등이 확인되어야 한다.

> **심화학습**
>
> **경비진단을 위한 물리적 사전 조사의 착안사항**
> 1. 경비대상시설의 형태와 용도
> 2. 시설 내의 예측할 수 있는 침입경로
> 3. 주변 구조물 등의 상황

(4) 회계 관련 업무조사

회계부서는 회사의 자금운영에 대한 전반적인 감독을 하고 일반적으로 범죄에 의해 큰 손실을 입을 수 있는 취약부분이므로 철저한 조사가 필요하다.

① 출납원의 위치와 근무시간의 확인 및 무장강도의 공격 가능성에 대하여 살펴보아야 한다.
② 통로, 계단, 엘리베이터 등에서 현금보관소에 쉽게 접근할 수 없게끔 자금 출납과 관련된 사항을 살펴보아야 한다.
③ 수취 및 지불계정의 안전성 확인, 회계와 통계에 대한 현재의 대비책 및 형태를 조사하여야 한다.
④ 공금횡령에 대한 통제방법을 확인하고 공모 가능성 등에 대해 조사하여야 한다.
⑤ 인사과 직원과 경리과 직원 간의 공모 가능성, 위험에 대한 적절한 방어구축 여부를 확인하여야 한다.

(5) 인사업무에 관한 조사

① 각 부서영역 근무시간 후의 안전성, 내부직원 해임 시 경리부서의 처리과정, 고용절차에 있어 지원자들에 대한 심사방법 등에 대하여 조사하여야 한다.
② 최고책임자로부터 아래의 모든 직원들에 대한 정보를 담고 있는 인사서류의 관리는 매우 중요하다. 따라서 이들 정보는 기업의 요직에 있는 특정인에 의해 취급되어야 한다.

(6) 전산 관련 업무조사

프로그램에 대한 효과적인 관리절차방안, 컴퓨터 사용에 대한 기록방법 및 자료의 검증방안, 전반적인 프로그램 관리방안, 컴퓨터의 최신정보자료 사용의 통제방안, 기밀정보에 대한 자료출력 통제방안에 대해 살펴보아야 한다.

(7) 반·출입 관련 업무조사

① 화물과 물품이 있는 지역을 통행하는 내부직원들에 대한 확인, 화물·물품 보관지역 출입자 파악, 차량종류 및 이들 차량에 대한 통제방법 등이 확인되어야 한다.

② 경비원의 유무, 운전사와 부두에서 일하는 직원 간의 격리성 정도, 선적과 수령의 책임자 지정 여부를 살펴보아야 한다.
③ 물품수령 후 또는 선적 이전의 저장방법 및 안전성과 감독 정도, 손실의 발생 종류 및 손실에 대한 분석과 부주의하게 방치된 물품의 확인, 창고지역의 경비를 담당하는 인원의 정도 등을 살펴보아야 한다.

(8) 조사업무 보고서와 경비업무파일 작성

① 조사가 끝나고 자료정리가 완료되면, 경비의 취약한 부분과 합리적인 경비를 실시할 수 있는 대안이 포함된 보고서를 작성하여야 한다.
② 경비조사와 이에 따르는 보고서는 범죄유형과 발생률에 대한 전체적인 윤곽을 짐작할 수 있게 하고, 또한 경비계획을 세우는 데 유용한 자료이므로 정기적으로 정리하여 관리하여야 한다.

핵심 기출문제

04 경비조사활동(업무)에 관한 설명으로 옳지 않은 것은? • 제24회 기출

① 경비위해요소와 경비대상에 대한 다양한 정보를 수집하는 활동이다.
② 경비상태의 취약점을 보완할 수 있는 종합적인 경비프로그램을 만들기 위한 객관적인 분석방법이 사용되어야 한다.
③ 경비전문가에 의한 조사는 경비위해분석이 조직내부 관계자에 의하여 영향을 받지 않기 때문에 조직 내 타 부서의 협조가 용이하다.
④ 경비조사보고서는 유용한 자료이므로 정기적으로 정리하면 특정 계절에 발생하는 경비문제를 확인할 수 있는 장점이 있다.

해설 경비전문가에 의한 조사는 조직내부 관계자에 의하여 영향을 받지 않기 때문에 조사가 객관적이고 전문성을 가지나, 조직의 내부담당자에 의한 조사에 비해 조직 내 타 부서의 협조가 어렵다는 단점이 있다.

정답 ③

3. 경비위해분석 ★★★

(1) 의의

① 경비위해분석은 경비활동의 대상이 되는 위해요소들을 대상별로 추출하여 성격을 파악하는 경비진단활동을 말한다. 즉, 경비활동의 대상에 대하여 어떠한 유형의 위해가 존재하는지, 이러한 위해에 대해 어떠한 일련의 조치를 취해야 하는지 등을 대상별로 분석하는 과정이다.
② 경비위해요소 분석은 경비대상의 취약점을 파악하여 범죄, 화재, 재난 등으로부터 안전하게 보호하기 위한 계획을 수립하기 위함이다.
③ 경비위해요소 분석 시 해당 시설물마다 적합하고 적정한 위해요소와 위험도를 평가하여야 하며, 모든 시설물에 표준화된 시스템을 적용하여서는 안 된다.
④ 경비위해분석을 통한 분석 자료는 경비계획에 있어서 어느 정도의 경비조직이 필요한지 경비조직 등의 규모를 판단하는 근거가 되는 점에서 중요한 절차이다.
⑤ 손실예방을 위한 최적의 방어책을 세우기 위해서 위해요소에 대한 인지와 평가가 선행되는 절차이다.

> **경비위해요소**
> 경비대상의 안전성에 위협을 끼치는 제반요소를 말한다.

(2) 경비위해의 유형

자연적 위해	자연현상에 의해 야기되는 위해로, 폭풍, 홍수, 지진, 폭염, 폭설 등이 이에 해당한다.
인위적 위해	인간의 고의·실수·부주의에 의하여 야기되는 재난으로, 신체를 위협하는 범죄, 절도, 도둑, 사기, 횡령, 염탐행위, 태업, 폭탄위협, 화재, 간첩행위, 시민폭동, 교통사고 등이 이에 해당한다.
특정한 위해	특정 시설물 또는 각 지역, 국가 등에 따라 성질이나 유형이 다양하게 나타나는 위해를 말한다. 원자력발전소의 방사능 누출 위해, 화학공장의 화재나 폭발 위험, 가스폭발 위해, 백화점의 날치기 등이 이에 해당한다.

> **심화학습**
> **특정한 위해**
> 폭발·화재의 위험은 화학공장에서, 절도·강도에 의한 잠재적 손실은 소매점에서 더욱 크게 나타나 특정한 위해에 해당한다.

> **심화학습**
> **경비위해요소의 분석단계**
> 경비위해요소의 분석단계는 '위해요소 인지 ⇨ 위해요소 손실발생 예측(위험도의 서열화) ⇨ 위해정도 평가 ⇨ 비용효과분석 순이다.

(3) 경비위해요소 분석

① 경비의 위해(위험)요소 인지
　㉠ 경비대상시설이 안고 있는 경비상의 취약점을 파악하는 것을 위해요소의 인지라고 한다. 위해요소의 인지는 위해요소 분석에 있어 가장 선행되어야 하는 절차이다.

- ⓛ 각종 사고로부터 최적의 안전확보를 위해서는 경비위해요소의 인지가 중요한 절차가 된다.
- ⓒ 위해요소의 인지에서 위해요소가 확인되면 위험요소를 각 대상별로 추출해 각각의 사안마다 보호수단을 달리 적용하여야 한다.
- ⓔ 큰 손실이 예상되지 않는 소규모 경비시설물은 손쉬운 손실 예방책인 우수한 성능의 잠금장치 설치만으로도 좋은 방어가 된다. 하지만 기업의 손실영역이 증가하고 복잡해지면 1차원적 경비형태만으로는 대응이 어렵다는 한계가 있다.

② **위해요소의 분류**(척도화): 경비위해요소에 대해 인지된 사실들을 경비대상물이 갖고 있는 위해 가능성이 큰 순서대로 서열화하는 작업이 필요하다.

③ **경비위해도의 평가**
- ⓐ 경비위해분석을 통해 손실의 취약성 또는 손실 가능성을 객관적으로 파악하는 것이다.
- ⓑ 특정한 손실이 발생하였다면 손실이 경비대상에 미치는 영향을 평가하고 손실에 대한 잠재적 위험 빈도를 조사하는 과정을 말한다.
- ⓒ 경비위해요소의 분석결과에 따라 장비와 인원 등의 투입이 결정되며, 많은 손실이 예상되는 경비대상에는 종합경비시스템이 설치되도록 해야 한다.

④ **경비의 비용효과분석**
- ⓐ 비용효과분석이란 경비대상물의 위해를 방지하고자 들어간 투입비용에 대하여 나타난 산출효과를 비교하여 적절한 경비수준을 결정하는 과정을 말한다.
- ⓑ 비용효과분석은 투입한 경비비용 대비 나타난 경비효과를 수치적으로 비교·분석하는 것이므로 이를 근거로 한 측정은 경비기능의 효율성에 대한 실질적인 지침을 제공한다. 따라서 경비의 비용효과분석은 반드시 필요한 절차로, 생략할 수 없다.
- ⓒ 경비활동의 비용효과분석은 매우 다양한 경우의 수가 있을 수 있는 만큼 절대적 기준이 있다고 볼 수 없다.

핵심 기출문제

05 다음에 해당하는 경비위해분석 단계는?　　　　　　・제24회 기출

> 경비의 위해요소분석에 있어서 가장 선행되어야 하는 것으로, 경비대상시설이 안고 있는 경비상의 취약점을 파악하는 단계

① 위험요소의 분류　　　　　② 경비위해요소의 인지
③ 경비위험도의 평가　　　　④ 경비비용효과의 분석

해설 경비의 위해요소분석에 있어서 가장 선행되어야 하는 것으로, 경비대상시설이 안고 있는 경비상의 취약점을 파악하는 단계는 경비위해요소의 인지이다.

정답 ②

제3절 경비계획의 수립

1. 의의

(1) 개념

① 경비계획이란 사전조사를 통한 경비요소 조사활동과 경비위해분석에 의해 수집된 정보와 자료를 기초로 하여 여러 가지 업무상 절차, 물리적 요소, 경영적인 환경 등을 종합적으로 고려하여 경비실시의 구체적인 방법을 결정하는 것을 말한다.

② 경비계획은 계약처가 요구하는 경비내용을 구체적으로 실시하는 방법을 정하는 것이다.

(2) 경비계획서의 작성

경비계획서는 사전조사를 통한 경비진단에서 파악된 내용을 기초로 작성한다.

(3) 사전조사

사전조사는 현장청취와 현장조사로 이루어진다.

① **현장청취**: 현장에 직접 가서 시설물의 상태를 확인하고 실무자 등의 의견을 청취하여 잠재된 위험을 찾는 업무이다.

⊕ 심화학습

경비계획의 수립 절차

경비계획은 '경비문제의 인지 ⇨ 경비목표의 설정 ⇨ 자료 및 정보의 수집분석 ⇨ 전체계획 ⇨ 검토 ⇨ 대안의 작성 및 비교·검토 ⇨ 최종안 선택·실시 ⇨ 사후평가' 등의 과정을 거쳐 수립된다.

② 현장조사: 관련 정보를 확인하고 실제 조사를 통해 잠재된 위험을 찾아내는 업무이다.

2. 경비실시의 수준 ★★★

1차원적 경비	가장 단순한 경비형태로, 경비원과 같은 단순한 억제책에 의존하는 경비형태를 말한다.
단편적 경비	포괄적이고 종합적인 경비계획 없이 경비실시가 필요할 때마다 경비조직을 추가하는 경비형태를 말한다.
반응적 경비	특정한 경비위해에 대한 특정한 손실이 발생할 때마다 대응하는 경비형태를 말한다.
종합적 경비 (총체적 경비)	특정한 위험요소와 관계없이 언제 발생할지 모르는 사항에 대비하여 인력·기계경비를 종합한 표준화된 경비형태를 말한다.

핵심 기출문제

06 총체적 경비에 관한 설명으로 옳은 것은? · 제21회 기출

① A경비회사는 2019년 1월에 시설경비원을 고용하여 단일 예방체제를 구축하였다.
② B경비회사는 손실예방을 위해 전체적인 계획 없이 2019년 9월(1개월간)에만 필요하여 단편적으로 경비체제를 추가하였다.
③ C경비회사는 2019년 10월에 특정한 손실이 발생하여 이에 대응하기 위해 경비체제를 마련하였다.
④ D경비회사는 2020년 1월부터는 언제 발생할지 모를 상황에 대비하고 각종 위해요소를 차단하기 위해 인력경비와 기계경비를 종합한 표준화된 경비체제를 갖출 것이다.

[해설] 언제 발생할지 모를 상황에 대비하고 각종 위해요소를 차단하기 위해 실시하는 인력경비와 기계경비를 종합한 표준화된 경비체제는 총체적 경비(= 종합적 경비)에 해당한다.
① 1차원적 경비, ② 단편적 경비, ③ 반응적 경비에 관한 설명이다.

[정답] ④

3. 경비계획의 기본방향

(1) 기본방향
경비계획은 명확하게 수립되어 누구든지 절차가 지닌 의미와 방향을 알 수 있도록 하여야 하며, 능률성과 효과성을 모두 고려하여 접근하는 것이 바람직하다.

(2) 고려사항
경비계획의 과정은 신중하게 진행되어야 하고, 경비계획에 반영되어 있는 가치 및 규범체제 등이 배려되어야 한다. 또한 재정적인 측면도 고려해야 할 사항이다.

(3) 절차적 민주성
경비계획을 수립할 때에는 절차적 민주성의 보장도 중요하다. 관련된 분야나 계층의 충분한 참여가 이루어져야 한다.

4. 경비의 중요도에 따른 분류 ★★★

> **➕ 심화학습**
>
> 경비원의 수준에 따른 경비의 분류
> 1. 기본적인 의사소통 장비를 갖춘 경비원 – 중간수준 경비
> 2. 높은 의사소통 장비를 갖춘 고도의 훈련받은 무장경비원 – 상위수준 경비
> 3. 24시간 즉시 대응체제가 갖춰진 경비체계 – 최고수준 경비

최저수준 경비 (Level Ⅰ)	• 보통 출입문과 자물쇠를 갖춘 창문과 같은 단순한 물리적 장벽으로 구성된다. • 일정한 패턴이 없는 외부의 단순한 침입부터 무장공격에 이르기까지 외부의 행동을 방해하기 위한 경비이다. • 불법적인 일부 외부침입을 방해할 수 있도록 계획된 경비시스템이다.
하위수준 경비 (Level Ⅱ)	• 작은 소매상점, 저장창고에서 행하는 수준의 경비이다. • 일정한 패턴이 없는 불법적인 일부 외부의 침입행동을 방해하고 탐지할 수 있도록 계획된 경비시스템이다. • 물리적 장벽이나 자물쇠로 보강된 출입문, 보다 복잡한 수준의 자물쇠, 기본적 경보시스템, 기본적 안전장벽 등이 설치되는 경비이다.
중간수준 경비 (Level Ⅲ)	• 제조공장, 대형소매점, 대형물품창고 등에 시행되고 있는 수준의 경비이다. • 발전된 원거리 경보시스템, 경계지역의 보다 높은 물리적 수준의 장벽 등이 조직된다. • 기본적인 의사소통 장비를 갖춘 경비원에 의한 경비이다. • 대부분의 패턴이 없는 외부행동과 일정 패턴이 없는 내부의 행동을 발견·방해하도록 계획된 경비시스템이다.

상위수준 경비 (Level Ⅳ)	• 교도소, 제약회사, 전자회사 등에서 시행되고 있는 수준의 경비이다. • 고도의 조명시스템, CCTV, 고도의 경계경보시스템, 높은 의사소통 장비를 갖춘 고도의 훈련받은 무장경비원, 보호장소에서 사건발생 시 경비원의 대응과 경찰의 협력이 이루어지는 시스템 등에 의한 경비이다. • 대부분의 패턴이 없는 외부 및 내부의 행동을 발견 · 방해 · 저지 · 방어 · 예방하도록 계획된 경비이다.
최고수준 경비 (Level Ⅴ)	• 정부의 특별연구기관, 중요교도소, 중요군사시설, 외국대사관 등에서 시행되고 있는 수준의 경비이다. • 최첨단의 경보시스템과 24시간 즉시대응체제가 갖춰진 경비체계이다. • 전혀 패턴이 없는 외부 및 내부의 활동을 발견 · 억제하고 저지 · 방어 · 대응공격을 위한 경비이다.

핵심 기출문제

07 중요도에 따라 분류한 경비수준으로 다음 내용에 해당하는 것은?

• 제24회 기출

- 기본적으로 의사소통 장비를 갖춘 경비원에 의한 경비
- 대부분의 패턴이 없는 외부행동과 일정 패턴이 없는 내부행동을 발견, 방해하도록 계획된 경비
- 물품창고 제조공장, 대형소매점 수준의 경비

① 최저수준 경비 ② 하위수준 경비
③ 중간수준 경비 ④ 상위수준 경비

해설 물품창고, 제조공장, 대형소매점 등에 시행하는 수준의 경비는 중간수준 경비이다.

정답 ③

5. 경비계획수립 시 기본원칙 ★★★

(1) 직원의 출입구

사내절도를 예방하기 위해 직원의 출입구는 주차장으로부터 가능한 한 멀리 떨어진 곳에 위치해야 한다.

(2) 경비원의 관리실

경비관리실(경비실)은 가능한 한 건물에서 통행이 많은 곳에 설치하고, 경비원 대기실은 시설물 출입구와 비상구에 인접한 곳에 위치하여야 한다.

(3) 출입구의 수

경계구역과 건물 출입구 수는 안전규칙 범위 내에서 최소한으로 유지되어야 하며, 비상시에만 사용하는 외부출입구에는 경보장치를 설치하여야 한다.

(4) 강화유리의 설치

유리창이 지면으로부터 약 4m 이내 높이에 설치되어 있는 경우에는 강화유리 등 안전장치를 설치할 필요가 있다.

> **강화유리**
> 고열에 의한 특수 열처리로 기계적 강도를 향상시킨 특수유리로, 일반유리에 비해 강도가 3~5배 높다. 성형 유리판을 약 600℃로 열압, 공기를 뿜어 급랭시켜서 만든다. 깨지더라도 조각이 모나지 않게 콩알 모양으로 부서지므로 안전하다.

(5) 안전조명시설

효과적인 경비를 위해서는 안전경비조명이 설치되어야 하고 물건을 선적하거나 수령하는 지역은 분리되어야 한다.

(6) 경계구역의 보호

건물 외부의 틈으로 접근 및 탈출 가능한 지점 및 경계구역(천장, 공기환풍기, 하수도관, 맨홀 등)은 보호되어야 한다.

(7) 선적지역과 하차지역의 이격

항구·부두지역 등은 운전자가 물건을 창고지역으로 바로 운반하지 못하도록 하며, 물건의 선적지역과 하차지역을 분리하여 경비원이 확인할 수 있도록 설계되어야 한다.

핵심 기출문제

08 경비계획수립의 기본원칙으로 옳은 것은? • 제23회 기출

① 건물 출입구 수는 안전규칙 범위 내에서 최대한으로 유지되어야 한다.
② 경비관리실은 건물 내부에서 통행이 가급적 적은 곳에 설치하여야 한다.
③ 정상적인 출입구 외에 건물 외부와 연결되는 천장, 환풍기, 하수도관 등에 대한 안전확보방안을 강구하여야 한다.
④ 효과적인 경비를 위해서는 물건을 선적하거나 수령하는 지역은 동일지역에서 이루어지도록 설계되어야 한다.

해설 ① 건물 출입구 수는 안전규칙 범위 내에서 최소한으로 유지되어야 한다.
② 경비관리실은 건물 내부에서 통행이 가급적 많은 곳에 설치하여야 한다.
④ 효과적인 경비를 위해서는 안전경비조명이 설치되어야 하고, 물건을 선적하거나 수령하는 지역은 분리되어야 한다.

정답 ③

6. 경비계획수립 과정 ★★★

경비계획수립의 순서는 '문제의 인지 ⇨ 목표의 설정 ⇨ 경비위해요소 조사·분석 ⇨ 전체계획 검토 ⇨ 경비계획안의 비교·검토 ⇨ 최종안 선택 ⇨ 경비의 실시 및 평가'의 순서로 실행될 때 가장 합리적이다.

(1) 경비문제의 인지

경비문제가 발생하거나 경비에 대한 의뢰, 문제의 발생이 예견될 때 민간경비에 대한 문제의 인지가 이루어진다. 이는 경비계획수립 과정에서 가장 선행되는 절차이다.

(2) 경비목표의 설정

민간경비의 수행대상조직의 목표에 부응하기 위한 필요절차이다. 목표 설정 시에는 조직의 목표를 인식하고 구체적으로 수행할 경비의 방향을 결정하는 경비목표를 설정해야 한다.

(3) 자료 및 정보의 수집분석

① **경비요소 조사**: 경비요소 조사는 경비계획을 수립하는 데 필요한 정보와 자료의 수집활동이다. 경비요소 조사는 경비책임자가 가장 먼저 고려해야 할 과정이며, 경비계획을 수립하는 데 가장 기초가 되는 자료들을 수집하는 과정이다.
② **경비위해요소 분석**: 경비요소 조사를 통한 정보와 자료를 가지고 구체적인 경비활동을 시행하기 전에 어떠한 유형의 위해가 존재하는지, 이러한 위해에 대하여 어떠한 조치를 취해야 하는지 등을 분석하는 과정을 경비위해분석이라고 한다. 이 과정은 경비계획 수립에서 중요한 과정에 해당한다.

(4) 전체계획의 검토

① 경비계획의 수립 시 조직의 공동목표, 손실발생 가능성, 손실의 심각성 정도 등 능률성과 효과를 모두 고려하여야 한다.

② 경비계획에서 조직의 업무분야와 진행과정에 영향을 미치는 통솔의 기준을 설정하는 것은 중요하다. 따라서 물품의 선적, 수령과 출고 및 재고조사, 현금취급, 경리 등의 절차를 포함하여 통솔의 기준을 설정하여야 한다.
③ 경비업무는 타 부서의 업무수행과 상충할 가능성이 있으므로 이와 관련하여 경비부서의 관리자가 내부적인 규율이나 책임의 한계를 명확하게 제시하여야 한다.

(5) 대안의 작성 및 비교·검토

① 경비계획안은 경비위해분석 내용, 경비계획 시 고려사항, 통솔기준, 대상조직의 환경 등을 고려하여 종합적으로 작성해야 한다.
② 계획안은 단일안을 작성하는 것보다 몇 개의 안을 작성하여 대안을 비교·검토한 후 최선의 하나를 선택하는 것이 바람직하다.

(6) 최선안의 선택·실시

경비계획안들 중에서 최선의 경비계획안을 선택하여 선택된 경비계획안에 따라 경비대를 조직화하고, 경비를 실시하여야 한다.

(7) 사후평가

경비계획안에 따라 실시된 경비 과정상 나타난 문제점과 효율적인 점을 분석하고 이에 대해 평가를 실시하여야 한다.

(8) 환류(피드백, Feedback)

평가결과를 재투입하여 경비 과정의 발전과 향후 나타날 제 문제점에 대해 대비하는 자세가 필요하다.

7. 경비조직화 ★★★

(1) 조직화의 의의

① 경비계획의 조직화는 인력경비의 조직화와 기계경비의 조직화로 나누어 볼 수 있다.
② 인력경비의 조직화는 경비계획이 수립된 다음 경비실시를 위해 필요한 조직체계를 구성한 후, 경비원을 채용하고 훈련하여 경비대를 만드는 과정을 말한다. 경비인력수요는 일반적으로 경비시설물의 규모에 비례하는 특징이 있다.

③ 기계경비의 조직화는 기계경비시스템을 구축하는 일련의 활동을 말한다.
④ 보호대상의 특성에 따라 인력경비와 기계경비를 운용할 수 있는데, 일반적으로 순수한 형태의 기계경비는 존재하지 않는다.
⑤ 민간경비부서를 독립적으로 설치하지 않은 채 다른 관리부서와 연계시켜 통합적으로 설치하게 되면 전문성이 저하된다.

> **심화학습**
>
> **경비업무의 특성**
>
> 민간경비의 조직화 과정에서 위험성, 돌발성, 조직성, 기동성 등 경비업무의 특수성을 고려해야 한다.

(2) 경비부서의 조직

경비부서의 조직은 직계조직(수직조직)과 기능조직(수평조직)으로 분류할 수 있다.

① 직계조직(수직조직)
  ㉠ 특성: 최고책임자의 권한과 명령이 일반 하급자까지 내려가는 조직형태로, 상명하복관계에 있어 관리가 쉬운 계층적 조직이다.
  ㉡ 장단점

장점	단점
• 지휘·명령계통이 단순하다.	• 업무 간 혼란이 야기되기 쉽다.
• 책임과 권한의 소재가 명확하다.	• 최고책임자의 행위가 독선적으로 흐르는 경우가 있다.
• 의사결정이 신속하다.	

② 기능조직(수평조직)
  ㉠ 특성: 부서별 역할과 업무가 전문화되어 있고, 각 부서마다 책임관리자를 두고 책임경영을 하도록 하며, 부문별 수평적 관계에 중점을 두고 있는 조직이다.
  ㉡ 장단점

장점	단점
• 분야별로 전문성이 있다.	• 파벌주의 조성의 우려가 있다.
• 책임경영제로 고효율을 기대할 수 있다.	• 의사결정과정에서 장시간이 소요된다.
• 부서별 협조가 용이하다.	• 부서의 사기저하가 우려된다.

(3) 경비조직 시 고려사항

① 권한의 위임
  ㉠ 권한의 위임이란 상급자가 하급자에게 사무처리권한의 일부와 책임을 부여하는 것을 말한다. 최고관리자가 중간관리자에게 경비업무를 위임하면 책임 또한 위임되어야 한다.

ⓛ 경비책임자는 중간관리자에게 책임의 범위 내에서 부분적으로 권한을 위임하여야 하며, 최고관리자는 중간관리자에게 책임의 범위 내에서 업무를 수행할 수 있도록 재량권을 부여하여야 한다.
　　ⓒ 권한의 위임은 상급자의 모든 권한을 이양하는 것이 아니므로 권한의 위임으로 상급자의 책임이 완전히 면제되는 것은 아니다.
② **통솔의 범위**
　　㉠ 통솔범위란 한 사람의 관리자가 효과적으로 관리할 수 있는 최대한의 부하의 수를 말한다.
　　㉡ 인간이 지니는 주의력의 범위와 인간의 능력 간에는 한계가 있다는 것을 전제로, 관리능력을 극대화할 수 있는 통솔범위를 찾고자 하는 데 의미가 있다.
　　㉢ 사이몬(H. A. Simon)은 통솔범위에 대한 마술의 숫자는 없다고 하면서 통솔범위는 획일적으로 말할 수 없고, 상황에 따라서 달라진다고 하였다.
　　㉣ 통솔범위의 결정요인
　　　ⓐ 신설 조직의 책임자는 기존 조직의 책임자보다 통솔의 범위가 좁다.
　　　ⓑ 여러 장소에 근무하는 사람들을 통솔하는 책임자는 한곳에 근무하는 사람들을 통솔하는 책임자보다 통솔의 범위가 좁다.
　　　ⓒ 상관의 통솔의 범위는 계층의 수가 적을수록, 부하의 자질이 높을수록 넓다.
　　　ⓓ 유능한 참모나 우수한 정보관리체계가 갖추어져 있으면 통솔범위가 넓어진다.
③ **명령통일의 원리**: 민간경비부서에서 근무하는 경비원은 자신을 직접 관리하고 있는 경비책임자로부터 지시를 받아야 하고, 항상 그 상관에게 보고해야 한다. 관련 경비원이 계통이 다른 부서의 여러 관리자들로부터 지시를 받게 된다면 업무수행에 차질이 생기고 결과적으로 상황을 악화시킬 가능성이 높아지게 된다. 또한 지휘계통이 다원화되어 있다면 결과에 대한 책임소재가 불분명하게 된다.

심화학습

영국의 홀데인위원회
적정한 통솔범위로 10~12명의 인원수를 제시하였다.

심화학습

통솔범위 결정요인
민간경비의 통솔범위를 결정하는 요인으로는 직무의 성질, 시간적 요인, 참모와 정보관리체계, 계층의 수 등이 있다.

④ 계층제의 원리
  ㉠ 계층제란 권한과 책임의 정도에 따라 직무를 등급화함으로써 상하 계층 간에 직무상의 지휘·감독관계에 서게 하는 것을 말한다. 민간경비에 있어 상관은 부하에게 권한의 일부를 위임하게 되고, 그 부하는 자신의 권한보다 작은 권한을 바로 밑의 부하에게 위임하는 등급화의 과정을 거쳐서, 명령·복종관계를 명확히 하고 명령이 조직의 정점에서부터 최하위까지 도달하도록 한다.
  ㉡ 계층제는 지휘·명령의 신속한 전달과 원활한 내부통제를 가능하게 하는 원리이나, 역동적 인간관계의 형성을 저해할 수 있다.
⑤ **전문화의 원리**: 전문화란 조직의 전체기능을 기능별 또는 특성별로 나누어 임무를 분담시키는 것을 말한다. 민간경비부서에 근무하는 경비원 사이의 업무능력은 신체적·정신적 특징, 지니고 있는 경비업무지식과 자격조건, 적성에 따라 다를 수 있다. 따라서 전문적인 민간경비원을 선발하여 적재적소에 배치하기 위해서는 이러한 요소들을 충분히 고려하여야 한다.
⑥ **조정·통합의 원리**: 조정·통합의 원리란 조직이 지향하는 공동의 목표를 달성하기 위하여 하위체제 간에 수행하고 있는 업무가 통일성 내지 조화를 이루도록 하는 것을 의미한다. 조직구조 및 관련 업무가 내부적으로 복잡하게 분업화·전문화되어 있을수록 조직이 달성하려는 목표에 도달하게 하는 조정·통합의 필요성이 크다.
⑦ 경비인력의 수요
  ㉠ 어느 정도의 경비인력이 필요한지는 해당 시설물의 전체면적과 고용된 경비원들의 수에 따라 달라진다.
  ㉡ 일반적으로 경비인력수요는 해당 경비시설물의 규모에 비례한다.
  ㉢ 경비대상조직의 경비인력수요는 경비요소조사 및 경비위해분석이 면밀히 이루어진 후에 경비시설물 내의 전반적인 요소를 면밀히 분석하여 판단하여야 한다.

심화학습

계층제
민간경비의 조직원리로서 계층제의 원리는 내부통제를 가능하게 하지만, 새로운 기술과 기술도입의 신속성을 저해하는 요인으로 작용하기도 한다.

핵심 기출문제

09 경비부서 조직화에 관한 설명으로 옳지 않은 것은? · 제24회 기출

① 최고관리자는 중간관리자에게 책임의 범위 내에서 업무를 수행할 수 있도록 재량권을 부여하여야 한다.
② 경비인력수요는 일반적으로 해당 경비시설물의 규모에 반비례한다.
③ 상급자의 통솔범위는 부하의 자질이 높을수록 넓다.
④ 경비원은 자신을 직접 관리하고 있는 경비책임자로부터 지시를 받아야 하고, 항상 그 책임자에게 보고해야 한다.

해설 경비인력수요는 일반적으로 해당 경비시설물의 규모에 비례한다.

정답 ②

(4) 경비원의 고용

① 경비원의 임무
  ㉠ 경비원은 시설물을 관리할 규칙과 법규를 준수하며, 관할 구역 내에 있는 경비대상물의 건물과 토지에 거주하는 거주자, 방문자에 대한 적절한 경비를 하여야 한다.
  ㉡ 경비원은 도움이나 안내를 요구하는 사람들을 합리적 방법으로 지원하여야 하며, 담당구역의 질서를 유지하고, 보행자나 차량통행을 통제하여야 한다.
  ㉢ 경비원은 분실물이 있는 경우 그 사항을 세밀하게 기록하고 차후 분실물을 습득한 경우 주인을 찾아 주어야 한다.
  ㉣ 경비원은 인원과 차량을 조회하는 시스템을 운용하여 사람과 차량을 확인하고 허가 없이 시설물에 출입하는 사람들도 조사하여야 할 것이며, 지역의 경비와 안전을 점검하기 위해 주기적으로 규정된 검사를 실시하여야 한다.
  ㉤ 경비원은 화재가 발생할 때 신속하게 대처해야 하며, 사고발생 시 경보음을 즉각적으로 발하여 사고처리에 신속하게 대비하여야 한다.

② 경비원의 자질
  ㉠ 경비원은 침착한 성격을 지녀야 하며, 높은 수준의 육체적 능력, 사명감, 정서적 안정감이 요구된다.
  ㉡ 경비원에 대한 합리적 보수와 근무여건의 조성은 유능한 인적자원이 유입되게 한다.

심화학습

경비원의 직무적합성
경비업무에 지원하는 지원자들은 기밀을 취급하므로 매우 신중하게 조사하여야 한다. 지원 단계에서부터 적성검사, 면접, 기타의 검사를 토대로 직무적합성을 검사하여야 한다.

ⓒ 경비는 고객의 신체와 재산의 안전을 보호하는 업무를 담당하므로 경비업무의 수행에 필요한 기술과 훈련뿐만 아니라, 다양한 상황에서 많은 사람들을 대상으로 하기 때문에 정서적으로 성숙하고 안정된 사람이어야 한다.

ⓔ 경비원의 업무수행능력이 경비관리자 수준에 이를 때까지 부단히 교육여건을 제공하여야 한다. 경비원 개개인의 역할이 경비역량을 말하기 때문이다.

③ **경비원의 교육·훈련**: 다양한 분야에서 현장학습이나 현장견학 등의 체험교육이 이루어지도록 하여야 한다. 이론적인 학습보다 현장 중심의 실무교육이 중요하기 때문이다. 경비원의 교육·훈련의 성과는 경비원의 자세와 임무수행에서 나타나고, 승진의 기회를 제공할 뿐만 아니라 조직의 목표를 이해하고 조직 속에서 자신의 위치를 파악할 수 있도록 한다. 대략적으로 경비원의 교육과 훈련은 다음 사항을 위주로 한다.

ⓐ 차량운행과 장비운용, 보안검색 및 보호요령
ⓑ 회사소개 및 정책방향과 각 부서의 운용상황
ⓒ 보고서 작성요령 및 경비요원의 의무와 경비 관련 법규
ⓓ 인간관계와 직업윤리
ⓔ 관찰기술과 경호의전, 의사소통절차
ⓕ 응급처치법과 비상대책 요령

제4절 ▶ 경비원 교육

1. 「경비업법」상의 교육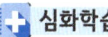

(1) 일반경비원의 교육

경비업자는 경비업무를 적정하게 실시하기 위하여 경비원으로 하여금 대통령령으로 정하는 바에 따라 경비원 신임교육 및 직무교육을 받게 하여야 한다. 경비원이 되려는 사람은 대통령령으로 정하는 교육기관에서 미리 신임교육을 받을 수 있다(경비업법 제13조).

심화학습

민간경비 교육훈련의 목적
1. 조직 경영전략의 전개에 필요한 인력 확보
2. 조직 통제와 조정 문제의 감소
3. 조직의 안정성과 융통성 확보

① **신임교육**(경비업법 시행령 제18조)
  ㉠ 경비업자는 일반경비원을 채용한 경우 다음의 하나에 해당하는 사람에 대하여 경비업자의 부담으로 신임교육을 받게 하여야 한다.
    ⓐ 경비원의 경력이 없는 사람으로서 일반경비원으로 채용된 사람
    ⓑ 경비원 교육을 받은 후 3년 이상의 기간 동안 경비업무에 종사하지 아니하다가 일반경비원으로 채용된 사람
  ㉡ 다만, 다음에 해당하는 사람을 일반경비원으로 채용한 경우에는 일반경비원 신임교육 대상에서 제외할 수 있다.
    ⓐ 일반경비원 또는 특수경비원 신임교육을 받은 사람으로서 채용 전 3년 이내에 경비업무에 종사한 경력이 있는 사람
    ⓑ 「경찰공무원법」에 따른 경찰공무원으로 근무한 경력이 있는 사람
    ⓒ 「대통령 등의 경호에 관한 법률」에 따른 경호공무원 또는 별정직공무원으로 근무한 경력이 있는 사람
    ⓓ 「군인사법」에 따른 부사관 이상으로 근무한 경력이 있는 사람
    ⓔ 경비지도사 자격이 있는 사람
    ⓕ 채용 당시 「경비업법」 제13조 제2항에 따른 일반경비원 신임교육을 받은 지 3년이 지나지 아니한 사람
  ㉢ 경비업자는 일반경비원을 채용한 경우 해당 일반경비원에게 경비업자의 부담으로 다음의 법에 따른 경비원 교육기관에서 실시하는 일반경비원 신임교육을 받도록 해야 한다.
    ⓐ 일반경비원 교육기관
    ⓑ 특수경비원 교육기관

㉣ 일반경비원의 신임교육시간은 24시간이다.

구분 (교육시간)	과목	시간
이론교육 (4시간)	「경비업법」 등 관계법령	2
	범죄예방론	2
실무교육 (19시간)	시설경비실무	3
	호송경비실무	2
	신변보호실무	2
	기계경비실무	2
	혼잡·교통유도경비실무	2
	사고예방대책	2
	체포·호신술	2
	장비사용법	2
	직업윤리 및 서비스	2
기타 (1시간)	입교식, 평가 및 수료식	1
계		24

심화학습

신임교육시간 비교
1. 일반경비원의 신임교육: 24시간
2. 특수경비원의 신임교육: 80시간
3. 청원경찰의 신임교육: 76시간

㉤ 경찰청장은 일반경비원에 대한 신임교육의 실시를 위하여 연도별 교육계획을 수립하고, 법에 따른 일반경비원 교육기관이 교육계획에 따라 교육을 실시하도록 하여야 한다.

㉥ 일반경비원 교육기관의 장은 신임교육의 과정을 마친 사람에 대하여는 일반경비원 신임교육이수증 교부대장에 그 사실을 기재한 후 일반경비원 신임교육이수증을 교부하여야 한다.

㉦ 경비업자는 일반경비원이 신임교육을 받은 때에는 경비원의 명부에 그 사실을 기재하여야 한다.

② **직무교육**(경비업법 시행령 제18조 제3항 및 시행규칙 제13조 제1항, 제2항): 경비업자는 소속 일반경비원에 대하여 경비지도사가 수립한 교육계획에 따라 매월 2시간 이상의 직무교육을 받도록 하여야 한다. 일반경비원에 대한 직무교육의 과목은 일반경비원의 직무수행에 필요한 이론·실무과목 및 직업윤리 등으로 한다.

> **핵심 기출문제**
>
> **10** 경비업법령상 일반경비원의 신임교육 과목에 해당되지 <u>않는</u> 것은?
>
> • 제20회 기출
>
> ① 범죄예방론 ② 사격
> ③ 체포·호신술 ④ 직업윤리 및 서비스
>
> **해설** 사격은 「경비업법」상 일반경비원의 신임교육 과목에 해당하지 않는다.
>
> 정답 ②

(2) 특수경비원의 교육

특수경비업자는 대통령령으로 정하는 바에 따라 특수경비원으로 하여금 특수경비원 신임교육과 정기적인 직무교육을 받게 하여야 하고, 특수경비원 신임교육을 받지 아니한 자를 특수경비업무에 종사하게 하여서는 아니 된다(경비업법 제13조 제3항). 특수경비원의 교육 시 관할 경찰서 소속 경찰공무원이 교육기관에 입회하여 대통령령이 정하는 바에 따라 지도·감독하여야 한다(경비업법 제13조 제4항).

① **신임교육**(경비업법 시행령 제19조)

㉠ 특수경비업자는 다음의 하나에 해당하는 사람에 대하여는 특수경비업자의 부담으로 법에 따른 특수경비원 교육기관에서 실시하는 특수경비원 신임교육을 받게 하여야 한다.

ⓐ 특수경비원의 경력이 없는 사람으로서 특수경비원으로 채용된 사람

ⓑ 특수경비원 교육을 받은 후 3년 이상의 기간 동안 특수경비업무에 종사하지 아니하다가 다시 특수경비원으로 채용된 사람

㉡ 특수경비원 신임교육시간은 80시간이며, 특수경비업자는 채용 전 3년 이내에 특수경비업무에 종사하였던 경력이 있는 사람을 특수경비원으로 채용한 경우에는 해당 특수경비원을 신임교육대상에서 제외할 수 있다.

㉢ 특수경비원 교육기관의 장은 신임교육의 과정을 마친 사람에 대하여 특수경비원 신임교육이수증 교부대장에 그 사실을 기재한 후 특수경비원 신임교육이수증을 교부하여야 한다.

㉣ 경비업자는 특수경비원이 신임교육을 받은 때에는 경비원의 명부에 그 사실을 기재하여야 한다.

ⓜ 관할 경찰서장 및 공항경찰대장 등 국가중요시설의 경비책임자(관할 경찰관서장)는 필요하다고 인정하는 경우에는 특수경비원이 배치된 경비대상시설에 소속 공무원을 파견하여 직무집행에 필요한 교육을 실시할 수 있다.

② **직무교육**(경비업법 시행령 제19조 제3항): 특수경비업자는 소속 특수경비원에 대하여 매월 3시간 이상의 직무교육을 실시하여야 한다.

핵심 기출문제

11 경비업법령상 특수경비원 교육에 관한 사항으로 옳지 않은 것은?

• 제24회 기출

① 특수경비업자는 특수경비원을 채용한 경우 특수경비업자 부담으로 특수경비원에게 특수경비원 신임교육을 받도록 하여야 한다.
② 특수경비업자는 소속 특수경비원에게 매월 3시간 이상의 직무교육을 받도록 하여야 한다.
③ 특수경비원의 교육 시 관할 시·도경찰청 소속 경찰공무원이 교육기관에 입회하여 지도·감독하여야 한다.
④ 특수경비업자는 특수경비원 신임교육을 받지 아니한 자를 특수경비업무에 종사하게 하여서는 안 된다.

해설 ▶ 특수경비원의 교육 시 관할 경찰서 소속 경찰공무원이 교육기관에 입회하여 대통령령이 정하는 바에 따라 지도·감독하여야 한다(경비업법 제13조 제4항).

정답 ③

2. 「청원경찰법」상의 교육 ★★★

(1) 청원경찰의 신임교육(청원경찰법 시행령 제5조)

① 청원주는 청원경찰로 임용된 사람으로 하여금 경비구역에 배치하기 전에 경찰교육기관에서 직무수행에 필요한 교육을 받게 하여야 한다. 다만, 경찰교육기관의 교육계획상 부득이하다고 인정할 때에는 우선 배치하고 임용 후 1년 이내에 교육을 받게 할 수 있다.
② 경찰공무원(의무경찰 포함) 또는 청원경찰에서 퇴직한 사람이 퇴직한 날부터 3년 이내에 청원경찰로 임용된 때에는 교육을 면제할 수 있다.
③ 교육기간은 2주(76시간)로 한다.

(2) 청원경찰의 직무교육(청원경찰법 시행규칙 제13조)

① 청원주는 소속 청원경찰에게 그 직무집행에 필요한 교육을 매월 4시간 이상 하여야 한다.
② 관할 경찰서장은 필요하다고 인정하는 경우에는 청원경찰이 배치된 사업장에 소속 공무원을 파견하여 직무집행에 필요한 교육을 할 수 있다.

3. 「경비업법」상 경비지도사의 직무

(1) 개념

① 경비원을 지도·감독·교육하는 현장책임자이다. 일반경비지도사와 기계경비지도사로 구분한다(경비업법 제2조 제2호).
② 「경비업법」상의 직무를 대통령령이 정하는 바에 따라 성실하게 수행하여야 한다(경비업법 제12조 제3항).

(2) 「경비업법」상의 직무

「경비업법」상 경비지도사는 다음과 같은 일을 수행한다(경비업법 제12조 제2항).

① 경비원의 지도·감독·교육에 관한 계획의 수립·실시 및 그 기록의 유지
② 경비현장에 배치된 경비원에 대한 순회점검 및 감독
③ 경찰기관 및 소방기관과의 연락방법에 대한 지도
④ 집단민원현장에 배치된 경비원에 대한 지도·감독
⑤ 그 밖에 대통령령이 정하는 직무
　㉠ 기계경비업무를 위한 기계장치의 운용·감독(기계경비지도사의 경우에 한함)
　㉡ 오경보방지 등을 위한 기기관리의 감독(기계경비지도사의 경우에 한함)

(3) 경비지도사 기본교육시간

경비지도사의 기본교육시간은 40시간이다.

구분(교육시간)	과목		시간
공통교육 (22시간)	「경비업법」, 「경찰관직무집행법」 등 관계 법령 및 「개인정보 보호법」에 따른 개인정보 보호지침 등		4
	실무 Ⅰ		4
	실무 Ⅱ		3
	범죄·테러·재난 대응 요령 및 화재대처법		2
	응급처치법		2
	직업윤리 및 인권보호		2
	체포·호신술		2
	입교식·평가·수료식		3
자격의 종류별 교육 (18시간)	일반경비 지도사	시설경비	3
		호송경비	2
		신변보호	2
		특수경비	2
		혼잡·다중운집 인파관리	2
		교통안전관리	2
		일반경비현장실습	5
	기계경비 지도사	기계경비운용관리	4
		기계경비기획 및 설계	4
		인력경비개론	5
		기계경비현장실습	5
계			40

(4) 직무교육 실시대장의 보존연한

경비지도사는 경비원 직무교육 실시대장에 그 내용을 기록하여 2년간 보존하여야 한다(경비업법 시행령 제17조 제3항).

4. 「경비업법」상 경비원이 휴대할 수 있는 장비

경비원은 근무 중 경적, 단봉, 분사기, 안전방패, 무전기 및 그 밖에 경비업무수행에 필요한 것으로서 공격적인 용도로 제작되지 아니하는 장비를 휴대할 수 있으며, 안전모 및 방검복 등 안전장비를 착용할 수 있다(경비업법 시행규칙 제20조 제1항).

5. 「경비업법」상 경비업의 허가를 받은 법인이 신고할 사항

법인의 명칭 변경, 대표자·임원 변경, 주사무소나 출장소의 신설·이전 또는 폐지, 정관의 목적 변경, 폐업 또는 휴업 등은 신고사항이다(경비업법 제4조 제3항).

6. 경비원의 직업윤리

(1) 직업윤리의 의의

직업윤리는 직업인에게 평균적으로 요구되는 정신적 자세나 행위규범으로 직업인이라면 누구나 지켜야 할 일반윤리의 기본원칙이며, 모든 직업인들이 직업적 활동에 있어 최적이라 생각되는 일정 유형의 도덕적 관계를 규정하는 행동의 규약이다. 구체적으로 자신이 맡은 일에 책임감을 느끼고 성실히 임해야 함을 의미한다.

(2) 경비원의 직업윤리의 필요성

① 민간경비 관련 사건사고가 증가하는 만큼 민간경비업 종사자에게 더욱 엄격하고 전문적인 직업윤리가 요구된다. 왜냐하면 민간경비원의 흐트러진 도덕성과 윤리의식은 고객이 의뢰한 경비계약의 조건을 충족시킬 수 없는 상황이 발생할 우려가 있기 때문이다.
② 민간경비원의 직업윤리의식 고취는 대외적으로는 고객의 서비스 질 향상, 대내적(조직 내)으로는 스트레스 해소, 갈등 조정 완화, 조직에 대한 신뢰도 향상으로 이어진다.
③ 민간경비 직업윤리의 확립은 민간경비의 신뢰성과 관련되어 매우 중요한 문제이다. 민간경비의 직업윤리가 확립되지 않으면 고객 및 국민으로부터 신뢰를 얻을 수 없기 때문이다.

(3) 경비원의 직업윤리 개선 방향

① 그동안 기술정보 습득과 무도훈련에만 치중하였으나, 점차 전문직으로서의 기술습득 이외에 직업에 대한 자긍심 함양 및 기본 인성 함양, 자아성찰과 명백한 가치관 정립, 바른 직업윤리와 도덕성 고취, 사회적 책임감을 강조하는 방향으로 개선되고 있다.
② 민간경비 제도에 필요한 자격증 제도의 도입은 민간경비의 전문성을 높여 민간경비의 윤리성 제고에 도움이 된다.

(4) 경비용역 근무자 숙지사항

① 근무준비
  ㉠ 규정된 시간 내에 출근하여 여유를 갖고 근무준비를 한다.
  ㉡ 근무 전에 본인의 건강 이상 유무를 확인하고 체열을 확인한다.
  ㉢ 규정된 시각에 신고 및 검사와 필요한 교육을 받고 업무를 인수한다.

② 임무교대
  ㉠ 인계자는 근무 중 발생한 중요사항과 특별히 지시받은 사항을 분명하게 인계하여야 한다.
  ㉡ 인수자는 책임구역 내의 제반사항(시설, 장비, 물자)을 명확히 인수하여야 한다.
  ㉢ 인수자는 책임구역 내의 제반사항의 이상 유무를 확인하여야 한다.
  ㉣ 근무일지를 위시한 비품 및 장비의 이상유무를 상호 확인하여 인계·인수한다.

③ 경비원 순찰근무 지침
  ㉠ **목적의식**: 순찰에 임하기 전에 인명과 시설의 안전을 지킨다는 사명감을 가지고 근무에 임하여야 하며, 형식적인 순찰근무는 지양한다.
  ㉡ **굳센 의지와 태도**: 순찰 중 담배를 피우는 행위를 금지하며, 위엄과 품위를 유지한다.
  ㉢ **장구 점검**: 순찰장비 등의 사용법을 숙지하여야 하고 최적의 가동상태로 유지한다.
  ㉣ **중점 점검대상 숙지**: 순찰 점검표에 따른 항목별 점검은 물론, 시간, 장소에 따라 순찰 점검사항을 체크할 수 있도록 하여야 한다.
  ㉤ **이상한 점 발견 시 원인규명**: 순찰 중 이상이 발견되면 침착하게 필요한 응급조치를 취하고 순찰결과는 일지에 잘 기록·보고하여 취약점을 개선하도록 한다.
  ㉥ **보고·통보**: 순찰 전 감독자에게 순찰실시 내용을 보고하고, 순찰 후에는 순찰지점의 상태 및 다음 근무자에게 인계할 사항 등을 보고한다.

④ 순찰방법
  ㉠ 순찰은 계획된 시간에 지정된 경로 위주로 정시순찰을 실시하되 불규칙적인 난시순찰도 병행하여야 한다.
  ㉡ 순찰은 은밀하게 실시하여 경비대상자가 예측할 수 없어야 하며, 심야 취약 시간대에 중점적으로 실시한다.
  ㉢ 순찰 시에는 세심한 관찰을 통하여 이상 유무를 확인하여야 하고, 특히 화재예방 점검, 도난 방지 점검, 시설안전 점검, 불순분자 침입 은신여부 등을 중점적으로 점검한다.

(5) 직업의식의 향상과 직무만족도의 개선

① 급속히 발전하는 민간경비시장에 발맞추어 민간경비원은 어느 때보다 전문직으로서 자부심과 자긍심을 기반으로 많은 시민들의 안전보장과 범죄예방에 일조하여야 한다.

② 특히, 민간경비원의 직업윤리의식은 조직신뢰와 직무만족에 긍정적 영향을 미친다. 따라서 민간경비원의 올바른 직업윤리의식의 정립을 위한 교육과 훈련이 강화되어야 함은 물론, 회사와 기관의 직업윤리의식에 대한 관심도 증가하여야 한다.

③ 직업윤리의식이 높을수록 조직신뢰가 강화되는 결과로 볼 때, 직장변동이 많은 민간경비업 분야에서 이직률을 줄이고 장기근속을 통해 자질향상에 도움을 줄 것이다.

(6) 민간경비원의 사고 발생 시 대처요령

① 경비원은 사고 발생 시 사건현장을 보존하는 활동에 국한하여야 하며, 적극적인 증거확보 작업은 중요 증거를 인멸할 염려가 있으므로 해서는 안 되며 이러한 증거확보 작업은 전문성을 가진 경찰에 맡겨야 한다.

② 범죄현장의 발견자나 목격자는 중요한 참고인이 되는 경우가 많으므로 남아 있도록 요청한다.

③ 현장에 중상자가 있는 경우에는 구급차를 요청하는 등 즉시 응급조치를 하여야 하며, 사고 당사자인 가해자 및 피해자는 경찰관이 현장에 도착할 때까지 남아 있도록 요청한다.

핵심 기출문제

12 민간경비의 교육훈련에 관한 설명으로 옳지 <u>않은</u> 것은? • 제25회 기출

① 직무수행에 필요한 지식과 기술 습득, 일반능력 개발, 가치관의 발전적 변화를 촉진하는 계획적 활동이다.
② 조직적 통제와 조정의 필요성을 증가시키게 된다.
③ 경영적 측면에서는 경영전략의 전개에 필요한 인력의 확보, 기업문화의 전승을 위해서 실시되는 것이다.
④ 개인적 측면에서는 개개인이 보유한 잠재능력을 개발·육성하고, 직장생활 능력 및 사회적 능력을 향상시키는 전인교육을 지향해야 한다.

해설 민간경비 교육훈련의 목적은 조직적 통제와 조정의 필요성을 감소시키는 데 있다. 이외 조직 경영전략의 전개에 필요한 인력 확보, 조직의 안정성과 융통성 확보 등이 있다.

정답 ②

(7) 민간경비원의 동기부여이론

동기부여는 근무의욕을 높이고 사기를 진작시켜 업무의 생산성을 향상시키며, 나아가 서비스제공에 있어 효율성을 높이기 위한 중요한 요소이다.

① 내용이론: 동기를 부여하는 실제적인 내용이 무엇인가에 초점을 둔다. 즉, 무엇이 인간의 행동을 일으키는가와 관련 있다. 개인의 욕구충족을 위해 동기가 발생하는 것으로 보기 때문에 내용이론을 욕구이론이라고도 한다.

㉠ 매슬로우의 욕구계층이론: 욕구가 낮은 단계에서 높은 단계로 올라가는 계층으로 구성되어 있다고 주장한다. 실증적으로 욕구가 단계적인가에 대한 근거부족이 지적된다.

ⓐ 1단계 – 생리적 욕구: 인간에게 있어 가장 기본적인 욕구인 의식주와 관련된 최하위 단계의 욕구이다.
ⓑ 2단계 – 안전의 욕구: 추위·질병·위험 등으로부터 자신을 보호하는 욕구이다.
ⓒ 3단계 – 사랑과 소속에 대한 욕구(사회적 욕구): 가정을 이루고, 친구를 사귀는 등 애정 및 소속감에 관한 욕구이다.
ⓓ 4단계 – 자기존중의 욕구: 소속 단체의 구성원으로 명예나 권력을 누리려는 욕구이다.
ⓔ 5단계 – 자아실현의 욕구: 자신의 재능과 잠재력을 충분히 발휘하여 자신이 이룰 수 있는 모든 것을 성취하려는

최고 수준의 욕구이다.
- ⓒ **허즈버그의 동기위생이론(2요인이론)**: 위생요인과 동기요인은 상호 독립적임을 지적하였다.
  - ⓐ **위생요인(불만족 요인)**: 매슬로우의 저차원의 욕구와 유사하다. 조직의 정책과 경영, 감독기술, 급여, 인간관계, 작업조건 등이 이에 해당한다.
  - ⓑ **동기요인(만족요인)**: 정신적 성장, 자기실현, 일에 대한 책임 등 고차원의 욕구가 이에 해당한다.
- ⓒ **알더퍼의 ERG이론**: 매슬로우의 5단계가 현실적인 조직 생활에 적용하기가 매우 모호하다는 점을 비판하며, 각 욕구는 순서대로 나타나는 것이 아니라 특정 시점에서 특정 욕구가 나타날 수 있다고 보았다.
  - ⓐ **E(존재욕구, Existence)**: 매슬로우의 생리적 욕구나 일부 안전의 욕구와 같이 인간이 자신의 존재를 확보하는 데 필요한 욕구이다. 급여, 육체적 작업에 대한 욕구, 물질적 요구 등이다.
  - ⓑ **R(관계욕구, Relatedness)**: 개인이 주변 사람들과 의미 있는 인간관계를 형성하고 싶은 욕구를 말한다. 매슬로우의 안전욕구, 사회적 욕구, 일부 자기존중의 욕구 등이 해당한다.
  - ⓒ **G(성장욕구, Growth)**: 매슬로우의 자기존중의 욕구와 자아실현의 욕구로, 개인의 잠재력 개발과 관련 있는 욕구이다.
- ⓔ **맥클리랜드의 성취동기이론**: 성취욕구(달성욕구), 권력욕구, 친화욕구로 분류하였다. 각 욕구를 위계적으로 보지는 않으면서도 성취욕구가 가장 중요하다고 보았다.
- ⓜ **맥그리거의 X이론과 Y이론**
  - ⓐ **X이론**: 매슬로우의 하위욕구에 초점을 두고, 권위적 관리에 관심을 둔다.
  - ⓑ **Y이론**: 매슬로우의 상위욕구를 중시하고, 민주적 관리에 관심을 둔다.
② **과정이론**: 내용이론은 개인의 욕구에만 주목하여 조직 내 구성원들의 동기를 어떻게 유발할 수 있는지에 대해서는 설명하지 못한다. 이에 따라 과정이론은 조직 구성원이 조직의 목표달성 과정에서 어떤 요인에 의해 행동을 일으키는지에 초점을 둔다. 즉, 인간

의 욕구에 기초를 두고, 행위의 선택을 유발하는 요인이 무엇인지를 추가적으로 설명한 이론이다.

- ㉠ **아담스의 형평성(공정성)이론**: 구성원 개인은 조직의 보상체계가 공정하다고 인식하는지의 여부에 따라 동기가 발생한다. 조직원은 다른 사람의 투입 대비 산출과 자신의 투입 대비 산출을 비교하여 불공평함을 느낀다면 그 차이를 줄이는 방향으로 동기가 부여된다.
- ㉡ **브룸의 기대이론**(VIE이론): 인간이 행동하는 방향과 강도는 그 행동이 일정한 성과로 이어진다는 기대의 강도와 실제로 이어진 결과에 대해 느끼는 매력에 달려 있다.
- ㉢ **로크의 목표설정이론**: 목표설정 자체가 사람들의 인지에 영향을 미치고, 동기화에 결정적인 역할을 할 수 있다고 보는 이론이다. 더 높은 목표를 달성하면 더 좋은 평가를 받는다는 점에서 동기부여가 일어난다.

핵심 기출문제

13 민간경비원의 동기부여이론에 관한 설명으로 옳지 않은 것은?

• 제23회 기출

① 허즈버그(F. Herzberg)의 동기위생이론 중 동기요인은 조직 정책, 감독, 급여, 근무환경 등과 관련된다.
② 인간관계론적 관점에서 등장한 동기부여이론은 조직 내 구조적인 면보다는 인간적 요인을 중요시한다.
③ 매슬로우(A. Maslow)의 욕구계층이론 중 안전욕구는 2단계 욕구에 해당한다.
④ 맥그리거(D. McGregor)의 X · Y이론 중 Y이론은 인간 잠재력의 능동적 발휘와 관련된다.

해설 허즈버그(F. Herzberg)의 동기위생이론 중 동기요인은 만족요인으로, 직무를 통한 정신적 성장, 자기실현과 관련된 욕구 등이 해당하며, 일에 대한 책임, 일 그 자체, 승진 등의 3가지 요소를 일에 대한 의욕과 정열을 지속시키는 요인으로 보았다. 조직 정책, 감독, 급여, 인간관계, 근무환경 등은 위생요인에 해당한다.

정답 ①

CHAPTER 04 민간경비의 조직 및 업무

중요내용 OX 문제

제1절 경비업무의 유형

01 현실적으로 인력경비의 실시규모가 기계경비의 실시규모보다 더 큰 편이다.

02 혼잡경비의 경우 비용자부담의 원칙에 따라 행사를 주관하는 단체가 경비책임을 지고 있다.

03 24시간 지속적인 감시활동이 가능한 점은 기계경비의 단점으로 지적된다.

04 기계경비업자는 관제시설에서 경보를 수신한 경우 25분 이내에는 경비원이 도착할 수 있는 대응체제를 구축하여야 한다.

05 기계경비의 단점인 오경보 또는 오작동의 폐해는 현대화된 과학기술로 대부분 해결되었다.

06 각종 위해를 경비원이 모니터링하고, 이러한 정보를 경찰관서에 알려 주는 역할과 경비원을 범죄현장에 파견하는 경비를 신변보호경비라고 한다.

07 경비원의 고용, 훈련, 교육 등의 비용을 절감할 수 있는 경비는 계약경비이다.

08 자체경비는 신분보장의 불안정성과 저임금으로 계약경비보다 이직률이 높다.

09 경비부서 관리자(경비책임자)의 역할 중 경비원에 대한 감독·순찰, 교통통제, 출입금지구역에 대한 감시는 범죄예방적 역할에 해당한다.

제2절 민간경비의 실시과정

10 경비진단을 위한 물리적 사전조사의 착안사항으로는 경비대상시설의 형태와 용도, 시설 내의 예측할 수 있는 침입경로, 주변 구조물 등의 상황 등이 있다.

11 경비위해요소 분석에 있어서 손실예방을 위한 최적의 방어책을 세우기 위해서는 위해요소에 대한 인지와 평가가 우선적으로 선행되어야 한다.

12 폭발·화재의 위험은 화학공장에서 더 크고, 절도·강도에 의한 잠재적 손실은 소매점에서 더욱 크게 나타나는 것처럼, 특정 시설물 또는 각 지역 및 국가 등에 따라 성질이나 유형이 다양하게 나타나는 위해를 특정한 위해라고 한다.

13 경비의 위해요소분석에 있어서 가장 선행되어야 하는 것으로, 경비대상시설이 안고 있는 경비상의 취약점을 파악하는 단계는 경비위험도의 평가단계이다.

14 특정한 손실발생 시 회사에 얼마나 심각한 영향을 미치는지를 고려하고, 손실에 의한 위험의 빈도를 조사하는 경비위해요소 분석단계는 손실(경비위험도)평가단계이다.

OX 정답 01 O 02 X 03 X 04 O 05 X 06 X 07 O 08 X 09 O 10 O 11 O 12 O 13 X 14 O

X 해설
02 수익자부담의 원칙에 따라 행사를 주관하는 단체가 경비책임을 진다.
03 24시간 지속적으로 감시활동이 가능한 점은 기계경비의 장점 중 하나이다.
05 오경보 또는 오작동의 폐해는 기술력의 한계로 아직까지 해결되지 못하고 있다.
06 경보응답서비스에 대한 설명이다.
08 자체경비원은 계약경비원에 비해 신분보장이 안정적이고 상대적으로 고임금을 받고 있어 계약경비보다 이직률이 낮다.
13 경비대상시설이 안고 있는 경비상의 취약점을 파악하는 단계는 경비위해요소의 인지단계이다.

제3절 경비계획의 수립

15 D경비회사가 2022년 1월부터 언제 발생할지 모를 상황에 대비하고 각종 위해요소를 차단하기 위해 인력경비와 기계경비를 종합한 표준화된 경비체제를 갖춘 경우 이는 총체적 경비에 해당한다.

16 경비계획수립 시 경비효율성이 우선시되어야 하며, 절차의 민주성은 고려의 대상이 아니다.

17 고도로 훈련받은 무장 경비원이 배치되어 경비하는 시스템은 중간수준의 경비이다.

18 경비의 중요도에 따른 분류 중 상위수준 경비(Level Ⅳ)는 대부분의 패턴이 없는 외부 및 내부행동을 발견·방해하도록 계획된 경비이다.

19 직원출입구는 주차장으로부터 가까운 곳에 위치해야 한다.

20 경계구역과 건물 출입구의 수는 최대한 많이 설치하는 것이 바람직하다.

21 경비계획수립 과정에서 문제의 인지는 가장 선행되는 절차이다.

22 경비위해요소 분석단계는 '위해요소 인지 ⇨ 위해요소 손실 발생 가능성 예측 ⇨ 위해정도 평가 ⇨ 비용효과분석' 순이다.

23 경비부서를 다른 경비부서와 연계하여 설치하는 것은 전문성을 강화시킨다.

24 경비계획의 수립은 '경비문제의 인지 ⇨ 경비목표의 설정 ⇨ 자료 및 정보의 수집분석 ⇨ 전체계획의 검토 ⇨ 대안의 작성 및 비교·검토 ⇨ 최선안 선택 및 실시 ⇨ 사후평가'의 과정으로 진행된다.

25 경비부서를 기능조직으로 구성하는 것은 책임경영제를 확립하는 점에서 장점이 있다.

	O	X

26 경비원이 다른 부서의 관리자들로부터 명령을 받게 된다면 업무수행에 차질이 생길 수 있는데, 이 문제를 방지하기 위한 민간경비 조직편성의 원리는 계층제의 원리이다. ☐ ☐

제4절 경비원 교육

27 기계경비지도사의 교육과목은 기계경비운용관리, 기계경비기획 및 설계, 인력경비개론, 기계경비현장실습 등이다. ☐ ☐

28 경비원의 신임교육비용은 경비원의 부담으로 한다. ☐ ☐

29 특수경비원의 교육 시 관할 시·도경찰청 소속 경찰공무원이 교육기관에 입회하여 지도·감독하여야 한다. ☐ ☐

30 특수경비업자는 특수경비원 신임교육을 받지 아니한 자를 특수경비업무에 종사하게 하여서는 안 된다. ☐ ☐

31 경비원의 직업윤리는 기술정보 습득과 무도훈련에 치중하는 것이 바람직하다. ☐ ☐

OX 정답 15 ○ 16 × 17 × 18 ○ 19 × 20 × 21 ○ 22 ○ 23 × 24 ○ 25 ○ 26 ×
27 ○ 28 × 29 × 30 ○ 31 ×

X 해설
16 절차의 민주성도 경비계획수립 시 고려할 사항이다.
17 상위수준의 경비에 대한 설명이다.
19 직원출입구는 혹시라도 있을지 모를 내부절도를 방비하기 위해 주차장으로부터 멀리 떨어진 곳에 위치해야 한다.
20 경계구역과 건물 출입구의 수는 최소한으로 유지하는 것이 적절하다.
23 경비부서를 다른 경비부서와 연계 시 전문성이 저하된다.
26 명령통일의 원리에 대한 설명이다.
28 경비원의 신임교육비용은 경비업자의 부담으로 한다.
29 특수경비원의 교육 시 관할 경찰서 소속 경찰공무원이 교육기관에 입회하여 대통령령이 정하는 바에 따라 지도·감독하여야 한다(경비업법 제13조 제4항).
31 경비원의 직업윤리는 기술 습득 이외에 직업에 대한 자긍심 함양 및 바른 직업윤리와 도덕성 고취 방향으로 개선되어야 한다.

CHAPTER 04 민간경비의 조직 및 업무

기출 및 예상문제

제1절 경비업무의 유형

01 절도, 화재, 분실, 파괴, 기타 범죄 내지 피해로부터 개인이나 기업의 인적·물적 안전을 확보하기 위한 노동집약적 경비활동은?

① 상주경비
② 혼잡경비
③ 인력경비
④ 기계경비

> **해설** 인력경비란 각종 위해, 즉 절도, 화재, 분실, 파괴로부터 인적·물적인 가치를 사람의 능력을 통해 보호하는 경비이다. 인력경비에는 상주경비, 순찰경비, 신변보호경비, 혼잡경비 등이 있다.

02 혼잡경비의 대상에 해당하는 것은?

① 각종 스포츠경기
② 현금운송
③ 국가중요시설
④ 중요인사의 경호

> **해설** 기념행사, 각종 스포츠경기 등을 위하여 모인 군중에 인해 발생하는 혼란상태를 사전에 예방하는 경비를 혼잡경비라고 한다. 경비업법상 혼잡경비는 시설경비업무의 한 내용으로 규정되어 있고, 별도의 형식적 의미는 아니다.
> ② 호송경비업무이다.
> ③ 특수경비업무이다.
> ④ 신변보호업무이다.

03 경비업무의 유형에 관한 설명으로 옳지 <u>않은</u> 것은?

① 순찰경비는 도보나 차량을 이용하여 정해진 노선을 따라 시설물의 상태를 점검하는 것이다.
② 상주경비는 중요산업시설, 상가, 학교와 같은 시설에 근무하면서 경비를 실시하는 것이다.
③ 인력경비는 기계경비에 비해 사건발생 시 현장에서 신속하게 대처하기가 곤란하다.
④ 기계경비는 경비대상시설에 설치한 기기에 의하여 감지·송신된 정보를 관제시설의 기기로 수신하여 도난·화재 등 위험발생을 방지하는 것이다.

> **해설** 인력경비는 경비원이 상주하기 때문에 현장에서 사건이 발생하였을 때 기계경비에 비해 신속하게 대응할 수 있다.

04 자체경비에 대한 설명으로 옳은 것은?

① 자체경비의 운용은 계약경비에 비해 봉급, 연금, 직무보상, 사회보장, 보험, 장비, 교육훈련 등에서 비용이 적게 든다.
② 계약경비에 비해 인사관리 차원에서 결원의 보충 및 추가인력의 배치가 용이하다.
③ 계약경비에 비해 다른 부서의 직원들과 지나치게 친밀한 관계를 형성함으로써 효과적인 직무수행을 하지 못할 수 있다.
④ 계약경비에 비해 조직에 대한 충성심이 낮은 것이 일반적이다.

해설 ① 자체경비의 운용은 계약경비에 비해 봉급, 연금, 직무보상, 사회보장, 보험, 장비, 교육훈련 등에서 비용이 많이 든다.
② 계약경비에 비해 결원의 보충 및 추가인력의 배치가 쉽지 않다.
④ 계약경비에 비해 월급을 지급하는 사용자의 조직에 대한 충성심이 높은 편이다.

05 자체경비와 계약경비의 선택기준에서 가장 중요한 것은?

① 경비에 사용되는 인력의 비교
② 경비에 사용되는 장비의 비교
③ 경비에 사용되는 경비(經費)의 비교
④ 경비가 요구되는 경비 특성의 검토

해설 경비가 요구되는 경비 특성을 고려하여 자체경비나 계약경비를 선택하여야 한다.

06 경비형태에 대한 설명으로 옳은 것은?

① 오늘날 계약경비서비스가 점차 확대되고 있다.
② 자체경비서비스는 한 경비회사가 모든 서비스를 제공하는 것을 말한다.
③ 계약경비는 비용상승효과를 유발하므로 비능률적이다.
④ 오늘날 자체경비서비스는 점차 확대되고 있다.

해설 ② 경비회사를 통하지 않고 자체적으로 경비부서를 조직하여 경비활동을 하는 경비를 자체경비서비스라고 한다.
③ 계약경비는 대규모 계약경비업체에 의하여 서비스가 제공되기 때문에 비용이 감소되는 효과가 있다.
④ 오늘날 계약경비서비스가 점차 확대되고 있다.

정답 01 ③ 02 ① 03 ③ 04 ③ 05 ④ 06 ①

07 자체경비서비스에 관한 설명으로 옳지 않은 것은?

• 제15회 기출

① 비용 면에서 계약경비가 자체경비보다 더 많은 비용이 든다.
② 자체경비원은 계약경비원보다 회사나 고용주에게 높은 충성심을 갖는다.
③ 자체경비원은 고용주에 의해 조직의 구성원으로 채용됨으로써 안정적이다.
④ 자체경비원은 경비부서에 오래 근무함으로써 회사의 운영·매출·인사 등에 관한 지식이 높다.

> **해설** 계약경비는 산업시설이나 기업시설의 경비업을 전문으로 하는 경비업체에 의해 서비스가 이루어지기 때문에 자체경비보다 비용이 적게 든다.
> ② 자체경비원은 경비업자가 아닌 사용자(고용주)로부터 직접 급료를 받으므로 계약경비원보다 사용자에 대한 충성심이 높게 나타난다.
> ③ 자체경비는 경비원을 회사의 직원으로 채용하는 것이기 때문에 자체경비원의 신분보장은 안정적이다.
> ④ 회사의 직원으로 채용된 자체경비원은 경비부서에 장기적으로 근무하게 됨으로써 회사의 내부 사정에 대한 지식이 많다.

08 자체경비와 계약경비에 관한 설명으로 옳지 않은 것은?

① 자체경비는 기업체 등이 조직 내에 자체적으로 경비인력을 조직화하여 운용하는 것을 말한다.
② 계약경비는 산업시설 또는 기업시설의 경비에 있어 경비서비스를 전문으로 하는 경비업체와 계약을 체결하여 운용하는 것을 말한다.
③ 자체경비는 비상사태에 있어 인적 자원의 탄력적인 운영이 가능하다.
④ 자체경비는 계약경비에 비해 사용자에게 높은 충성심을 갖는다.

> **해설** 자체경비는 인적 자원이 한정되어 있기 때문에 상황에 맞는 인력의 탄력적 투입이 어렵다. 따라서 구체적인 경비상황에 능동적으로 대처하지 못한다는 단점이 있다.

09 자체경비와 계약경비에 대한 설명으로 옳은 것은?

① 자체경비는 계약경비에 비해 인사관리 차원에서 효율적이다.
② 자체경비는 사용자를 의식하지 않고 소신 있게 경비업무를 수행할 수 있다.
③ 계약경비는 자체경비에 비해 직업적 안정성이 떨어지기 때문에 이직률이 높다.
④ 계약경비원들은 자체경비원들보다 높은 충성심을 갖는다.

해설 ① 인사관리 차원에서 효율적인 경비는 계약경비이다.
② 소신 있게 경비업무를 수행할 수 있는 경비는 계약경비이다.
④ 자체경비원은 계약경비원보다 자신들을 고용한 사용자에게 높은 충성심을 갖는다.

10 계약경비와 자체경비의 장단점에 관한 내용으로 옳지 않은 것은?

① 계약경비는 신규모집, 직원관리, 교육훈련 등에 대한 비용부담이 적은 편이다.
② 계약경비는 고용주를 의식하지 않고, 소신껏 경비업무에 전념할 수 있다.
③ 자체경비는 계약경비에 비해 임금이 높고 안정적이므로 이직률이 낮다.
④ 계약경비는 고용주의 직접적인 관리 및 통제에 유리하다.

해설 고용주의 직접적인 관리 및 통제에 유리한 경비는 자체경비이다. 계약경비는 산업시설 또는 기업시설의 경비에 있어 경비서비스를 전문으로 하는 외부경비업체와 도급계약을 체결하여 고객에게 제공되는 서비스이다. 따라서 경비원들이 경비업무를 수행함에 있어 사용자를 의식하지 않고 소신껏 업무에 임할 수 있다.

11 계약경비와 비교하여 자체경비의 장점이 아닌 것은?

① 결원의 보충 및 추가인력의 배치가 용이하다.
② 고용주에게 충성심이 높다.
③ 이직률이 낮은 편이다.
④ 고용주의 요구에 신속하게 대처할 수 있다.

해설 계약경비는 경비수요의 변화가 있을 때마다 기존 경비인력을 감축하거나 또는 추가적으로 고용을 확대할 수 있다. 따라서 결원의 보충 및 추가인력의 배치가 용이한 것은 계약경비의 장점이다.

정답 07 ① 08 ③ 09 ③ 10 ④ 11 ①

12 계약경비서비스의 유형에 관한 설명으로 옳지 않은 것은?

• 제15회 기출

① 경비업법상 기계경비는 오늘날 가장 많이 행하여지고 있는 경비유형이다.
② 순찰서비스는 고객의 시설물들을 내·외곽에서 순찰하는 형태이다.
③ 경보응답서비스는 보호하는 지역 내 설치된 경보감지장비 및 이와 연결된 중앙통제시스템과 연결되어 있다.
④ 사설탐정은 개인·조직의 정보와 관련된 서비스의 제공을 주업무로 하는데, 현재 우리나라에서는 경비업법상 제도적으로 시행되고 있지 않다.

해설 아직까지 많은 경비업체가 인력경비 위주의 영세성을 벗어나지 못하고 있다.

13 계약경비서비스의 유형에 관한 설명으로 옳지 않은 것은?

① 사설경호원에 의해 각종 위해로부터 의뢰인을 보호하는 활동은 신변보호서비스이다.
② 시설경비서비스는 시설물에 대한 각종 위해로부터 시설물 내의 인적·물적 가치를 보호하는 경비형태이다.
③ 순찰서비스는 한 사람 또는 여러 명의 경비원이 한 팀이 되어 도보나 순찰차로 근무지역 내의 시설물을 정기적으로 확인하는 활동이다.
④ 경비자문 서비스는 경보응답에 경비원을 급파하고, 이 사실을 일반경찰관서에 송신하는 역할을 한다.

해설 건물 내에 설치된 경보감지장치가 중앙통제센터와 연결되어 각종 위해를 경비원들이 모니터하고, 이러한 정보를 경찰관서에 알려 주며 경비원을 범죄현장에 급파하는 것을 경보응답서비스라고 한다.

14 다음 설명에 해당하는 것은?

- 고용주의 요구에 맞는 경비서비스를 제공함으로써 경비프로그램 전반에 걸쳐 전문성을 갖춘 경비인력을 쉽게 제공할 수 있다.
- 고용, 훈련, 보험 등의 비용을 절감할 수 있어 비용 면에서 저렴하다.

① 회사경비서비스
② 자체경비서비스
③ 계약경비서비스
④ 상주경비서비스

해설 계약경비는 고용주에 맞는 경비서비스의 제공, 전문경비인력의 제공, 비용절감, 경비인력의 감축이나 추가고용에 대한 충원을 쉽게 할 수 있다는 장점을 가진 경비형태이다.

15 기계경비의 장점에 관한 설명으로 옳지 <u>않은</u> 것은? • 제23회 기출

① 장기적으로 운영비용의 절감효과를 기대할 수 있다.
② 화재예방과 같은 다른 예방시스템과 통합운용이 가능하다.
③ 24시간 동일한 조건으로 지속적 감시가 가능하다.
④ 기계경비를 잘 아는 범죄자에게 역이용당할 우려가 있다.

해설 기계경비의 경우 기계경비를 잘 아는 범죄자에게 역이용당할 우려가 있다는 단점이 있다.

16 인력경비의 단점으로 옳지 <u>않은</u> 것은?

① 야간경비활동의 제약
② 인건비의 부담
③ 현장에서의 신속한 조치 가능
④ 사건의 신속한 전파 어려움

해설 현장에서 사고발생 시 그에 대한 신속한 조치가 가능하다는 점은 인력경비의 장점이다.

17 인력경비와 비교하여 기계경비의 장점으로 옳지 <u>않은</u> 것은? • 제18회 기출

① 인명피해를 예방할 수 있다.
② 장기적으로 비용절감효과를 가져올 수 있다.
③ 잠재적인 범죄자 등에 대해 경고효과가 크다.
④ 상황발생 시 현장에서 신속하게 대응할 수 있다.

해설 상황발생 시 현장에서 신속하게 대응할 수 있는 경비는 인력경비이다.

정답 12 ① 13 ④ 14 ③ 15 ④ 16 ③ 17 ④

18 기계경비의 단점에 관한 설명으로 옳지 않은 것은?

• 제21회 기출

① 오경보로 인한 불필요한 출동은 경찰력 운용의 효율성에 장애요인이 된다.
② 야간에는 경비활동의 제약을 받아 효율성이 저하된다.
③ 오경보 방지를 위한 유지·보수에 많은 비용이 발생한다.
④ 계약 상대방에게 기기 사용요령 및 운영체계 등에 관하여 설명해야 하는 번거로움이 있다.

> 해설) 야간에 경비활동의 제약을 받는 것은 인력경비의 단점이다.

> **인력경비의 단점**
> • 인건비가 많이 발생한다.
> • 사고발생 시 인명피해가 우려된다.
> • 상황연락이 신속하게 이루어지지 않을 수 있다.
> • 야간경비활동에 있어 인간의 신체구조상의 제약을 받아 효율성이 저하된다.

19 기계경비의 특징으로 볼 수 없는 것은?

① 24시간 감시가 가능하다.
② 감시지역이 광범위하기 때문에 정확성을 기할 수 없다.
③ 장기적으로 볼 때 운영비용의 절감효과를 기대할 수 있다.
④ 화재예방과 같은 다른 시스템과 통합적으로 운용이 가능하다.

> 해설) 기계경비는 넓은 지역을 24시간 동일한 조건으로 비교적 정확하게 감시할 수 있다.

20 기계경비시스템의 기본요소에 해당하지 않는 것은?

① 불법침입에 대한 감지
② 침입 정보의 전달
③ 침입 행위에 대응
④ 침입자의 체포

> 해설) 기계경비는 불법침입에 대하여 감지한 후 상황대처요원에게 신속하게 연락하여 대처요원이 침입자를 체포하는 경비시스템이다. 기계경비시스템의 기본요소에는 불법침입에 대한 감지 및 경고, 침입 정보의 전달, 침입 행위에 대응 등이 있다. 침입자의 체포 자체는 기계경비시스템의 요소에 해당하지 않는다.

21 기계경비에 관한 설명으로 옳지 <u>않은</u> 것은? • 제19회 기출

① 장기적으로 볼 때 운영비용의 절감효과를 기대할 수 있다.
② 적용대상은 상주경비, 요인경호, 혼잡경비 등이다.
③ 화재예방과 같은 다른 예방 시스템과 통합적 운용이 가능하다.
④ 기계경비 시스템의 3대 기본요소는 불법침입에 대한 감지 및 경고, 침입 정보의 전달, 침입 행위에 대한 대응이다.

해설 상주경비, 요인경호, 혼잡경비, 순찰경비는 인력경비의 일종이다.

22 인력경비와 기계경비에 관한 설명으로 옳지 <u>않은</u> 것은?

① 인력경비는 현장에서 사건발생 시 신속한 대응조치가 가능하다.
② 기계경비는 범죄자들에게 역이용당할 우려가 있다.
③ 인력경비는 야간의 경우 경비활동에 제약을 받는다.
④ 기계경비는 화재예방시스템 등과 통합운용이 어렵다.

해설 기계경비는 화재예방시스템 등 다른 예방시스템과 통합운용할 수 있다.

23 우리나라의 인력경비와 기계경비의 실정에 대한 설명으로 옳지 <u>않은</u> 것은?

① 아직까지 많은 경비업체가 인력경비 위주의 영세성을 벗어나지 못하고 있는 부분이 있다.
② 인력경비 없이 기계경비시스템만으로도 경비활동의 목표달성이 가능한 수준에 이르고 있다.
③ 이들 양자 가운데 어디에 비중을 둘 것인가 하는 문제는 경비대상의 특성과 관련된다.
④ 최근 선진국과의 기술제휴 등을 통한 첨단 기계경비시스템의 개발뿐만 아니라 자체적으로도 새로운 기술이 개발되고 있다.

해설 아직까지는 인력경비 없이 순수한 기계경비시스템만으로 경비활동의 목표를 달성할 수 있는 수준에는 미치지 못하고 있다.

정답 18 ② 19 ② 20 ④ 21 ② 22 ④ 23 ②

24 기계경비와 인력경비에 관한 설명으로 옳지 않은 것은?

• 제19회 기출

① 기계경비는 순수무인기계경비와 혼합기계경비 두 종류로 나눌 수 있다.
② CCTV를 통한 불법침입자 감지는 기계경비의 대표적인 사례라고 할 수 있다.
③ 인력경비는 야간경비활동의 효율성이 증가하는 장점이 있다.
④ 일정 구역을 정기적으로 순찰하여 범죄 등으로부터 고객의 인적 · 물적 안전을 확보하는 경비활동은 인력경비의 일종이다.

해설 인력경비는 기계경비에 비해 야간경비활동의 효율성이 감소한다.

25 경비부서 관리자의 역할 중 관리상의 역할에 해당하는 것은?

① 관련 문서의 분류, 회계
② 경비원에 대한 감독 · 순찰
③ 기획, 채용, 지도
④ 예산과 재정상의 감독, 사무행정

해설 예산과 재정상의 감독, 사무행정, 정책 수립, 직원에 대한 교육 · 훈련 등이 관리상의 역할에 해당한다.
① 조사상의 역할에 해당한다.
② 범죄예방적 역할에 해당한다.
③ 경영상의 역할에 해당한다.

26 자체경비에서 경비책임자의 역할이 바르게 연결된 것은?

① 관리상의 역할 - 기획, 조직, 채용, 지도, 감독
② 범죄예방적 역할 - 경비원의 안전 · 경비활동에 대한 규칙적인 감사
③ 조사상의 역할 - 경비원에 대한 감독 · 순찰
④ 경영상의 역할 - 예산과 재정상의 감독, 사무행정, 직원교육 · 훈련과정의 개발

해설 ① 기획, 조직, 채용, 지도, 감독은 경영상의 역할에 해당한다.
③ 경비원에 대한 감독 · 순찰, 경비원의 안전 · 경비활동에 대한 규칙적인 감사는 범죄예방적 역할에 해당한다.
④ 예산과 재정상의 감독, 사무행정, 직원교육 · 훈련과정의 개발은 관리상의 역할에 해당한다.

27 다음 설명에 관한 경비부서 관리자의 역할은?

• 제21회 기출

> 경비원에 대한 감독, 순찰, 화재와 경비원의 안전, 교통통제, 출입금지구역에 대한 감시

① 관리상의 역할
② 조사상의 역할
③ 예방상의 역할
④ 경영상의 역할

해설 경비부서 관리자(경비책임자)의 역할 중 경비원에 대한 감독, 순찰, 화재와 경비원의 안전, 교통통제, 출입금지구역에 대한 감시는 범죄예방적 역할에 해당한다.

제2절 민간경비의 실시과정

28 경비위해분석에 관한 내용으로 옳지 않은 것은?

① 경비위해분석이란 경비활동의 대상이 되는 위험요소들을 대상별로 추출하여 성격을 파악하는 경비진단활동을 말한다.
② 비용효과분석은 투입비용 대 산출효과를 비교하여 적정한 경비수준을 결정하는 과정이다.
③ 위험요소 분석에 있어 가장 선행되어야 하는 것은 위험요소를 인지하는 것이다.
④ 인식된 위험요소의 척도화는 인지된 사실들을 경비대상물이 갖고 있는 환경을 고려하여 무작위로 배열하는 것이다.

해설 인식된 위험요소의 척도화는 인지된 사실들을 경비대상물이 갖고 있는 환경을 고려하여 위험 가능성이 큰 순서대로 서열화하는 작업이다.

29 경비조사업무의 과정으로 옳지 않은 것은?

① 경비방어상의 취약점 확인
② 종합적인 경비프로그램의 수립
③ 경비활동 전반에 걸친 주관적 분석
④ 요구되는 보호의 정도 측정

해설 경비위해분석을 하기 위해서는 경비대상에 대한 위해요소와 경비요인에 대한 다양한 정보가 요구된다. 이를 위해 경비활동 전반에 걸친 객관적 분석이 필요하다.

정답 24 ③ 25 ④ 26 ② 27 ③ 28 ④ 29 ③

30 경비진단을 위한 물리적 사전조사의 착안사항으로 옳지 않은 것은? · 제23회 기출

① 위험을 야기할 수 있는 인물의 유무
② 경비대상시설의 형태와 용도
③ 시설 내의 예측할 수 있는 침입경로
④ 주변 구조물 등의 상황

> 해설 경비진단을 위한 물리적 사전조사의 착안사항으로는 경비대상시설의 형태와 용도, 시설 내의 예측할 수 있는 침입경로, 주변 구조물 등의 상황 등이 있다.

31 민간경비의 실시과정으로 옳은 것은?

① 경비진단 ⇨ 경비계획수립 ⇨ 경비조직화 ⇨ 경비실시 ⇨ 평가 ⇨ 환류
② 경비진단 ⇨ 경비조직화 ⇨ 경비계획수립 ⇨ 경비실시 ⇨ 평가 ⇨ 환류
③ 경비계획수립 ⇨ 경비진단 ⇨ 경비조직화 ⇨ 경비실시 ⇨ 평가 ⇨ 환류
④ 경비계획수립 ⇨ 경비조직화 ⇨ 경비진단 ⇨ 경비실시 ⇨ 평가 ⇨ 환류

> 해설 민간경비의 실시는 '경비진단(경비요소조사, 경비위해분석) ⇨ 경비계획수립 ⇨ 경비조직화 ⇨ 경비실시 ⇨ 평가 ⇨ 환류' 등의 과정이 연속적으로 이루어지는 일련의 과정이다.

32 경비요소조사에 대한 설명으로 옳지 않은 것은?

① 내부적 담당자에 의한 조사는 조직 내 타 부서와 경비부서의 협조체제가 용이하다.
② 경비전문가에 의한 조사는 현 상태에 대한 더욱 정확한 평가가 가능하다.
③ 경비요소조사는 경비책임자가 우선적으로 고려해야 할 사항이다.
④ 내부적 담당자에 의한 조사는 위해평가기준이 더욱 객관적이다.

> 해설 내부적 담당자에 의한 조사는 위해평가기준이 주관적일 수 있다.

33 경비위해요소의 분석절차 중 인지단계에 대한 설명으로 옳은 것은?

① 개인 및 기업의 보호영역에서 손실을 일으키기 쉬운 취약부분을 확인하는 단계이다.
② 경비보호대상의 보호가치에 따른 손실발생 가능성을 예측하는 단계이다.
③ 특정한 손실이 발생하였다면 얼마나 심각한 영향을 미쳤는지를 고려하는 단계이다.
④ 범죄피해로 인한 인적·물적 피해의 정도, 고객의 정신적 안정성, 개인 및 기업체의 비용부담 정도 등을 고려하는 단계이다.

해설 경비대상시설이 안고 있는 경비상의 취약점을 파악하는 것을 경비위험요소의 인지라고 한다. 위험요소의 인지는 경비위해요소 분석절차에 있어 가장 선행되어야 한다.

34 경비조사업무를 실시하는 목적이 아닌 것은?

① 경비시설물 내에 있는 모든 구성원에게 경비와 관련된 협력을 얻기 위해 실시한다.
② 경비업무수행에 소요되는 예산의 정확한 산출과 확보를 위해 실시한다.
③ 회사의 현재 재정상태를 파악하기 위해 실시한다.
④ 종합적인 경비계획을 수립하기 위해 실시한다.

해설 경비조사업무는 경비업무의 효율적인 수행을 위한 예산의 산출과 확보, 경비시설물 내에 있는 구성원의 경비와 관련된 협력의 확보, 경비방어상의 취약점 확인, 종합적 경비계획수립 등을 목적으로 실시한다.

35 경비위해요소 분석과 조사업무 실시의 항목 중 일반시설물에 대한 조사내용이 아닌 것은?

① 인접건물의 확인
② 출입구 열쇠 사용의 확인
③ 출납원의 위치와 근무시간 확인
④ 경비보호대상 확인

해설 출납원의 위치와 근무시간의 확인은 회계 관련 업무에 대한 조사내용이다.

정답 30 ① 31 ① 32 ④ 33 ① 34 ③ 35 ③

36 경비조사의 과정을 순서대로 나열한 것은?
• 제21회 기출

㉠ 경비대상의 현 상태 점검
㉡ 경비방어상 취약점 확인
㉢ 보호의 정도 측정
㉣ 경비활동 전반에 걸친 객관적 분석
㉤ 종합적인 경비프로그램의 수립

① ㉠-㉡-㉢-㉣-㉤
② ㉡-㉢-㉣-㉠-㉤
③ ㉢-㉣-㉠-㉡-㉤
④ ㉣-㉠-㉡-㉢-㉤

해설 경비조사업무의 과정은 '경비대상의 현 상태 점검 ⇨ 경비방어상 취약점 확인 ⇨ 보호의 정도 측정 ⇨ 경비활동 전반에 걸친 객관적 분석 ⇨ 종합적인 경비프로그램의 수립' 순으로 진행된다.

37 경비위해요소 분석에 관한 설명으로 옳지 않은 것은?
• 제17회 기출

① 경비위해요소는 자연적 위해, 인위적 위해, 특정한 위해 등으로 구분할 수 있다.
② 경비위해요소의 분석단계는 '경비의 위험요소 인지 ⇨ 경비의 비용효과분석 ⇨ 경비위험도 평가'의 순이다.
③ 위험요소의 인지는 경비대상시설이 안고 있는 경비상의 취약점을 파악하는 것이다.
④ 비용효과분석은 투입비용에 대한 산출효과를 비교하여 적절한 경비수준을 결정하는 과정을 말한다.

해설 경비위해요소의 분석단계는 '경비의 위험요소 인지 ⇨ 위험요소의 예측 ⇨ 경비위험도 평가 ⇨ 경비의 비용효과분석'의 순이다.

38 특정한 손실발생 시 회사에 얼마나 심각한 영향을 미치는지를 고려하고, 손실에 의한 위험의 빈도를 조사하는 경비위해요소 분석단계는?
• 제21회 기출

① 경비위해요소 인지
② 손실발생 가능성 예측
③ 손실(경비위험도)평가
④ 경비활동 비용효과분석

해설 특정한 손실발생 시 회사에 얼마나 심각한 영향을 미치는지를 고려하고, 손실에 의한 위험의 빈도를 조사하는 경비위해요소 분석단계는 손실(경비위험도)평가 단계로, 이는 손실의 취약성 또는 손실 가능성을 객관적으로 파악하는 절차이다.

39 경비위해요소 분석에 관한 설명으로 옳지 않은 것은?
• 제19회 기출변형

① 경비위해분석은 경비활동의 대상이 되는 위해요소들을 대상별로 추출하여 성격을 파악하는 경비진단활동이다.
② 경비위해요소 중 화학공장의 화학적 화재나 폭발 위험은 인위적 위해에 해당한다.
③ 경비위해요소 분석단계는 '경비위험요소 인지 ⇨ 손실발생 가능성 예측 ⇨ 경비위험도 평가 ⇨ 경비비용효과분석'의 순이다.
④ 경비비용효과분석은 투입비용에 대한 산출효과를 비교하여 적절한 경비수준을 결정하는 과정을 말한다.

해설 특정 시설물 또는 각 지역, 각 국가 등에 따라 성질이나 유형이 다양하게 나타나는 위해를 특정한 위해라고 한다. 화학공장의 화학적 화재, 원자력발전소의 방사능 위해, 백화점의 날치기 등이 이에 해당한다.

40 경비위해요소 분석에 관한 설명으로 옳지 않은 것은?
• 제23회 기출

① 경비위해요소 분석은 경비대상의 취약점을 파악하여 범죄, 화재, 재난 등으로부터 안전하게 보호하기 위한 계획을 수립하기 위함이다.
② 지진, 폭풍, 홍수 등 자연적 위해요소는 대규모의 인적·물적 피해를 발생시킨다.
③ 비용효과분석은 투입 대비 산출규모를 비교하여 적정한 경비수준을 결정하는 과정으로 절대적 기준이 있다.
④ 경비위해요소 분석자료는 경비계획에 있어서 경비조직 등의 규모를 판단하는 근거가 된다.

해설 경비위해요소 분석절차의 비용효과분석은 과거 같은 기간 동안의 경비활동에서 경비조직에 의한 손실이 지역적·전국적으로 집계된 유사사건, 인접회사의 경우와 비교·분석 후 회사 전체의 경비에 대한 비용효과분석 과정을 거친다. 따라서 경비활동의 비용효과분석은 절대적인 기준이 있다고 볼 수 없다.

36 ① 37 ② 38 ③ 39 ② 40 ③ 정답

41 경비위해요소에 관한 설명으로 옳지 않은 것은?

① 경비위해요소의 분석 시 모든 시설물에 있어 표준화된 시스템을 적용한다.
② 각종 사고로부터 최적의 안전확보를 위해서는 경비위해요소의 인지와 평가가 중요하다.
③ 경비위해요소의 분석결과에 따라 장비와 인원 등의 투입이 결정된다.
④ 많은 손실이 예상되는 경비대상에는 종합경비시스템이 설치되도록 하여야 한다.

> **해설** 경비위해요소 분석 시 경비활동의 대상이 되는 위험요소들은 각 대상별로 그 위험을 분석하여야 한다.

42 경비위해요소 분석에 관한 설명으로 옳지 않은 것은? • 제21회 기출

① 경비계획수립 시 모든 시설물마다 인력경비와 기계경비시스템을 동일하게 적용해야만 한다.
② 손실이 크게 예상되지 않는 소규모 경비시설물은 손쉬운 손실예방책인 성능이 우수한 잠금장치를 사용할 수 있다.
③ 기업의 손실영역이 증가하고 복잡해지면 1차원적 경비형태만으로 대응하기 어렵다.
④ 손실예방을 위해 최적의 방어책을 세우기 위해서는 위해요소에 대한 인지와 평가가 우선적으로 선행되어야 한다.

> **해설** 경비계획수립 시 해당 시설물마다 적합하고 적정한 위험요소와 위험도를 평가하여 인력경비와 기계경비시스템을 달리 적용하여야 한다.

43 경비위해요소 분석에 관한 설명으로 옳지 않은 것은? • 제24회 기출

① 경비위해요소란 경비대상의 안전성에 위험을 끼치는 제반요소를 말한다.
② 모든 시설물마다 표준화된 인력경비 시스템을 적용하는 것은 아니다.
③ 총체적 경비는 특정한 손실이 발생할 때마다 그 사건에만 대응하는 경비형태이다.
④ 손실예방을 위한 최적의 방어책을 세우기 위해서는 위해요소에 대한 인지와 평가가 우선적으로 선행되어야 한다.

> **해설** 특정한 손실이 발생할 때마다 그 사건에만 대응하는 경비형태는 반응적 경비이다. 총체적 경비는 특정한 위험요소와 관계없이 인력·기계경비를 종합한 표준화된 경비형태이며, 종합적 경비라고 하기도 한다.

44 경비위해요소의 유형 중 자연적 위해인 것은?

① 폭행
② 폭동
③ 폭탄위협
④ 폭풍

해설 자연적 위해란 자연현상에 의해 야기되는 재난으로, 폭풍, 홍수, 지진, 폭염, 폭설 등이 있다.
① 폭행, ② 폭동, ③ 폭탄위협은 인위적 위해에 해당한다.

45 사기, 횡령, 절도 등과 관련 있는 위해요소는?

① 인위적 위해
② 자연적 위해
③ 특정한 위해
④ 잠재적 위해

해설 신체를 위협하는 범죄, 절도, 좀도둑, 횡령, 염탐, 폭탄위협, 화재, 교통사고 등과 같은 인간의 고의·실수·부주의에 의하여 야기되는 재난을 인위적 위해라고 한다.

46 폭발·화재의 위험은 화학공장이 더 크고, 절도·강도에 의한 잠재적 손실은 소매점에서 더욱 크게 나타난다는 설명과 관련된 위해는?

• 제21회 기출

① 자연적 위해
② 인위적 위해
③ 특정한 위해
④ 지형적 위해

해설 폭발·화재의 위험은 화학공장에서 더 크고, 절도·강도에 의한 잠재적 손실은 소매점에서 더욱 크게 나타나는 것처럼, 특정 시설물 또는 각 지역이나 각 국가 등에 따라 성질이나 유형이 다양하게 나타나는 위해를 특정한 위해라고 한다.

---

41 ①   42 ①   43 ③   44 ④   45 ①   46 ③   **정답**

제3절 경비계획의 수립

47 경비원에 의한 경비 등과 같이 단일 예방체제에 의존하는 경비형태는? ・제18회 기출

① 1차원적 경비   ② 단편적 경비
③ 반응적 경비   ④ 총체적 경비

> **해설** 경비원에 의한 경비 등과 같이 단일 예방체제에 의존하는 경비는 1차원적 경비이다.

48 시설물에 대한 경비계획수립 시 고려해야 할 기본원칙이 아닌 것은?

① 경비원 1인이 경계해야 할 구역의 범위는 안전규칙상 적당해야 한다.
② 천장, 하수도관, 맨홀 등 외부로부터의 접근 또는 탈출이 가능한 지점 및 경계구역도 보호되어야 한다.
③ 잠금장치는 비교적 정교하고 파손이 곤란하도록 제작해야 한다.
④ 경비원의 대기실은 시설물의 출입구와 비상구에서 멀리 떨어진 곳에 위치해야 한다.

> **해설** 경비원의 대기실은 시설물의 출입구와 비상구에서 가까운 거리에 위치해야 한다.

49 특정의 위해요인과 관계없이 언제 발생할지 모르는 사항들에 대비하여 인력경비와 기계경비를 결합한 경비업무의 유형은?

① 1차원적 경비   ② 총체적 경비
③ 반응적 경비   ④ 단편적 경비

> **해설** ▶ 경비실시의 수준
>
> | | |
> |---|---|
> | 1차원적 경비 | 가장 단순한 경비형태로, 경비원과 같은 단순한 억제책에 의존하는 경비형태를 말한다. |
> | 단편적 경비 | 포괄적이고 종합적인 경비계획 없이 경비실시가 필요할 때마다 경비조직을 추가하는 경비형태를 말한다. |
> | 반응적 경비 | 특정한 경비위해에 대한 특정한 손실이 발생할 때마다 대응하는 경비형태를 말한다. |
> | 종합적 경비 (총체적 경비) | 특정한 위험요소와 관계없이 언제 발생할지 모르는 사항에 대비하여 인력・기계경비를 종합한 표준화된 경비형태를 말한다. |

50 다음 설명 중 옳지 않은 것은?

① 1차원적 경비란 경비원과 같은 단일예방체제에 의존하는 것을 말한다.
② 단편적 경비란 포괄적이고 전체적인 계획하에 필요할 때마다 손실예방 등의 역할을 수행하는 것이다.
③ 반응적 경비란 단지 특정한 손실이 발생하는 사건에만 대응하는 것이다.
④ 총체적 경비란 특정의 위해요소와 관계없이 언제 발생할지 모르는 상황에 대비하여 인력경비와 기계경비를 종합한 표준화된 경비형태이다.

> 해설 포괄적이고 종합적인 계획 없이 경비실시가 필요할 때마다 단편적으로 경비조직을 추가하는 경비 형태를 단편적 경비라고 한다.

51 발전된 원거리 경보시스템, 경계지역의 보다 높은 물리적 수준의 장벽 등을 갖춘 제조공장이나 대형상점에서 필요로 하는 경비수준은?

① 최저수준 경비
② 중간수준 경비
③ 상위수준 경비
④ 최고수준 경비

> 해설 발전된 원거리 경보시스템, 경계지역의 보다 높은 물리적 수준의 장벽 등을 갖춘 제조공장이나 대형상점에서 필요로 하는 경비수준은 중간수준 경비에 해당한다.

52 경비수준에 관한 설명으로 옳지 않은 것은?

① 최저수준 경비(Level Ⅰ)는 보통 출입문과 자물쇠를 갖춘 창문과 같은 단순한 물리적 장벽으로 구성된다.
② 하위수준 경비(Level Ⅱ)는 작은 소매상점, 저장창고 등에 대한 경비를 말한다.
③ 중간수준 경비(Level Ⅲ)는 보다 발전된 원거리 경보시스템, 경계지역의 보다 높은 물리적 수준의 장벽 등이 조직된다.
④ 상위수준 경비(Level Ⅳ)는 최첨단의 경보시스템과 24시간 즉시대응체제가 갖춰진 경비체계를 말한다.

> 해설 최첨단의 경보시스템과 24시간 즉시대응체제가 갖춰진 경비체계는 최고수준의 경비이다. 상위수준의 경비는 고도의 조명시스템, CCTV, 높은 의사소통 장비를 갖춘 고도의 훈련을 받은 무장경비원이 근무하는 경비형태이다.

정답 47 ① 48 ④ 49 ② 50 ② 51 ② 52 ④

53 다음 설명에 해당하는 경비수준은?

> 일정한 형식이 없는 외부와 내부의 이상행동을 감지하여 저지·방어하기 위한 첨단시스템 장치를 구비하고, 고도로 훈련받은 무장경비원이 배치되어 경비하는 시스템이다.

① 최저수준 경비(Level Ⅰ: Minimum Security)
② 하위수준 경비(Level Ⅱ: Low-Level Security)
③ 중간수준 경비(Level Ⅲ: Medium Security)
④ 상위수준 경비(Level Ⅳ: High-Level Security)

해설 ① 최저수준 경비는 일정한 패턴이 없는 외부의 단순한 침입부터 무장공격에 이르기까지 외부의 행동을 방해하기 위한 경비이다.
② 하위수준 경비는 일정한 패턴이 없는 불법적인 일부 외부의 침입행동을 방해하고 탐지할 수 있도록 계획된 경비이다.
③ 중간수준 경비는 기본적인 의사소통 장비를 갖춘 경비원에 의한 경비로, 대부분의 패턴이 없는 외부행동과 일정 패턴이 없는 내부의 행동을 발견·방해하도록 계획된 경비이다.

54 경비의 중요도에 따른 분류에서 대부분의 패턴이 없는 외부 및 내부의 행동을 발견·저지·방어·예방하도록 계획된 것으로, 교도소나 제약회사 또는 전자회사 등에서 이루어지는 경비수준은?

① 하위수준 경비
② 중간수준 경비
③ 상위수준 경비
④ 최고수준 경비

해설 대부분의 패턴이 없는 외부 및 내부의 행동을 발견·저지·방어·예방하도록 계획된 것으로, 교도소나 제약회사 또는 전자회사 등에서 이루어지는 경비수준에 해당하는 경비는 상위수준 경비이다.

55 경비의 중요도에 따른 분류 중 중간수준 경비(Level Ⅲ)에 해당하는 대상은? • 제19회 기출

① 물품창고, 제조공장 수준의 경비
② 교도소, 제약회사, 전자회사 수준의 경비
③ 정부의 특별연구기관, 외국대사관 수준의 경비
④ 작은 소매상점, 저장창고 수준의 경비

해설 ② 상위수준 경비, ③ 최고수준 경비, ④ 하위수준 경비에 해당한다.

56 경비계획의 수립에 관한 설명으로 옳은 것은?

① 직원들의 출입구는 주차장에서 가까운 곳에 위치하여야 한다.
② 유리창이 지면으로부터 약 4m 이내 높이에 설치되어 있는 경우에는 강화유리 등 안전장치를 설치할 필요가 없다.
③ 경비원의 대기실은 시설물의 출입구와 비상구에서 인접한 곳에 위치해야 한다.
④ 건물 출입구의 수는 안전규칙 범위 내에서 최대한으로 유지되어야 한다.

해설 ① 직원들의 출입구는 주차장과 멀리 떨어진 곳에 설치해야 한다.
② 유리창이 지면으로부터 약 4m 이내 높이에 설치되어 있는 경우에는 강화유리 등 안전장치를 설치해야 한다.
④ 건물 출입구의 수는 안전규칙 범위 내에서 최소한으로 유지되어야 한다.

57 경비계획에 관한 설명으로 옳지 않은 것은? • 제15회 기출

① 능률성과 효과성을 모두 고려하여 접근하는 것이 바람직하다.
② 수립된 경비계획은 환류과정을 거쳐 실행하는 것이 바람직하다.
③ 경비업체의 자체 판단하에 구체적으로 경비내용을 실시할 방법을 강구하는 것이다.
④ '문제의 인지 ⇨ 목표의 설정 ⇨ 위해요소의 조사·분석 ⇨ 전체계획 검토 ⇨ 최적안 선택' 등의 과정을 거쳐 수립된다.

해설 경비계획은 계약처가 요구하는 경비내용을 구체적으로 실시하는 방법을 정하는 것이다.

58 경비계획수립의 기본원칙으로 옳지 않은 것은? • 제24회 기출

① 잠금장치는 정교하고 쉽게 파손되지 않도록 만들어져야 한다.
② 직원출입구는 주차장으로부터 가까운 곳에 위치해야 한다.
③ 경비관리실은 가능한 한 건물에서 통행이 많은 곳에 설치한다.
④ 경비원 대기실은 시설물 출입구와 비상구에 인접하도록 한다.

해설 직원출입구는 혹시라도 있을지 모를 내부절도를 방비하기 위해 주차장으로부터 멀리 떨어진 곳에 위치해야 한다.

정답 53 ④ 54 ③ 55 ① 56 ③ 57 ③ 58 ②

59 경비계획의 수립과정으로 옳은 것은?

① 문제의 인지 ⇨ 목표의 설정 ⇨ 경비계획안 비교·검토 ⇨ 전체계획 검토 ⇨ 경비위해요소 조사·분석 ⇨ 최종안 선택 ⇨ 경비의 실시 및 평가
② 문제의 인지 ⇨ 경비계획안 비교·검토 ⇨ 경비위해요소 조사·분석 ⇨ 전체계획 검토 ⇨ 목표의 설정 ⇨ 최종안 선택 ⇨ 경비의 실시 및 평가
③ 문제의 인지 ⇨ 목표의 설정 ⇨ 경비위해요소 조사·분석 ⇨ 전체계획 검토 ⇨ 경비계획안 비교·검토 ⇨ 최종안 선택 ⇨ 경비의 실시 및 평가
④ 문제의 인지 ⇨ 목표의 설정 ⇨ 전체계획 검토 ⇨ 경비위해요소 조사·분석 ⇨ 경비계획안 비교·검토 ⇨ 최종안 선택 ⇨ 경비의 실시 및 평가

> 해설 경비계획의 수립과정은 '문제의 인지 ⇨ 목표의 설정 ⇨ 경비위해요소 조사·분석 ⇨ 전체계획 검토 ⇨ 경비계획안 비교·검토 ⇨ 최종안 선택 ⇨ 경비의 실시 및 평가'의 순서로 실행될 때 가장 합리적이다.

60 경비조직화에 관한 설명으로 옳지 않은 것은?

① 최고관리자가 중간관리자에게 경비업무를 위임하면 책임 또한 위임되어야 한다.
② 최고관리자는 중간관리자에게 책임의 범위 내에서 업무를 수행할 수 있도록 재량권을 부여하여야 한다.
③ 통솔범위란 한 사람의 관리자가 효과적으로 관리할 수 있는 최대한의 부하의 수를 말한다.
④ 경비인력수요는 일반적으로 해당 경비시설물의 규모에 반비례한다.

> 해설 경비인력의 수요는 일반적으로 해당 경비시설물의 규모에 비례한다.

61 민간경비 조직편성의 원리 중 한 사람의 관리자가 효율적으로 관리할 수 있는 최대한의 부하의 수를 의미하는 것은?
• 제19회 기출

① 통솔범위 ② 계층제
③ 전문화   ④ 명령통일

> 해설 ② 계층제는 권한과 책임의 정도에 따라 직무를 등급화함으로써 상하 계층 간에 직무상의 지휘·감독관계에 서게 하는 것을 말한다.
> ③ 전문화는 조직의 전체기능을 기능별 또는 특성별로 나누어 임무를 분담시키는 것을 말한다.
> ④ 명령통일은 민간경비부서에서 근무하는 경비원은 자신을 직접 관리하고 있는 경비책임자로부터 지시를 받아야 하고, 항상 그 상관에게 보고해야 하는 것을 말한다.

62 경비조직화를 하는 경우 통솔범위의 결정요인에 대한 설명으로 옳지 <u>않은</u> 것은?

① 신설 조직 책임자는 기존 조직 책임자보다 통솔범위가 넓다.
② 여러 장소에 근무하는 사람들을 통솔하는 책임자는 한곳에 근무하는 사람들을 통솔하는 책임자보다 통솔범위가 좁다.
③ 계층의 수가 적을수록 상관의 통솔범위가 넓다.
④ 부하의 자질이 높을수록 상관의 통솔범위가 넓다.

> **해설** 신설 조직 책임자는 기존 조직 책임자보다 통솔범위가 좁다.

63 민간경비의 조직화 및 관리과정에 관한 설명으로 옳지 <u>않은</u> 것은?

① 민간경비의 조직화 과정에서 위험성, 돌발성, 기동성 등 경비업무의 특수성을 고려해야 한다.
② 자체경비와 계약경비로 구분할 때 편의점, 소규모 상점 등 보호대상시설의 규모가 작을수록 자체경비를 운용하는 경우가 많다.
③ 민간경비부서를 독립적으로 설치하지 않고 다른 관리부서와 연계하여 통합적으로 설치하게 되면 전문성은 저하된다.
④ 보호대상의 특성에 따라 인력경비와 기계경비를 운용할 수 있는데, 일반적으로 순수한 형태의 기계경비는 존재하지 않는다.

> **해설** 편의점, 소규모 상점 등 보호대상시설의 규모가 작을수록 계약경비를 운용하는 경우가 많다.

64 민간경비조직의 운영원리로 옳지 <u>않은</u> 것은? • 제18회 기출

① 일반화의 원리　　　　② 명령통일의 원리
③ 계층제의 원리　　　　④ 조정·통합의 원리

> **해설** ② 명령통일의 원리란 민간경비부서에서 근무하는 경비원은 자신을 직접 관리하는 경비책임자로부터 지시를 받아야 하고, 항상 그 상관에게 보고해야 한다는 것이다.
> ③ 계층제의 원리란 권한과 책임에 따라 직무를 등급화함으로써 상하 계층 간에 직무상의 지휘·감독관계에 서게 하는 것이다.
> ④ 조정·통합의 원리란 조직이 지향하는 공동의 목표를 달성하기 위해 하위체제 간에 수행하고 있는 업무가 통일성 내지 조화를 이루도록 하는 것이다.

| 59 ③ | 60 ④ | 61 ① | 62 ① | 63 ② | 64 ① | **정답** |

65 민간경비의 조직운영원리 중 조직이 지향하는 공동의 목표를 달성하기 위하여 하위체제 간에 수행되고 있는 업무가 통일성 내지 조화를 이루도록 하는 것은?

① 계층제의 원리
② 명령통일의 원리
③ 전문화의 원리
④ 조정·통합의 원리

해설 ① 계층제의 원리는 권한과 책임의 정도에 따라 직무를 등급화함으로써 상하 계층 간에 직무상의 지휘·감독관계에 서게 하는 원리이다.
② 명령통일의 원리는 경비원은 자신을 직접 관리하고 있는 경비책임자로부터 지시를 받아야 하고, 항상 그 상관에게 보고하여야 하는 원리이다.
③ 전문화의 원리는 조직의 전체기능을 기능별 또는 특성별로 나누어 임무를 분담시키는 원리이다.

66 경비업법령상 특수경비원의 교육에 관한 설명으로 옳지 않은 것은? • 제20회 기출

① 특수경비업자는 특수경비원 신임교육을 받지 아니한 자를 특수경비업무에 종사하게 해서는 안 된다.
② 특수경비원으로 채용되기 전 3년 이내에 특수경비업무에 종사했던 경력이 있는 사람은 신임교육 대상에서 제외될 수 있다.
③ 특수경비업자는 소속 특수경비원에 대하여 매월 3시간 이상의 직무교육을 실시해야 한다.
④ 특수경비원의 교육 시 특수경비업자의 요청이 있을 경우 관할 경찰서 소속 경찰공무원이 교육기관에 입회하여 지도·감독할 수 있다.

해설 특수경비원의 교육 시 관할 경찰서 소속 경찰공무원이 교육기관에 입회하여 대통령령이 정하는 바에 따라 지도·감독하여야 한다(경비업법 제13조 제4항).

제4절 경비원 교육

67 경비원의 신임교육과 직무교육에 관한 설명으로 옳지 않은 것은?

① 이론적인 교육뿐만 아니라 현장 중심의 실무교육이 이루어져야 한다.
② 경비원의 신임교육은 경비원 본인의 비용부담으로 실시한다.
③ 신임교육은 법에 따른 경비원 교육기관에서 실시한다.
④ 경비업자는 경비업무를 적정하게 실시하기 위하여 경비원으로 하여금 대통령령으로 정하는 바에 따라 경비원 신임교육 및 직무교육을 받게 하여야 한다.

해설 경비원의 신임교육은 경비업자의 부담으로 실시한다.

68 경비원의 교육훈련에 관한 사항으로 옳지 <u>않은</u> 것은?

① 경비원의 교육훈련은 효율적인 경비업무를 수행하기 위해 필수적이다.
② 경비업자는 경비원에 대한 직무교육을 행정안전부령이 정하는 시간 이상 실시하여야 한다.
③ 경비원 교육은 경비원으로서 지녀야 할 태도와 실질적인 업무수행에 필요한 내용들을 중심으로 이루어지고 있다.
④ 경비원 교육을 받은 후 5년 이상의 기간 동안 경비업무에 종사하지 아니하다가 일반경비원으로 채용된 사람은 신임교육을 받지 않아도 된다.

해설 경비원 교육을 받은 후 3년 이상의 기간 동안 경비업무에 종사하지 아니하다가 일반경비원으로 채용된 사람은 신임교육을 다시 받아야 한다.

69 일반경비원 교육에 관한 설명으로 옳지 <u>않은</u> 것은?

① 일반경비원 교육은 신임교육과 직무교육으로 구분한다.
② 경비업자는 경비업무를 적정하게 실시하기 위하여 경비원으로 하여금 대통령령으로 정하는 바에 따라 경비원 신임교육 및 직무교육을 받게 하여야 한다.
③ 일반경비원 교육을 받은 후 2년 동안 경비업무에 종사하지 아니하다가 일반경비원으로 채용된 사람은 신임교육을 다시 받아야 한다.
④ 일반경비원에 대한 교육의 과목·시간 그 밖에 교육의 실시에 관하여 필요한 사항은 행정안전부령으로 정한다.

해설 일반경비원 교육을 받은 후 3년 동안 경비업무에 종사하지 아니하다가 일반경비원으로 채용된 사람은 신임교육을 다시 받아야 한다.

정답 65 ④ 66 ④ 67 ② 68 ④ 69 ③

70 일반경비원 교육에 관한 내용으로 옳지 <u>않은</u> 것은?

① 직무교육의 실시주체는 경비업자이다.
② 직무교육은 매월 2시간 이상 실시하여야 한다.
③ 신임교육은 이론교육 8시간과 실무교육 20시간으로 한다.
④ 직무교육의 과목은 직무수행에 필요한 이론·실무과목 및 직업윤리 등으로 한다.

> **해설** 신임교육은 이론교육 4시간(경비업법 등 관계법령 2시간, 범죄예방론 2시간), 실무교육 19시간, 기타 교육 1시간 등 총 24시간을 실시한다.

71 경비업법령상 경비원이 휴대할 수 있는 장비에 해당하지 <u>않는</u> 것은? • 제16회 기출

① 목검
② 경적
③ 단봉
④ 안전방패

> **해설** 경비원은 근무 중 경적, 단봉, 분사기, 안전방패, 무전기 및 그 밖에 경비업무수행에 필요한 것으로서 공격적인 용도로 제작되지 아니하는 장비를 휴대할 수 있으며, 안전모 및 방검복 등 안전장비를 착용할 수 있다(경비업법 시행규칙 제20조 제1항).

72 경비업법상 경비원의 교육에 관한 설명으로 옳지 <u>않은</u> 것은? • 제18회 기출

① 경비원이 되려는 사람은 교육기관에서 미리 일반경비원 신임교육을 받을 수 있다.
② 일반경비원의 교육 시 관할 경찰서 소속 경찰공무원이 교육기관에 입회하여 지도·감독하여야 한다.
③ 특수경비업자는 특수경비원 신임교육을 받지 아니한 자를 특수경비업무에 종사하게 하여서는 아니 된다.
④ 경비업자는 경비업무를 적정하게 실시하기 위하여 경비원으로 하여금 경비원 신임교육 및 직무교육을 받게 하여야 한다.

> **해설** 교육 시 관할 경찰서 소속 경찰공무원이 교육기관에 입회하여 지도·감독하여야 하는 경비원은 특수경비원의 교육이다.

73 경비업법상 특수경비원의 교육훈련 및 감독에 관한 설명으로 옳지 <u>않은</u> 것은?

• 제16회 기출

① 특수경비업자는 특수경비원을 채용한 경우 특수경비원의 부담으로 신임교육을 받도록 할 수 있다.
② 채용 전 3년 이내에 특수경비업무에 종사하였던 경력이 있는 사람을 특수경비원으로 채용한 경우에는 신임교육대상에서 제외할 수 있다.
③ 특수경비업자는 소속 특수경비원에 대하여 매월 3시간 이상 직무교육을 실시하여야 한다.
④ 관할 경찰관서장은 시설주 및 특수경비원의 무기관리상황을 매월 1회 이상 점검하여야 한다.

해설 특수경비업자는 특수경비원을 채용한 경우 특수경비업자의 부담으로 신임교육을 받도록 하여야 한다(경비업법 시행령 제19조 제1항).

74 경비업법령상 경비지도사에 관한 내용으로 옳지 <u>않은</u> 것은?

• 제20회 기출

① 경비지도사의 기본 교육시간은 40시간이다.
② 기계경비지도사는 오경보방지 등을 위하여 기기관리의 감독을 한다.
③ 경호현장에 배치된 경호원에 대한 순회점검 및 감독을 월 1회 이상 실시한다.
④ 경비지도사는 경비원 직무교육 실시대장에 그 내용을 기록하여 1년간 보존하여야 한다.

해설 경비지도사는 경비원 직무교육 실시대장에 그 내용을 기록하여 2년간 보존하여야 한다(경비업법 시행령 제17조 제3항).

정답 70 ③ | 71 ① | 72 ② | 73 ① | 74 ④

75 경비업무의 순찰방법에 대한 내용으로 옳지 않은 것은?

① 순찰은 계획된 시간에 지정된 경로 위주의 정선순찰을 원칙으로 한다.
② 순찰은 심야 취약 시간대에 중점적으로 실시한다.
③ 난선순찰은 긴급상황이 발생한 경우 상황조치 대응이 용이하다.
④ 순찰 시에는 세심한 관찰을 통하여 이상 유무를 확인하여야 한다.

> **해설** 정선순찰은 순찰 시 초소와의 통신체제 및 상황조치 대응이 용이하나, 범죄예방효과가 다소 떨어진다. 난선순찰은 범죄예방효과는 높으나, 긴급상황이 발생한 경우 연락이나 상황조치에는 다소 미흡하다.

76 경비원의 직업윤리에 대한 내용으로 옳지 않은 것은?

① 직업윤리는 직업인에게 평균적으로 요구되는 정신적 자세나 행위규범이다.
② 모든 직업인들이 직업적 활동에 있어 최적이라 생각되는 일정 유형의 도덕적 관계를 규정하는 행동의 규약으로 표현된다.
③ 민간경비 관련 사건사고가 증가하는 현 상황에서 전문직으로서의 민간경비원의 직업윤리의식 강화가 절실하게 요구되는 상황이다.
④ 민간경비업 종사자에게는 일반직업군의 평균적 수준의 직업윤리가 요구된다.

> **해설** 민간경비원의 흐트러진 직업윤리는 경비사고를 유발할 수 있으므로 민간경비업 종사자에게 더욱 엄격하고 전문적인 직업윤리가 요구된다.

77 경비원의 순찰근무 및 화재발생 시 대응 지침으로 옳은 것만을 고른 것은?

㉠ 순찰에 임하기 전 사명감을 가지고 형식적인 순찰근무는 지양한다.
㉡ 순찰장비 등의 사용법을 숙지하고, 최적의 가동상태를 유지한다.
㉢ 순찰 중 이상이 발견되면 침착하게 필요한 응급조치를 취하고 순찰결과는 일지에 잘 기록·보고하여 취약점을 개선하도록 한다.
㉣ 유류화재가 발생한 경우 물을 분사하여 발화점 밑으로 온도를 떨어뜨린다.

① ㉠, ㉡, ㉣
② ㉠, ㉡, ㉢
③ ㉠, ㉢, ㉣
④ ㉡, ㉢, ㉣

해설 ㉣ 유류화재가 발생한 경우 이산화탄소와 같은 불연성의 무해한 기체를 살포한다. 물을 분사하여 발화점 밑으로 온도를 떨어뜨리는 소화방법은 일반화재에 사용하는 방법이다.

78 민간경비의 윤리에 관한 설명으로 옳지 않은 것은? • 제23회 기출

① 민간경비의 윤리가 확립되지 않으면 고객 및 국민으로부터 신뢰를 얻을 수 없다.
② 민간경비의 윤리문제는 민간경비 자체에 한정된다.
③ 경찰과 시민의 민간경비에 대한 인식전환이 필요하다.
④ 자격증 제도의 도입 등을 통한 전문화는 민간경비의 윤리성을 제고시킬 수 있다.

해설 민간경비 활동은 고객의 생명·재산·신체에 대한 보호인 점에서 일반인의 직업윤리보다 더욱 엄격하고 전문적인 직업윤리가 요구되며, 민간경비의 윤리문제는 민간경비 자체에 한정되지 않는다.

75 ③   76 ④   77 ②   78 ②   정답

에듀윌이
너를
지지할게

ENERGY

꿈을 품어라.
꿈이 없는 사람은
아무런 생명력도 없는 인형과 같다.

- 발타사르 그라시안(Baltasar Gracian)

CHAPTER 05 시설경비

제1절	시설경비
제2절	외곽경비
제3절	내부경비
제4절	화재경비

최근 13개년 출제비중

11.7%

학습 TIP

☑ 외곽경비와 내부경비의 개념을 정립하고, 외곽경비와 내부경비에 무엇이 해당하는지 이해해야 한다.

☑ 내부경비의 안전유리, 자물쇠와 열쇠, 패드록, 경보시스템 등의 특징을 숙지해야 한다.

☑ 화재경비의 유형과 특징, 화재경보센서의 특징을 이해해야 한다.

| POINT | CHAPTER 내 절별 출제비중 |

01	시설경비	7%
02	외곽경비	26%
03	내부경비	54%
04	화재경비	13%

CHAPTER 05 시설경비

제1절 시설경비

1. 시설경비활동의 의의

(1) 의의

① 시설경비활동이란 경비활동을 필요로 하는 시설 및 장소에서의 도난·화재 그 밖의 혼잡 등으로 인한 위험발생을 방지하는 업무를 말한다.

② 경비대상시설물에 대하여 철저히 안전장치를 설치하여도 내·외부인에 의한 침입 가능성은 언제나 상존한다. 따라서 시설물에 대한 경비원의 순찰활동과 CCTV 등에 의한 감시체계의 확립은 물리적 경비보안을 위해 필요하다.

③ 시설보호경비는 경비서비스의 가장 일반적인 경비활동으로 대상시설물에 대한 방범, 화재예방, 외부 방문자의 편의제공, 출입인원 통제 및 안내서비스, 대상조직의 규칙이행 등을 목적으로 한다.

(2) 1차적 방어개념과 2차적 방어개념

① 시설물에 대한 1차적 방어개념으로 물리적 방어물을 들 수 있다. 담, 울타리, 자물쇠, 창문 등이 1차적 방어개념에 해당하며, 이는 외부로부터 침입시간을 지연시키기 위한 것이다.

② 시설물에 대한 2차적 방어개념으로 경보장치를 들 수 있다. 이는 외부의 침입자를 감지하여 이를 중앙통제센터나 경찰서 등에 보고하는 역할을 한다. 경보장치는 경비원이 직접 감시할 수 없는 취약지역을 보완하는 역할을 한다.

CCTV

'Closed Circuit(회로) Television'의 줄임말로, 비디오 카메라를 사용하여 특정 장소에서 발생하는 사건이나 활동을 감시하고 기록하는 시스템을 말한다. 사회적 안전을 유지하고 범죄 예방에 도움을 주는 중요한 도구로 인정받고 있다.

＋ 심화학습

동심원영역론

보호가치가 높은 자산일수록 보다 많은 방어공간을 형성해야 한다는 이론으로, 딘글(J. Dingle)이 제시하였다.

핵심 기출문제

01 외곽시설물경비의 2차적 방어수단은? • 제21회 기출

① 경보장치
② 외벽
③ 울타리
④ 외곽방호시설물

해설 ②③④ 외부로부터 침입시간을 지연시키기 위한 1차적 방어개념에 해당한다. 외부의 침입자를 감지하기 위한 경보장치는 2차적 방어수단에 해당한다.

정답 ①

2. 시설경비의 기본원칙

(1) 비용효과의 고려

사전에 시설경비계획을 세우고 그에 따른 경비가 이루어져야 한다. 시설경비활동도 어디까지나 경영의 한 차원이므로 비용효과분석이 고려되어야 하며, 경비위해요소의 사전확인 및 숙지가 필요하다.

(2) 경비대상물의 특성 고려

경비원은 시설경비대상물의 특성을 잘 파악하여 그에 따른 합리적 경비를 해야 하며, 경비활동 시 방호시설물을 적절하게 이용해야 한다. 경비대상물에 대한 위해사태가 발생한 경우 정보가 책임자와 각 경비원에게 신속히 전달되어야 한다.

3. 시설경비 시 고려사항

(1) 인적 고려

경비원은 시설물 출입인원의 특성, 시설물 내부 구성원의 업무행태 등을 고려하여 경비활동을 하여야 한다.

(2) 시설물의 특성 고려

경비원은 경비할 시설물의 구조를 파악하고 있어야 하며, 시설물의 용도와 내부에 보관되는 시설물의 특성 등을 고려하여 경비활동을 하여야 한다.

(3) 주변상황 고려

경비원은 주변의 경찰관서, 소방관서, 병원 등의 상황을 파악하고 있어야 한다.

제2절 외곽경비

1. 외곽경비의 의의

외곽경비란 여러 가지 자연적인 장애물 또는 인공적인 구조물 등을 이용하여 외부로부터 범죄의도를 가진 자의 접근을 저지하여 내부로의 침입을 어렵게 하고, 침입시간을 지연시킴으로써 시설물 또는 주요 설비 등을 보호하는 경비시스템을 말한다.

2. 외곽시설물경비 ★★★

(1) 시설물의 경계지역

시설물의 경계지역은 일반적으로 시설물 자체의 특성과 위치에 따라 결정된다. 도시의 빌딩이나 사무실의 경계지역은 건물 자체로서 방어벽 역할을 한다. 대부분의 공장지역은 일정한 작업공간이 필요하므로 해당 회사가 소유하는 대지를 경계범위로 한다.

(2) 외곽경비의 순서

외부침입자에 대한 외곽경비는 '장벽 ⇨ 출입구 ⇨ 건물 자체'의 순으로 진행된다.

(3) 외곽경비의 방법

① **장벽경비**: 대표적인 방호시설물은 장벽으로, 외부침입에 대한 저지의 효과가 있는 자연적 장벽과 인공적 장벽이 있다.

자연적 장벽	강·절벽·협곡 등으로, 외부침입을 저지하는 데 도움을 준다. 다만, 자연적 장벽만으로 외부침입을 저지하기 어려운 경우에는 인위적인 구조물을 추가해야 한다.
인공적 장벽	철책, 울타리, 문, 도로상의 방책, 차폐물 등이 있다.

② **담장경비**: 담장은 시설물의 경계나 여러 업무활동을 은폐하고, 외부에서 내부관찰이 불가능하도록 하기 위해 주로 사용된다. 울타리 중 철조망은 내부에서 외부침입자를 쉽게 적발할 수 있으며, 비용이 적게 든다. 담장 설치 시에는 가시지대를 넓히기 위해 주변장애물을 먼저 제거해야 한다.

> **심화학습**
>
> **담장경비의 장단점**
> 담장은 철조망보다 엄폐가 쉽지만, 경비원의 시야를 가리고 침입자의 호기심을 유발할 수 있는 단점이 있다.

③ 울타리경비

가시거리 확보	경계구역 내에서 가시지대를 충분히 넓히기 위하여 모든 장애물을 벽으로부터 제거하여야 하며, 장애물의 제거가 쉽지 않은 경우에는 위험지역의 장벽을 높이거나 또는 경비원에게 침입경보를 적절하게 알려 주는 탐지센서 등을 설치하여야 한다.
콘서티나철사	콘서티나철사는 빠른 설치의 필요성 때문에 주로 군사용으로 사용되는 철조망이다. 육각형 모양으로 만들어진 가시철사의 코일형이며, 설치 및 제거가 용이하여 이동성이 뛰어나다.
체인링크 (Chain Link)	가시철사가 합쳐진 철사를 파도 모양으로 엮은 울타리인 체인링크는 콘크리트나 석재 담장과 유사한 보호기능을 하며 저렴하다. 최근에는 고속도로변, 야생동물 유도용 울타리나 각종 체육시설, 보안시설, 낙석방지책으로 사용되고 있다.
수목울타리경비	수목울타리는 지역의 경계나 시설물의 미적 외관을 고려하여 시설물에 대한 보안성이 낮은 학교나 가정집, 관공서 등에 설치하는 경우가 대부분이다.

> **체인링크의 장점**
> 능형망이라고도 불리는 체인링크 철망은 높이 변환이 자유로우며, 경사면의 경사각과 무관하게 시공할 수 있는 장점이 있다.

④ 장애물 제거: 가시지대 내에 감시활동이 이루어질 때 외부경비를 방해하는 장애물과 침입을 위한 잠재적 이용물은 사전에 제거하여야 하고, 자물쇠 등으로 잠금장치가 된 문은 항상 주의 깊게 살펴보아야 하며, 취약지역은 침입확인 등이 면밀하게 이루어져야 한다.

3. 출입구경비

(1) 안전장치 설치기준

출입구에 설치되는 안전장치의 기준은 경비구역의 중요성에 따라 달라진다. 출입구가 많으면 이를 통제·감독하기 위해 많은 경비원이 필요하므로 출입구의 수를 최소화하여 필요한 출입구만 사용하도록 해야 하고, 시간대에 따라 출입구의 사용횟수도 조절해야 한다.

(2) 직원용 출입구와 고객용 출입구의 분리

상품판매시설의 경우에는 직원용 출입구와 고객용 출입구를 구분하는 것이 바람직하며, 백화점과 같이 사람의 왕래가 많은 곳은 직원 전용출입구, 방문객출입구, 차량출입구 등으로 구별하여 관리하는 것이 효과적이다.

(3) 출입구경비의 기준

① 직원출입구는 보통 하나로 구성되는데, 통행하는 직원을 적절하게 통제하기 위해 출입구의 문이 너무 크지 않도록 한다.

② 출입구는 정문과 후문의 주 용도를 구분하는 것이 좋고, 시설물의 일상적인 업무활동에 벗어난 곳에 위치한 폐쇄된 출입구의 경우 정기적인 확인이 필요하다.

③ 차량출입구는 여러 종류의 차량 통행이 이루어지기 때문에 충분히 넓어야 하고, 평상시에는 양방향 통행을 유지하나, 차량통제에 대한 필요성이 특별하게 발생하면 해당 시간에 맞추어 일방으로만 통행을 제한할 수 있다.

④ 방문객출입구는 양방향 통행이 될 수 있는 크기의 출입문이 주로 이용되고 있으며, 상주감시체계가 이루어질 수 있도록 적절한 감시가 필요하다.

⑤ 비상구나 긴급목적을 위한 출입구의 경우 평상시에는 폐쇄되어 있어야 하고, 잠금장치는 특수하게 만들어져야 한다. 그리고 외견상 즉시 확인할 수 있어야 한다.

⑥ 모든 시설물에는 경계구역에 침입할 수 있는 여러 경로(예 하수구·배수로·배수관·사용하는 터널·배기관·맨홀·공기흡입관 등)가 있을 수 있으므로 이것 역시 출입구 통제계획에 포함해야 한다.

⑦ 가시지대 내에서 감시활동이 이루어질 때에는 잠금장치가 설치된 문을 주의 깊게 살펴야 한다.

> **심화학습**
> **폐쇄출입구의 통제**
> 비상시에만 사용하는 문은 평상시에는 폐쇄되어 있어야 하며, 외견상 즉시 확인 가능하여야 한다.

(4) 지붕경비

지붕은 순찰경비원이나 일반 통행인에게 쉽게 노출되지 않지만, 침입자가 지붕을 통하여 창문으로 들어올 수 있는 취약지점이기 때문에 주의하여야 한다.

4. 건물경비

(1) 창문과 출입문경비

창문과 출입문 등과 같이 경계구역과 연결되어 있는 문은 튼튼한 구조물로 이루어져야 하며, 큰 창문과 출입구는 철망, 금속창살 등을 설치하여 보호하여야 한다.

(2) 비상구 설치

화재나 다른 여러 가지 위험한 사고의 발생에 대비하여 비상구 등과 같은 예비적 조치가 사전에 충분히 준비되어 있어야 한다.

(3) 비상출입구

긴급목적을 위한 출입구는 외부의 침입으로부터 열리지 않도록 만들어져야 하며, 원격통제에 의해 운영되는 전자식 장치를 설치함으로써 외부의 불법적 접근을 차단할 수 있다.

(4) 옥상경비

시설물에서 방범상 가장 취약한 곳이 옥상이다. 왜냐하면 외부·내부의 통행인이나 순찰하는 경비원에 의해서도 외부의 침입을 발견하기 어렵기 때문이다. 따라서 이 지역은 주기적인 순찰을 시행하는 경비계획이 필요하다.

5. 경계구역 감시

(1) 개념

① 경계구역이란 주로 정원이나 주차장, 물품들을 적치하는 빈 공간 등을 말한다.
② 외부환경과의 경계지점인 담이나 화단 등에서 본 건물 사이의 구역이 이에 해당한다.

> **외곽경비의 범위**
> 경계구역 내 옥상이 없는 건물이나 외곽지역도 외곽경비의 경비활동 대상이 되는 점에 주의를 요한다.

(2) 주차지역경비

① 주차지역의 경비를 위하여 실내주차장의 조명은 밝아야 하며, 경계내부구역을 정기적으로 순찰하여야 한다.
② 경계구역에 주로 해당하는 주차지역은 철저하게 관리·유지되어야 한다. 주차장은 되도록 직원차량과 고객차량, 방문차량 등이 구분되도록 주차구역을 설정하는 것이 바람직하다.
③ 경계구역이 내부인과 방문객을 위한 주차지역과 인접한 경우 별도의 담장을 설치하여 주차지역을 격리하며 순찰경비를 강화하여야 한다.
④ 적재품이 있는 회사차량의 경우에는 경계구역 내에 주차하게 하고, 내부에 적치되는 물품의 수량과 내용을 정확히 파악하여야 한다.

(3) 경계구역의 경비

① 내부구역 내 사각지대를 파악하여 보안등이나 초소 등을 설치하여야 한다. 특히, 야간에는 범죄의 표적이 되기 쉽기 때문에 더욱 주의가 필요하다.
② 경계구역 내에서 가시지대를 가능한 한 넓히기 위하여 모든 장애물을 양쪽 벽으로부터 제거하여야 한다.
③ 가시지대가 너무 작아 경비의 효과성에 별로 도움이 되지 않는 경우에는 위험지역의 장벽을 높이거나 또는 경비원에게 침입경보를 적절하게 알려 주는 탐지센서 등을 설치하여야 한다.

핵심 기출문제

02 외곽경비에 관한 설명으로 옳지 않은 것은? • 제24회 기출

① 기본목적은 범죄자의 불법 침입을 지연시키는 것이다.
② 시설물의 일상적인 업무활동에서 벗어난 곳에 위치한 폐쇄된 출입구는 정기적인 확인이 필요 없다.
③ 담장의 설치는 시설물 내의 업무 활동을 은폐하고, 내부 관찰이 불가능하도록 해야 한다.
④ 가시지대 내에서 감시활동이 이루어질 때에는 잠금장치가 설치된 문을 주의 깊게 살펴야 한다.

해설 시설물의 일상적인 업무활동에서 벗어난 곳에 위치한 폐쇄된 출입구일지라도 정기적인 확인이 필요하다.
① 외곽경비는 침입시간을 지연시킴으로써 시설 또는 주요 설비 등을 보호하기 위한 경비시스템이다.
③ 담장은 시설물의 경계나 여러 업무 활동을 은폐하고, 외부에서 내부 관찰이 불가능하도록 하기 위해 사용된다.
④ 외부의 불법침입에 대비하여 가시적인 범위 내에서 감시가 가능하도록 외부경비를 방해하는 장애물 및 잠재적 이용물은 사전에 제거하고, 잠금장치가 설치된 문은 주의 깊게 살펴야 한다.

정답 ②

6. 경비조명 ★★★

> **경비조명의 기능**
> 경비조명은 야간에 경비구역에 대한 외부접근 및 침입에 대한 감시활동을 용이하게 하기 위한 수단이다. 시설물에 대한 감시활동과 경비조명으로부터 유발되는 미적인 효과 모두 고려하여야 한다.

(1) 의의

① 경비조명(보안조명)이란 경비원의 경비활동 시 가시거리 확보를 돕기 위하여 사용되는 가로등이나 백열전등 등으로, 어두운 곳을 밝은 곳으로 바꾸는 조명을 말한다.

② 조명은 경비원의 가시거리 확보, 건물의 미적 감각 증진, 침입자의 침입의도를 사전에 포기하도록 하는 심리적 압박 등의 기능을 수행한다.

(2) 조명설치 시 유의사항
① 보안조명은 위험발생 가능성이 있는 지역에 직접적으로 비춰야 하며, 보호하고자 하는 지역으로부터 일정거리 이상이 유지되어야 한다.
② 보안조명은 인근지역을 너무 밝게 하거나 영향을 끼침으로써 타인의 사생활을 방해하여서는 아니 되며, 경계구역 내의 지역과 건물에 적합하여야 한다.
③ 경비조명은 경계구역의 안과 밖을 비출 수 있도록 적당한 밝기와 높이로 설치한다.
④ 경계대상물이 경계선에서 가깝거나 건물 자체가 경계선의 일부분일 경우에는 외부 조명을 건물에 직접적으로 비추도록 해야 한다.
⑤ 조명시설의 위치가 경비원의 시야를 방해해서는 안 되며, 가능한 한 그림자가 생기지 않도록 설치해야 한다.
⑥ 도로, 고속도로, 항해수로 등에 인접한 시설물의 조명장치는 통행에 미치는 영향을 고려하여 적절한 부분을 비출 수 있도록 설치되어야 한다.
⑦ 경계조명 시설물은 경계구역에서 이용되며, 진입등은 경계구역 내에 위치하여야 한다.

(3) 조명등의 설치에 따른 구분

상시조명	상시조명은 장벽을 비추거나 벽의 외부를 비추는 데 사용되며, 감옥이나 교정기관에서 주로 이용되어 왔다. 실외, 즉 교도소 등에서 사물이나 사람의 이동을 관찰하기 위해 장벽이나 벽의 외부를 비추는 데 사용되며, 실내에서는 업무수행을 위한 조명에 사용된다.
예비조명	상시조명을 보완하거나 상시조명이 작동하지 않을 때 등을 대비하여 예비적으로 만들어진 것이다. 수동이나 자동으로 상시조명시스템이 작동되지 않거나 부가적인 조명이 필요할 때 사용되고, 우범지역이나 순찰취약지역, 단순히 일시적인 조명이 필요한 지역의 선택적인 조명에 가장 유용하다.

이동조명	휴대가 가능한 조명으로, 순찰이나 일시적 조명이 필요한 경우 사용하기 편리하도록 만들어진 조명이다.
비상조명	다른 조명시스템이 작동하지 않거나, 화재 또는 긴급사태가 발생했을 때 전력공급이 제대로 되지 않을 경우 사용하기 위한 조명으로, 긴급사태 발생 시에는 기존의 조명을 보충해 주는 역할을 하기도 한다.

(4) 조명의 종류

① 백열등: 일반적으로 가정집에서 주로 사용되며 수명이 짧다. 스위치를 올릴 때 즉시 빛을 발하므로 경비조명에 보편적으로 이용된다. 발광효율이 떨어져 비교적 좁은 장소의 전반조명이나 국부조명으로 많이 쓰인다.

② 가스방전등: 가스의 방전효과를 이용하여 빛을 방출하는 등으로, 특별한 감시가 요구되거나 경계지역의 보안용으로 사용된다. 가스방전등에는 수은등과 나트륨등이 있다.
  ㉠ 수은등: 강한 푸른빛을 방출하며 수명이 길기 때문에 백열등보다 효과적이다.
  ㉡ 나트륨등: 연한 노란색을 발하며 안개가 자주 끼는 지역에 효과적이다.

③ 석영등: 백열등과 마찬가지로 하얀빛을 빨리 발산하며, 매우 높은 휘도의 빛을 발하기 때문에 경계구역과 사고발생 다발지역에 사용하기 매우 유용하나 가격이 비싸다.

(5) 경비조명의 형태

① 가로등: 가로교통의 안전과 보안을 확보하기 위해 가로를 따라 설치한 조명기구이다. 주로 넓은 지역에 조명이 필요한 경우, 혹은 고속도로·시가지의 주요 도로, 주택지구의 도로 등 설치장소에 따라 그에 알맞은 종류가 사용된다.

② 투광조명등: 특정 지역에 빛을 집중시키거나 직접적으로 비추는 광선의 형태이다. 비교적 밝은 빛으로, 일직선상의 먼 거리까지 도달할 수 있어 특정 지역을 관찰하는 데 유용하다.

③ 프레이넬등
  ㉠ 원거리에 길고 수평하게 넓은 폭의 빛을 비추며, 눈부심이 없기 때문에 조금 떨어진 경계지역의 조명에 주로 사용되는 조명장비이다.

심화학습

조명등의 발광색
1. 수은등: 강한 푸른빛
2. 나트륨등: 연한 노란빛
3. 석영등: 밝은 하얀빛

ⓒ 경계구역에의 접근을 방지하기 위해 길게 수평으로 빛을 확장하는 데 주요하게 사용된다. 비교적 어두운 지역에서 시설물을 관찰하기 위해 유용하게 사용된다.
ⓒ 수평으로 약 180° 정도, 수직으로 15~30° 정도의 폭이 좁고 긴 광선을 투사한다.

④ 탐조등: 잠재적으로 침입이 예상되거나 사고가 일어날 만한 지역을 정확하게 관찰하기 위해 사용되는 조명등으로, 휴대가 가능하다. 외딴 산간지역이나 작은 배로 쉽게 시설물에 접근할 수 있는 위치에 설치한다.

핵심 기출문제

03 경비조명에 관한 설명으로 옳지 않은 것은? • 제24회 기출

① 보안조명은 타인의 사생활을 방해하도록 설치되어서는 안 된다.
② 보안조명은 경계구역의 안과 밖을 비출 수 있도록 적당한 밝기와 높이에 설치한다.
③ 외부조명은 경계대상물이 경계선에서 가깝거나 건물 자체가 경계선의 일부분일 경우 건물을 직접적으로 비추도록 해야 한다.
④ 가스방전등은 매우 높은 빛을 빨리 발산하기 때문에 경계구역과 사고발생지역에 사용하기가 유용하다.

해설 매우 높은 빛을 빨리 발산하기 때문에 경계구역과 사고발생지역에 사용하기가 유용한 등은 석영등이다. 가스방전등은 특별한 감시가 요구되거나 경계지역의 보안용으로 사용된다.

정답 ④

제3절 내부경비

1. 내부경비의 의의

건물 자체에 대한 경비활동으로, 건물에 대한 출입통제, 출입문·창문에 대한 보호조치 등을 시설물의 내부경비라고 한다. 내부경비는 주기적 순찰과 감시경비원 및 CCTV의 확충으로 경비인력의 혼합운영이 필요하다.

2. 출입통제

(1) 신분증 확인

내부직원과 외부방문객, 고객 등을 구분할 수 있는 방문증이나 사원증을 발급하여 출입 시에 신분증을 확인하는 것이 필요하다. 경비원은 상근직원이라도 매일 출입자의 신분증을 확인하고 신원이 확인된 외부인에 대해서는 이동 가능한 지역을 지정하여야 한다.

(2) 방문객 통제

① 방문객이 통보 없이 방문하는 경우 대기실에서 대기하도록 하고, 대기실 외로 이동할 경우에는 반드시 방문객임을 표시하는 징표를 부착해야 하며, CCTV 등을 통한 감시와 통제가 이루어져야 한다.
② 출입증이 없는 차량의 경우에는 그 용도와 목적을 확인하고 내부에서도 이 차량이 주차할 수 있는 지역을 한정하여야 한다.
③ 외부인이 예약 없이 방문하는 경우에는 별도의 대기실에서 대기시킨 후 방문대상자에게 통보한다.

3. 보호구역의 구분 ★★★

제한지역	비밀 또는 정부재산의 보호를 위해 울타리 또는 경호원에 의한 일반인 출입 감시가 요구되는 지역
제한구역	비밀 또는 주요 시설 및 자재에 대한 비인가자의 접근을 방지하기 위해 그 출입에 안내가 요구되는 지역
통제구역	비인가자의 출입이 금지되는 보안상 극히 중요한 구역

> **보호구역**
> 각급기관의 장과 국가중요시설, 장비 및 자재를 관리하는 자는 국가비밀의 보호와 국가중요시설 장비 및 자재의 보호를 위하여 필요한 장소에 일정한 범위를 정하여 보호구역을 설정할 수 있다(비밀보호규칙 제60조 제1항).

4. 창문 ★☆☆

(1) 창문의 취약요소

창문은 시설물에 있어 가장 중요한 부분이기도 하지만, 외부침입자의 침입에 가장 취약한 부분이기도 하다. 대부분의 외부침입자들이 창문을 통해 건물 내부로 침입을 시도하기 때문이다.

(2) 안전유리(Safety Glass)

① 개념: 미관을 해치지 않으면서 외부의 침입을 막고자 하는 안전유리는 외부에서 쉽게 눈에 띄거나 접근하기 쉬운 창문에 사용하는 고강도 방호유리이다. 폴리카보네이트라는 광물질을 유리에 첨가

하여 강도를 강화한 유리로서, 화재발생 시 화재 지연효과가 뛰어나며, 외부로부터 침입자의 침입시간을 지연시키기 위해 설치한다.
② 장단점: 일반유리에 비해 강도가 뛰어나고 가볍기 때문에 설치가 쉽다. 동일한 두께의 콘크리트벽에 비해 충격에 강하며, 외관상 미적 효과가 있다. 안전유리는 깨질 경우 사람의 신체손상을 방지하는 기능이 우수하고, 불연성 물질이기 때문에 화재 시에도 타지 않지만, 가격이 비싸다.

(3) 쇠창살, 경보장치 설치
1층에 접한 창문의 외부에는 쇠창살 등의 방호책을 강구하여야 하며, 침입이 예상되거나 중요한 문서나 물건이 보관된 지역의 창문에는 경보장치를 설치하여야 한다.

5. 출입문 ★★★

(1) 출입문의 기준
① 출입문은 구역의 중요성에 따라 등급화하거나 구역을 구분하여 관리하는 것이 효과적이다.
② 외부의 인적·물적 파괴행위로부터 견딜 수 있는 강한 재질로 만들어져야 하며, 문이 설치된 후에는 반드시 그 문의 기능이 제대로 발휘되고 있는지 파악할 수 있는 실험을 실시하여야 한다.

(2) 출입문의 이용
시설 내의 모든 종업원은 허용된 문을 통해서만 출입을 할 수 있게 하여야 한다.

(3) 출입문 잠금관리
출입문 잠금관리는 출입자의 편리성 측면과 상충되는 면이 많기 때문에 편리성과 안전성을 함께 고려하는 것이 바람직한 경비이다.

6. 비상문

비상문의 경우 쉽게 확인할 수 있는 표시를 하고, 정기적으로 잠금장치와 점등상태를 확인하며 체크하여야 한다.

> **심화학습**
>
> **출입문 경첩의 위치**
> 출입문의 경첩은 출입문의 안쪽에 설치하여야 한다. 경첩을 출입문의 바깥쪽에 설치하는 것은 외부의 침입 시 파손이 쉬우므로 바람직하지 않다.

7. 자물쇠와 열쇠 ★★★

(1) 자물쇠의 역할

자물쇠는 범죄자의 침입시간을 지연시키는 시간지연장치의 기능과 경비대상물 보호장치의 기능을 수행한다.

(2) 자물쇠의 종류

① **돌기 자물쇠**: 단순 철판에 홈이 거의 없는 것이 대부분이며, 열쇠의 구조가 간단하여 안전도가 낮아 예방기능이 취약하다.

② **판날름쇠 자물쇠**: 판 모양의 자물쇠 한쪽 날에 복잡한 모양의 이빨이 맞아야 열리는 형태로, 책상서랍·서류함·패드록 등 일반적으로 가장 많이 사용되는 자물쇠이다. 돌기 자물쇠보다 발달된 형태이지만, 안전성이 저조하다고 볼 수 있다.

③ **핀날름쇠 자물쇠**: 일반 산업분야뿐만 아니라 일반 주택에서도 사용되며, 열쇠의 양쪽에 홈이 불규칙적으로 파여 있는 형태이다. 형태가 복잡하여 안전성이 있어 널리 사용되는 자물쇠이다.

④ **숫자맞춤식 자물쇠**: 자물쇠에 달린 숫자조합을 맞춤으로써 열리는 자물쇠로, 부착된 숫자를 조합해야 열리기 때문에 외부의 침입이나 절도의 위협에 효과적이다. 일반적으로 3개나 4개의 숫자판을 이용한 조합이 사용된다.

⑤ **암호사용 자물쇠**: 전자제어방식으로 이루어진 자물쇠로, 패널에 일정한 암호를 누르면 문이 열리며, 숫자맞춤식 자물쇠를 보다 발전시킨 자물쇠이다. 암호를 잘못 누르거나 모르는 경우에는 비상경보가 작동하여 주위에 침입을 알리게 되어 있다.

⑥ **반도체내장 자물쇠**: 전자식 자물쇠로, 내부에 반도체 칩을 내장하여 규정된 입력신호에 따라 열리고 닫히는 자물쇠이다.

⑦ **지문인식 자물쇠**: 최첨단 디지털 자물쇠로, 내부에 초소형 컴퓨터가 설치되어 미리 입력된 지문의 인식을 통해 신원을 인식하는 장치이다. 일종의 생체인식 자물쇠이다.

⑧ **카드식 자물쇠**: 전기나 전자기방식으로 암호가 입력된 카드를 인식함으로써 출입문이 열리도록 한 장치이다.

심화학습

암호사용 자물쇠의 활용

암호사용 자물쇠는 안전의 우수성으로 인해 최근 금은방, 산업시설 등 특수경비를 요하는 지역에 주로 이용된다.

8. 패드록(Pad-Locks) ★★★

(1) 의의

패드록은 시설물과 탈부착이 가능한 형태로 작동하고, 외부의 강한 충격에도 견딜 수 있게 되어 있으며, 일반자물쇠보다 경비안전성을 보완하여 고안된 장치이다. 문의 몸체 중간에 설치되어 키를 삽입하면 문이 열리는 장치로, 오늘날 아파트나 가정집, 사무실 등의 출입문에 설치되어 보편적으로 사용되고 있다. 자물쇠의 단점은 보완하고 경비안전성은 강화하기 위해 고안된 장치이다.

> **패드록**
> 일반자물쇠가 외부의 충격에 약하다는 단점을 보완하기 위해 고안된 장치이다.

(2) 잠금장치의 종류

기억식 잠금장치	출입문에 전자장치가 설치되어 일정시간에만 문이 자동적으로 열리는 방식으로, 은행금고, 박물관 등에서 주로 사용한다.
전기식 잠금장치	출입문을 열고 닫는 것이 전기신호에 의해 이루어지는 장치이다. 원거리에서 문의 개폐를 제어할 수 있다는 장점이 있다. 일반적으로 마당이 있는 가정집 내부에서 스위치를 눌러 외부의 문을 여는 경우가 이 방식이다.
일체식 잠금장치	원격조정에 의해 하나의 출입문을 잠그면 전체의 출입문이 동시에 잠기는 방식을 말한다. 자동차의 문, 교도소와 같이 죄수탈옥의 가능성이 있는 곳이나 동시다발적인 사고발생이 우려되는 곳에 사용된다. 한 번에 모든 문이 잠기기 때문에 쉽게 빠져나가거나 들어가지 못하게 하는 잠금방식이다.

> **심화학습**
>
> **잠금장치 사용처**
> 1. **기억식 잠금장치**: 은행금고, 박물관
> 2. **전기식 잠금장치**: 마당이 있는 가정집
> 3. **일체식 잠금장치**: 자동차의 문, 교도소

핵심 기출문제

04 하나의 문이 잠길 경우 전체의 문이 동시에 잠기는 방식으로 교도소 등 동시다발적 사고발생의 우려가 높은 장소에서 사용되는 패드록(Pad-Locks) 잠금장치는?

• 제21회 기출

① 기억식 잠금장치　　　② 전기식 잠금장치
③ 일체식 잠금장치　　　④ 카드식 잠금장치

해설 하나의 문이 잠길 경우 전체의 문이 동시에 잠기는 방식으로 교도소 등 동시다발적 사고발생의 우려가 높은 장소에서 사용되는 패드록(Pad-Locks) 잠금장치는 일체식 잠금장치이다.

정답 ③

9. 금고, 물품보관함

① 문만 강화금속으로 만들고 다른 외벽은 강화콘크리트로 만든 중요물품보관실은 금고를 큰 방과 같은 형태로 만들어 놓은 보관실을 말하며, 일반적으로 지하에 설치한다.
② 금고 밖에 별도의 안전장치인 경보기를 감응센서로 부착하여, 외벽에 접근이 감지되거나 금고를 두드리는 진동이 느껴지면 경고신호를 보내는 시스템을 주로 사용한다.
③ 가장 좋은 경비방법은 경비원이 직접 정기적으로 확인·점검하거나 CCTV를 통해 감시하는 것이다.

10. 경보시스템 ★★★

(1) 의의

① 외부로부터 침입이 있는 경우, 이에 대응할 수 있는 인력이나 관제센터 등에 신호(타종, 벨 등)를 전달하는 전달시스템을 경보시스템이라고 한다. 시설경비에 있어 경보장치는 2차적 통제방법이다.
② 외부침입자를 감지한 후 중앙통제센터, 경찰서 등에 신호를 전달하는 역할을 하며, 이를 통해 경비원의 감시가 미치지 못하는 곳까지 경비할 수 있다.
③ 경보시스템의 유형에는 침입경보시스템, 화재경보시스템, 특수경보시스템이 있다.

침입경보시스템	외부로부터 침입이 발생하였을 때 경보음을 울려 침입사실을 알려 주는 역할을 한다. 주로 창문·외벽에 센서를 설치한다.
화재경보시스템	화재가 발생하였을 때 경보음을 울려 인명피해나 재산피해를 줄이기 위한 장치로, 화재의 위험성이 높은 곳에 설치한다.
특수경보시스템	기계의 고장이나 오작동 등의 발견 목적으로 사용된다. 실내의 가스누출이 탐지되거나, 자동차가 운행 중에 창문이 열리거나 엔진오일에 이상이 있을 때 경보신호를 알려 주는 것 등이다.

(2) 경보체계의 종류

① 국부적 경보시스템: 일정지역에 국한하여 한두 개의 경보장치를 설치하거나 단순 경보차원에서 사이렌이나 경보음이 울리는 경보시스템이다. 가장 원시적인 경보체계에 해당한다.

② **상주경보시스템**: 가장 고전적인 방법으로, 주요 지점에 경비원을 배치하여 비상시에 대응하는 경비체계이다. 침입이 예상되는 주요 지점에 경비원을 배치하여 일일이 감시하는 시스템으로, 사람이 직접 감시활동 및 순찰활동을 하기 때문에 문제가 발생했을 때에는 즉각적으로 대응할 수 있으며, 유동성 있는 대처가 가능하다. 다만, 많은 인력이 필요하므로 경비비용이 많이 든다.

③ **제한적 경보시스템**: 사람이 직접 사이렌, 타종, 비상등을 사용하여 경보를 전달하는 시스템으로, 일반적으로 화재예방시설에 이용되고 있으나 사람이 없으면 대응할 수 없다.

④ **다이얼경보시스템**: 사전에 미리 단축전화번호를 입력해 두고 비상시에 단축키만 누르면 사전에 입력된 전화번호로 긴급연락이 되는 시스템이다. 설치가 간단하며, 유지비가 저렴하나, 전화선이 끊기면 연락이 곤란하다.

⑤ **외래지원경보시스템**: 전용전화선 등을 통해 비상감지 시 직접 외부의 경찰서나 소방서에 자동으로 연락을 취하는 방식으로, 경비체계 위험발생 시 감지기에 감지된 상황이 전화선을 통하여 해당 관련 기관에 연락이 취해지는 시스템이다.

⑥ **중앙관제시스템**: 경계가 필요한 지점에 감지기나 CCTV를 설치하고, 경비원이 이를 원격감시하는 형태로, 오늘날 일반적으로 활용되고 있는 경보체계이다. 중앙관제시스템은 경비원이 직접 원격감시를 하기 때문에 경비에 위해가 되는 사건이 발생하였을 때 사건 파악이 기계보다 빠르고, 이에 대한 대응도 신속하게 할 수 있다.

⑦ **로컬경비시스템**: 경비원들이 시설물의 감시센터에서 경비활동을 하면서 사건이 발생하면 사고발생현장으로 직접 출동하여 사고에 대응하는 방식이다.

핵심 기출문제

05 경보시스템 종류에 관한 설명으로 옳지 <u>않은</u> 것은? • 제21회 기출

① 중앙관제시스템은 전용전화회선을 통해 비상감지 시 직접 외부의 각 관계기관에 자동으로 연락이 취해지는 방식이다.
② 국부적 경보시스템은 가장 원시적인 경보체계로 일정지역에 국한해 한두 개의 경보장치를 설치하거나 단순히 사이렌이나 경보음이 울리는 것이다.
③ 제한적 경보시스템은 사이렌이나 종, 비상등과 같은 제한된 경보장치를 설치하여 화재예방시설에 주로 사용되며 사람이 없으면 대응할 수 없는 단점이 있다.
④ 다이얼경보시스템은 비상사태가 발생하였을 경우 사전에 입력된 전화번호로 긴급연락을 하는 것으로 설치가 간단하고 유지비가 저렴하다.

해설 중앙관제시스템은 경계가 필요한 지점에 감지기나 CCTV를 설치하고, 경비원이 이를 원격감시하는 형태의 경보체계이다. 전용전화회선을 통해 비상감지 시 직접 외부의 각 관계기관에 자동으로 연락이 취해지는 방식은 외래지원경보시스템이다.

정답 ①

(3) 경보센서의 종류

① **광전자식 센서**: 레이저광선을 이용하여 침입자를 감지하는 방식이다. 반도체를 이용한 광전도 효과를 이용한 센서로, 출입문이나 창문 등의 양쪽에 설치된 센서로부터 레이저광선을 발사하여 침입자에 의해 레이저의 광선이 끊기면 곧바로 침입사실을 알리게 된다.

② **자력선식 센서**: 자력선을 발생하는 장치를 설치한 후 자력선을 건드리는 물체가 나타나면 경보나 형광등이 작동하는 장치로, 주로 지붕이나 천장, 담벼락 등에 설치하며 금융기관이나 교도소의 외벽에 설치된다.

③ **전자기계식 센서**: 단순한 접촉의 유무를 탐지하여 경보를 전달하는 장치로, 문틀과 문 사이에 접지극을 설치한다. 창문과 같이 접촉이 되어 있는 상태에서는 전류가 흐르다가 창문이 열리면 전류가 차단되어 침입사실을 통보하는 시스템으로, 비용 면에서 저렴하여 일반가정이나 사무실 등에서 많이 사용된다.

④ **초음파탐지장치**: 송신센서와 수신센서를 설치하여 양 기계 간에 진동파를 주고받는 과정에서 그물망을 형성하여 침입자가 들어오면 그 파동을 감지하는 장치이다. 이 장치는 매우 민감하여 작은 움직임에도 반응하므로 오경보의 가능성이 높다.

⑤ 압력감지기: 침입자가 센서에 직·간접적인 압력을 가하면 경보를 발하는 장치로, 침입이 예상되는 통로나 출입문 앞에 설치하여 사용한다.

⑥ 콘덴서 경보시스템: 전선에 전류를 흐르게 하여 침입자가 계속적인 전류의 흐름을 방해하였을 때 이를 외부의 충격으로 간주하여 경보를 발하는 장치로, 금고문이나 각종 철문 등을 보호하기 위한 장치이다.

> **콘덴서 경보시스템**
> 모든 종류의 금속장치를 보호하기 위해 개발된 경보장치이다.

⑦ 진동감지기: 보호대상인 물건에 직접 센서를 설치하여 그 물건이 움직이게 되면 경보를 발하는 장치이다. 물건의 도난을 방지할 목적으로 사용되므로 오차율이 적고 정확성이 높다. 주로 고미술품이나 전시 중인 물건을 보호하기 위하여 사용한다.

⑧ 전자파 울타리: 광전자식 센서를 보다 복잡하게 개발한 장치로, 레이저광선을 그물망처럼 만들어 전자벽을 만드는 장치이다. 벌레나 기타 동물에 의한 오보율이 높다.

⑨ 적외선감지기: 사람의 눈에 보이지 않는 짧은 파장의 적외선을 이용하여 침입을 경보하는 장치이다.

⑩ 자석감지기(마그네틱 감지기): 영구자석과 리드(Reed)스위치로 구성되어 있고, 창이나 문이 열리면 감지하는 원리이다. 동작전원이 필요 없고 구조가 간단하여 쉽게 설치 가능하다는 장점이 있다.

핵심 기출문제

06 보호대상인 물건에 직접적으로 센서를 부착하여 그 물건이 움직이게 되면 진동이 발생되어 경보가 발생하는 장치로 정확성이 높아 일반적으로 전시 중인 물건이나 고미술품 보호에 사용되는 경보센서(감지기)는?

• 제21회 기출

① 음파 경보시스템   ② 초음파탐지장치
③ 적외선감지기   ④ 진동감지기

해설 진동감지기는 보호대상인 물건에 직접적으로 센서를 부착하여 그 물건이 움직이게 되면 진동이 발생되어 경보가 발생하는 장치로, 정확성이 높아 일반적으로 전시 중인 물건이나 고미술품 보호에 사용되는 경보센서(감지기)이다.

정답 ④

제4절 화재경비

1. 화재 ★★☆

(1) 화재의 개념

오늘날 모든 난방 및 취사연료의 형태로 전기·가스·유류 등을 사용하고 있으며, 에너지의 다양화와 각종 위험물질의 증가로 인해 화재발생의 위험이 증대하고 있다. 화재는 일단 발생하면 커다란 재난이 되므로 화재경비는 사전예방활동이 중요하고, 초동진압을 할 수 있도록 대비하여야 한다.

(2) 화재의 특성

① 연기는 짧은 시간에 쉽게 건물의 상층부로 올라가는 성질이 있으며, 일산화탄소나 이산화탄소는 상층의 밀폐된 부분으로 모이는 특성이 있다.
② 화재 시 열과 화염은 창문과 문 그리고 복도와 같이 개방된 공간으로 빠지는 경향이 있다.

(3) 화재의 발생단계

초기단계	연기나 불꽃, 빛 등이 보이지 않고 약간의 열기만 감지되는 상태이며, 육안으로 연소상태를 파악하기 어려운 발화의 단계이다. 약간의 열기만 느낄 수 있으므로 육안으로는 관찰이 불가능하고 이온감지기가 감지하여 작동한다.
그을린 단계	초기단계에서 화재가 더 진행된 단계로, 불꽃은 보이지 않고 연소의 부산물인 약간의 연기만 감지되는 단계이다. 이 단계는 육안으로 식별이 가능하고 연기를 감지할 수 있으므로 연기감지기(광전식 감지기)가 감지하여 경보가 가능하다.
불꽃발화단계	사람들의 시야에 불꽃과 연기가 보이고 높은 온도가 짧게 감지되어 실제로 화재가 발생한 단계이다. 불꽃에서 발생하는 적외선을 적외선감지기가 감지하여 경보가 가능하다.
열단계	본격적인 화재로 접어든 단계로 고온과 강렬한 열이 감지되며, 가열된 공기는 위험할 정도로 팽창하여 창문이나 출입문을 부수고 계속적으로 불이 외부로 확장된다. 이러한 불꽃과 연기, 강한 열이 확산되는 단계를 열단계라고 한다. 이 단계에서는 열감지기가 사용된다.

> **심화학습**
>
> 화재의 3대 요인
> 열(점화원), 연료, 산소

(4) 화재의 유형

① A형 화재(일반화재): 종이, 섬유류, 목재와 같이 일반적인 가연성 물질이 발화하여 타고 난 이후 재를 남기는 화재로, 백색연기를 발생시킨다. 이러한 화재는 물을 사용하여 온도를 발화점 밑으로 떨어뜨리는 것이 가장 효과적인 진압방법이다.

② B형 화재(유류화재)
   ㉠ 휘발성 물질, 알코올, 기름 등 잘 타는 유연성 액체에 의한 화재로 검은 연기를 발생시키는데, 연소 후 재를 남기지 않는다.
   ㉡ 화재의 진행속도가 일반화재에 비해 빠르며, 액체 표면에서 발생한 증기가 연소하는 증발연소이다. 이러한 화재에 물을 뿌리면 화재가 확대된다.
   ㉢ 유류화재는 산소공급을 차단하거나 이산화탄소를 살포하는 등 불연소의 무해한 기체를 살포하는 것이 진압에 효과적이다.

③ C형 화재(전기화재): 변압기나 기타 전기기기에 의해 발생한 화재로, 일반적 소화방법을 사용하여 진화하지만, 물 등의 전기전도성을 가진 약제를 사용하는 과정에서 감전사고 발생의 위험이 있으므로 무엇보다 소방관의 안전을 위해 절연복을 착용하는 것이 중요하다.

④ D형 화재(금속화재): 마그네슘이나 칼슘, 수소화물, 탄화알루미늄, 알칼리금속의 과산화물 등이 포함된 독성 화학제에 의해 화재가 발생한 경우, 수계 소화약제를 사용하면 물과 반응하여 강한 수소를 발생하는 것이 대부분이므로 사용해서는 안 되며, 건성분말의 화학식 화재진압이 효과적이다.

⑤ E형 화재(가스화재): 가스폭발에 의해 동반되는 가스화재는 화재범위가 넓고, 피해 범위도 광범위하며, 폭발력 때문에 화재현장에 접근하는 것이 어려워 진압에도 매우 큰 어려움을 겪는다. 가스화재가 발생한 경우 점화원을 차단하고 살수 및 냉각으로 진압하는 것이 효과적이다.

심화학습

화재의 유형과 소화기의 표시색
1. 일반화재: 백색
2. 유류화재: 황색
3. 전기화재: 청색
4. 금속화재: 무색
5. 가스화재: 황색

핵심 기출문제

07 화재유형에 따른 화재대책에 관한 설명으로 옳지 <u>않은</u> 것은?

• 제21회 기출

① 유류화재는 옥내소화전을 사용하여 온도를 발화점 밑으로 떨어뜨리는 것이 가장 효과적인 방법이다.
② 금속화재는 물과 반응하여 강한 수소를 발생하는 것이 대부분이므로 화재 시 수계 소화약제를 사용해서는 안 된다.
③ 가스화재는 점화원을 차단하고 살수 및 냉각으로 진압하는 것이 효과적이다.
④ 전기화재는 소화 시 물 등의 전기전도성을 가진 약제를 사용하면 감전의 위험이 있으므로 주의해야 한다.

해설 유류화재는 휘발성 물질, 알코올, 기름 등 잘 타는 유연성 액체에 의한 화재로, 옥내소화전을 사용하여 물을 뿌리면 화재가 더욱 확대된다. 유류화재의 경우 산소공급을 차단하거나 이산화탄소를 살포하는 등 불연소의 무해한 기체를 살포하는 것이 진압에 효과적이다. 옥내소화전을 사용하여 온도를 발화점 밑으로 떨어뜨리는 것이 효과적인 진압방법인 화재는 일반화재이다.

정답 ①

(5) 소화방법

소화하려면 연소의 3요소(또는 4요소) 중 어느 하나를 제거하거나 연소가 계속되지 않도록 하는 방법을 강구해야 한다.

제거소화법	연소반응에 관계된 가연물이나 그 주위의 가연물을 제거하여 소화하는 방법이다.
질식소화법	연소범위의 산소공급을 차단하여 연소가 되지 않도록 하는 방법이다.
냉각소화	연소물을 냉각하여 착화 온도 이하로 떨어뜨려 소화하는 방법으로, 물을 많이 사용한다.
억제소화	연소의 연쇄반응을 부촉매 작용에 의해 억제하는 소화방법으로, 할로겐화합물 소화약제를 사용하는 것이 대표적이다.
희석소화	산소나 가연성 기체의 농도를 연소범위 이하로 희석하여 소화하는 방법이다.

2. 화재경비

(1) 화재경보센서 ★★★

이온감지기	• 화재발생 초기단계에서 연기와 불꽃이 보이지 않고, 감지할 수 있는 열도 나타나지 않는 상태에서 미세한 연소물질이 노출되었을 때 작동하는 감지기이다. • 탄화수소로 구성된 연화성 물질이 이온감지기 속 양 전극 간의 공기흐름을 차단하여 이를 기계가 감지함으로써 화재경보를 발한다.
연기감지기	화재의 발생으로 생성되는 연기를 감지하여 화재경보를 발하는 감지기이다.
적외선감지기	화재발생 시 불꽃에서 나오는 적외선을 감지하여 경보를 발하는 감지기이다.
열감지기	일정 온도 이상으로 내부 온도가 상승하였을 때 이를 감지하여 경보를 발하는 감지기이다.
누전감지기	전기합선이나 누전에 의해 전류가 벽이나 기타의 금속물에 흐르는 것을 감지하여 경보를 발하는 감지기로, 비상시에 자동적으로 차단되어 화재를 예방한다.
특수감지기	여러 가지 감지기 2~3종류를 개조하여 화재감지기로 사용하는 경우로, 음향내장 경보기가 이에 해당한다.

(2) 가스누출감지센서

① **도시가스용 센서**: 도시가스는 공기보다 가벼우므로 가스누출감지센서를 천장에 설치하여야 한다.

② **LPG용 센서**: LPG는 공기보다 무거우므로 가스누출감지센서를 바닥에 설치하여야 한다.

(3) 소화설비

소화기	가장 일반적인 소화설비로 분말소화기, 강화액소화기, 산·알칼리소화기 등이 있다.
옥내소화전설비	건물 내부의 화재를 발화 초기에 신속하게 진압하기 위하여 건물 내부에 설치한 고정식 소화설비이다.
옥외소화전설비	건물의 화재발생에 대비하여 건물 외부에 설치한 고정식 소화설비이다.

심화학습

화재경보센서
1. **초기단계**: 이온감지기
2. **그을린 단계**: 연기감지기(광전식 감지기)
3. **불꽃발화단계**: 적외선감지기
4. **열단계**: 열감지기

스프링클러	소방대상물의 천장, 벽 등에 스프링클러 헤드 및 화재감지기를 설치하고, 화재발생 시 헤드 및 화재감지기에 의하여 화재경보를 발하면서 배관 내에 가압되었던 물이 헤드로부터 방사되어 화재를 소화하는 종합적 설비이다.
포말소화설비	물에 의한 소화방법으로는 효과가 적거나 화재가 확대될 위험성이 있는 가연성 액체 등의 화재에 사용되는 설비로, 산소의 공급을 차단하는 질식소화설비이다. 물과 포 소화약제(아교나 황산알루미늄용액제)를 일정한 비율로 혼합한 수용액을 공기에 발포하여 형성된 기포가 연소면의 표면을 차단하여 화재를 진압하는 소화설비이다.
증발성 액체 소화설비	온도가 상승하면 바로 불연성의 무거운 기체로 변하는 증발성 액체를 연소물에 방사함으로써 산소의 공급을 차단하여 질식소화작용을 함과 동시에 증발열에 의한 냉각소화작용도 하는 소화설비이다.

(4) 소화기

물소화기	물을 사용하여 화재를 진압하는 소화기이다.
강화액소화기	물에 소화성능이 우수한 탄산칼슘을 용해한 후 사용하는 소화기로, 물의 단점인 빙점을 낮추기 때문에 겨울철이나 추운 지역에서도 사용 가능한 소화기이다.
포말소화기	화재진압 시에 기포가 가연물질을 감싸 산소의 공급을 차단하여 질식시키는 소화기이다. 물에 의한 소화방법으로 효과가 약하거나 화재의 확대가 우려될 때 주로 사용한다. 대규모 화재나 옥외화재에 널리 이용된다.
분말소화기	우리나라에 가장 널리 보급되어 있는 소화기로, 화재의 규모가 작은 일반화재, 유류화재, 전기화재 등 거의 모든 화재에 효과가 있는 소화기이다. 분말소화기 속에 소화약제가 들어 있어 화재가 난 곳에 분말을 방사하면 질식 또는 냉각효과가 있어 쉽게 화재가 진압된다.
이산화탄소 소화기	이산화탄소를 높은 압력으로 압축·액화시켜 단단한 철제 용기에 넣은 것으로, 이산화탄소의 질식소화작용, 냉각소화작용의 기능을 이용한 소화기이다. B·C급 화재에 쓸 수 있고, 물을 사용하면 안 되는 화재에 사용된다.
할론소화기	할론소화기는 액체나 기체 모두가 공기보다 무거운 불연성 기체 또는 액체인 할로겐을 이용한 소화기로, B·C급 화재에 주로 사용된다. 이 소화기는 사용 시 물체에 전혀 손상이 없으나 가격이 비싸고 최근에는 프레온과 같이 오존층을 파괴하는 물질로 규정되어 사용이 규제되고 있다.

> **심화학습**
>
> **물소화기**
> 불순물을 포함한 물은 부적당하므로 가능한 한 수돗물을 사용하는 것이 좋다.

(5) 화재경비요령

① 소화기의 이상 유무를 정기적으로 확인·관리하고, 소화기 사용법을 정확히 숙지하여 화재발생 시에 사용할 수 있도록 하여야 한다.
② 화재발생 시 피난할 수 있는 피난구는 각각 다른 방향으로 2개소 이상 확보하여야 하며, 전기시설을 함부로 설치하거나 무질서한 전기배선을 하지 않는다.
③ 화재 시 연소 확대를 방지하기 위하여 내장재는 불연재를 사용하고, 방화구획, 자동방화셔터 등을 설치한다.
④ 화재 시 소방차의 진입을 원활하게 하기 위해 소방차의 진입로에 상품을 진열하거나 좌판을 설치하지 않도록 한다.

(6) 화재발생 시 조치요령

① 화재가 발생했을 때에는 불이 났다는 사실을 주변에 신속히 알리고, 즉시 소화기와 모래 또는 옥내소화전을 이용하여 소화작업에 임하여야 한다. 소화약제는 화염이나 연기에 방사하는 것이 아니라 화원에 방사해야 한다는 점을 주의하여야 한다.
② 119에 신고하여 신속하게 소방차가 출동하게 하여야 한다. 침착한 신고를 위하여 평상시 이에 대한 신고매뉴얼을 숙지하고 있어야 한다.
③ 화재발생지역의 주변 사람들이 대피할 수 있도록 유도하여야 하며, 유독가스와 연기로 인한 질식을 방지하기 위해 긴급피난을 하여야 한다.
④ 화재 피해의 주범인 검은 연기(일산화탄소)
  ㉠ 화재가 났을 때에는 빠르게 대피하는 게 중요하다. 대피가 쉬울 것 같지만 눈을 뜰 수 없을 정도로 자욱한 검은 연기와 바닥의 각종 장애물 때문에 쉽게 빠져나가기가 어렵다.
  ㉡ 검은 연기에는 일산화탄소를 포함한 유독(有毒)가스가 많이 있다. 보통 건물 내 단열재를 비롯한 화합물에서 나오는데, 단열재란 열이 건물 밖으로 새어 나가는 것을 막아 주는 건축용 물질이다.
  ㉢ 단열재는 산소가 충분한 상황에서는 이산화탄소(CO_2)를 배출하지만, 화재 현장은 산소 농도가 낮기 때문에 유독한 일산화탄소(CO)를 만든다.

> **심화학습**
>
> **대규모 시장 건물의 화재경비요령**
> 스프링클러 등 대상시설물에 자동소화설비를 충분히 설치한다.
>
> **화원(火源)**
> 불이 난 근원을 말한다.

② 일산화탄소는 우리 몸에 산소를 공급하는 적혈구 속 헤모글로빈과 강하게 결합하기 때문에 몸속 산소 운반을 막는다.
⑩ 화재발생 시 불이 났다는 사실을 인식하면 가장 먼저 코와 입을 막아 검은 연기를 마시는 양을 최소로 줄이고, 몸을 낮춘 채 계단을 거쳐 신속히 밖으로 빠져나와야 한다.

(7) 통로가 연기나 불로 막힌 경우 대처방안

창문을 모두 열고, 연기 속을 통과하여 대피할 때에는 수건 등을 물에 적셔 입과 코를 막고 숨을 쉬며, 낮은 자세로 엎드려 신속하게 대피한다. 고층건물이나 복합지하상가의 화재 시에는 통로의 유도등을 따라 낮은 자세로 질서 있게 대피한다.

3. 화재 안전교육과 진압

(1) 안전교육내용

① 화재발생 시 비상문의 위치확인 및 작동요령, 화재신고와 경보체계의 중요성, 화재경보장치에 대한 이해, 화재발생 시 엘리베이터 및 에스컬레이터 작동 등에 대한 교육이 있어야 한다.
② 화재발생 시 본인의 역할, 소화기 등 화재진압장비의 사용방법 숙지, 주변인의 대피 유도 및 긴급피난 방법을 사전에 교육하여야 한다.

(2) 화재진압활동

① 고층건물 화재발생 시 엘리베이터는 화재발생층에서 열리거나 정전으로 멈추어 안에 갇힐 위험이 있다. 따라서 화재발생 시에는 절대로 엘리베이터를 이용해서는 안 된다.
② 화재발생 시 먼저 어린이를 대피시키고, 노약자와 여성, 성인남성의 순으로 대피가 이루어져야 한다.
③ 시설 내에서 유류나 폭발성 물질을 취급하는 경우에는 자체소방단을 사전에 구성할 필요성이 있다.

심화학습

화재발생 시 자체소방단의 기능
자신들이 관리하던 시설이기 때문에 화재진압에 있어 보조적인 조치나 기계장치의 조작 등을 용이하게 수행할 수 있다.

CHAPTER 05 시설경비 중요내용 OX 문제

제1절 시설경비

01 담, 울타리, 자물쇠, 창문 등은 1차적 방어개념으로 외부로부터 침입을 차단·감지하는 기능을 한다.

02 시설경비활동은 외부의 침입을 저지하는 활동이므로 비용효과분석은 고려할 필요가 없다.

03 외벽, 담, 울타리, 외곽방호시설물 등은 외부로부터 침입시간을 지연시키기 위한 1차적 방어개념에 해당한다. 외부의 침입자를 감지하기 위한 경보장치는 2차적 방어수단에 해당한다.

제2절 외곽경비

04 출입문은 그 수를 최대한 늘리는 것이 시설물을 이용하는 고객의 안전에 합당하다.

05 시설물의 일상적인 업무 활동에서 벗어난 곳에 위치한 폐쇄된 출입구는 정기적인 확인이 필요 없다.

06 경비조명은 시설물에 대한 감시활동과 미적인 효과 모두 고려되어야 한다.

07 가스방전등은 매우 높은 빛을 빨리 발산하기 때문에 경계구역과 사고발생지역에 사용하기가 유용하다.

OX 정답 01 × 02 × 03 ○ 04 × 05 × 06 ○ 07 ×

X 해설
01 1차적 방어개념은 외부의 침입을 지연시키는 기능을 한다.
02 비용효과분석은 반드시 필요한 절차이다.
04 출입문의 수는 최소화하는 것이 안전에 합당하다.
05 시설물의 일상적인 업무 활동에서 벗어난 곳에 위치한 폐쇄된 출입구일지라도 정기적인 확인이 필요하다.
07 매우 높은 빛을 빨리 발산하기 때문에 경계구역과 사고발생지역에 사용하기가 유용한 등은 석영등이다. 가스방전등은 특별한 감시가 요구되거나 경계지역의 보안용으로 사용된다.

제3절 내부경비

08 비밀 또는 주요 시설에 대한 비인가자의 접근을 방지하기 위해 그 출입에 안내가 요구되는 지역은 제한지역이다.

09 건물의 출입통제에 있어 신원이 확인된 외부인에 대해서는 이동 가능한 지역을 지정할 필요 없다.

10 건물자체에 대한 경비활동으로 건물에 대한 출입통제, 출입문·창문에 대한 보호조치 등은 외부경비에 해당한다.

11 열쇠의 양쪽에 홈이 불규칙적으로 파여 있는 열쇠는 핀날름쇠 자물쇠이다.

12 은행금고, 박물관 등에서는 기억식 잠금장치가 주로 사용된다.

13 일정 지역에 국한하여 한두 개의 경비장치를 설치하는 방식으로 사이렌이나 경보음이 울리는 경비시스템은 제한적 경보시스템이다.

14 기계고장이나 오작동의 발견 목적으로 사용되는 경보장치는 특수경보장치이다.

15 사전에 미리 단축전화번호를 입력해 두고 비상시 단축키를 누르면 긴급연락이 되는 경비시스템은 외래지원경보시스템이다.

16 주로 고미술품이나 전시 중인 물건을 보호하기 위하여 설치하는 탐지기는 진동감지기이다.

제4절 화재경비

17 사람들의 시야에 불꽃과 연기가 보이는, 실제로 화재가 발생한 단계는 불꽃 발화단계이다.

18 물을 사용하여 온도를 발화점 밑으로 떨어뜨려 진압하는 것이 적합한 화재는 A형 화재이다.

19 소방관의 안전을 위해 절연복을 착용하고 진압해야 하는 화재는 B형 화재이다.

20 독성 화학제에 의해 화재가 발생하는 것은 금속화재이다.

21 연소물을 냉각하여 연소물을 착화온도 이하로 떨어뜨려 소화하는 방법으로 물을 많이 사용하는 방법은 억제소화방법이다.

OX 정답 08 × 09 × 10 × 11 ○ 12 ○ 13 × 14 ○ 15 × 16 ○ 17 ○
18 ○ 19 × 20 ○ 21 ×

X 해설
08 제한구역에 대한 설명이다.
09 신원이 확인된 외부인에 대해서도 이동 가능한 지역을 지정할 필요성이 있다.
10 내부경비에 대한 설명이다.
13 가장 원시적인 경보체계의 일종으로 일정 지역에 국한하여 한두 개의 경비장치를 설치하는 방식으로 사이렌이나 경보음이 울리는 경비시스템은 국부적 경보시스템이다.
15 다이얼경보시스템에 대한 설명이다.
19 C형 화재에 대한 설명이다.
21 냉각소화방법에 대한 설명이다.

CHAPTER 05 시설경비 기출 및 예상문제

제1절 시설경비

01 시설경비 시 직접적으로 고려해야 할 사항이 아닌 것은?

① 시설물의 용도 및 내부 귀중품
② 시설물 내부구성원의 업무형태 및 행태
③ 주변 경찰관서, 소방관서, 병원 등의 위치
④ 시설물 주변 주민들의 경제적 수준

해설 시설경비 시 주변 주민들의 경제적 수준은 직접적인 고려사항이 아니다.

02 시설물경비에 있어 1차적인 방어수단이 아닌 것은?

① 외곽방호시설물
② 울타리
③ 경보장치
④ 담장

해설 경보장치는 경비원이 미처 인식하지 못하는 감시사각지역이나 경비취약지역의 경비업무를 돕는 2차적인 방어수단이다.

제2절 외곽경비

03 시설물의 외곽경비에 관한 설명으로 옳지 않은 것은?

① 외곽경비의 제1차적인 경계지역은 건물 주변이다.
② 강, 절벽 등 자연적인 장벽만으로 외부침입을 방지하는 데 문제점이 있는 경우, 인위적인 구조물을 설치하여야 한다.
③ 울타리 중 철조망은 내부에서 외부침입자를 쉽게 적발할 수 있으나, 설치비용이 많이 든다.
④ 담장은 외부에서 내부관찰이 불가능하도록 하기 위해 주로 사용된다.

해설 울타리 중 철조망은 내부에서 외부침입자를 쉽게 적발할 수 있으며, 담장을 설치하는 것에 비해 설치비용이 적게 든다. 하지만 외부인에게 내부구조가 보이는 단점이 있다.

04 외곽경비에 관한 내용으로 옳지 않은 것은?

① 시설경비에 있어 경보장치는 2차적 방어수단이다.
② 외곽경비의 기본목적은 불법침입을 지연시키는 것이다.
③ 침입자들은 주로 출입문을 통해 침입하며, 일반유리 창문은 가시성으로 인해 침입이 드물다.
④ 외곽방호시설은 자연적 장벽과 인공적 장벽을 적절히 사용한다.

해설 창문은 시설물에 있어 외부침입자로부터 가장 취약한 부분이다. 일반유리 창문은 가시성으로 인해 침입이 빈번한 편이다.

05 외곽경비에 관한 설명으로 옳지 않은 것은? ・제20회 기출

① 외곽경비는 자연적 장애물과 인공적 구조물 등을 이용하여 시설을 보호한다.
② 모든 출입구의 수를 파악하고 공기흡입관, 배기관 등은 경비계획에 포함시켜야 한다.
③ 안전유리의 설치목적은 침입자의 침입시도를 완벽하게 저지하는 것이다.
④ 차량출입구는 평상시에는 양방향을 유지하지만 특별하게 차량통제에 대한 필요성에 맞추어 일방으로 통행을 제한할 수 있다.

해설 안전유리의 설치목적은 외부에서 불법침입을 시도하는 침입자의 침입시도를 최대한 지연시킴으로써 그 사이에 경비원이나 경찰이 출동할 수 있는 시간을 확보하는 데 있다.

06 외곽경비에 관한 설명으로 옳지 않은 것은? ・제23회 기출

① 시설물의 경계지역은 시설물 자체의 특성과 위치에 의해 결정된다.
② 담장을 설치할 가시지대를 넓히기 위해 주변 장애물을 제거해야 한다.
③ 경계구역 내 옥상이 없는 건물이나 외곽지역도 경비활동의 대상으로 고려되어야 한다.
④ 경비조명은 시설물에 대한 감시활동보다는 미적인 효과가 더 중요하다.

해설 경비조명은 야간에 경비구역에 대한 외부로부터의 접근 및 침입에 대한 감시활동을 쉽게 하기 위한 수단이므로, 시설물에 대한 감시활동과 미적인 효과 모두 고려하여야 한다.

정답 01 ④ 02 ③ 03 ③ 04 ③ 05 ③ 06 ④

07 외곽경비에 관한 설명으로 옳지 <u>않은</u> 것은? • 제18회 기출

① 자연적인 장벽에는 강, 절벽 등이 해당된다.
② 담장 위에 철조망을 설치하면 방범효율이 증대된다.
③ 외곽경비는 '장벽 ⇨ 출입구 ⇨ 건물 자체' 순으로 수행된다.
④ 경계구역 내에서는 가시지대를 넓히기 위해 모든 장애물을 제거할 필요는 없다.

해설 경계구역 내에서는 경비원의 가시지대를 충분히 넓히기 위해 모든 장애물을 벽으로부터 제거하여야 한다.

08 시설물의 출입구 경비요령에 관한 설명으로 옳지 <u>않은</u> 것은?

① 출입문은 일정 수로 통제하고, 출입용도에 따라 달리 사용하도록 하여야 한다.
② 폐쇄된 출입구를 포함한 모든 출입문은 정기적인 확인이 필요하다.
③ 출입문은 출입자의 편리성보다 안전성이 우선적으로 고려되어야 한다.
④ 상품판매시설의 경우 직원용 출입문과 고객용 출입문을 구분하는 것이 좋다.

해설 출입문이 많으면 통제가 힘들기 때문에 최소한으로 유지해야 하며, 출입문은 출입자의 편리성과 안전성이 동시에 고려되어야 한다.

09 빠른 설치의 필요성 때문에 주로 군부대에서 많이 사용하는 육각형 모양의 가시철선은?

① 가시철사 ② 콘서티나철사
③ 철조망   ④ 구리철사

해설 콘서티나철사는 주로 군사용으로 사용되는 철조망으로, 육각형 모양으로 만든 가시철사의 코일형이다. 빠른 설치의 필요성 때문에 주로 군부대에서 사용한다.

10 외곽경비에 관한 설명으로 옳지 않은 것은? • 제16회 기출

① 경계구역 감시를 할 경우 구역 내의 가시지대를 넓히기 위해서 장애물을 제거해야 한다.
② 폐쇄된 출입구의 잠금장치는 특수하게 만들고, 외견상 즉시 확인할 수 없어야 한다.
③ 담장은 시설물 내의 업무활동을 은폐하기 위해서 설치될 수 있다.
④ 긴급목적을 위한 출입문은 외부의 침입으로부터 열리지 않도록 하는 특별한 장치를 갖추고 있어야 한다.

해설 비상시 사용하는 문은 평상시에는 잠겨 있어야 하며, 잠금장치는 특수하게 만들고 외견상 즉시 확인할 수 있어야 한다.

11 경비시설물의 물리적 통제시스템에 관한 설명으로 옳지 않은 것은? • 제20회 기출

① 최근에는 첨단과학기술을 이용한 감지시스템이 개발되어 적용되고 있다.
② 경비시설물 내에 존재하는 내부자산에 대한 경비보호계획은 별도로 수립하지 않아도 된다.
③ 비상시에만 사용하는 외부 출입구에는 경보장치를 설치하여야 한다.
④ 시설물에 대한 물리적 통제는 기본적으로 경계지역, 건물외부지역, 건물내부지역이라는 세 가지 방어선으로 구분된다.

해설 경비시설물 내에 존재하는 내부자산은 그 가치가 다르기 때문에 경비보호계획을 별도로 수립하여야 한다.

07 ④ 08 ③ 09 ② 10 ② 11 ② 정답

12 가시철사를 합쳐 파도모양으로 엮은 울타리로, 콘크리트나 석재 담장과 같은 유사한 보호기능을 하는 것은?

① 체인링크
② 수목울타리
③ 안전유리
④ 콘서티나철사

해설 가시철사를 합쳐 파도모양으로 엮은 울타리로, 철망의 높이 변환이 자유로우며 콘크리트나 석재 담장과 같은 유사한 보호기능을 하면서도 저렴한 것은 체인링크이다.

13 특정 지역에 빛을 집중시키거나 직접적으로 비추는 데 사용되는 조명은?

① 투광조명등
② 프레이넬등
③ 탐조등
④ 가로등

해설 특정 지역에 빛을 집중시키거나 직접적으로 비추는 데 사용되는 조명은 투광조명등이다.

14 경비조명에 관한 설명으로 옳지 않은 것은? • 제22회 기출

① 프레이넬등은 특정한 지역에 빛을 집중시키거나 직접적으로 비출 필요가 있을 때 사용하는 등이다.
② 상시조명은 장벽이나 벽의 외부를 비추는 데 사용되며, 감옥이나 교정기관에서 주로 이용되어 왔다.
③ 조명시설의 위치가 경비원의 시야를 방해해서는 안 되며, 가능한 한 그림자가 생기지 않도록 설치해야 한다.
④ 조명은 침입자의 침입의도를 사전에 포기하도록 하는 심리적 압박작용을 한다.

해설 프레이넬등은 원거리에 길고 수평하게 넓은 폭의 빛을 비추며 눈부심이 없어 경계지역의 조명에 주로 사용한다. 특정 지역에 빛을 집중시키거나 직접적으로 비추는 형태의 등은 투광조명등이다.

15 경비조명에 관한 설명으로 옳지 <u>않은</u> 것은?   • 제18회 기출

① 조명시설의 위치가 경비원의 시야를 방해해서는 안 된다.
② 보안조명은 타인의 사생활을 방해하도록 설치되어서는 안 된다.
③ 석영등은 노란빛을 내며 매우 강한 빛을 방출하여 안개 발생지역에서도 식별 가능하도록 할 수 있는 등이다.
④ 프레이넬등은 넓은 폭의 빛을 내는 조명등으로서 비교적 어두운 시설물에 침입을 감시하는 경우 유용하게 사용되는 등이다.

> **해설** 석영등은 하얀빛을 빨리 발산하며, 매우 높은 고도의 빛을 발산하기 때문에 경계구역과 사고발생 다발지역에 사용하기 유용하다. 노란빛을 내며 매우 강한 빛을 방출하여 안개 발생지역에서도 식별 가능하도록 할 수 있는 등은 나트륨등이다.

16 경계구역의 경비조명에 관한 설명으로 옳지 <u>않은</u> 것은?   • 제21회 기출

① 조명시설의 위치는 경비원의 눈을 부시게 하는 것을 피해야 한다.
② 경비조명은 가능한 한 그림자가 넓게 생기도록 하여야 한다.
③ 경계조명시설물은 경계구역에서 이용되며, 진입등은 경계구역 내에 위치하여야 한다.
④ 경비조명은 경계구역 내 모든 부분을 충분히 비출 수 있도록 적당한 밝기와 높이로 설치한다.

> **해설** 경비조명은 가능한 한 그림자가 생기지 않도록 설치해야 한다.

17 조명등에 관한 설명으로 옳지 <u>않은</u> 것은?

① 석영등은 매우 밝은 하얀빛을 발하며 빛의 발산이 빠르다.
② 나트륨등은 노란색을 띠고 있으며 안개가 발생하는 지역에 사용된다.
③ 프레이넬등은 특정 지역에 빛을 집중시키거나 직접적으로 비추는 형태로, 경계지역 및 건물주변지역 등에 사용된다.
④ 탐조등은 사고발생 잠재 가능성이 높은 지역의 원거리 표적을 효과적으로 조명하기 위하여 사용된다.

> **해설** 특정 지역에 빛을 집중시키거나 직접적으로 비추는 형태의 조명은 투광조명등이다. 프레이넬등은 원거리에 길고 수평하게 넓은 폭의 빛을 비추며, 눈부심이 없으므로 경계지역에 주로 사용되는 조명장치이다.

정답 12 ① 13 ① 14 ① 15 ③ 16 ② 17 ③

18 매우 밝은 하얀빛을 내고, 경계구역과 사고발생지역에 사용하기에 매우 유용하나 상대적으로 비싼 것이 단점인 조명등은?

• 제16회 기출

① 석영등　　　　　　　　② 적외선등
③ 수은등　　　　　　　　④ 나트륨등

해설 석영등은 매우 밝은 하얀빛을 내고, 경계구역과 사고발생지역에 사용하기가 매우 유용하나, 상대적으로 비싸다.

19 연한 노란색을 띠며, 안개가 자주 끼는 지역에 주로 사용되는 것은?

① 나트륨등　　　　　　　② 수은등
③ 석영등　　　　　　　　④ 백열등

해설 나트륨등은 연한 노란색을 띠며, 안개가 자주 끼는 지역에 주로 사용된다.

20 경비조명장치에 관한 설명으로 옳지 않은 것은?

① 가로등은 밝은 조명이 요구되는 보호시설 등을 비추는 데 사용된다.
② 투광조명등은 상당히 밝은 빛을 내므로 특정 지역에 빛을 집중시키거나 직접적으로 비추는 데 사용된다.
③ 프레이넬등은 넓은 폭의 빛을 내는 조명등으로, 경계구역으로의 접근을 방지하기 위해 길게 수평으로 빛을 확장하는 데 사용된다.
④ 탐조등은 휴대가 가능하며, 잠재적으로 사고가 일어날 만한 지역을 정확하게 관찰하기 위해 사용된다.

해설 가로등은 주로 넓은 지역에 조명이 필요한 경우, 혹은 고속도로 · 시가지의 주요 도로, 주택지구의 도로 등에 알맞은 조명형태이다.

21 경비조명 설치 시 유의사항으로 옳지 않은 것은?

① 보호조명은 경계구역 내의 지역과 건물에 적합하도록 설계되어야 한다.
② 경비조명은 침입자의 탐지 외에 경비원의 시야를 확보하는 기능이 있으므로 경비원의 감시활동, 확인점검활동을 방해하는 강한 조명이나 각도, 색깔 등을 고려해야 한다.
③ 인근지역을 너무 밝게 하거나 영향을 미침으로써 타인의 사생활을 침해하지 않도록 해야 한다.
④ 도로, 고속도로, 항해수로 등에 인접한 시설물의 조명장치는 통행에 영향을 미치더라도 모든 부분을 구석구석 비출 수 있도록 설치되어야 한다.

해설 도로, 고속도로, 항해수로 등에 인접한 시설물의 조명장치는 통행에 미칠 영향을 고려하여 적절한 부분을 비출 수 있도록 설치되어야 한다.

22 경비조명 설치 시 유의사항에 해당하지 않는 것은?

① 경비조명은 경계구역의 안과 밖을 비출 수 있도록 적당한 밝기와 높이로 설치한다.
② 경계대상물이 경계선에서 가깝거나 건물 자체가 경계선의 일부분일 경우에는 외부조명은 건물에 간접적으로 비추도록 해야 한다.
③ 조명시설의 위치가 경비원의 시야를 방해해서는 안 되며, 가능한 한 그림자가 생기지 않도록 설치해야 한다.
④ 경비조명은 위험발생 가능성이 있는 지역을 직접적으로 비춰야 하며, 보호하고자 하는 지역으로부터 일정거리 이상 유지되어야 한다.

해설 경계대상물이 경계선에서 가깝거나 건물 자체가 경계선의 일부분일 경우에는 외부조명은 건물에 직접적으로 비추게 해야 한다. 이러한 건물의 출입구는 다른 조명에 의해 생기는 그림자를 제거하기 위해 별도로 조명시설을 설치해야 한다.

정답 18 ① 19 ① 20 ① 21 ④ 22 ②

제3절 내부경비

23 시설물 내부경비의 경비요령에 관한 내용으로 옳지 않은 것은?

① 반·출입 물품에 대해서는 면밀히 조사하여야 한다.
② 출입문은 구역의 중요성에 따라 등급화하거나 구분하여 관리하는 것이 효과적이다.
③ 내부직원과 외부방문객, 고객 등을 구분할 수 있는 방문증이나 사원증 패용 등 신분확인절차가 마련되어야 한다.
④ 출입차량에 대해서는 출입목적에 따라 출입증을 발급하고, 주차구역을 구분하여 지정하게 되면 출입자에게 지나친 불편을 줄 수 있으므로 지양해야 한다.

해설 출입차량에 대해서는 출입목적에 따라 출입증을 발급하고, 주차구역을 구분하여 지정하고 관리하여야 한다.

24 다음 설명 중 옳지 않은 것은?

① 경비시설물에 있어 외부침입이 가장 빈번한 곳은 창문이다.
② 잠금장치 중 전자장치가 설치되어 있어 일정시간에만 작동하는 것은 기억식 잠금장치이다.
③ 금고실 외벽을 만드는 데 사용하는 방호재료는 강화콘크리트이다.
④ 경보장치는 침입시간의 지연을 목적으로 한다.

해설 경보장치는 비정상적인 사건이 발생했을 때 중앙통제센터, 지령실 또는 경찰서 등 관계기관에 비상신호를 전달하는 장치이다. 이는 경비시설물에 대한 2차적 방어개념으로, 외부침입자를 감지하는 것을 목적으로 한다.

25 내부경비에 관한 설명으로 옳지 않은 것은?

① 출입문의 잠금관리는 출입자의 편리성 측면보다 내부경비의 보안적 측면이 고려되어야만 한다.
② 외부침입 시 경비시스템 중 1차 보호시스템은 외부출입통제시스템이고, 2차 보호시스템은 내부출입통제시스템이다.
③ 창문경비에서는 방호창문과 함께 안전유리를 사용하는 것이 효율적이다.
④ 내부출입통제의 중요목적은 시설물 내의 침입이나 절도, 도난 등을 막기 위한 것이다.

해설 출입문의 잠금관리는 출입자의 편리성과 내부경비의 보안적 측면 등이 조화를 이루며 종합적 측면에서 고려하여야 한다.

26 보안업무와 관련하여 비밀 또는 주요 시설 및 자재에 대한 비인가자의 접근을 방지하기 위하여 그 출입에 안내가 요구되는 구역은? • 제15회 기출

① 제한지역 ② 통제구역
③ 금지구역 ④ 제한구역

해설 ▶ 보호구역의 구분

제한지역	비밀 또는 정부재산의 보호를 위하여 울타리 또는 경호원에 의하여 일반인 출입의 감시가 요구되는 구역
제한구역	비밀 또는 주요 시설 및 자재에 대한 비인가자의 접근을 방지하기 위하여 그 출입에 안내가 요구되는 구역
통제구역	비인가자의 출입이 금지되는 보안상 극히 중요한 구역

27 중요시설의 방호를 위하여 비인가자의 출입이 일체 금지되는 보안상 극히 중요한 구역은?

① 제한지역 ② 제한구역
③ 통제구역 ④ 보안지역

해설 중요시설의 방호를 위하여 비인가자의 출입이 일체 금지되는 보안상 극히 중요한 구역은 통제구역이다.

23 ④   24 ④   25 ①   26 ④   27 ③   **정답**

28 시설물의 물리적 통제시스템에 관한 설명으로 옳은 것은?
• 제15회 기출

① 출입문의 경첩(Hinge)은 출입문 바깥쪽에 설치하여 보안성을 강화해야 한다.
② 외부침입 시 경비시스템 중 1차 보호시스템은 내부출입통제시스템이고, 2차 보호시스템은 외부출입통제시스템이다.
③ 체인링크(Chain Link)는 콘크리트나 석재 담장과 유사한 보호기능을 하면서도 저렴하다는 장점이 있다.
④ 안전유리(Safety Glass)는 동일한 두께의 콘크리트벽에 비해 충격에는 약하나 외관상 미적 효과가 있다.

해설
① 출입문의 경첩(Hinge)은 외부로 노출되면 파손의 가능성이 있으므로 출입문 안쪽에 설치하여 보안성을 강화해야 한다.
② 외부침입 시 경비시스템 중 1차 보호시스템은 외부출입통제시스템이고, 2차 보호시스템은 내부출입통제시스템이다.
④ 안전유리(Safety Glass)는 동일한 두께의 콘크리트벽에 비해 충격에 강하며, 외관상 미적 효과가 있다.

29 건물의 출입통제에 관한 설명으로 옳은 것을 모두 고른 것은?
• 제24회 기출

> ㉠ 내부반입은 검색 관리가 필요하지만, 외부반출은 검색 관리가 필요 없다.
> ㉡ 외부인이 예약 없이 방문하는 경우에는 별도의 대기실에서 대기시킨 후 방문대상자에게 통보해야 한다.
> ㉢ 경비원은 상근직원이라도 매일 모든 출입자의 신분증을 확인해야 한다.
> ㉣ 신원이 확인된 외부인에 대해서는 이동 가능한 지역을 지정할 필요 없다.

① ㉠, ㉡
② ㉠, ㉣
③ ㉡, ㉢
④ ㉢, ㉣

해설
㉠ 내부반입은 물론, 외부반출의 경우에도 보안을 위해 검색 관리가 필요하다.
㉣ 신원이 확인된 외부인에 대해서도 이동 가능한 지역을 지정할 필요성이 있다.

30 내부경비에 관한 설명으로 옳지 않은 것은?

① 안전유리의 설치목적은 침입자의 침입시도를 완벽하게 저지하는 것보다 침입시간을 지연시키는 데 있다.
② 내부경비장치로서 생체인식 잠금장치는 불특정인의 출입이 허용되는 장소에서 일반적으로 사용된다.
③ 내부에서 외부로의 반출뿐만 아니라 외부로부터의 내부반입도 검색과 관리가 필요하다.
④ 내부경비에 사용되고 있는 각종 잠금장치와 경보장치 등은 물리적 통제전략에 필요한 수단이다.

> **해설** 불특정인의 출입이 허용되는 장소에 생체인식 잠금장치를 설치하는 것은 불특정 다수인이 불편함을 호소할 뿐만 아니라 시간적 측면에서 비효율적이다.

31 자물쇠의 종류 중 안전도가 가장 낮은 자물쇠는?

① 돌기 자물쇠(Warded Locks)
② 핀날름쇠 자물쇠(Pin Tumbler Locks)
③ 숫자맞춤식 자물쇠(Combination Locks)
④ 암호사용식 자물쇠(Code Operated Locks)

> **해설** 돌기 자물쇠는 대부분 단순 철판에 홈이 거의 없어 쉽게 열리므로 안전도가 가장 낮은 자물쇠에 해당한다.

32 일반산업분야뿐만 아니라 일반 주택에서도 사용되며, 열쇠의 양쪽에 홈이 불규칙적으로 파여 있는 형태이고, 보다 복잡하며 안전성을 제공할 수 있어 널리 사용되는 자물쇠의 종류는?

① 돌기 자물쇠
② 핀날름쇠 자물쇠
③ 판날름쇠 자물쇠
④ 숫자맞춤식 자물쇠

> **해설** 열쇠의 양면에 불규칙한 홈이 파여 있는 형태로 주택용이나 산업용에 많이 쓰이고 있는 형태는 핀날름쇠 자물쇠이다.

정답 28 ③ 29 ③ 30 ② 31 ① 32 ②

33 열쇠의 홈이 한쪽 면에만 있으며, 주로 책상이나 서류함에 사용되는 형태의 자물쇠는?

① 돌기 자물쇠
② 판날름쇠 자물쇠
③ 핀날름쇠 자물쇠
④ 숫자맞춤식 자물쇠

> **해설** 판 모양의 자물쇠 한쪽 날에 복잡한 모양의 이빨이 맞아야 열리는 형태로, 책상서랍, 서류함, 패드록 등에 사용되는 것은 판날름쇠 자물쇠이다.

34 자물쇠와 패드록(Pad-Locks)에 관한 설명으로 옳지 <u>않은</u> 것은?

① 핀날름쇠 자물쇠는 열쇠의 홈이 한쪽 면에만 있으며, 홈에 맞는 열쇠를 꽂지 않으면 자물쇠가 열리지 않는다.
② 판날름쇠 자물쇠는 돌기 자물쇠보다 발달된 자물쇠로 책상, 서류함, 패드록 등에 보편적으로 사용된다.
③ 돌기 자물쇠는 단순 철판에 홈도 거의 없는 것이 대부분이며, 예방기능이 가장 취약하다.
④ 암호사용식 자물쇠는 숫자맞춤식 자물쇠를 보다 발전시킨 것으로, 일반적으로 전문적이고 특수한 경비가 필요할 때 사용한다.

> **해설** 일반산업분야, 일반 주택에서도 널리 사용하는 핀날름쇠 자물쇠는 열쇠의 양면에 불규칙한 홈이 파여 있는 형태이다. 열쇠의 홈이 한쪽 면에만 있는 자물쇠는 판날름쇠 자물쇠이다.

35 하나의 출입문이 잠길 경우 전체의 출입문이 동시에 잠기는 잠금장치는?

① 패드록
② 기억식 잠금장치
③ 전기식 잠금장치
④ 일체식 잠금장치

> **해설** 일체식 잠금장치는 교도소와 같이 죄수가 탈옥할 가능성이 높거나 동시다발적 사고가 발생할 우려가 높은 지역에서 사용하는 잠금장치로, 하나의 출입문이 잠길 경우 전체의 출입문이 동시에 잠기는 방식이다.

36 잠금장치에 관한 설명으로 옳지 않은 것은?

① 핀날름쇠 자물쇠는 열쇠의 양쪽에 홈이 불규칙적으로 파여 있는 형태로서 판날름쇠 자물쇠보다 안전하다.
② 카드식 잠금장치는 전기나 전자기방식으로 암호가 입력된 카드를 인식시킴으로써 출입문이 열리도록 한 장치이다.
③ 열쇠가 분실될 경우를 대비하여 잠금장치의 문틀과 문 사이에 틈을 유지해야 한다.
④ 일체식 잠금장치는 원격조정에 의해 하나의 문이 개폐될 때 전체의 문이 동시에 개폐되는 장치이다.

> 해설 잠금장치의 문틀과 문 사이에 틈을 유지하는 것은 그 틈을 이용하여 외부의 침입이 가능하기 때문에 올바른 대처방법이 아니다.

37 은행, 박물관 등과 같이 출입문 등이 일정한 시간대에 개폐되어야 하는 장소에 가장 적합한 잠금장치는?

① 일체식 잠금장치 ② 압력식 잠금장치
③ 전기식 잠금장치 ④ 기억식 잠금장치

> 해설 은행, 박물관처럼 출입문 등이 일정한 시간대에 개폐되어야 하는 장소에 적합한 잠금장치는 기억식 잠금장치이다.

38 원거리에서 문을 열고 닫도록 제어하는 장점이 있으며, 특히 마당이 있는 가정집 내부에서 스위치를 누름으로써 외부의 문이 열리도록 작동하는 보안잠금장치는?

① 광전자식 잠금장치 ② 일체식 잠금장치
③ 전기식 잠금장치 ④ 기억식 잠금장치

> 해설 전기식 잠금장치는 원거리에서 문을 열고 닫도록 제어하는 장점이 있으며, 특히 마당이 있는 가정집 내부에서 리모컨과 같은 전기신호로 외부의 문이 열리도록 작동하는 보안잠금장치이다.

정답 33 ② 34 ① 35 ④ 36 ③ 37 ④ 38 ③

39 첨단 패드록(Pad-Locks) 전기식 잠금장치에 관한 설명으로 옳지 않은 것은?

① 출입문의 개폐가 전기신호에 의해 이루어지는 장치이다.
② 주로 은행금고 등에 많이 활용되고 있다.
③ 원거리에서 문의 개폐를 제어할 수 있다는 장점이 있다.
④ 가정집 내부에서 스위치를 눌러 외부의 문이 열리도록 하는 방식이다.

> **해설** 주로 은행금고 등에 많이 활용되고 있는 잠금장치는 사전에 개폐시간을 입력해 두고 그 시간에 따라 자동으로 문이 열리는 기억식 잠금장치이다.

40 모든 종류의 금속장치를 보호하기 위해 개발된 경보장치로서 계속적인 전류의 흐름을 방해할 경우 경보가 울리는 것은?

① 광전자식 센서
② 콘덴서 경보시스템
③ 자력선식 센서
④ 전자기계식 센서

> **해설** 콘덴서 경보시스템은 펜스로 둘러싸인 전선에 전류를 흐르게 하여 침입자가 계속적인 전류의 흐름을 방해하였을 때 이를 외부의 충격으로 간주하여 경보를 발하는 장치이다.

41 보호대상인 물건에 직접적으로 센서를 설치하여 물건이 움직이면 경보를 발생하는 장치로서 고미술품이나 전시 중인 물건을 보호하기 위해 사용되는 경보센서는?

① 전자파 울타리
② 진동감지기
③ 음파 경보시스템
④ 전자기계식 센서

> **해설** 보호대상인 물건에 직접 센서를 부착하여 그 물건이 움직이면 경보를 발하는 경보장치는 진동감지기이다. 진동감지기는 오차율이 적고 정확성이 높으며, 주로 고미술품이나 전시 중인 물건을 보호하기 위한 경보센서이다.

42 교도소나 은행의 외벽보호에 사용되며, 반도체의 두 단자 간의 전류를 활용하여 자장의 변화와 이동원리를 이용한 센서는?

① 압력감지기
② 광전자식센서
③ 자력선식센서
④ 가스센서

해설 자력선식센서는 자력선을 이용하여 두 단자 간의 전류를 활용한 자장의 변화와 이동원리를 이용한 센서로, 자력선을 발생하는 장치를 설치한 후 자력선을 건드리는 물체가 나타나면 경보를 발하는 장치이다.

43 다음에 해당하는 경보시스템은?   • 제24회 기출

> 일정 지역에 국한하여 한두 개의 경비장치를 설치하는 방식으로 사이렌이나 경보음이 울리는 경보시스템

① 제한적 경보시스템
② 국부적 경보시스템
③ 상주 경보시스템
④ 외래 경보시스템

해설 가장 원시적인 경보체계의 일종으로 일정 지역에 국한하여 한두 개의 경비장치를 설치하는 방식으로 사이렌이나 경보음이 울리는 경보시스템은 국부적 경보시스템이다.

44 경보시스템 및 체계에 관한 설명으로 옳지 않은 것은?

① 일반적으로 기계고장이나 오작동 발견을 목적으로 사용하는 경보장치는 특수경보장치이다.
② 가장 고전적인 방법으로, 주요 지점에 경비원을 배치하여 비상시에 대응하는 경비체계는 기계경비시스템이다.
③ 전화선 등을 이용하여 외부의 경찰서나 소방서에 연락을 취하는 방식의 경비체계는 외래지원경보시스템이다.
④ 경계가 필요한 지점에 감지기나 CCTV를 설치하고, 경비원이 이를 원격감시하는 형태는 중앙관제시스템이다.

해설 침입이 예상되는 주요 지점에 경비원을 배치하여 사람이 일일이 감시하는 시스템은 상주경보시스템이다.

정답 39 ② 40 ② 41 ② 42 ③ 43 ② 44 ②

45 감지장치로서 동작전원이 필요 없고 구조가 간단하여 쉽게 설치할 수 있는 것은?

① 자석감지기
② 초음파감지기
③ 적외선감지기
④ 열선감지기

해설 감지장치로서 동작전원이 필요 없고 구조가 간단하여 쉽게 설치할 수 있는 것은 자석감지기(마그네틱 감지기)이다. 자석감지기는 도난경보시스템에 가장 널리 쓰이는 감지기로, 창문이나 출입문, 셔터의 개폐기를 감지하며 영구자석과 리드스위치로 구성된다.

46 경보체계에 관한 설명으로 옳지 않은 것은?

① 중앙관제시스템은 일정 지역에 국한하여 한두 개의 경보장치를 설치하는 경보체계이다.
② 제한적경보시스템은 사이렌이나 종, 비상등 등을 이용하는 경보체계이다.
③ 외래지원경보시스템은 전용 전화선 등을 이용하여 직접 외부의 각 관계기관에 자동으로 연락하는 경보체계이다.
④ 상주경보시스템은 주요 지점에 경비원을 배치하여 비상시에 대응하는 경보체계이다.

해설 중앙관제시스템은 경계가 필요한 지점에 감지기나 CCTV를 설치하고, 경비원이 이를 원격감시하는 형태로 활용되고 있는 경보체계이다.

제4절 화재경비

47 화재의 단계와 감지기의 연결이 옳은 것은?

① 초기단계 - 이온감지기
② 그을린 단계 - 적외선감지기
③ 불꽃발화단계 - 열감지기
④ 열단계 - 연기감지기

해설 ② 그을린 단계 - 연기감지기
③ 불꽃발화단계 - 적외선감지기
④ 열단계 - 열감지기

48 화재발생 초기단계에서 연기와 불꽃이 보이지 않고, 감지할 수 있는 열도 나타나지 않는 상태에서 미세한 연소물질이 노출되었을 때 작동하는 감지기는?

① 광전식 감지기 ② 적외선감지기
③ 이온감지기 ④ 열감지기

해설 화재발생 초기단계에서 연기와 불꽃이 보이지 않고, 감지할 수 있는 열도 나타나지 않는 상태에서 미세한 연소물질을 감지하는 것은 이온감지기이다.

49 화재유형 중 물을 분사하여 발화점 밑으로 온도를 떨어뜨리는 것이 가장 효과적인 것은?

① 일반화재 ② 유류화재
③ 전기화재 ④ 가스화재

해설 일반화재(A형 화재)는 종이, 섬유류, 목재와 같이 일반적인 가연성 물질이 발화하여 타고 난 이후 재를 남기는 화재로, 백색연기를 발생시킨다. 이러한 화재는 물을 사용하여 온도를 발화점 밑으로 떨어뜨리는 것이 가장 효과적인 진압방법이다.

50 화재의 유형에 따른 화재진압방법으로 옳지 않은 것은?

① 일반화재 – 물을 분사하여 발화점 밑으로 온도를 떨어뜨린다.
② 유류화재 – 이산화탄소와 같은 불연성의 무해한 기체를 살포한다.
③ 가스화재 – 화재진압 시 안전을 위해 절연복을 입는다.
④ 금속화재 – 건성분말의 화학식 화재진압이 효과적이다.

해설 전기화재는 물을 사용하는 과정에서 감전사고 발생의 위험이 있으므로 절연복을 착용해야 한다.

45	46	47	48	49	50	정답
①	①	①	③	①	③	

51 화재유형에 따른 종류 표시의 연결이 옳은 것은?

① 유류화재 – A형
② 일반화재 – B형
③ 전기화재 – C형
④ 가스화재 – D형

해설 ① 유류화재 – B형
       ② 일반화재 – A형
       ④ 가스화재 – E형

52 인화성 액체, 가연성 액체 등이 타고 나서 재가 남지 않는 화재를 유류화재라 한다. 유류화재에 대한 소화기의 적응화재별 표시로 옳은 것은?
• 제17회 기출

① A급
② B급
③ C급
④ D급

해설 화재에 대한 소화기의 적응화재별 표시는 일반화재 – A급, 유류화재 – B급, 전기화재 – C급, 금속화재 – D급, 가스화재 – E급이다.

53 산소 공급의 중단을 포함하여 이산화탄소와 같은 불연소의 무해한 기체를 살포하여 화재를 진압하는 것이 매우 효과적인 화재는?

① 유류화재
② 가스화재
③ 금속화재
④ 전기화재

해설 유류화재는 산소 공급을 차단하거나 이산화탄소와 같은 불연소의 무해한 기체를 살포하여 진압하는 것이 효과적이다.

54 화재의 각 단계를 바르게 나열한 것은?

① 초기단계 ⇨ 불꽃발화단계 ⇨ 그을린 단계 ⇨ 열단계
② 초기단계 ⇨ 그을린 단계 ⇨ 불꽃발화단계 ⇨ 열단계
③ 그을린 단계 ⇨ 초기단계 ⇨ 불꽃발화단계 ⇨ 열단계
④ 불꽃발화단계 ⇨ 초기단계 ⇨ 열단계 ⇨ 그을린 단계

해설 화재의 발생은 연기나 불꽃 등이 보이지 않는 초기단계에서, 조금 더 진행된 그을린 단계, 사람들의 시야에 불꽃과 연기가 보이고 높은 온도가 짧게 감지되는 불꽃발화단계, 본격적인 화재로 접어든 열단계의 과정을 거친다.

55 소화방법에 관한 설명 중 ( )에 들어갈 용어로 옳은 것은?

· 제21회 기출

- (㉠)소화 – 연소반응에 관계된 가연물이나 그 주위의 가연물을 (㉠)하여 소화하는 방법
- 질식소화 – 연소범위의 산소 공급을 차단시켜 연소가 되지 않도록 하는 방법
- (㉡)소화 – 연소물을 (㉡)하여 연소물을 착화온도 이하로 떨어뜨려 소화하는 방법으로 물을 많이 사용함
- (㉢)소화 – 연소의 연쇄반응을 부촉매 작용에 의해 (㉢)하는 소화 방법

① ㉠ 억제, ㉡ 냉각, ㉢ 제거
② ㉠ 억제, ㉡ 제거, ㉢ 냉각
③ ㉠ 냉각, ㉡ 억제, ㉢ 제거
④ ㉠ 제거, ㉡ 냉각, ㉢ 억제

해설 **소화방법**
- 제거소화: 연소반응에 관계된 가연물이나 그 주위의 가연물을 제거하여 소화하는 방법(㉠)
- 질식소화: 연소범위의 산소 공급을 차단시켜 연소가 되지 않도록 하는 방법
- 냉각소화: 연소물을 냉각하여 연소물을 착화온도 이하로 떨어뜨려 소화하는 방법으로 물을 많이 사용하는 방법(㉡)
- 억제소화: 연소의 연쇄반응을 부촉매 작용에 의해 억제하는 소화 방법(할로겐화합물 소화약제를 이용하는 소화방법)(㉢)
- 희석소화: 산소나 가연성 기체의 농도를 연소범위 이하로 희석하여 소화하는 방법

정답 51 ③ 52 ② 53 ① 54 ② 55 ④

CHAPTER 06 각종 민간경비 활동의 유형

제1절	재난예방과 비상계획
제2절	내부절도 및 산업스파이
제3절	시설물에 따른 경비
제4절	신변보호경비
제5절	호송경비
제6절	특수경비(중요시설경비)
제7절	재난 및 안전관리

최근 13개년 출제비중

9.2%

학습 TIP

- ☑ 비상사태의 유형과 대응을 숙지하고, 비상계획의 수립 시 고려사항을 이해해야 한다.
- ☑ 내부절도의 특징을 알아보고, 의료시설경비, 교육시설경비 시 주의점을 숙지해야 한다.
- ☑ 국가중요시설의 분류와 3지대 방호개념을 이해해야 한다.

POINT CHAPTER 내 절별 출제비중

01	재난예방과 비상계획	33%
02	내부절도 및 산업스파이	4%
03	시설물에 따른 경비	10%
04	신변보호경비	2%
05	호송경비	6%
06	특수경비(중요시설경비)	17%
07	재난 및 안전관리	27%

CHAPTER 06 각종 민간경비활동의 유형

제1절 재난예방과 비상계획

1. 재난예방 ★★☆

(1) 재난관리

① 의의: 재난관리는 재난의 예방·대응·대비 및 복구를 위해 하는 모든 활동을 말한다. 재난에는 항공기추락, 열차충돌, 가스폭발, 건물붕괴사고 등의 인위적 재난과 홍수, 지진, 산사태 등의 자연적 재난이 있다. 재난은 사전예고 없이 발생하기 때문에 예방과 사후대책에 어려움이 있고 대량의 인명피해가 발생할 수 있다.

② 재난의 유형

자연적 재난	홍수, 지진, 태풍, 산사태 등
인위적 재난	가스폭발, 건물붕괴, 열차충돌, 항공기추락, 엘리베이터 사고 등

③ 긴급구조기관: 소방청, 소방본부 및 소방서(단, 해양에서 발생한 재난의 경우에는 해양경찰청, 지방해양경찰청 및 해양경찰서를 말함)

(2) 재난에 대한 경비요령

① 자연적 재난의 경우 경비요령
　㉠ 경비원들은 평상시 순찰활동을 통해 건물의 축대나 벽면, 곳곳의 균열 여부나 붕괴 여부 등을 점검하여야 한다.
　㉡ 경비원 등에 의한 사전대비활동과 재난발생 시 대처에 관한 사전교육 및 숙지가 철저히 이루어져 대비가 가능하게 해야 한다.
　㉢ 경비원들은 경찰관과 협력하여 비상지역 내와 주변지역의 교통을 통제하여 질서를 유지하여야 한다.
　㉣ 경비원들은 경찰관을 도와 재물에 대한 경비 및 약탈행위를 방지하고, 추가붕괴위험 등 안전하지 못한 건물에서의 대피활동을 도와야 한다.

> **심화학습**
>
> **자연적 재난의 발생**
> 자연적 재난이 발생한 경우 경비원들은 소방관서와 경찰서 등 관계기관에 신속히 신고한 후, 피난처 확보에 주력하고 출입금지구역을 설정해야 한다.

② 인위적 재난의 경우 경비요령
　㉠ 가스폭발
　　ⓐ 가스기기를 사용하는 장소 주변에서는 가스냄새의 유무를 확인하여야 하며, 환기에 대해서도 신경을 써야 한다.
　　ⓑ 호스 이음매가 호스 밴드로 확실하게 조여 있는지, 호스가 낡거나 손상되지 않았는지 여부를 살펴보아야 한다.
　　ⓒ 가스를 사용하고 난 후에는 연소기에 부착된 콕과 중간밸브가 확실하게 잠겨 있는지 여부를 확인·점검하여야 한다.
　㉡ 건물붕괴
　　ⓐ 경비원들은 건물의 곳곳을 항상 순찰하여 균열·진동 여부를 확인·점검하고, 건물의 기초부분을 비롯하여 천장에서 빗물이 새는지 살펴보아야 한다.
　　ⓑ 건물붕괴로 인한 공포로 혼란상태가 야기되므로 경비원들은 사람들이 심리적 안정감을 찾도록 노력하여야 하며, 주변 상황을 확인하고 추가붕괴위험 여부를 파악한 후 대응·조치하여야 한다.
　　ⓒ 건물붕괴 시 사람들이 내부에 갇혔을 때에는 불필요한 체력을 소모하지 않도록 가급적 편안한 자세를 유지하게 하고 구조를 요청하여야 한다.
　㉢ 엘리베이터의 사고
　　ⓐ 고장이나 정전 등으로 엘리베이터 안에 승객이 갇혔을 때에는 승객이 갇힌 위치를 신속하게 빌딩의 시설관리자, 엘리베이터 기술자에게 연락하여 전해야 한다.
　　ⓑ 고장이나 정전 등으로 엘리베이터 안에 승객이 갇혔을 경우 인명피해가 발생할 우려가 있거나 긴급할 때에는 119, 112에 신고하고, 갇힌 승객과 대화를 시도하여 심리적인 안정감을 주어야 한다.

(3) 재난에 대한 대응
① 지진에 대한 대응: 지진발생 후 치안공백으로 인한 약탈과 방화행위에 대비하여야 하고, 부상자와 사망자에 대한 조치가 우선하여야 한다.

② **홍수에 대한 대응**: 침수 가능한 지역에 대해 배수시설과 하수구 등 수해대비 시설에 대한 점검을 하여야 하며, 지대가 낮은 경우 장비를 고지대로 이동시켜야 한다. 그리고 습기로 인한 기계파손이나 손상의 우려가 있는 경우 비가 새지 않도록 사전조치가 필요하다.

(4) 사고발생 시 대처요령

① 범죄현장에서 발견자나 목격자는 중요한 참고인인 경우가 많으므로 남아 있도록 요청하며, 일상적인 순찰활동을 통한 정기적인 확인·점검이 필요하다.
② 사고 당사자인 가해자 및 피해자가 가벼운 상처를 입은 경우에는 경찰관이 현장에 도착할 때까지 남아 있도록 요청한다.
③ 현장에 중상자가 있는 경우에는 즉시 구급차를 요청하는 동시에 응급조치를 해야 한다.
④ 경비원은 범죄나 사고발생 시 신속히 112에 신고하는 동시에 현장의 상태를 보존하여야 한다.

2. 비상사태 유형 및 대응 ★★★

(1) 공연장·행사장 안전관리

① **의의**: 공연장·행사장의 안전관리는 재난이나 각종 사고로부터 사람의 생명·신체 및 재산의 안전을 확보하기 위한 안전관리이다.
② **특징**: 군중이 운집한 상태에서 돌발사태 등이 발생하는 경우 비정상군중심리에 의해 정서의 충동성, 도덕적 모순성이 발생한다.
③ 공연장·행사장 안전관리의 민간위탁
  ㉠ **행사주최와의 협력**: 대규모 공연장·행사장 안전관리를 전문화된 민간업체에 맡김으로써 경찰의 공적 경비업무 부담을 줄이려는 목적으로 시행된다.
  ㉡ **행사주체와 사전협의·협조**: 민간경비업체는 행사주최 측과 긴밀한 사전협의 및 협조를 통하여 질서유지 및 상황발생 시 대처할 수 있어야 한다.
  ㉢ **소방대 및 경찰지원 요청**: 민간경비업체는 상황에 따라 소방대 및 경찰지원을 요청하는 등 탄력성 있는 안전관리 활동이 가능하여야 한다.

㉣ 행사기획단계의 업무: 민간경비업체는 이동 간 거리행사의 경우 행사기획 단계부터 이동경로의 선택 및 참가예상인원의 파악 등의 업무도 가능해야 한다.

> **보충학습** 군중관리의 원칙
>
> 1. **밀도의 희박화**: 제한된 지역에 가능한 한 많은 사람이 모이는 것을 피해야 한다.
> 2. **이동의 일정화**: 군중을 일정한 방향과 속도로 이동시킴으로써 혼란을 방지하고 군중이 주위의 상황을 파악할 수 있도록 여건을 조성하여 안정감을 갖도록 해야 한다.
> 3. **경쟁적 사태의 해소**: 질서를 지키면 남보다 손해를 볼 수 있다는 분위기를 느껴 남보다 먼저 가려고 하는 심리상태를 가진 군중이 조급하게 움직이는 사태(상황)를 해소하기 위하여 순서에 따라 질서 있게 움직일 수 있도록 유도해야 한다.
> 4. **지시의 철저**: 사태가 혼잡할수록 상세하고 계속적인 안내방송으로 지시를 철저하게 함으로써 혼잡사태를 정리해야 한다.

핵심 기출문제

01 군중관리의 기본원칙으로 옳지 <u>않은</u> 것은? • 제24회 기출

① 밀도의 희박화 ② 지시의 철저
③ 이동의 다양화 ④ 경쟁적 상황의 해소

해설 군중관리의 원칙에는 밀도의 희박화, 이동의 일정화, 경쟁적 상황의 해소, 지시의 철저 등이 있다.

정답 ③

(2) 테러행위에 대한 대응

① **의의**: 테러행위란 정치적·종교적·사상적 목적을 가진 개인이나 단체가 그 목적 달성 또는 상징적인 효과를 위하여 사람이나 재산에 대하여 가하는 조직적인 폭력행사나 무차별적 공격행위를 말한다.

② **테러의 특징**
  ㉠ 테러행위는 시설과 사람에 대한 폭력적 파괴행위이며, 계획적이고 조직화된 준군사행위이다.
  ㉡ 테러행위는 피해자에게 공포를 유발시키고, 그 공포감을 근거로 정치적·종교적·사상적 목적을 달성하려는 행위이다.

심화학습

반달리즘(Vandalism)
무차별적으로 문화재 및 타인의 물건·시설물 등을 파괴하는 반사회적인 형태의 문화파괴행위를 말한다.

③ 테러의 유형

독가스 살포	유독성 물질을 살포함으로써 살포된 주위를 오염시켜 인명을 살상하는 테러행위를 말한다. 독가스는 인체에 치명적인 살상무기로, 살포 전 단계에서 살포를 금지하게 하는 예방조치가 중요하다.
폭발물 설치	사제폭탄이나 군사용 폭발물을 대상건물에 설치한 후 협박하는 것으로, 폭발로써 대량의 인명이 살상된다.

④ 경비요령
  ㉠ 테러협박전화에 대비한 교육과 훈련이 이루어져야 하며, 협박이 있는 경우에는 경비책임자에게 보고하고, 위험이 감지되면 즉시 경찰서나 소방서 등 관련 기관에 신속히 연락하여야 한다.
  ㉡ 경비원은 CCTV를 통하여 외진 곳이나 사람의 발길이 닿지 않는 곳을 주도면밀하게 감시하여야 한다.
  ㉢ 경비원은 순찰활동을 통하여 화장실이나 휴게실, 사무실의 외진 곳에 이상한 물건이 있는지를 정기적으로 확인·점검하여야 한다.
  ㉣ 경비원은 시설물 내 출입인원에 대해 신분확인과 통제에 주력하여야 한다.
  ㉤ 폭발물이 발견된 경우 해당 관련 기관에 연락을 취하고, 해당 지역을 자주 왕래하는 자와 출입이 제한된 자들의 명단을 파악·확보하여야 하며, 폭발물의 폭발력을 약화시키기 위해 모든 창과 문을 열어 두어야 한다.

(3) 노사분규관리
① 의의: 회사와 노동조합이 단체교섭을 하였으나 합의를 보지 못한 경우, 노동조합이 자신의 주장을 관철하고 회사의 정상적인 경영활동을 저해할 목적으로 파업이나 태업활동을 한다.
② 경비요령
  ㉠ 사용주는 경비원들에 대한 사전교육을 실시하고 규율을 확인·점검한다. 한편, 노사분규 현장에서 경비원들은 시위근로자들을 직접적으로 자극하거나 충돌하지 않도록 각별히 노력하여야 하며, 평화적인 시위의 경우 이를 보호하여야 한다.
  ㉡ 경비원들은 시위과정에서 무기로 사용될 수 있는 물건을 모두 제거하고, 시설물 내의 방화시설을 확인·점검하여야 한다.

ⓒ 경비원들은 불의의 사태에 대비하여 직원들이 가지고 있는 열쇠를 모두 회수하여야 하며, 잠금장치도 새로운 것으로 교체하여야 한다.
② 분규현장에서의 도난, 방화 등의 사고를 예방하기 위해 경비원들은 일상적인 순찰활동을 통한 정기적인 확인·점검을 실시한다.
⑩ 경비원들은 노사분규가 진행되는 동안 시설물 내에 존재하는 가연성 물질을 모두 제거하여야 한다.

(4) 비상계획의 수립

① 비상계획 수립 시 고려사항
  ㉠ 비상계획은 재난에서 생존할 수 있는 기회의 증가에 중점을 두어야 하며, 명령체계가 수립되어 비상사태 발생 시에 가장 신속하게 명령을 내릴 수 있는 사람에게 명령권이 주어져야 하고, 비상위원회의 구성에 경비감독관이 포함되어야 한다.
  ㉡ 비상사태나 경비업무에 책임을 지는 자에게는 그 책임관계를 명확히 규정하여야 한다.
  ㉢ 사태 대응을 초기에 보다 효과적으로 하기 위해서는 명령지휘부를 지정하여 준비된 절차에 따라 간부들이 명령을 내릴 수 있는 체계를 갖추어야 한다.
  ㉣ 외부기관과의 통신수단 마련, 대중·언론에 대한 정보 제공이 비상계획서에 포함되어야 한다.

② 경비원의 비상시 임무
  ㉠ 비상사태 발생 시 경비원은 비상요원으로서의 역할을 수행하여야 하고, 장애인 등 특별한 대상의 보호 및 응급조치를 실시하여야 한다.
  ㉡ 경비원은 비상시에 외부지원기관(경찰서, 소방서, 병원 등)의 통신업무 이외에도 경제적으로 보호할 가치가 있는 자산에 대해 보호조치를 실시하여야 한다.
  ㉢ 경비원은 비상시에 비상인력과 시설 내의 이동을 통제하여야 하고, 출입구와 비상구 및 위험지역의 출입을 통제하여야 한다.
  ㉣ 폭발물 예상지역 수색 시 경비원은 경찰관이나 소방관과 함께 수색하고, 폭발물의 폭발력을 약화시키기 위해 문과 창문은 모두 열어 놓는다.

⑩ 비상사태 발생 시 민간경비원은 비상사태에 대한 초동조치, 특별한 대상(장애인, 노약자)의 보호 및 응급조치, 경제적으로 보호해야 할 자산의 보호 등의 역할을 수행한다.

핵심 기출문제

02 사고발생 시 경비원의 현장보존 방법으로 옳은 것은? • 제25회 기출

① 현장의 모든 물건은 증거확보를 위해 보존이 용이한 곳으로 옮겨 보관한다.
② 현장을 중심으로 가능한 한 좁은 범위를 보존범위로 정하여 확보한다.
③ 현장에 담배꽁초나 휴지가 있으면 청소하여 청결을 유지한다.
④ 현장보존의 범위에 있는 모든 사람을 신속히 퇴장시킨다.

해설 ① 사고발생 시 현장의 모든 물건은 증거확보를 위해 현장의 상태 그대로 원형을 유지하여야 한다.
② 현장을 중심으로 가능한 한 넓은 범위를 보존범위로 정하여 확보해야 한다. 현장에서의 증거의 수집은 단지 범죄가 행하여진 지점에만 한정되지 않기 때문이다.
③ 현장에 담배꽁초나 휴지가 있으면 사람이 손대거나 밟거나 하지 않도록 주의하고 현상보존을 위해 그에 상응하는 조치를 취한다.

정답 ④

제2절 ▶ 내부절도 및 산업스파이

1. 내부절도의 의의

(1) 의의

① 내부직원에 의해 일어나는 절도행위를 내부절도라고 한다. 과거에는 기업 내부의 가치 있는 서류, 귀중품, 상품 등과 횡령이 내부절도의 주요 대상이었으나, 최근에는 내부직원과 결탁한 산업스파이와 사이버스파이 행위가 증가하고 있다.
② 절도원인의 존재, 절도환경의 조성, 책임의 불명확성 등을 이러한 절도행위의 발생요소로 보고 있다.

(2) 원인

내부절도의 주요 원인으로 개인적인 것과 환경적인 것이 있다. 개인적인 문제들은 직업활동에도 영향을 미친다. 심각한 재정적인 결핍 문제, 가정 내 불협화음, 과도한 도박성 등이 내부절도에 영향을 미칠

수 있다.

(3) 특성
① 외부의 침입자에 의한 범죄가 일반적이지만 내부직원에 의한 범죄 역시 배제할 수 없는 것이 현실이다. 내부직원은 누구보다 시설물의 구조와 시스템을 잘 알고 있기 때문에 범인 색출이나 범행 방지에 어려움이 있다.
② 내부절도는 외부절도보다 그 피해규모가 크고 방대한 점이 특징이다.

2. 내부절도의 유형

(1) 직원들의 물품절도
① 현물을 직접 절취·반출하는 절도행위를 말하며, 직원들은 내부 사정을 잘 알고 있기 때문에 현실적으로 이를 막는 데 어려움이 있다. 주로 백화점이나 현금을 취급하는 장소에서 발생한다.
② 비품을 훔치거나 사용 가능한 설비 또는 기계를 장부상 폐물처리하여 이를 처분하는 행위도 직원의 물품절도에 해당한다.
③ 환전이 가능한 수표·어음 등을 절취하여 사용하는 행위나 손님의 신용카드를 훔쳐 사용하는 것도 이에 해당한다.

(2) 내부담당자의 서류조작에 의한 횡령
① 업무담당자가 전문지식을 이용하여 교묘하게 서류를 조작하거나 회계부서나 구매부서 등의 업무담당자가 해당 분야의 전문적인 지식을 이용하여 서류를 조작하여 자기의 이익을 취하는 행위를 서류조작에 의한 횡령이라고 한다.
② 이러한 행위는 장부를 고치거나 부품단가를 높게 잡아 그 차액을 착복하는 행위, 가공직원을 이용하여 급료를 착복하는 행위, 서류조작을 통하여 부정하게 수당을 착복하는 행위 등으로 나타나며, 전문지식을 이용하기 때문에 정밀조사를 통하거나 우연히 알게 된 경우가 아니면 적발하기가 쉽지 않다.

> **심화학습**
>
> **내부담당자의 절도의 유형**
> 불분명한 명목으로 타인의 임금을 착복하거나 초과근무에 대한 허위 보고서를 작성하여 그 수당을 착복하는 행위, 공인된 서명자의 이름과 인장을 도용하여 부정하게 비용을 지출하는 행위 등이 이러한 유형의 범죄에 해당한다.

> **심화학습**
>
> **첨단장비의 발전과 산업스파이**
>
> 최근 첨단전자 장비의 발전은 내부인에 의한 산업스파이 행위를 더욱 용이하게 하는 측면이 있어 산업기밀이 유출될 수 있는 위험요소들이 많아지고 있다. 이에 따라 기업의 핵심정보 절취에 대비하여 체계적인 보안대책이 요구되고 있다.

(3) 산업스파이 행위

① 산업스파이 행위란 부정하게 이익을 취득하려는 목적으로 영업기밀이나 제품개발정보, 제품의 설계도 등을 불법으로 빼내어 해당 회사에 손실을 입히는 행위를 말하며, 컴퓨터 네트워크를 통해 정보유출을 시도할 경우 이를 방지하는 것이 어려운 상황이다.
② 산업스파이 행위는 다른 절도행위에 비해 피해액의 규모가 막대할 수 있다.
③ 산업스파이 행위는 내부인에 의해 이루어지는 경우가 많으며, 이는 화이트칼라(White Collar) 범죄의 유형으로 고도의 수법이 동원되어 적발이 어려운 편이다.
④ 국가보안시설 및 기업의 산업스파이 방지를 위해 핵심정보에 접근하는 자는 비밀보장각서 등을 작성하고, 비밀인가자의 범위를 최소한으로 제한하는 것이 필요하다.
⑤ 최근 기업규모별 산업기술 유출 건수는 대기업보다 중소기업에서 더 많이 발생하고 있다.

3. 내부절도의 방지대책 ★★★

(1) 애사심의 향상

직장 소속원들에게 윤리교육과 부단한 복지후생정책을 실시하는 것은 직장에 대한 직원들의 애사심과 충성심을 고취하여 내부절도나 서류조작에 의한 횡령범죄를 예방하는 데 효과적이다.

(2) 범죄예방 분위기의 조성

직원의 채용단계에서부터 신원조사를 실시하고, 직원들을 끊임없이 교육하여 범죄예방 분위기를 조성하여야 한다.

(3) 문서관리

내부절도의 방지도 중요하지만 직원의 사기저하도 고려하여야 한다. 한편, 허가받은 사람만 중요한 문서나 기록에 접근할 수 있도록 통제하는 것이 필요하며, 중요문서에 접근한 경우 그 사항을 알 수 있는 시스템이 필요하다.

(4) 전문경비원의 고용

내부절도를 담당하는 전문경비원을 두는 것이 바람직하고, 내부인의 절도를 방지하기 위해서는 경비프로그램도 수시로 변경하여야 한다.

(5) 절도 발생 후 사후조치

일단 절도행위가 발생한 경우에는 다른 직원들에게 전염되지 않도록 철저한 조사가 행해져야 하고, 그에 상응하는 처벌이 엄격하게 실시되어야 한다.

4. 내부절도의 경비요령

① 인사담당자와의 협조하에 직원의 채용단계에서부터 신원조사를 실시한다.
② 감사부서와의 협조하에 정기적으로 회계감사를 실시하며, 경비프로그램을 수시로 변경한다.
③ 상점의 현금보관장소는 내부인의 직접적인 접근이 이루어지지 않도록 유의하여야 한다.

핵심 기출문제

03 내부절도의 경비에 관한 설명으로 옳지 않은 것은? •제20회 기출

① 주기적 순찰과 감시경비원 및 CCTV의 확충으로 경비인력의 혼합운영이 필요하다.
② 감사부서와의 협조하에 정기적으로 회계감사를 실시한다.
③ 직원의 채용 시 학력, 경력, 전과, 이념 등 신원조사를 실시한다.
④ 사내의 현금보관 금고는 내부인의 접근에도 유의하여야 한다.

해설 직원 채용 시 신원조사가 필요하지만, 직원의 이념을 조사하는 것은 조사 범위를 넘어서는 것이다.

정답 ③

제3절 시설물에 따른 경비

1. 판매시설경비

(1) 의의

판매시설경비란 대량으로 진열되거나 보관되어 있는, 절도의 대상이 될 수 있는 각종 물품이나 상품을 경비하는 것을 말한다. 대형 백화점, 할인매장, 쇼핑센터, 도매상가 등에서 볼 수 있는 경비형태이다.

(2) 위해요소 분석

판매시설은 무엇보다도 고객들을 많이 유입시켜 고객과 차량이 집중되는 상황을 초래하기 때문에 교통체증과 교통사고, 상품에 대한 절도, 소매치기 등 여러 비정상적인 사태가 발생할 가능성이 높으므로 이에 대한 위해요소 분석이 이루어져야 한다.

(3) 범죄유형

① 상품절도(들치기)
   ㉠ **의미**: 진열된 상품에 대한 절도행위는 판매시설에서 발생하는 범죄의 대부분을 차지하고 있다.
   ㉡ **상품전시**: 일반인에게 보기 좋게 상품을 진열하는 경우 이는 손님을 유도하는 효과와 도둑을 방지하는 이중적인 효과를 갖는다.
   ㉢ **감시**: 들치기를 예방하는 가장 좋은 방법은 부단하게 감시활동을 함으로써 감시원들이 항상 감시하고 있다는 것을 느끼게 하여 범죄의욕을 저하시키는 것이다.
   ㉣ **거울**: 볼록거울은 동작의 형태가 굴절되므로 범죄예방에 도움이 되지 않는다. 반면, 장식용 평면거울은 상이 굴절되지 않으므로 감시효과가 뛰어나다.
   ㉤ **유형**

상습자형	도벽이나 생리적인 현상 등 어떤 강박관념에 빠져 자신의 욕구를 채울 수 있는 상품을 대상으로 절도행위를 한다.
전문가형	절도방법이 매우 계획적이고 실질적이다. 가게의 환경을 주의 깊게 살피면서 평범한 구매자로 가장하며, 고가로 다시 팔 수 있는 가치 있는 상품을 대상으로 한다.

아마추어형	단순히 상품을 보고 욕심이 생겨 충동적으로 절도를 행하는 유형으로, 그 수는 많은 편이나 피해액은 큰 편이 아니다.
스릴러형	주로 10대 청소년들이 호기심에 의해 절도를 하는 것처럼 과시욕으로 행하는 경우가 많다.

② **소매치기**: 상품을 구매하는 고객들의 현금을 절취하는 형태의 범죄이다. 고객에 대한 소매치기는 판매시설에 직접적인 손실은 가져오지 않지만, 고객들에게 판매시설에 대한 나쁜 이미지를 심어 주어 판매에 악영향을 주므로 이에 대한 대비가 필요하다.

③ **강도**
  ㉠ 강도는 사람의 생명을 위협하여 현금을 강취하므로 인명과 재산에 손실을 발생시킨다. 따라서 이에 대한 예방대책이 필요하다.
  ㉡ 강도는 주로 개점이나 폐점 시에 발생한다. 따라서 개·폐점 시 출입구에서 직원이 경비를 하는 것은 효과적인 강도 방지책이 될 수 있다.

④ **수표 도난·사기 방지**
  ㉠ 판매시설이 바쁜 틈을 이용하여 손님이 부정수표를 사용하는 경우가 있으므로 이에 대한 대비책을 마련하여야 한다. 부정수표로 확인되면 즉시 은행에 지불중지 신청을 요청하여야 한다.
  ㉡ 부정수표를 방지하기 위해서는 수표 자체에 대한 완전한 검사와 수표회계원의 적극적인 확인절차가 필요하다.

⑤ **부녀자 성범죄**
  ㉠ 대형 판매시설의 화장실이나 지하주차장은 판매시설을 이용하는 부녀자를 대상으로 성폭행하는 자들의 범행장소가 될 수 있으므로 이에 대한 대비가 있어야 한다.
  ㉡ 부녀자 성범죄는 판매시설에 대한 고객들의 이미지를 나쁘게 하여 판매에 큰 악영향을 줄 수 있으므로 이에 대한 경비가 필요하다.

⑥ **내부직원의 불법행위**: 내부직원들의 불법행위로는 현금등록기 불법조작, 상품절도, 직원의 사기행위, 물건의 가격바꾸기 등을 들 수 있다. 부정직한 직원들의 불법행위는 외부침입자에 의한 범죄 이상으로 심각하기 때문에 신중하게 방지대책을 세울 필요가 있다.

> **심화학습**
>
> **현금운반**
> 현금운반도 강도의 대상이 된다. 따라서 무장호송차량으로 운송을 하거나 경찰에 보호요청을 하여 현금운반을 하는 것이 바람직하다.

심화학습

정복 착용

범죄를 감시하는 경비원은 고객들이 알 수 있도록 정장을 착용하는 경비원과 일반사복을 착용하는 경비원으로 나누어 운영하는 것이 범죄예방에 효과적이다.

(4) 방어수단의 확립

① CCTV의 설치
  ㉠ 설치의 필요성: 범죄는 충동적인 동기로 유발되는 경우가 많기 때문에 경비원을 두거나 CCTV와 같은 기계장치를 설치하는 방법도 초보 절도자들의 절도의욕을 저지하는 데 매우 효과적이다.
  ㉡ CCTV의 장점
    ⓐ 다수의 장소를 관찰할 수 있으며, 보이지 않는 영역의 관찰이 가능하다.
    ⓑ 다수인에 의한 동시관찰이 가능하다.
    ⓒ 비공개된 장소에서 비밀관찰이 가능하다.
② 경찰과의 연계: 판매시설에 설치된 경보시스템은 시설 내의 강도·폭력 등의 문제발생 시 경보를 발하고, 이는 순찰경비원·경찰서 등과 연결됨으로써 문제를 해결할 수 있다.
③ 행동요령의 숙지: 범죄상황과 비상사태 발생에 대한 모의실험을 경찰 등 전문기관과 유사하게 실시하고, 평소 판매시설의 운영자들은 직원에 대하여 범죄예방과 범죄발생 시 행동요령을 교육·숙지하도록 한다.
④ 출입문의 구분: 직원출입문과 고객출입문을 구분하여 운영하는 것이 경비활동에 더욱 효과적이다.

2. 금융시설경비 ★★☆

(1) 의의

금융기관은 많은 액수의 현금 등을 보관하고 있으며, 수많은 고객들이 이를 이용하기 때문에 범죄의 좋은 표적이 된다. 은행 등 금융기관의 안전을 위해 금융기관의 재산보호뿐만 아니라 고객들의 안전관리를 도모하는 것을 금융시설의 안전관리라고 한다.

심화학습

금융시설 안전관리

1. 미국은 은행보호법을 제정·시행함으로써 강도 등이 금융시설에 침입하는 것에 대해 대응하고 또한 이를 예방하고 있다.
2. 점포의 개점 직후와 폐점시간 전후 등 범죄가 빈번하게 일어나는 시간대 및 다액의 현금이 입출금되는 시간대에 경비를 강화한다.

(2) 경비책임자의 역할

① 경찰관서에의 연락 및 방범정보의 교환과 같은 사항을 확인하고 방범체제에 대한 계획을 수립한다.
② 고객이 맡긴 귀중품을 보관할 수 있는 안전한 장소를 확보한다.
③ 외부압력에 손상되지 않을 정도의 방화벽을 설치하며 튼튼한 창문과 시건장치를 구비한다.

(3) 경비원 근무요령

① 금융시설의 위험요소는 외부인에 의한 침입뿐만 아니라 내부인에 의한 범죄까지 포함된다. 금융시설 특성상 개·폐점 직후나 점심시간 등이 취약 시간대로 분석된다.
② 금융시설에서 사건이 발생할 경우를 대비하여 신속한 대응을 위한 사전모의훈련이 필요하다.
③ 경계는 점포 내에 한정하지 않는다. 즉, 외부에 대한 경계도 소홀히 하여서는 안 되며, 특히 주차되어 있는 차량에도 주의를 기울여야 한다.
④ 경비원의 경비위치는 고객 등의 출입을 완전히 확인할 수 있고, 의심스러운 자를 쉽게 발견할 수 있는 곳으로 선정한다.
⑤ 경비원은 경계가 가능한 2인 이상이 근무해야 하며, 점포 내 순찰, 출입자 감시 등 구체적인 근무요령에 의해 근무를 실시한다.
⑥ 현금자동지급기(ATM)의 증가는 범죄자들의 범행욕구를 충분히 유발시킬 수 있으므로 지속적인 경비순찰을 실시하고, 경비조명뿐 아니라 CCTV를 설치하는 등 안전대책이 수립되어야 한다.
⑦ 경비책임자는 경찰과의 연락 및 방범정보의 교환과 같은 사항이 지속적으로 이루어지도록 점검하여야 한다.
⑧ 경찰과 범죄예방정보의 교환이 필요하며, 현재 특수경비원보다 청원경찰 인력이 경비하는 것이 더 많은 실정이다.

(4) 현금수송

① 현금수송은 원칙적으로 현금수송 전문경비회사에 의뢰하여야 한다.
② 자체현금호송 시에는 가급적 전용차를 사용하고, 운전자 외에 가스총 등을 휴대한 경비원이 동승한다.
③ 자체현금을 수송할 때에는 가스총을 휴대한 청원경찰을 포함한 3인 이상이 하여야 함을 원칙으로 한다.

(5) 현금자동지급기(ATM)의 안전관리대책

① 적정한 경비원을 배치하여야 하고, 경비순찰을 주기적으로 실시한다.
② 구조적으로 견고하게 설계하고, 적절한 경비조명을 갖추어야 한다.
③ 야간에는 폐쇄장치를 설치하여야 한다.

④ 가급적 보행자의 통행이 많은 곳에 설치한다.
⑤ CCTV와 비상전화를 설치한다.

3. 홈시큐리티 · 타운시큐리티 ★☆☆

(1) 홈시큐리티(Home Security)

① 의의: 홈시큐리티는 외부의 침입이나 화재 및 가스누출과 같은 비상경보기가 탐지한 정보를 경비회사에 전송하면 경비회사는 이상유무를 확인하여 경찰서, 소방서, 가스회사에 통보하고 출동하는 시스템이다.

② 사회적 배경
   ㉠ 위기관리에 대한 사람들의 관심이 높아지고 안전에 대한 생각이 변화하고 있으며, 사회가 고령화되고 여성들의 사회진출이 활발해짐과 동시에 여성이나 노약자를 상대로 한 흉악범죄가 증가하는 것에 기인한다.
   ㉡ 강력범죄가 지능화되는 것에 불안감을 느낀 현대인은 가정의 안전과 경비를 담당하는 홈시큐리티의 중요성에 대해 점차 인식하고 있다.

③ 기능
   ㉠ 노인들의 안부를 확인하고 위급상황에 대처할 수 있다는 점은 고령화시대에 있어 좋은 대안이 되고 있으며, 풍부한 부가가치를 창출할 수 있다.
   ㉡ 홈시큐리티는 주로 기계경비를 중심으로 서비스를 제공하고 있다.
   ㉢ CCTV회선은 광케이블을 사용하므로 쌍방향의 정보를 주고받을 수 있다.

(2) 타운시큐리티(Town Security)

① 단독주택이나 개별 빌딩 단위가 아니라 지역 단위의 방범활동이라는 점이 특징이며, 선진국에서는 일반화되고 있는 추세이다.
② 타운시큐리티시스템은 아파트나 연립공동주택의 방범에 유용한 시스템으로 인식되고 있다.

4. 의료시설경비 ★☆☆

(1) 의의

종합병원, 병원 등 의료시설은 사람의 생명보호의 특성상 다양한 위험이 상존하고 있으며, 지속적으로 수용되는 환자 및 출입객들로 인해 관리상의 어려움이 따른다. 의료시설경비란 종합병원, 병원, 치과병원, 진료소 등 의료 서비스를 제공하는 시설에서 불특정다수인의 왕래 등의 특성으로 인해 잠재적 위험성에 대비한 경비를 말한다.

(2) 사전예방 중심

의료시설은 지속해서 수용되는 환자 및 방문객 등의 출입으로 관리상의 어려움이 있기 때문에 사후통제보다 사전예방에 초점을 두는 것이 바람직하다.

(3) 출입구의 배치

출입구 배치나 출입제한구역 설정은 안전책임자와 병원관계자의 협의에 의해 이루어질 수 있다.

(4) 의료시설의 안전관리

① 의료시설의 응급실은 24시간 개방, 일반인의 접근가능, 생명보호의 긴급성 등의 특성에 따른 문제점으로 인해 복합적 문제가 상존한다.
② 의료시설에서 응급실은 지속해서 수용되는 환자 및 방문객 등 불특정 다수의 출입에 따른 관리상 어려움이 있어 이에 따른 안전관리 및 출입통제대책이 필요하며, 잠재적 위험성이 높으므로 1차적 경비대책이 요구된다.

5. 교육시설경비 ★☆☆

(1) 의의

교육을 목적으로 하여 설치되는 시설을 일괄하여 교육시설이라고 하고, 학교교육시설과 사회교육시설이 있다. 이러한 교육시설의 보호 및 이용자의 안전을 위한 경비를 교육시설경비라고 한다.

(2) 지역사회와의 연계성 고려

① 교육시설에서 각종 범죄문제가 발생하고 있기 때문에 이러한 문제 해결의 방법으로 지역사회에 기초를 둔 범죄예방 프로그램 개발이 활발하게 논의되고 있다.
② 교육시설의 위험요소 조사 시에는 지역사회와의 상호관계가 고려 대상에 포함되어야 그에 따른 적절한 경비가 이루어질 수 있다.

(3) 범죄예방활동의 순서

교육시설의 범죄예방활동은 '계획 ⇨ 준비 ⇨ 실행 ⇨ 평가 및 측정'의 순서로 이루어진다.

(4) 특별범죄예방의 대상

교육시설의 특별범죄예방의 대상에는 컴퓨터와 관련된 정보절도, 사무실절도 등이 포함된다.

6. 대규모 상업·주거시설의 현대화에 따른 민간경비 변화 ★☆☆

(1) 대규모 상업·주거시설의 확대

현대의 삶은 주거나 소비의 도시집중화 현상으로 인해 대규모 상업·주거시설이 확대되고 있다. 대규모 상업시설에서의 민간경비는 공중의 접근이 허용되는 사적인 시설물들의 비율이 증가할수록 확대되고 있는 실정이며, 대규모 상업·주거시설의 소유자들의 보안과 안전에 대한 책임이 증가하고 있다.

(2) 특징

① 최근에는 방범, 구급안전, 화재 등으로부터 보호하기 위한 주택용 방범기기의 수요가 급속히 증가하고 있다.
② 주거침입의 예방대책은 건축 초기부터 설계되는 것이 합리적이며, 점차 인력경비에서 기계경비로 변화되는 추세이다.
③ 대규모 상업·주거시설의 안전 확보를 위하여 일반인의 접근을 차단하는 것은 올바른 방법이 될 수 없다. 대규모 상업·주거시설에서의 민간경비는 소비욕구를 최대화하기 위해 공중의 접근을 극대화시키는 동시에, 상업적 활동을 침해하는 사람들의 불법행위를 통제하는 역할을 수행하여야 하기 때문이다.

④ 대규모 상업·주거시설에서의 범죄예방활동과 위험관리는 공동체 구성원의 참여가 중요하다. 대규모 상업·주거시설 내의 방범과 위험관리까지 경찰이 수행할 수 없기 때문이다(수익자부담이론).
⑤ 고급 주거시설의 경우 주변과의 관계성을 구축하기보다 자체적이고 독립적인 규모와 기능의 극대화에 초점을 두는 경향이 있다.
⑥ 대규모 주거시설의 경우 다양한 위험을 종합적으로 관리할 수 있는 종합적 시스템을 구축할 필요가 있다.

핵심 기출문제

04 대규모 상업·주거시설의 민간경비에 관한 설명으로 옳은 것은?

• 제19회 기출

① 대규모 상업시설의 소유자들은 보안과 안전에 대한 책임이 감소된다.
② 대규모 상업시설의 안전 확보를 위하여 일반인의 접근을 차단한다.
③ 대규모 주거시설 내의 방범과 위험관리는 경찰에 의해 수행된다.
④ 대규모 주거시설의 경우 다양한 위험을 종합적으로 관리할 수 있는 시스템을 구축한다.

해설 ① 대규모 상업시설의 소유자들은 보안과 안전에 대한 책임이 증가한다.
② 대규모 상업·주거시설은 공중의 접근을 최대화하는 동시에 상업적 활동을 침해하는 불법행위를 통제하는 방범활동을 수행한다.
③ 대규모 주거시설 내의 방범과 위험관리는 주거시설 자체적으로 수행하고 있다.

정답 ④

7. 침입절도

(1) 연중 월 침입범죄 발생 추이

① 1월부터 5월까지 높게 발생하다가 한여름인 7, 8월에 급격히 감소하고 9월에 증가했다가 점차 감소하는 추세를 보인다.
② 월별로는 3월에 가장 많이 발생하였다.
③ 12월~1월, 3월~5월, 9월~10월 등 연말연시나 나들이, 명절 연휴 시즌에 집중되는 경향을 보이므로 오랜 기간 집이나 사업장을 비울 때에는 각별한 주의가 필요하다.
④ 여름철인 7, 8월에는 겨울철에 비해 범죄 발생률이 낮은 편이다. 이는 여름철에는 상대적으로 밤의 길이가 짧고 야간에도 활동하는 인구가 많아 자연감시가 증가하기 때문이다.

(2) 도난사건 발생 요일과 시간대

① 요일별로는 토요일, 일요일이 32%를 차지하여 평일에 비해 주말에 사건발생 비율이 높은 것으로 분석된다.
② 시간대는 인적이 드문 자정부터 오전 6시 사이가 전체의 77%, 특히 2시부터 3시 사이가 전체의 22%로, 사건이 가장 많이 발생한다. 해가 뜨기 직전 가장 어두울 때인 심야시간이 범행을 은폐하기가 용이하고, 사람이 가장 드문 시간이기 때문에 사건이 몰리는 것으로 보인다.

(3) 도난사건 침입경로

범죄자가 침입하는 주요 경로는 창문이 33%로 가장 높다. 주 출입문이 31%, 보조 출입문이 27%로 그 뒤를 잇는다. 창문을 통해 침입한 사건 중 72%가 잠기지 않은 창문을 통해 침입한 것으로 분석된다.

(4) 예방방법

① 현금 및 귀중품은 안전한 장소에 보관한다.
② 출입문과 창문의 잠금상태를 확인한다.
③ CCTV는 금전등록기가 보이도록 설치한다.
④ 장기간 집이나 사업장을 비울 경우 배달은 중지, 우편물은 대리수령을 요청한다.

제4절 신변보호경비

1. 의의

(1) 개념

의뢰인의 생명이나 신체보호, 명예유지, 혼란방지를 통해 질서를 유지하기 위한 목적으로 사람의 생명이나 신체에 발생하는 위해를 방지하고 신변을 보호하는 경비를 신변보호경비라고 한다.

(2) 기본원칙

수혜자 비용부담의 원칙	경호의 수혜자가 경호에 관련된 제 비용을 부담하여야 한다.
수익의 원칙	신변보호경비로 수익을 창출하기 위해 사설경호기관은 사전에 경호원의 채용에서부터 보수지급, 사무소의 운영·경비 등을 주도면밀하게 계획을 세우고, 그 계획에 따라 운영하여야 한다.
서비스제공 원칙	사설경호원의 신변보호경비활동도 일종의 서비스제공의 한 영역이다.
법규준수의 원칙	사설경호원은 「형법」상의 현행범 체포나 정당방위, 정당행위에 의하여 위법성이 조각되는 경우 이외에는 범인체포의 권한이 없다.

(3) 경호의 일반원칙

두뇌경호의 원칙	힘으로만 경호대상자의 안전을 도모하기보다 사전에 경호계획을 치밀하게 수립한 후 위해요소를 배제하여 경호대상자의 안전을 확보하는 데 중점을 두고 경호하여야 한다는 원칙이다.
은밀경호의 원칙	경호의 일반원칙 가운데 하나로써 "경호는 요란스럽게, 떠들썩하게 하지 말라"는 것을 말한다. 즉, 근접경호원은 언제나 행동을 은밀하게, 침묵 속에서 행하여 경호대상자의 행동을 방해하지 않으며, 편안한 마음을 갖도록 하고, 항상 대상자의 최근접에서 각종 상황에 대처할 수 있도록 하여야 한다는 원칙을 말한다.
방호경호의 원칙	경호의 위해자를 공격하거나 체포하는 것이 경호의 1차적인 목적이 아니라 경비대상물의 안전을 방어하는 것이 경호의 목적이라는 원칙이다.
중첩경호의 원칙 (3중경호의 원칙)	경호의 행동반경은 경호대상자를 중심으로 한 거리를 기준으로 근접경호, 중간경호, 외곽경호로 구분할 수 있으며, 구역의 특성에 알맞은 임무를 설정하고 요원을 배치하여야 한다는 원칙이다.

> **심화학습**
>
> **3중경호가 필요한 이유**
>
> 조기경보체계를 구축하여 위해요소 및 동향 관련 정보를 신속하게 입수하고 대응할 수 있는 시간적 여유를 가질 수 있다. 또한 차등화된 통제를 통하여 효율적인 경호활동을 할 수 있다.

(4) 경호의 주요 특별원칙

자기 담당구역 책임의 원칙	경호원은 자신이 담당하는 구역에서 발생하는 사건은 어떠한 사건에 대해서도 책임지고 해결하여야 하며, 자신의 담당구역이 아닌 인근지역에서 위급한 상황이 발생하더라도 책임구역을 벗어나서는 안 된다는 원칙이다.
자기희생의 원칙	경호대상자가 위해요소에 노출된 경우 자신을 희생해서라도 경호대상자의 안전을 확보하여야 한다는 원칙이다.

2. 유형

(1) 선발경호

경호대상자가 경호시설물에 도착하기 전에 미리 현장조사를 실시하고 효과적인 경호협조와 경호준비를 위해 수행하는 경비활동을 선발경호라고 한다.

(2) 근접경호

경호대상자를 근접거리에서 보호하는 경호활동을 말한다. 근접경호는 각종 행사 시 위해로부터 경호대상자의 신변안전을 확보하기 위한 경호이므로 기동성과 유동성, 경호대상자의 군중에 대한 노출성 등을 고려하면서 경호하여야 한다.

(3) 연도경호

피경호자가 이용할 것으로 예측되는 주도로와 예비도로의 각종 위해요소를 사전에 방비하여 위해요소에 대비하는 경호형태를 연도경호라고 한다.

(4) 차량경호

신속한 판단과 즉각적인 조치능력이 필요한 경호로, 경호대상자가 장소이동을 할 때 이루어지는 경호이다. 경호원과 운전요원, 차량이 삼위일체가 되어 움직이는 상태에서 이루어진다. 차량경호에서 중요한 것은 경호원의 탄력적인 대응능력이다.

(5) 숙소경호

경호대상자가 숙소와 그 외의 장소에서 머물고 있을 때 이루어지는 경호이다.

(6) 행사장 경호

경호대상자가 행사에 참석하였을 때 이루어지는 경호로, 행사장에서는 일반 군중이 피경호자에게 가까이 접근하는 경우가 많으므로 주도면밀한 안전대책이 요구되며, 경호원의 예민한 관찰력과 고도의 주의력을 필요로 하는 경호이다.

제5절 호송경비

1. 호송경비의 의의

(1) 개념

호송경비업무란 운반 중에 있는 의뢰받은 현금·귀금속·유가증권·상품 그 밖의 물건에 대하여 도난·화재 등의 위험발생을 방지하여 안전하게 목적지까지 도착하게 하는 경비업무이다. 위해발생 시 물품보다 인명 및 신체의 안전을 최우선으로 하여야 한다.

(2) 호송방식의 종류

단독호송방식	분리호송방식	운송업자가 호송대상물건을 자신의 차량에 적재하여 운송하고, 이 적재차량의 경비는 경비업자가 경비차량과 경비원을 통해 경비하는 방식이다.
	통합호송방식	경비업자가 자사소유의 무장호송차량이나 일반차량을 사용하여 운송업무와 경비업무를 겸하는 방식이다.
	휴대호송방식	경비원이 직접 호송대상물건을 휴대하여 운반하는 방식이다.
	동승호송방식	운송업자가 호송대상물건을 자신의 차량에 적재하여 운송하고, 그 차량에 경비원이 동승하여 호송업무를 행하는 방식이다.
편성호송방식		조를 편성하여 행하는 경비형태이다.

> **심화학습**
>
> **분리호송방식 예시**
>
> 운송업자 A가 고가미술품을 자신의 트럭에 적재하여 운송하고, 이 적재차량의 경비는 경비업자 B가 무장경비차량 및 경비원을 통해 경비하였다면, 이는 분리호송방식에 해당한다.

2. 호송경비계획 ★★★

(1) 호송경비계획 수립

① 호송경비계획 중 경비의 수준이나 방법 수립 시에는 경비하려는 지역의 특색이나 사회적 환경을 고려하여야 한다. 어떤 지역에서는 사용해도 되는 차량이 특정 지역에서는 반감을 주거나, 경호를 방해하려는 세력의 표적이 될 수 있기 때문이다.
② 호송경비계획에는 경비 도중 발생할 수 있는 교통사고나 경비원에게 발생할 가능성이 있는 사고에 대해서도 대비책을 마련하여야 한다. 경비 도중 경비원의 부상이나 질병 가능성에 대한 대비가 없다면 경비목적을 달성할 확률이 현저히 낮아지기 때문이다.

③ 호송경비의 출발·도착 직후, 경비원의 승차 순간, 금고 개폐 순간 등이 호송경비 시 취약시기이므로 이에 대한 대비책이 필요하다.

④ 호송계획서에는 목적지, 호송일자, 경로 및 특이점, 경로유지, 경비대상물건의 경제적 가치, 경비인원, 경비방식, 사고발생 시의 조치절차, 비상연락체계 등에 관하여 충분한 대비책이 포함되어 있어야 한다.

(2) 호송경로 선택

① 호송경로 선택 시에는 사고가 많은 지역의 도로나 상습적으로 교통이 정체되는 도로, 교차로가 많은 도로, 우회전을 많이 해야 하는 도로는 피해야 한다. 이러한 정황을 이용하여 경비위해요소가 등장할 여지가 많기 때문이다.

② 주행 중 시야확보가 어려울 정도로 복잡한 지역이나 지나치게 인가가 없어 한적한 도로는 경비위해자로부터 공격받기 쉬운 지형이므로 호송경로를 선택할 때 가급적 피하는 것이 좋다.

③ 호송계획을 세울 때 당일의 기후조건이나 교통상황, 주변지역의 경찰관서나 소방서의 소재를 고려하여야 한다.

3. 호송경비차량의 구비조건

(1) 물리적·구조적 안전성

① 호송경비차량은 외부의 물리적 침해로부터 보호할 수 있는 정도의 강도를 구비하여야 하며, 운전석과 금고실은 분리되어 있어야 한다.

② 호송경비차량에 설치되어 있는 금고실은 쉽게 열 수 없을 정도의 비밀장치가 구비되어야 하며, 일정한 외부의 파괴공격이 있을 때에도 이를 견딜 수 있는 재질로 설계하여야 한다.

③ 호송경비차량은 엔진이 작동되지 않는 비상시를 대비한 예비동력을 갖추고 있어야 하며, 호송 도중에 차량의 타이어가 펑크가 나더라도 관계없이 그대로 운행을 계속할 수 있도록 특수타이어를 부착하여야 한다.

(2) 필요장비의 구비

호송경비차량에는 운전석과 금고실 간에 통화할 수 있는 장비와 경비위해요소가 발생할 경우를 대비하여 경찰관서·경비상황본부·관련 기관과 연락할 수 있는 통신장비의 구비가 필수요건이다.

4. 호송경비의 실시과정

(1) 사전준비

점호 실시	경비시작 전 경비원들의 근무일정, 건강상태, 운전면허증 등을 확인하는 점호를 실시한다.
차량상태 확인	차량의 상태, 방범장치의 상태, 차량용구 등을 점검하여 확인한다.
연락체계 확인	경찰관서·소방서·관련 기관과의 통신체계를 확인한다.
교대운전자의 확보	예비차량과 경비원을 확보하고, 장거리 운송에 대비하여 교대운전자를 확보한다.
암호연락방법 확인	사고 시 정해진 암호연락방법을 확인한다.

(2) 물건의 인수·인도

신분확인	물건의 인수·인도 시 인계자와 인수자 사이의 신분을 확인하여야 한다.
수령인	인수자가 인계자로부터 물건을 인수할 때 접수부에 인수인을 기명날인 또는 서명한다.
보관장소	• 현금·귀중품·고액의 유가증권은 안전성이 높은 금고에 보관한다. • 일반 물건의 경우 시야가 넓은 장소, 다른 차량이 접근하기 어려운 곳에 보관한다.
법정 경비용 용기	현금이나 귀중품은 법으로 정해진 경비용 용기를 사용하여야 한다.
신분확인	최근의 컬러사진이 붙은 증명서로 확인한다.

(3) 주행방법

① 호송방식에 따라 차량대형은 단독대형과 편대대형으로 구분할 수 있다. 차량의 주행방법은 도로의 상황에 따라 적절한 방법을 선택하여야 한다.

② 편대대형으로 주행을 할 때에는 다른 차량이 운송차량과 호위차량 사이에 끼어드는 것을 방지하여 만약의 위해요소에 대비하여야 한다.

③ 운송차량이나 호송차량이 휴게실에 정차할 때에는 사전에 운송차량과 호송차량 사이에 연락이 있어야 하고, 사전에 정한 주차위치에 주차하여야 한다.

심화학습

장거리 운송 시 주의점

장거리 운송 시 교대 운전자를 미리 확보하여 운행자 단독으로 장시간 운전함으로써 주의력이 나태해지는 것을 경계하여야 한다.

(4) 운반 중 긴급조치

① 호송 도중에 사고가 발생한 때에는 큰 소리, 확성기, 차량용 경보장치 등으로 주변에 이상상황을 알리고 즉시 기지국이나 경찰관서 등 관련 기관에 사고소식을 신고한 후, 차량의 방범장치를 최대한 사용하여 안전을 도모하여야 한다.
② 물건에 대한 탈취행위가 발생할 때에는 차량번호, 범인의 인상착의, 도주방향, 기타 특이사항을 명확히 파악하여 경찰관서 등에 이를 즉시 신고하여야 한다.
③ 경비원이 소지하는 분사기와 경봉은 정당한 범위 내에서 적절한 사용이 필요하다.
④ 위해발생 시 차량용 방범장치를 해제한 후 탑재물품을 차량에서 분리하는 것은 탈취의 위험이 있기 때문에 바람직하지 않다.

핵심 기출문제

05 우리나라 호송경비업무에 관한 설명으로 옳은 것은? • 제25회 기출

① 1995년 경비업법 개정으로 도입되었다.
② 경비인력 기준은 무술유단자인 일반경비원 3명 이상, 경비지도사 1명 이상이다.
③ 운반 중에 있는 현금·유가증권·귀금속·상품 그 밖의 물건에 대하여 도난·화재 등 위험발생을 방지하는 업무를 의미한다.
④ 업무수행을 위해 관할경찰서의 협조를 얻고자 하는 때에는 현금 등의 운반을 위한 도착 전일까지 도착지의 경찰서장에게 호송경비통지서(전자문서로 된 통지서를 포함한다)를 제출하여야 한다.

> **해설** 경비업법 제2조 제1호
> ① 호송경비업무의 내용은 1976년 용역경비업법 제정 당시 도입되었다. 호송경비업무라는 명칭으로는 1995년 12월 30일 법 개정 시부터 실시되었다.
> ② 경비인력 기준은 무술유단자인 일반경비원 5명 이상, 경비지도사 1명 이상이다.
> ④ 호송경비업무를 수행하기 위하여 관할경찰서의 협조를 얻고자 하는 때에는 현금 등의 운반을 위한 출발 전일까지 출발지의 경찰서장에게 호송경비통지서(전자문서로 된 통지서를 포함한다)를 제출하여야 한다(경비업법 시행규칙 제2조).
>
> 정답 ③

제6절 특수경비(중요시설경비)

1. 중요시설의 의의 ★★★

(1) 개념

① 중요시설은 국가안전에 미치는 중요도에 따라 분류되며, 공공기관 등 적에 의하여 점령 또는 파괴되거나 기능이 마비될 경우 국가안보와 국민생활에 심각한 영향을 주는 시설을 의미한다.
② 중요시설경비란 국가정보원장이 지정하는 국가보안목표시설(공항·항만, 원자력발전소)과 국방부장관이 지정하는 국가중요시설(통합방위법 제21조 제4항)의 경비 및 도난·화재 그 밖의 위험발생을 방지하는 업무를 말한다.
③ 국가중요시설은 평상시에는 국가산업발전과 국력의 신장을 꾀하고, 전쟁 시에는 전쟁수행능력을 뒷받침하는 시설로서 중요한 역할을 한다.
④ 국가중요시설의 경비는 경찰력의 한계 때문에 국가적 차원에서 경찰이 직접 담당하지 못하고 청원경찰과 민간경비원이라는 준경찰을 동원하여 경비를 담당하게 하고 있다.

(2) 국가중요시설의 분류

국가중요시설은 시설의 기능·역할의 중요성과 가치의 정도에 따라 가급, 나급, 다급으로 분류한다.

가급	• 국가의 안전보장에 고도의 영향을 미치는 행정·산업시설 • 대통령실, 대통령 관저, 국회의사당, 대법원, 정부중앙청사, 원자력발전소, 국제공항, 국방부·국가정보원청사, 한국은행 본점 등
나급	• 국가보안상 국가경제 또는 사회생활에 중대한 영향을 미치는 행정·산업시설 • 중앙행정기관 각 부처 및 이에 준하는 기관, 대검찰청 및 경찰청·기상청 청사, 한국산업은행·한국수출입은행 본점, 국내 주요 비행장
다급	• 국가보안상 국가경제, 사회생활에 중요하다고 인정되는 행정·산업시설 • 중앙행정기관의 청사, 국가정보원 지부, 한국은행 각 지역본부, 기타 중요 국공립기관
기타급	중앙부처장, 시·도지사가 필요하다고 지정한 행정·산업시설

(3) 국가중요시설의 통합방위사태

국가중요시설의 통합방위사태는 갑종사태, 을종사태, 병종사태로 구분된다(통합방위법 제2조).

갑종사태	일정한 조직체계를 갖춘 적의 대규모 병력 침투 또는 대량살상무기 공격 등의 도발로 발생한 비상사태로서 통합방위본부장 또는 지역군사령관의 지휘·통제하에 통합방위작전을 수행하여야 할 사태를 말한다.
을종사태	일부 또는 여러 지역에서 적이 침투·도발하여 단기간 내에 치안이 회복되기 어려워 지역군사령관의 지휘·통제하에 통합방위작전을 수행하여야 할 사태를 말한다.
병종사태	적의 침투·도발 위협이 예상되거나 소규모의 적이 침투하였을 때 시·도경찰청장, 지역군사령관 또는 함대사령관의 지휘·통제하에 통합방위작전을 수행하여 단기간 내에 치안이 회복될 수 있는 사태를 말한다.

핵심 기출문제

06 국가중요시설에 관한 설명으로 옳지 않은 것은?　　　　　• 제20회 기출

① '가'급 시설에는 청와대, 국회의사당, 정부중앙청사, 국방부 등이 있다.
② '나'급 시설에는 대검찰청, 경찰청, 한국은행 본점 등이 있다.
③ '다'급 시설에는 중앙행정기관의 청사, 한국은행 각 지역본부 등이 있다.
④ 기타급 시설에는 중앙부처장 또는 시·도지사가 필요하다고 지정한 행정 및 산업시설 등이 있다.

해설 한국은행 본점은 가급 시설에 해당한다.

정답 ②

2. 중요시설경비의 주체 ★★☆

(1) 방호계획의 수립

국가중요시설의 관리자(소유자 포함)는 경비·보안 및 방호책임을 지며, 통합방위사태에 대비하여 자체방호계획을 수립하여야 한다. 이 경우 국가중요시설의 관리자는 자체방호계획을 수립하기 위하여 필요하면 시·도경찰청장 또는 지역군사령관에게 협조를 요청할 수 있다.

(2) 방호지원계획의 수립

시·도경찰청장 또는 지역군사령관은 통합방위사태에 대비하여 국가중요시설에 대한 방호지원계획을 수립·시행하여야 한다.

(3) 지도 · 감독

국가중요시설의 평시 경비 · 보안활동에 대한 지도 · 감독은 관계 행정기관의 장과 국가정보원장이 수행한다.

(4) 국가중요시설의 지정

국가중요시설은 국방부장관이 관계 행정기관의 장 및 국가정보원장과 협의하여 지정한다.

3. 중요시설경비의 실시과정 ★☆☆

(1) 경호대책

시설주 등은 시설의 특징, 지역여건, 가용인력 등을 고려하여 경비시설물 설치와 3지대 방호개념에 의한 방호를 실시하여야 한다.

(2) 3지대 방호개념

3지대 방호개념은 제1지대는 경계지대, 제2지대는 주방어지대, 제3지대는 핵심방어지대를 말한다.

① **경계지대**(제1지대): 중요시설의 방호지대의 하나로서 시설 울타리 전방 취약지점에서 시설에 접근하기 전에 저지할 수 있는 예상 접근로상의 외곽경비지대를 연결하는 선을 말한다.

② **주방어지대**(제2지대): 중요시설의 방호지대의 하나로서 시설 울타리를 연결하는 선으로 시설내부 및 핵심시설에의 적의 침투를 방지하여 결정적으로 중요시설을 방호하는 선을 말한다.

③ **핵심방어지대**(제3지대): 시설의 가동에 결정적으로 영향을 미치는 특성을 갖는 구역을 말한다.

(3) 경비요령

① 적의 침투로부터 자체 시설경비가 가능하도록 담장, 울타리, 보안등, 경비초소, 기타 장애물 및 현대화된 과학장비와 시설물을 설치 · 운영하여야 한다.

② 시설주는 당해 시설의 경비상황을 중심으로 상황보고 및 지휘망, 경비활동망, 지원부대 협조망 등 유 · 무선 통신시설을 설치 · 운용하여야 한다.

③ 중요경비시설의 면회실과 외래주차장은 경비를 위해 울타리 외곽에 설치하는 것이 좋고, 경비구역 내의 사진촬영은 원칙적으로

금지하여야 한다.
④ 평상시 주요 취약지점에 경비인력을 중점 배치하여 시설 내외의 위험요소를 제거한다.

4. 「경비업법」상 국가중요시설의 시설주 또는 관리책임자의 무기관리수칙 ★★☆

(1) 관리실태 파악

관할 경찰관서장이 정하는 바에 의하여 무기의 관리실태를 매월 파악하고, 다음 달 3일까지 관할 경찰관서장에게 통보하여야 한다.

(2) 사유통보

대여받은 무기를 빼앗기거나 대여받은 무기가 분실·도난 또는 훼손되는 등의 사고가 발생한 때에는 관할 경찰관서장에게 그 사유를 지체 없이 통보하여야 한다.

(3) 손해배상

대여받은 무기를 빼앗기거나 대여받은 무기가 분실·도난 또는 훼손된 때에는 경찰청장이 정하는 바에 의하여 그 전액을 배상하여야 한다. 다만, 전시·사변, 천재·지변 그 밖의 불가항력의 사유가 있다고 시·도경찰청장이 인정하는 때에는 그러하지 아니하다.

(4) 무기손질

시설주는 자체계획을 수립하여 보관하고 있는 무기를 매주 1회 이상 손질할 수 있게 하여야 한다.

5. 중요시설경비의 문제점

(1) 경비인력의 이원성

① 현행 국가중요시설의 경비형태는 청원경찰 단독근무, 청원경찰·민간경비 합동근무, 민간경비 단독근무라는 3가지 형태를 취하고 있다.
② 경비운영의 제도적 이원화는 경비의 통일성 및 일관성에 장애요인이 되고 있으며, 이로 인해 적절한 지휘·감독이 쉽지 않은 실정이다.

(2) 전문경비인력의 부족

① 경비분야는 타 업종에 비해 근무조건 등이 매우 열악하여 우수한 자질과 교육수준을 갖춘 지원자들을 선발하는 데 어려움이 있다.
② 국가중요시설경비의 효율화를 위해서는 우수한 전문인력을 배출하고 최신경비기술을 개발하여, 인접학문과의 접근 등이 종합적으로 이루어져야 한다.

(3) 인력경비 편중

① 원자력발전소, 공항, 방송사, 금융기관, 산업시설 등 국가중요시설에서 요구하는 경비활동은 인력경비형태로는 경비업무수행의 한계성이 제기되어 기계경비와 혼합한 형태의 경비가 발전하는 추세이다. 그러나 아직까지는 여전히 인력경비에 의존하고 있다.
② 기계경비에 비해 인력경비는 인간능력의 한계와 인건비 부담문제가 발생한다.
③ 인력경비의 문제점을 해결하기 위해서는 기계경비의 적정한 도입이 필요하다. 그러나 기계경비에도 오보율, 신속한 현장대처능력의 한계 등이 발생하므로 적정한 수준에서 인력경비와 조화가 필요하다.

핵심 기출문제

07 국가중요시설경비에 관한 설명으로 옳지 **않은** 것은? • 제23회 기출

① 국가중요시설 중요도에 따라 가급, 나급, 다급, 라급, 마급으로 분류된다.
② 국가중요시설 내 보호지역은 제한지역, 제한구역, 통제구역으로 구분된다.
③ 국가중요시설은 국방부장관이 관계 행정기관의 장 및 국가정보원장과 협의하여 지정한다.
④ 국가중요시설경비의 효율화를 위해서는 교육훈련 강화를 통한 경비 전문화가 필요하다.

해설 국가중요시설의 중요도에 따라 가급, 나급, 다급으로 분류한다.

정답 ①

제7절 재난 및 안전관리

1. 재난의 의의

재난이란 국민의 생명·신체·재산과 국가에 피해를 주거나 줄 수 있는 것으로서, 군중이 운집한 상황에서 돌발사태 등에 의해 정서의 충동성, 도덕적 모순성 등 비정상적 군중심리가 발생한다. 따라서 공연이나 행사상의 안전관리에 각별한 주의가 필요하다.

(1) 자연재난

태풍, 홍수, 호우(豪雨), 강풍, 풍랑, 해일(海溢), 대설, 낙뢰, 가뭄, 지진, 황사(黃砂), 조류(藻類) 대발생, 조수(潮水), 그 밖에 이에 준하는 자연현상으로 인하여 발생하는 재해를 자연재난이라고 한다.

(2) 사회재난

화재·붕괴·폭발·교통사고·화생방사고·환경오염사고 등으로 인해 발생하는 일정 규모 이상의 피해와 에너지·통신·교통·금융·의료·수도 등 국가기반체계의 마비, 「감염병의 예방 및 관리에 관한 법률」에 따른 감염병 또는 「가축전염병 예방법」에 따른 가축전염병의 확산 등으로 인한 피해를 사회재난이라고 한다.

(3) 해외재난

대한민국의 영역 밖에서 대한민국 국민의 생명·신체 및 재산에 피해를 주거나 줄 수 있는 재난으로서 정부차원에서 대처할 필요가 있는 재난을 해외재난이라고 한다.

2. 재난관리

(1) 개념

재난관리란 재난의 예방·대비·대응 및 복구를 위하여 하는 모든 활동을 말한다.

(2) 안전관리

① 개념: 안전관리란 재난이나 그 밖의 각종 사고로부터 생명·신체 및 재산의 안전을 확보하기 위하여 하는 모든 활동을 말한다.

② 안전기준: 안전기준이란 각종 시설 및 물질 등의 제작, 유지관리 과정에서 안전을 확보할 수 있도록 적용하여야 할 기술적 기준을 체계화한 것을 말한다.

(3) 재난관리책임기관

재난관리책임기관이란 중앙행정기관 및 지방자치단체(제주특별자치도 설치 및 국제자유도시 조성을 위한 특별법 제10조 제2항에 따른 행정시를 포함한다), 지방행정기관·공공기관·공공단체(공공기관 및 공공단체의 지부 등 지방조직을 포함한다) 및 재난관리의 대상이 되는 중요시설의 관리기관 등으로서 대통령령으로 정하는 기관을 말한다.

(4) 재난관리주관기관

재난관리주관기관이란 재난이나 그 밖의 각종 사고에 대하여 유형별로 예방·대비·대응 및 복구 등의 업무를 주관하여 수행하도록 대통령령으로 정하는 관계 중앙행정기관을 말한다.

3. 긴급구조

긴급구조란 재난이 발생할 우려가 현저하거나 재난이 발생하였을 때 국민의 생명·신체 및 재산을 보호하기 위하여 긴급구조기관과 긴급구조지원기관이 하는 인명구조, 응급처치, 그 밖에 필요한 모든 긴급한 조치를 말한다.

4. 재난관리정보

재난관리정보란 재난관리를 위하여 필요한 재난상황정보, 동원가능자원정보, 시설물정보, 지리정보를 말한다.

5. 위험관리 ★★★

(1) 위험관리의 순서

기본적으로 '위험요소의 확인 ⇨ 위험요소의 분석 ⇨ 우선순위의 결정 ⇨ 위험요소의 감소 ⇨ 보안성·안전성 평가' 등의 순서로 이루어진다.

(2) 보호수단 적용법

위험관리의 대상이 되는 인적·물적 보호대상의 위험요소들을 각 대상별로 추출하여 성격을 파악한 후 각각의 요소마다 다른 보호수단을 적용하는 것이 바람직하다.

(3) 표준운영절차 개발

위험관리가 효율적으로 이루어지기 위해서는 관련 절차에 관한 표준운영절차(SOP; Standard Operating Procedure)를 개발하는 것이 바람직하다.

(4) 대응방법

위험의 제거	위험관리에서 최선의 방법은 확인된 모든 위험요소를 제거하는 것이다.
위험의 회피	범죄 및 손실이 발생할 기회를 전혀 제공하지 않는 것이다.
위험의 감소	위험의 제거 내지 위험의 회피가 불가능하다면 확인된 위험을 감소시키거나 최소화하는 것이다.
위험의 분산	위험성이 높은 보호대상을 한곳에 집중시키지 않고 여러 곳에 분산시키는 것이다.
위험의 대체	직접적으로 위험을 제거하거나 감소 및 최소화하기보다 보험과 같은 대처수단을 통해 손실을 전보하는 것이다.

핵심 기출문제

08 확인된 위험의 대응방법에 관하여 옳게 연결된 것은? •제21회 기출

㉠ 물리적·절차적 관점에서 위험요소를 감소시키거나 최소화시키는 방법을 강구한다.
㉡ 범죄 및 손실이 발생할 기회를 전혀 제공하지 않는 것과 관련된다.

① ㉠ 위험의 감소, ㉡ 위험의 회피
② ㉠ 위험의 감소, ㉡ 위험의 분산
③ ㉠ 위험의 제거, ㉡ 위험의 감수
④ ㉠ 위험의 제거, ㉡ 위험의 대체

해설

확인된 위험의 대응
- 위험의 제거: 위험관리에서 최선의 방법은 확인된 위험을 제거하는 것이다.
- 위험의 회피: 범죄 및 손실이 발생할 기회를 전혀 제공하지 않는 것이다.(㉡)
- 위험의 감소: 완벽한 위험의 제거 내지 회피가 불가능할 경우, 물리적·절차적 관점에서 위험요소를 감소시키거나 최소화하는 방법을 강구하는 것이다.(㉠)
- 위험의 분산: 위험성이 높은 보호대상을 한곳에 집중시키지 않고 여러 곳에 분산시키는 것이다.
- 위험의 대체: 보험과 같은 대처수단을 통해 손실을 전보하는 것이다.

정답 ①

중요내용 OX 문제

CHAPTER 06 각종 민간 경비활동의 유형

제1절 재난예방과 비상계획

01 가스폭발, 열차충돌 등은 재난의 유형 중 자연적 재난에 해당한다.

02 폭발물이 발견된 경우 경비원들은 직접 폭발물의 해체에 주력하는 것이 아니라, 해당 기관에 연락 후 출입금지조치에 주력해야 한다.

03 경비원은 폭발물 협박이 있는 경우 책임자에게 보고하고 내부인원을 대피시킨 후 폭발물 설치 여부를 탐색한다.

04 비상계획의 수립 시 비상위원회의 구성에 있어 경비감독관은 배제되어야 한다.

05 비상계획의 수립 시 경비대상시설물의 안전에 가장 중점을 두고 계획이 수립되어야 한다.

제2절 내부절도 및 산업스파이

06 산업스파이는 외부인이 시설의 전산망에 침입하여 핵심정보를 절취해 가는 경우가 많아 방어시스템을 구축해야 한다.

07 핵심정보에 접근하는 자는 비밀보장각서 등을 작성할 필요는 없으나, 비밀인가자의 범위는 최소한으로 제한해야 한다.

제3절 시설물에 따른 경비

08 손님을 유도하는 효과와 도둑을 방지하는 효과를 갖는 것은 상품전시이다.

09 현금수송은 원칙적으로 자체경비원이 운반하는 것이 안전하다.

10 모든 현금자동지급기에 경비원을 배치하는 것이 바람직하다.

11 홈시큐리티는 주로 기계경비를 중심으로 서비스를 제공하고 있다.

12 타운시큐리티는 개별 빌딩 단위의 방범활동을 말한다.

13 의료시설은 지속적으로 수용되는 환자 및 방문객 등의 출입으로 관리상의 어려움이 있기 때문에 사후통제에 경비의 초점을 두어야 한다.

14 대규모 상업시설에서 민간경비는 소비욕구를 최대화하기 위해 공중의 접근을 극대화하는 동시에, 상업적 활동을 침해하는 사람들의 불법행위를 통제하는 역할을 수행한다.

OX 정답
01 × 02 ○ 03 × 04 × 05 × 06 × 07 × 08 ○ 09 × 10 × 11 ○ 12 ×
13 × 14 ○

X 해설
01 인위적 재난에 해당한다.
03 경비원은 폭발물 협박이 있는 경우 책임자에게 보고하고 통화내용을 같이 들을 수 있도록 하며, 내부인원을 대피시킨 후 전문가를 동원하여 폭발물 설치 여부를 탐색한다.
04 비상위원회의 구성에 경비감독관을 포함해야 한다.
05 비상계획 수립 시에는 사람의 생존에 중점을 둔다.
06 산업스파이 행위는 외부인보다 내부인에 의해 이루어지는 경우가 많다.
07 핵심정보에 접근하는 자는 비밀보장각서 등을 작성하고, 비밀인가자의 범위를 최소한으로 제한해야 한다.
09 현금수송은 현금수송 전문경비회사에 의뢰하는 것이 원칙이다.
10 현금자동지급기에는 적정한 수의 경비원을 배치해야 하며, 모든 현금자동지급기에 경비원을 배치하여야 하는 것은 아니다.
12 타운시큐리티는 지역 단위의 방범활동을 말한다.
13 의료시설경비는 사전예방에 초점을 둔다.

제4절 신변보호경비

15 신변보호경비는 경비사고가 발생한 경우 경호의 위해자를 공격하거나 체포하는 것이 1차적인 목적이다.

제5절 호송경비

16 호송경비 중 위해발생 시 물품안전이 경비자의 신체안전에 우선한다.

제6절 특수경비(중요시설경비)

17 통합방위사태는 4단계(갑·을·병·정)로 구분된다.

18 시·도지사가 필요하다고 지정한 행정·산업시설은 중요시설 중 다급에 속한다.

19 국가중요시설은 국방부장관이 관계 행정기관의 장 및 국가정보원장과 협의하여 지정한다.

20 경비구역 제3지대(핵심방어지대)는 시설의 가동에 결정적으로 영향을 미치는 특성을 갖는 구역이다.

제7절 재난 및 안전관리

21 위험관리의 순서는 '위험요소의 확인 ⇨ 위험요소의 분석 ⇨ 보안성·안정성 평가 ⇨ 우선순위의 결정 ⇨ 위험요소의 감소'의 순서로 진행된다.

22 위험에 대한 대응방법으로 위험의 감소란 범죄 및 손실이 발생할 기회를 전혀 제공하지 않는 것이다.

23 위험의 대체는 보험과 같은 대체수단을 통해 손실을 전보하는 방법이다.

OX 정답   15 ×   16 ×   17 ×   18 ×   19 ○   20 ○   21 ×   22 ×   23 ○

X 해설
15 신변보호경비는 경비대상물의 안전방어를 목적으로 한다.
16 호송경비 중 위해발생 시 인명 및 신체안전을 최우선으로 한다.
17 통합방위사태는 3단계(갑·을·병)로 구분된다.
18 시·도지사가 필요하다고 지정한 행정·산업시설은 기타급에 속한다.
21 위험관리의 순서는 '위험요소의 확인 ⇨ 위험요소의 분석 ⇨ 우선순위의 결정 ⇨ 위험요소의 감소 ⇨ 보안성·안전성 평가' 순이다.
22 위험의 감소는 확인된 위험을 감소 또는 최소화하는 것이다. 범죄 및 손실이 발생할 기회를 전혀 제공하지 않는 것은 위험의 회피이다.

CHAPTER 06 각종 민간경비활동의 유형

기출 및 예상문제

제1절 재난예방과 비상계획

01 대규모 군중이 모였을 때 효율적인 군중관리의 기본원칙으로 옳지 <u>않은</u> 것은?

① 밀도의 희박화
② 이동의 일정화
③ 경쟁적 상황의 해소
④ 철저한 통제

[해설] 군중관리의 기본원칙으로는 밀도의 희박화(제한된 특정지역에 많은 사람들이 모이는 것을 회피), 이동의 일정화(군중을 일정한 방향, 일정한 속도로 이동시킴으로써 혼란 방지), 경쟁적 상황의 해소(질서를 준수하면 안전하다는 것을 안내방송을 통해 방송함으로써 질서 있게 움직이도록 유도), 지시의 철저(자세하고 계속적인 안내방송으로 사고와 혼잡상태 예방) 등이 있다.

02 비상사태 발생 시 민간경비의 대응으로 옳은 것을 모두 고른 것은? ・제23회 기출

㉠ 응급환자에 대한 조치
㉡ 경제적 가치가 있는 자산의 보호
㉢ 비상계획서 작성 및 책임자 지정
㉣ 발생지역 내의 질서유지 및 출입통제

① ㉠, ㉡, ㉢
② ㉠, ㉡, ㉣
③ ㉠, ㉢, ㉣
④ ㉡, ㉢, ㉣

[해설] 비상사태 발생 시 민간경비의 대응으로는 비상사태에 대한 초동조치, 응급환자의 보호 및 응급조치, 경제적으로 보호해야 할 자산의 보호, 비상인력과 시설 내의 이동통제, 출입구와 비상구 및 위험지역의 출입통제 등이 있다.

03 재난재해에 관한 대처요령으로 옳지 않은 것은?

• 제24회 기출

① 경비원은 폭발물 협박이 있는 경우 책임자에게 보고하고 내부인원을 대피시킨 후 폭발물 설치 여부를 탐색한다.
② 지진 발생 시 가스밸브를 잠그고 건물 밖 공터 등으로 대피한다.
③ 엘리베이터 안에서 지진 발생 시 모든 층을 누르고 가장 먼저 정지하는 층에 내려서 대피한다.
④ 화재 대피 시에는 수건 등을 물에 적셔서 입과 코를 막고 낮은 자세로 대피한다.

해설 경비원은 폭발물 협박이 있는 경우 책임자에게 보고하고 통화내용을 같이 들을 수 있도록 하며, 내부인원을 대피시킨 후 전문가를 동원하여 폭발물 설치 여부를 탐색한다.

04 대규모 공연장·행사장 안전관리업무의 민간위탁에 관한 설명으로 옳지 않은 것은?

• 제16회 기출

① 민간위탁은 경찰의 공적 경비업무부담을 증가시킨다.
② 민간경비업체는 행사주체 측과 긴밀한 사전협의 및 협조를 통하여 질서유지 및 상황발생 시 대처할 수 있어야 한다.
③ 민간경비업체는 상황에 따라 소방대 및 경찰지원을 요청하는 등 탄력성 있는 안전관리활동이 가능하여야 한다.
④ 민간경비업체는 이동 간 거리행사의 경우에 행사기획 단계부터 이동경로의 선택 및 참가예상인원의 파악 등의 업무도 가능하여야 한다.

해설 공경비의 역할을 일정 부분 민간에 위탁하게 되면 공적 경비업무부담이 감소한다.

정답 01 ④ 02 ② 03 ① 04 ①

05 비상계획 수립 시 고려할 사항이 아닌 것은?

① 비상위원회 구성에 있어 경비감독관은 반드시 포함되어야 한다.
② 초기에 사태대응을 보다 신속하게 할 수 있도록 체계가 잘 갖춰져 있어야 한다.
③ 비상사태의 책임을 지고 있는 자에게는 그 책임관계를 명확히 규정하여야 한다.
④ 비상업무를 수행하면서 대중 및 언론에 대한 정보제공은 최대한 은폐되어야 한다.

해설 비상업무를 수행하면서 대중 및 언론에 대하여 신속하고 정확한 정보가 제공되어야 한다.

06 비상사태의 유형에 따른 경비원의 대응에 관한 설명으로 옳지 않은 것은? • 제21회 기출

① 지진: 지진발생 후 치안공백으로 인한 약탈과 방화행위에 대비
② 가스폭발: 가스폭발 우려가 있을 시 우선 물건이나 장비를 고지대로 이동
③ 홍수: 폭우가 예보되면 우선적으로 침수 가능한 지역에 대해 배수시설 점검
④ 건물붕괴: 자신이 관리하는 건물의 벽에 금이 가거나 균열이 있는지 확인

해설 가스폭발 우려가 있을 시에는 출입을 금지한다. 가스기기는 콕, 중간밸브, 용기밸브를 잠근 후 주위의 점화원을 없애고, 전기기구는 사용을 금지한다. 물건이나 장비를 고지대로 이동하는 대응책은 자연적 재난 중 홍수에 대한 대응방법이다.

07 비상계획서에 포함되어야 할 사항으로 옳지 않은 것은? • 제18회 기출

① 명령지휘부의 지정
② 외부기관과의 통신수단 마련
③ 대중 및 언론에 대한 정보 차단
④ 비상시 사용될 장비·시설의 위치 지정

해설 비상계획서에는 외부기관과의 통신수단 마련과 대중 및 언론에 대한 정보제공이 포함되어야 한다.

08 재해예방과 비상계획 수립과정으로 옳은 것은?

•제20회 기출

㉠ 문제의 인지   ㉡ 목표의 설정
㉢ 경비계획안 비교검토   ㉣ 전체계획 검토
㉤ 경비위해요소 조사·분석   ㉥ 최선안 선택

① ㉠ ⇨ ㉡ ⇨ ㉢ ⇨ ㉣ ⇨ ㉤ ⇨ ㉥
② ㉠ ⇨ ㉡ ⇨ ㉣ ⇨ ㉤ ⇨ ㉢ ⇨ ㉥
③ ㉠ ⇨ ㉡ ⇨ ㉤ ⇨ ㉣ ⇨ ㉢ ⇨ ㉥
④ ㉠ ⇨ ㉢ ⇨ ㉤ ⇨ ㉣ ⇨ ㉡ ⇨ ㉥

해설 재해예방과 비상계획의 수립과정은 '문제의 인지(㉠) ⇨ 목표의 설정(㉡) ⇨ 경비위해요소 조사·분석(㉤) ⇨ 전체계획 검토(㉣) ⇨ 경비계획안 비교검토(㉢) ⇨ 최선안 선택(㉥)' 순이다.

09 폭발물에 의한 테러 위협에 관한 설명으로 옳지 않은 것은?

•제21회 기출

① 폭발물에 의한 테러 위협을 당하면 우선적으로 사람들을 건물 밖으로 대피시킨다.
② 테러협박전화가 걸려 오면 경비책임자에게 보고하고, 위험이 감지되면 경찰서나 소방서 등 관련 기관에 신속하게 연락한다.
③ 경비원은 폭발물이 발견되면 그 지역을 자주 출입하는 사람이나 출입이 제한된 사람들의 명단을 파악한 후 신속하게 폭발물을 제거한다.
④ 경비원은 폭발물의 폭발력을 약화시키기 위하여 모든 창문과 문은 열어 둔다.

해설 폭발물이 발견될 경우 폭탄전문가만이 폭발물을 제거할 수 있다. 폭발물 발견 시 경비원은 그 지역을 자주 출입하는 사람이나 출입이 제한된 사람들의 명단을 신속하게 파악하고, 관련 기관에 연락하여 출입금지조치에 주력해야 한다.

제2절 내부절도 및 산업스파이

10 산업스파이의 특성에 관한 설명으로 옳지 않은 것은?

① 일반적으로 피해액이 막대한 수준에 이를 수 있다.
② 대부분은 외부인이 물리적으로 침입하여 기업비밀을 절취해 가는 경우이다.
③ 화이트칼라(White Collar) 범죄의 유형으로서 적발이 어려운 편이다.
④ 컴퓨터 네트워크를 통해 정보유출을 시도할 경우 방지하기 어려운 편이다.

해설 산업스파이 행위는 내부인에 의해 이루어지는 경우가 많다.

05 ④   06 ②   07 ③   08 ③   09 ③   10 ②

11 산업보안 문제 및 예방대책에 관한 설명으로 옳지 않은 것은?

① 기업 내부직원이 외부와 연계하여 기업비밀을 유출할 경우 적발이 쉽지 않다.
② 기업보안사항에 접근하는 자에게 비밀정보각서 또는 계약서를 작성하게 하는 것은 인권침해의 우려가 있어 금지하고 있다.
③ 산업스파이에 의한 손실은 일반적인 침입절도에 의한 손실보다 그 규모 면에서 큰 경향이 있다.
④ 비밀취급인가자의 범위는 가능한 한 최소한으로 제한하는 것이 바람직하다.

해설 기업보안사항에 접근하는 자에게 비밀정보각서 또는 계약서를 작성하게 하는 것은 기업보안상 필요한 절차이다.

12 국가보안시설 및 기업의 산업스파이 문제에 관한 설명으로 옳지 않은 것은? •제23회 기출

① 핵심정보에 접근하는 자는 비밀보장각서 등을 작성하고, 비밀인가자의 범위를 최소한으로 제한해야 한다.
② 최근 기업규모별 산업기술 유출 건수는 대기업보다 중소기업에서 더 많이 발생하고 있어 체계적인 보안대책이 요구된다.
③ 산업스파이는 외부인이 시설의 전산망에 침입하여 핵심정보를 절취해 가는 경우가 많아 방어시스템을 구축해야 한다.
④ 첨단 전자장비의 발전으로 산업스파이에 의한 산업기밀이 유출될 수 있는 위험요소들이 더욱 많아지고 있다.

해설 산업스파이는 내부인에 의해 이루어지는 경우가 많으므로, 이에 대비한 방어시스템을 구축해야 한다.

제3절 시설물에 따른 경비

13 주거시설경비에 관한 설명으로 옳지 않은 것은?

① 최근에는 방범, 구급안전, 화재 등으로부터 보호하기 위한 주택용 방범기기의 수요가 급속히 증가하고 있다.
② 주거시설경비는 점차 기계경비에서 인력경비로 변화되고 있다.
③ 주거침입의 예방대책은 건축 초기부터 설계되어야 한다.
④ 타운경비는 일반단독주택이나 개별 빌딩 단위가 아니라 대규모 지역 단위의 방범활동이다.

해설 민간경비는 점차 인력경비에서 기계경비로 변화되고 있다.

14 금융시설경비에 관한 설명으로 옳지 않은 것은?

① 경비원은 경계가 가능한 2인 이상이 근무해야 하며, 점포 내 순찰, 출입자 감시 등 구체적인 근무요령에 의해 실시한다.
② ATM의 증가는 범죄자들의 범행욕구를 충분히 유발할 수 있으므로 지속적인 경비순찰을 실시하고, 경비조명뿐 아니라 CCTV를 설치하는 등 안전대책이 수립되어야 한다.
③ 경비책임자는 경찰과의 연락 및 방범정보의 교환과 같은 사항이 지속적으로 이루어지도록 점검하여야 한다.
④ 현금수송은 원칙적으로 금융기관 자체에서 실시하되, 특별한 경우에는 현금수송 전문경비회사에 의뢰할 수 있다.

해설 현금수송은 원칙적으로 현금수송 전문경비회사에 의뢰하되, 자체현금을 수송할 때에는 청원경찰을 포함한 3인 이상이 하여야 함을 원칙으로 한다.

15 금융시설의 안전관리대책에 관한 설명으로 옳지 않은 것은?

① 금융시설에서 사건이 발생할 경우를 대비하여 신속한 대응을 위한 사전모의훈련이 필요하다.
② 금융시설의 위험요소는 외부인에 의한 침입뿐만 아니라 내부인에 의한 범죄까지 포함된다.
③ 모든 현금자동지급기(ATM)에는 경비원을 배치해야 한다.
④ 현금호송 시에는 가급적 전용차를 사용하고, 운전자 외에 가스총 등을 휴대한 경비원이 동승한다.

해설 현금자동지급기에는 적정한 수의 경비원을 배치해야 하며, 모든 현금자동지급기에 경비원을 배치하여야 하는 것은 아니다.

정답 11 ②　12 ③　13 ②　14 ④　15 ③

16 금융시설경비에 관한 설명으로 옳지 않은 것은?

① 금융시설의 특성상 개·폐점 직후나 점심시간 등이 취약 시간대로 분석되고 있다.
② 특수경비업의 성장으로 인해 특수경비원이 금융시설경비를 전담하고 있다.
③ 금융시설 내에 한정하지 않고 외부경계 및 차량감시도 경비활동의 대상에 포함된다.
④ 경찰과 범죄예방정보의 교환이 필요하다.

> **해설** 금융시설경비는 특수경비원보다 청원경찰이 주로 경비를 전담하고 있다.

17 의료시설경비에 관한 설명으로 옳지 않은 것은?

① 위험요소의 사전예방보다 사후대응에 중점을 두어야 한다.
② 출입구 배치나 출입제한구역 설정은 안전책임자와 병원관계자의 협의에 의해 이루어질 수 있다.
③ 지속적으로 수용되는 환자 및 방문객들의 출입에 따른 관리상의 어려움이 있다.
④ 의료시설에서 응급실은 안전관리가 철저하게 이루어져야 한다.

> **해설** 의료시설경비는 위험요소의 사전예방이 사후대응에 비해 중요하므로 예방책도 사전예방에 중점을 두어야 한다.

18 교육시설경비에 관한 설명으로 옳지 않은 것은?

① 교육시설의 위험요소 조사 시 지역사회와의 상호관계는 고려대상에서 제외된다.
② 교육시설의 범죄예방활동은 '계획 ⇨ 준비 ⇨ 실행 ⇨ 평가 및 측정'의 순서로 이루어진다.
③ 교육시설 보호 및 이용자 안전확보를 목적으로 한다.
④ 교육시설의 특별범죄예방 대상에는 컴퓨터와 관련된 정보절도, 사무실 침입절도 등이 포함된다.

> **해설** 교육시설의 위험요소 조사 시 지역사회와의 상호연관관계를 고려하여야 적절한 경비가 이루어질 수 있다.

19 컴퓨터를 이용하여 가정의 안전을 집중 관리하는 시스템으로, 외부의 침입이나 화재 및 가스누출과 같은 비상경보가 CCTV회선을 통해 경비회사에 전송되면 경비회사가 그 이상 여부를 확인하여 경찰서 및 소방서에 통보하는 시스템은?

① 타운시큐리티
② 고층빌딩경비
③ 홈시큐리티
④ 공동주택경비

해설 컴퓨터를 이용하여 가정의 안전을 집중 관리하는 시스템으로, 외부의 침입이나 화재 및 가스누출과 같은 비상경보가 CCTV회선을 통해 경비회사에 전송되면 경비회사가 그 이상 여부를 확인하여 경찰서 및 소방서에 통보하고 출동하는 시스템을 홈시큐리티라고 한다.
① 타운시큐리티는 개별 빌딩 단위가 아닌 지역 단위의 방범활동이다.

20 시설경비에 관한 설명으로 옳지 않은 것은? • 제15회 기출

① 의료시설에서 응급실은 불특정 다수인이 많이 왕래하는 등의 특성으로 인해 잠재적 위험성이 가장 높기 때문에 1차적 경비대책이 요구된다.
② 국가중요시설은 시설의 중요도와 취약성을 고려하여 감시구역, 제한구역, 통제구역으로 보호구역을 설정하고 있다.
③ 미국은 금융시설의 강도 등 외부침입을 예방·대응하기 위하여 은행보호법을 제정·시행하고 있다.
④ 의료시설은 지속적으로 수용되는 환자 및 방문객 등의 출입으로 관리상의 어려움이 있기 때문에 사후통제보다는 사전예방에 초점을 두는 것이 바람직하다.

해설 국가중요시설은 시설의 중요도와 취약성을 고려하여 제한지역, 제한구역, 통제구역으로 보호구역을 설정하고 있다.

16 ② 17 ① 18 ① 19 ③ 20 ② **정답**

제4절 신변보호경비

21 신변보호경비의 기본원칙의 내용이 아닌 것은?

① 수혜자 비용부담의 원칙　② 비용의 원칙
③ 서비스제공 원칙　　　　④ 법규준수의 원칙

해설 신변보호경비의 기본원칙에는 수혜자 비용부담의 원칙, 수익의 원칙, 서비스제공 원칙, 법규준수의 원칙 등이 있다.

22 피경호자가 이용할 것으로 예측되는 주도로와 예비도로의 각종 위해요소를 사전에 방비하여 위해요소에 대비하는 경호형태는?

① 연도경호　　② 차량경호
③ 근접경호　　④ 선발경호

해설 피경호자가 이용할 것으로 예측되는 주도로와 예비도로의 각종 위해요소를 사전에 방비하여 위해요소에 대비하는 경호형태는 연도경호이다.

23 신변보호경비의 경호방법으로 옳지 않은 것은?

① 사전에 경호계획을 수립한 후 위해요소를 배제하여야 한다.
② 경호하는 방법이나 경호의 기본계획에 해를 가하는 자들이 미리 알지 못하도록 경호하여야 한다.
③ 경호의 위해자를 공격하여 체포하는 것이 경호의 1차적 목적이다.
④ 경호원이 자신의 담당구역이 아닌 인근지역에서 위급한 상황이 발생하더라도 책임구역을 벗어나서는 아니 된다.

해설 신변보호경비는 경비대상물의 안전을 방어하는 것이 1차적 목적이며, 경호의 위해자를 공격하여 체포하는 것이 경호의 1차적 목적이 되어서는 아니 된다.

제5절 호송경비

24 다음에 해당하는 호송경비의 방식은?
・제21회 기출

> 운송업자 A가 고가미술품을 자신의 트럭에 적재하여 운송하고, 이 적재차량의 경비는 경비업자 B가 무장경비차량 및 경비원을 통해 경비하였다.

① 통합호송방식 ② 분리호송방식
③ 휴대호송방식 ④ 동승호송방식

해설 운송업자가 호송대상물건을 자신의 차량에 적재하여 운송하고, 이 적재차량의 경비는 경비업자가 경비차량과 경비원을 통해 경비하는 방식을 분리호송방식이라고 한다.

25 호송경비 시 위해발생의 대응요령에 관한 설명으로 옳지 않은 것은?
・제16회 기출

① 위해발생 시 인명 및 신체의 안전을 최우선시한다.
② 위해발생 시 신속하게 차량용 방범장치를 해제한 후 탑재물품을 차량에서 분리시켜 보호한다.
③ 경비원이 소지하는 분사기와 경봉은 정당한 범위 내에서 적절하게 사용한다.
④ 습격사고 발생 시에는 큰 소리, 확성기, 차량용 경보장치 등으로 주변에 이상상황을 알린다.

해설 호송경비 중 위해상황이 발생한 경우 차량용 방범장치를 해제하는 것은 오히려 범죄자에게 재물탈취의 기회를 제공하므로 위험하다.

26 호송경비계획에 관한 내용으로 옳지 않은 것은?

① 호송경비계획을 수립하는 경우 경비의 수준이나 방법은 경비하려는 지역의 특색이나 사회적 환경을 고려하여야 한다.
② 호송경비계획에는 경비 도중 발생할 수 있는 교통사고나 경비원에 대한 사고에 대해서도 대비책을 마련하여야 한다.
③ 호송경로 선택 시 교차로가 많은 도로, 좌회전을 많이 하여야 하는 도로는 피해야 한다.
④ 지나치게 인가가 없어 한적한 도로는 호송경로를 선택할 때 가급적 피하는 것이 좋다.

해설 사고가 많은 지역의 도로나 상습적으로 교통이 정체되는 도로, 교차로가 많은 도로, 우회전을 많이 하는 도로는 피하여야 한다.

정답 21 ②　22 ①　23 ③　24 ②　25 ②　26 ③

제6절 특수경비(중요시설경비)

27 국가안전에 미치는 중요도 기준에 따라 국가중요시설을 분류할 때, 국가보안상 국가경제 또는 사회생활에 중대한 영향을 끼치는 행정 및 산업시설은 어디에 해당하는가?

① 가급
② 나급
③ 다급
④ 라급

> **해설** 국가보안상 국가경제 또는 사회생활에 중대한 영향을 끼치는 행정 및 산업시설은 나급에 해당한다.

28 국가중요시설의 분류기준에 관한 설명으로 옳은 것은?

① 가급 - 중앙부처장 또는 시·도지사가 필요하다고 지정한 행정 및 산업시설
② 나급 - 국가보안상 국가경제·사회생활에 중대한 영향을 끼치는 행정 및 산업시설
③ 다급 - 국방·국가기간산업 등 국가의 안전보장에 고도의 영향을 미치는 행정시설
④ 기타급 - 국가보안상 국가경제·사회생활에 중요하다고 인정되는 행정 및 산업시설

> **해설** ① 가급 - 국가의 안전보장에 고도의 영향을 미치는 행정·산업시설로, 대통령실, 대통령 관저, 국회의사당, 대법원, 원자력발전소, 국제공항이 해당한다.
> ③ 다급 - 국가보안상 국가경제·사회생활에 중요하다고 인정되는 행정 및 산업시설이 해당한다.
> ④ 기타급 - 중앙부처장, 시·도지사가 필요하다고 지정한 시설들이 해당한다.

29 경비업법상 국가중요시설의 시설주 또는 관리책임자의 무기관리수칙에 관한 설명으로 옳지 않은 것은?
• 제16회 기출

① 관할 경찰관서장이 정하는 바에 의하여 무기의 관리실태를 매월 파악하고, 다음 달 3일까지 관할 경찰관서장에게 통보하여야 한다.
② 대여받은 무기를 빼앗기거나 대여받은 무기가 분실·도난 또는 훼손되는 등의 사고가 발생한 때에는 관할 경찰관서장에게 그 사유를 지체 없이 통보하여야 한다.
③ 대여받은 무기를 빼앗기거나 대여받은 무기가 분실·도난 또는 훼손된 때에는 경찰청장이 정하는 바에 의하여 그 전액을 배상하여야 한다. 다만, 전시·사변, 천재·지변 그 밖의 불가항력의 사유가 있다고 시·도경찰청장이 인정하는 때에는 그러하지 아니하다.
④ 자체계획을 수립하여 보관하고 있는 무기를 매달 1회 이상 손질할 수 있게 하여야 한다.

해설 시설주는 자체계획을 수립하여 보관하고 있는 무기를 매주 1회 이상 손질할 수 있게 하여야 한다(경비업법 시행규칙 제18조 제1항 제8호).

30 국가중요시설경비에 관한 설명으로 옳은 것은?
• 제22회 기출

① 국가중요시설의 분류에 따라 국가보안상 국가경제, 사회생활에 중대한 영향을 미치는 행정시설을 가급으로 분류한다.
② 경비구역 제3지대(핵심방어지대)는 시설의 가동에 결정적으로 영향을 미치는 특성을 갖는 구역이다.
③ 제한구역은 비인가자의 출입이 일절 금지되는 보안상 극히 중요한 구역이다.
④ 통합방위사태는 4단계(갑·을·병·정)로 구분된다.

해설 ① 국가중요시설의 분류에 따라 국가보안상 국가경제, 사회생활에 중대한 영향을 미치는 행정·산업시설은 나급으로 분류된다. 가급시설은 국가의 안전보장에 고도의 영향을 미치는 행정·산업시설로, 대통령실, 대통령 관저, 국회의사당, 대법원, 원자력발전소 등이 해당한다.
③ 비인가자의 출입이 일절 금지되는 보안상 극히 중요한 구역은 통제구역이다.
④ 통합방위사태는 3단계(갑·을·병)로 구분된다.

27 ② 28 ② 29 ④ 30 ②

31 국가중요시설경비에 관한 설명으로 옳지 않은 것은?
• 제21회 기출

① 국가중요시설이란 공공기관, 공항·항만, 주요 산업시설 등 적에 의하여 점령 또는 파괴되거나 기능이 마비될 경우 국가안보와 국민생활에 심각한 영향을 주게 되는 시설을 말한다.
② 3지대 방호개념은 제1지대 - 주방어지대, 제2지대 - 핵심방어지대, 제3지대 - 경계지대이다.
③ 국가중요시설은 중요도와 취약성을 고려하여 제한지역, 제한구역, 통제구역으로 보호구역을 설정하고 있다.
④ 국가중요시설의 통합방위사태는 갑종사태, 을종사태, 병종사태로 구분된다.

해설 3지대 방호개념은 제1지대 - 경계지대, 제2지대 - 주방어지대, 제3지대 - 핵심방어지대이다.

제7절 재난 및 안전관리

32 위험관리(Risk Management)에 있어 어떠한 위험이 확인된 경우 선택할 수 있는 대응방법이 아닌 것은?

① 위험의 집중   ② 위험의 대체
③ 위험의 감소   ④ 위험의 분산

해설 위험관리에 있어 위험이 확인된 경우 대응방법으로는 위험의 제거, 위험의 회피, 위험의 감소, 위험의 분산, 위험의 대체가 있다.

33 위험관리(Risk Management)에 관한 설명으로 옳지 <u>않은</u> 것은? • 제15회 기출

① 기본적으로 '위험요소의 확인 ⇨ 위험요소의 분석 ⇨ 우선순위의 설정 ⇨ 위험요소의 감소 ⇨ 보안성·안전성 평가' 등의 순서로 이루어진다.
② 위험관리의 대상이 되는 인적·물적 보호대상의 우선순위를 설정하기보다는 포괄적으로 접근하는 것이 바람직하다.
③ 위험관리가 효율적으로 이루어지기 위해서는 관련 절차에 관한 표준운영절차(SOP; Standard Operating Procedure)를 개발하는 것이 바람직하다.
④ 확인된 위험에 대한 대응은 위험의 제거, 회피, 감소, 분산, 대체, 감수 등의 방법이 적용된다.

해설 위험관리의 대상이 되는 인적·물적 보호대상의 우선순위를 설정하여 접근하는 것이 바람직하다.

34 직접적으로 위험을 제거하거나 최소화하기보다 보험과 같은 수단을 통해 손실을 전보하는 위험의 대응방법은?

① 위험의 회피
② 위험의 분산
③ 위험의 감소
④ 위험의 대체

해설 직접적으로 위험을 제거하거나 최소화하기보다 보험과 같은 수단을 통해 손실을 전보하는 위험의 대응방법은 위험의 대체이다.

| 31 ② | 32 ① | 33 ② | 34 ④ | 정답 |

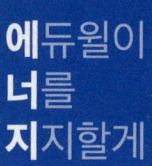

에듀윌이
너를
지지할게

ENERGY

어둡다고 불평하는 것보다
촛불을 켜는 것이 더 낫다.
고민하는 대신
거기 언제나 무엇인가
할 수 있는 일이 있다.

– 아잔 브라흐마(Ajan Brahma), 「술 취한 코끼리 길들이기」

CHAPTER 07 컴퓨터 범죄 및 안전관리

제1절 컴퓨터 범죄 및 예방대책

제2절 컴퓨터 안전관리

최근 13개년 출제비중

12.3%

학습 TIP

- ☑ 컴퓨터 범죄의 특징과 범죄유형의 특성을 이해해야 한다.
- ☑ 컴퓨터 정보보호의 목표에 해당하는 비밀성, 무결성, 가용성에 대해 정리해야 한다.
- ☑ 컴퓨터 안전관리 중 물리적 안전관리, 기술적 안전관리, 관리적 안전관리, 법적 안전관리의 개념과 내용을 구분할 수 있어야 한다.

POINT CHAPTER 내 절별 출제비중

| 01 컴퓨터 범죄 및 예방대책 | 66% |
| 02 컴퓨터 안전관리 | 34% |

CHAPTER 07 컴퓨터 범죄 및 안전관리

제1절 컴퓨터 범죄 및 예방대책

1. 컴퓨터 관리 안전대책

(1) 개념

① **컴퓨터의 개념**: 기억장치에 담긴 명령어에 의해 데이터를 받아들이고 이 데이터를 이용해 산술적·논리적 연산을 수행하여 결과를 생산하고 이를 저장할 수 있도록 해 주는 전자장치이다.

② **포트**
   ㉠ 포트란 컴퓨터 통신 이용자들을 대형컴퓨터에 연결해 주는 일종의 접속구이자 정보의 출입구 역할을 수행하는 부분으로 네트워킹 용어로는 논리적 접점을 의미한다.
   ㉡ 컴퓨터를 이용한 정보통신은 포트를 통해 이루어진다.

(2) 컴퓨터 시스템 안전관리

① 암호는 특정시스템에 대한 접근권을 가진 이용자의 식별장치이다.
② 컴퓨터의 화재감지기는 초기단계에서 감지할 수 있는 감지기를 사용하도록 한다.
③ 컴퓨터 시스템의 보안성 유지를 위하여 프로그램 개발자와 운영자 상호 간의 접촉을 가능한 한 줄이거나 없애야 한다.

2. 컴퓨터 범죄 ★★★

(1) 개념

컴퓨터 범죄를 네트워크 범죄라고 부르기도 하는데, 컴퓨터를 사용하여 범하는 반사회적 행위 또는 컴퓨터를 매개로 한 일련의 범죄적 현상으로 정의할 수 있다.

네트워크
정보전달 분야의 시설 상호 간에 형성되는 조직으로, 하나의 시스템에서 데이터를 처리한 뒤 다른 시스템으로 전달하는 일종의 길과 같은 역할을 한다.

(2) 특징

① **고의입증의 곤란성**: 컴퓨터 범죄는 데이터의 처리가 빠르고 단시간에 범죄가 완료되기 때문에 증거인멸이 용이하며 범죄의 고의 여부도 다른 범죄에 비해 입증하기 어렵다.

② **원인규명의 곤란성**: 컴퓨터 범죄에 의해 처리되는 양이 단시간에 방대하기 때문에 이를 검토하여 밝혀낸다는 것이 쉽지 않다. 또한 컴퓨터에 접근할 수 있는 카드 자체를 위조한다면 그 범행의 적발이나 원인규명이 곤란하다.

③ **범죄의 연속성**: 불법적인 침투방법을 알게 된 경우, 새로운 보안 시스템이 개발되기 전까지는 임의로 접근하는 것이 용이하여 관련 범죄행위가 계속 발생할 가능성이 있다.

④ **증거발견의 곤란성**: 네트워크를 이용하여 원격지에서 범죄행위가 발생하므로 장소, 국경에 관계없이 컴퓨터에 침입이 가능하고 범행의 증거를 발견하는 것이 곤란하다.

⑤ **컴퓨터 이용 면의 특징**: 컴퓨터 전반에 걸쳐 정통한 전문가는 거의 없고 컴퓨터 일부분에만 정통한 컴퓨터 기술자만 양산되고 있다. 이에 컴퓨터의 기술적인 면은 빠르게 발전하고 있으나, 컴퓨터에 대한 보안대책 및 사고방지와 범죄예방 측면에서의 발전속도는 더디다.

⑥ **화이트칼라 범죄**: 컴퓨터 범죄는 타인을 폭행하거나 상해를 입히는 전통적 범죄라기보다 화이트칼라 범죄의 범주에 속하는 신종 범죄에 해당한다. 범죄의식이 희박하며, 주로 전문가나 조직내부자에 의해 일어난다.

⑦ **범행의 자동성**: 컴퓨터 범죄는 일단 변경된 고정자료를 불법적으로 호출하거나 프로그램을 불법적으로 삽입할 때마다 자동적으로 유발되는 특성을 가진다.

⑧ **범행의 광역성**(광범위성): 컴퓨터 조작자는 원격지에서 단말기를 통해 단시간 내에 대량의 데이터를 처리하므로 광범위하게 영향을 미친다.

심화학습

컴퓨터 범죄의 특징

1. **범죄행위자 측면의 특징**: 죄의식이 희박하며, 범죄행위자의 연소화 경향, 초범의 증대 경향 등을 들 수 있다.
2. **범행 측면의 특징**: 범행의 증명 곤란성, 고의입증의 곤란성, 범행의 연속성, 범행의 광범위성 등을 들 수 있다.

핵심 기출문제

01 컴퓨터 범죄의 특징으로 옳지 않은 것은? • 제22회 기출

① 살인 및 상해와 같은 범죄에 비해 죄의식이 희박하다.
② 단순한 유희나 향락을 목적으로 하기도 하나, 회사에 대한 개인적인 보복으로 범해지기도 한다.
③ 컴퓨터 부정조작의 경우 행위자가 조작방법을 터득하게 되면 임의로 사용이 가능하기 때문에 조작행위가 빈번할 가능성이 높다.
④ 컴퓨터 범죄는 다른 범죄에 비해 고의의 입증이 용이하다.

해설 컴퓨터 범죄는 데이터 처리가 빠르고 단시간에 범죄가 완료되어 증거인멸이 용이하다. 따라서 다른 형사 범죄에 비해 고의의 입증이 어렵다.

정답 ④

(3) 자료의 부정조작(컴퓨터 부정조작)

① 의의: 행위자가 컴퓨터의 처리결과나 출력인쇄를 변경하여 정당하게 수행되어야 할 과정에 부당하고 불법적인 간섭을 가함으로써 부당한 결과를 야기하는 행위를 하거나, 컴퓨터 시스템 자료처리 영역 내에서 정상적인 운영을 방해하는 행위 등을 하는 것을 컴퓨터 자료의 부정조작이라고 한다.

② 종류

입력조작	• 불법적인 목적을 달성하기 위해 입력될 자료를 조작하여 컴퓨터로 하여금 거짓처리 결과를 만들어 내게 하는 행위를 말한다. • 입력조작은 천공카드, 천공테이프, 마그네틱테이프, 디스크 등 입력 장치나 입력 타자기에 의하여 행하여진다.
프로그램조작	컴퓨터상에 내장되어 있는 기존의 정상적인 프로그램을 구성하는 개개의 명령을 수정 혹은 삭제하거나 새로운 명령을 삽입하여 숨김으로써 부정한 목적의 결과가 나오게 하는 것이다.
콘솔조작	• 콘솔(Console)이란 컴퓨터 시스템을 총괄·조정하는 장치를 말한다. • 콘솔을 조작하여 부정한 정보나 명령어를 삽입하여 컴퓨터의 자료처리 과정에서 프로그램의 지시나 처리될 기억정보를 변경시키는 행위를 콘솔조작이라고 한다.
출력조작	컴퓨터에 대한 특별한 지식이 없어도 조작의 형태로 출력된 결과물을 사후에 변조하여 데이터화하는 것이다.

콘솔(Console)
컴퓨터의 경우 콘솔은 오퍼레이터와 컴퓨터 사이에 대화할 수 있는 입출력장치로, 오퍼레이터는 콘솔을 통해 모든 프로그램을 총괄한다. 즉, 컴퓨터의 작동 및 정지, 프로그램 입력, 오류 발생 시 컴퓨터의 상태를 정상화하는 작업 등이 콘솔을 통해 이루어진다.

(4) 컴퓨터 범죄수법

① **소프트웨어 파괴**: 컴퓨터를 운영하기 위해 필요한 운영프로그램이 저장되어 있는 자료들을 불이나 물 그리고 물리적 공격, 자석 등을 이용하여 지워 버리거나 작동하지 못하게 하는 수법을 말한다.

② **데이터 디들링**(데이터 파괴, Data Diddling): 금융기관에서 주로 사용되는 수법으로, 데이터를 최종적으로 입력하는 순간에 자료를 삭제하거나 변경하는 수법을 말한다. 자료의 부정변개라고도 한다.

③ **트로이 목마**(Trojan Horse): 실제로는 파일삭제 등 악의적인 목적을 가지고 있지만 좋은 목적을 가진 것처럼 가장하는 프로그램으로, 프로그램 속에 범죄자만 아는 명령문을 삽입하여 이를 범죄자에게 유리하게 사용하는 수법이다.

④ **살라미 기법**(부분잠식수법, Salami Techniques): 은행시스템에서 이자 계산 시 떼어 버리는 단수를 1개의 계좌에 자동적으로 입금되도록 프로그램을 조작하는 수법으로, 어떤 일을 정상으로 실행하면서 관심 밖에 있는 조그마한 이익을 긁어모으는 수법을 말한다.

⑤ **슈퍼재핑**(운영자 가장수법, Super Zapping): 컴퓨터 고장으로 가동이 어려울 때 비상용으로 쓰이는 프로그램인 슈퍼잽을 수행할 때 각종 보안장치 기능을 마비시켜 컴퓨터의 기억장치에 수록된 자료를 복사해 가는 것을 말한다.

⑥ **트랩도어**(함정문수법, Trap Door): 대규모의 프로그램을 개발할 때에는 프로그램을 수정할 수 있는 명령어가 끼어 있고, 프로그램 개발이 완성되면 그 명령어를 삭제하여야 한다. 그러나 삭제하는 것을 잊어버리거나 고의로 삭제하지 아니하고 이 명령어를 이용하여 프로그램을 조작하는 범죄수법을 말한다.

⑦ **시험가동 · 모델링**(Simulation and Modeling): 컴퓨터의 시험가동을 이용, 이 시험가동을 정상가동으로 위장한 후 실제로는 컴퓨터를 범행도구로 이용하여 막대한 재산상 손해를 끼치는 수법을 말한다.

> **심화학습**
>
> **컴퓨터 부정사용**
> 타인의 컴퓨터를 사용할 권한이 없는 자가 타인의 컴퓨터를 일정한 시간 동안 자신을 위하여 사용하는 것으로, 시간절도라고도 한다.

⑧ **스캐빈징 또는 스카벤징**(Scavenging) : 컴퓨터 작업수행이 완료된 후 주변에서 정보를 획득하는 방법이다. 즉, 쓰레기통이나 주위에 버려진 명세서 또는 복사물을 찾아 습득하거나 컴퓨터 기억장치에 남아 있는 것을 찾아 획득하는 방법으로, 일명 '쓰레기 주워 모으기'라고 불리고, 주로 컴퓨터 체계 접근 이용자들이 사용한다.

⑨ **피싱**
   ⊙ 피싱(Phishing)은 개인정보(Private Data)와 낚시(Fishing)의 합성어로, 개인의 중요한 정보를 부정하게 얻으려는 공격이나 시도를 말한다. 이메일 또는 메신저를 통해 신뢰할 수 있는 사람 또는 기업이 보낸 메시지인 것처럼 가장하고, 이를 통해 비밀번호 및 신용카드 정보 등을 부정하게 얻어 내는 수법이다.
   ⓒ 가장된 메시지를 공격대상자에게 보내고 미리 공격자가 만들어 놓은 위장된 사이트로 유인하여 공격대상자의 주민등록번호, 비밀번호, 신용카드 번호 등 중요한 개인정보를 탈취한다.

⑩ **파밍**(Pharming)
   ⊙ 악성코드에 감염된 사용자 PC를 조작하여 금융정보를 빼내는 수법이다.
   ⓒ 파밍은 피싱에 이어 등장한 새로운 인터넷 사기 수법으로, 피싱(Phishing)과 조작(Farming)의 합성어이다. 피싱과 유사한 형태이지만 피싱보다 한 단계 진화된 형태이다. 피싱이 금융기관 등의 웹사이트에서 보낸 이메일을 이용해 가짜 사이트로 유인하여 개인정보를 빼내는 방식을 취한다면, 파밍은 공식적으로 운영하고 있는 사이트의 도메인 자체를 중간에서 탈취하는 수법이다.
   ⓒ 위장 사이트를 사용하는 피싱의 경우 사용자가 주의 깊게 살펴보면 컴퓨터 범죄임을 알아차릴 수 있지만, 파밍의 경우에는 실제 도메인 자체를 탈취하기 때문에 사용자가 주의해도 알아차리기 어려워 속을 가능성이 높다. 공식적으로 운영하고 있는 사이트인 만큼 비교적 의심을 하지 않고 이용하기 때문에 사용자들은 개인 정보를 쉽게 노출시키는 경향이 있고, 이에 피싱보다 피해가 더 클 수밖에 없다.

⑪ **스미싱**(Smishing): 문자메시지(SMS)와 피싱(Phishing)의 합성어로, 무료쿠폰 제공, 돌잔치 초대장, 모바일 청첩장 등을 내용으로 하는 문자메시지 내의 인터넷 주소를 클릭하면 악성코드가 스마트폰에 설치되어 피해자가 모르는 사이에 소액결제 피해 발생 또는 개인의 금융정보를 탈취하는 신종 금융범죄수법이다.

⑫ **메모리 해킹**(Memory Hacking): 비밀번호를 빼내어 고객 계좌의 돈을 인출하던 기존 범죄수법과 달리, 고객 컴퓨터의 메모리에 침투해서 보내는 계좌와 금액을 조작하는 방식으로 부당인출하는 수법을 의미한다.

> **보충학습** 컴퓨터 스파이 · 컴퓨터 파괴
>
> 1. **컴퓨터 스파이**: 컴퓨터 스파이는 중요한 자료나 프로그램을 권한 없이 획득하거나 이용, 누설하여 개인의 이득을 취함으로써 타인에게 재산상 손해를 야기하는 것을 의미하며, 자료의 부정취득이라고 한다.
> 2. **컴퓨터 파괴**: 컴퓨터 자체, 프로그램, 컴퓨터 내부와 외부에 기억된 자료를 매개체로 하는 파괴행위이다.

핵심 기출문제

02 다음의 사례에 해당하는 신종금융범죄는? · 제23회 기출

'9월의 카드 거래내역'이라는 제목의 이메일에서 안내하는 인터넷 주소를 클릭하자 가짜 은행사이트에 접속되었고, 보안카드번호 전부를 입력한 결과 범행계좌로 자신의 돈이 무단 이체되는 사건이 발생하였다.

① 피싱(Phishing) ② 파밍(Pharming)
③ 스미싱(Smishing) ④ 메모리 해킹(Memory Hacking)

해설 피싱은 이메일 또는 메신저를 통해 신뢰할 수 있는 사람 또는 기업이 보낸 메시지인 것처럼 가장하고, 이를 통해 비밀번호 및 신용카드 정보를 부정하게 얻어 내어 범죄에 이용하는 수법이다.
② 파밍은 피싱에서 진화한 형태로, 공식적으로 운영하고 있는 사이트의 도메인 자체를 탈취하여 범죄에 이용하는 수법이다.
③ 스미싱은 문자메시지와 피싱의 합성으로, 돌잔치 초대 등의 문자를 전송하여 그 메시지를 클릭하면 악성코드가 설치되고 이를 통해 금융정보를 탈취하는 범죄행위이다.
④ 메모리 해킹은 고객 컴퓨터의 메모리에 침투해서 돈을 보내는 계좌와 금액을 조작하는 수법으로 부당인출하는 금융범죄이다.

정답 ①

(5) 컴퓨터의 사이버테러

① **서비스거부공격**(Denial of Service Attack)
  ㉠ 관리자의 권한 없이 한꺼번에 여러 곳에서 엄청난 양의 정보를 반복적으로 요구하여 시스템에 과도한 부하를 일으켜 정보시스템의 사용을 방해하는 공격방식을 말한다.
  ㉡ 특정 시스템의 서버에 수많은 접속을 시도하여 시스템에 과부하를 일으켜 데이터나 자원을 정당한 사용자가 적절한 대기시간 내에 사용하는 것을 방해한다.
  ㉢ 가장 흔하고 단순한 공격 형태로, 최근 가장 많이 발생하는 공격 중 하나이다.

② **허프건**(Huffgun) : 상대 국가의 국가중요기관이나 상대 기업들의 핵심정보가 수록된 하드디스크에 고출력 전자기장을 발생시켜 컴퓨터의 자기기록 정보를 파괴하는 사이버테러용 무기이다.

③ **스팸**(Spam) : 주로 경쟁업체의 주소를 이용하여 악의적인 내용이 들어 있는 전자우편을 인터넷상의 불특정 다수에게 무작위로 전송하여 컴퓨터 시스템을 정지시키거나 온라인 공해를 야기하는 것을 말한다. 전자우편폭탄이라고도 한다.

④ **플레임**(Flame) : 네티즌들이 공통으로 관심을 가지는 분야를 위해 개설된 토론방에 가입하여 고의로 악성 루머를 퍼뜨려 특정인을 위해한다거나 잘못된 정보를 유포하는 것을 말한다.

⑤ **논리폭탄**(Logic Bomb) : 어떤 조건을 넣고 그 조건이 충족될 때마다 자동으로 불법행위가 이루어지도록 하는 것으로, 컴퓨터의 일정한 사항이 작동될 때마다 부정행위가 일어나도록 프로그램을 조작하는 컴퓨터 범죄수법이다. 이 방법이 작동하면 컴퓨터의 모든 정보가 삭제되거나 인터넷 등 온라인정보 사용이 어렵게 된다.

⑥ **스토킹**(Stalking) : 인터넷을 이용하여 타인의 신상정보를 공개하거나 거짓 메시지를 남겨 괴롭히는 행위이다.

⑦ **멀웨어 공격**(Malware Attack) : 정보 내지 정보시스템에 해악을 끼칠 목적으로 컴퓨터 사용자 시스템에 침투하기 위해 개발된 프로그램이나 그 파일을 총칭한다. 컴퓨터 바이러스, 버퍼 오버플로, 트로이 목마 등이 이에 해당한다. 슬래머는 마이크로소프트의 데이터베이스 관리시스템인 서버를 특정 포트로 이용하여 공격하는 컴퓨터 웜바이러스로서 멀웨어 공격에 해당하지 않는다.

포트
프로그래밍상 일종의 논리적인 접속 장소이자 컴퓨터 통신 이용자들을 대형컴퓨터에 연결해 주는 접속구이다.

㉠ 컴퓨터 바이러스(Computer Virus): 사용자의 컴퓨터 내에서 프로그램이나 실행 가능한 부분을 몰래 변형하여 자신 또는 자신의 변형을 복사하는 프로그램이다. 가장 큰 특징은 복제와 감염이다. 다른 네트워크의 컴퓨터로 스스로 전파되지 않는다.

㉡ 버퍼 오버플로(Buffer Overflow): 버퍼(Buffer)란 프로그램 처리 과정에 필요한 데이터가 일시적으로 저장되는 공간이다. 버퍼 오버플로란 할당된 버퍼의 양을 초과하는 데이터를 입력함으로써 프로그램이 비정상적으로 동작하게 하는 공격을 말한다.

㉢ 트로이 목마(Trojan Horse): 프로그램 내에 범죄자만 아는 명령문을 삽입하여 범죄에 이용하는 것으로 프로그램 본래의 목적을 실행하면서도 일부 부정한 결과가 나오도록 은밀히 프로그램을 조작하는 방법이다. 자기 자신을 다른 파일에 복제하지 않고 인터넷 또는 네트워크를 통해 전파되지 않는다는 점에서 바이러스나 웜과 구별된다.

⑧ 스누핑(Snooping): 네트워크로 연결되어 있는 개인 또는 기업의 컴퓨터에 접근하여 정보나 화면을 엿보는 행위이다.

⑨ 스푸핑(Spoofing): 스스로 적법한 정보를 취득할 수 있는 시스템으로 위장하여 불법적으로 정보를 읽어 들이는 행위로, 어떤 프로그램이 마치 정상적인 상태로 유지되는 것처럼 믿도록 속임수를 쓰는 행위이다.

⑩ 전자폭탄(Electronic Bomb): 순간적으로 고출력 에너지인 마이크로웨이브파를 발생시켜 컴퓨터 내의 전자 및 전기회로를 파괴하는 폭탄으로, 주로 적대국가의 통신시스템, 물류, 전력, 에너지 등의 사회 인프라를 파괴할 목적으로 사용한다.

⑪ 스턱스넷(Stuxnet): 2010년 6월에 발견된 웜 바이러스로 마이크로소프트 윈도를 통해 감염되며, 산업시설(발전소·공항·철도) 등을 감시하고 파괴하는 악성 소프트웨어이다.

핵심 기출문제

03 다음 설명에 해당하는 사이버테러 유형은?

• 제24회 기출

> 데이터가 일시적으로 저장되는 공간에 할당된 버퍼의 양을 초과하는 데이터를 입력함으로써 프로그램이 비정상적으로 동작하도록 하는 공격행위

① 버퍼 오버플로(Buffer Overflow)
② 플레임(Flame)
③ 슈퍼재핑(Super Zapping)
④ 허프건(Huffgun)

해설 데이터가 일시적으로 저장되는 공간에 할당된 버퍼의 양을 초과하는 데이터를 입력함으로써 프로그램이 비정상적으로 동작하도록 하는 공격행위는 버퍼 오버플로(Buffer Overflow)이다.
② 네티즌들이 공통으로 관심을 가지는 분야를 위해 개설된 토론방에 가입하여 고의로 악성 루머를 유포하여 개인이나 기업을 곤경에 빠뜨리는 수법이다.
③ 컴퓨터 고장으로 가동이 불가능할 때 비상용으로 쓰이는 프로그램인 슈퍼잽을 수행하여 각종 보안장치를 무력화하고 컴퓨터 기억장치에 수록된 자료를 복사해 가는 수법이다.
④ 고출력 전자기장을 발생시켜 상대 국가 컴퓨터의 자기기록 정보를 파괴하는 사이버테러용 무기이다.

정답 ①

3. 컴퓨터 범죄의 예방대책 ★★☆

(1) 컴퓨터 범죄의 동향

① **심화의 양태**: 1995년 이후 인터넷 사용이 보편화되면서 사이버공간의 개념이 확립되고, 이로 인해 사이버공간에 대한 잠재적 위험이 더욱 증대하고 있다.
② **지능화·전문화**: 해킹이나 바이러스 유포 등의 행위가 해마다 증가추세에 있으며, 수법이나 유형 등도 단순한 호기심에서부터 지능적이고 전문적인 범죄의 양상으로 발전하였다. 또한 집단적인 테러의 양상을 띠고 있다.
③ **무기화**: 컴퓨터 범죄는 범죄행위가 실시간에 이루어지고 많은 정보를 본인도 감지하지 못하는 상황에서 절취당할 수 있다. 또한 컴퓨터 범죄는 기존 범죄와 달리 증거가 남지 않기 때문에 범죄발견이 어려울 뿐만 아니라 국가 간의 국경을 초월하여 무기화되는 추세이다.

④ 사이버 산업스파이의 급증: 기업의 지적 재산권이나 설계도, 시장의 가격 및 입찰가격 등과 같은 고도의 기업비밀을 탈취함으로써 개인이나 단체의 경제적 이익을 추구하는 산업스파이가 증가하고 있다.

(2) 컴퓨터 범죄의 예방대책

① 세계 각국의 선진국에서는 컴퓨터에 관한 반사회적인 행위를 처벌하기 위하여 특별법을 제정하는 추세이다. 우리나라도 컴퓨터 등 사용사기죄를 신설, 컴퓨터 스파이에 관한 입법 등을 제정하려는 추세에 있다.
② 컴퓨터 안전대책의 기본방향은 종합적·지속적이며 사회 전체적인 시각에서 수립되어야 하고, 안전대책은 균형 있게 추진되어야 한다.
③ 컴퓨터 범죄에 대한 국민의 의식을 강화하기 위해 홍보를 지속적으로 강화할 필요가 있다. 아무 죄의식 없이 범한 컴퓨터 범죄가 기업에 치명적인 손실을 야기할 수 있기 때문이다.
④ 네트워크에 대한 주기적인 감사를 할 수 있는 제도가 필요하다.

제2절 컴퓨터 안전관리

1. 정보보호의 중요성 ★★☆

(1) 의의

현대사회에서 정보가 차지하는 비중과 정보를 매개물로 하여 사용하는 컴퓨터 등의 사용은 그 가치가 증대됨에 따라 이에 따른 보안기술이 급속하게 발전하고 있다. 정부나 기업이 보유하고 있는 정보의 유출이나 정보시스템의 파괴는 국가안보나 기업경영에 치명적인 피해와 손실을 야기할 수 있다.

(2) 정보보호의 목표

① 비밀성: 허용된 사용자만 접근이 가능하게 하고, 그렇지 않으면 접근을 금지한다. 보안과 관련된 많은 시스템과 소프트웨어는 기밀성과 높은 관련성이 있으며, 방화벽, 암호, 패스워드 등은 기밀성의 대표적인 예이다.

② **무결성**: 적절한 권한을 가진 사용자가 허가한 방법으로만 정보를 변경할 수 있도록 하는 것을 말한다.
③ **가용성**: 필요한 시점에 정보 자산에 대한 접근이 가능하도록 하는 것을 말한다.

(3) 정보보호의 기본원칙
① 정보시스템 소유자, 공급자, 사용자 및 기타 관련자 간의 책임을 명확하게 해야 한다.
② 정보보호는 시간이 지남에 따라 요구사항이 변하므로 주기적인 재평가가 이루어져야 한다.
③ 정보시스템의 보안은 정보의 합법적 사용과 전달이 상호조화를 이루도록 해야 한다.
④ 소유자, 사용자 및 기타 관련자들은 현존하는 보안에 대한 적절한 지식을 인식하고 습득해야 한다.
⑤ 정보시스템의 보안은 타인의 권리와 합법적 이익이 존중·보호되도록 운영되어야 한다.

(4) 컴퓨터 시스템의 구성요소
① **하드웨어**: 전자부품으로 구성된 물리적 구성요소를 말한다. 중앙처리장치, 기억장치, 입출력장치와 같은 전자·기계장치의 몸체 그 자체를 가리킬 때 사용한다.
② **소프트웨어**: 컴퓨터를 활용하기 위한 각종 프로그램 체계를 말한다. 하드웨어가 작동하도록 지시하고 통제하는 역할을 한다.
③ **데이터**: 의미 있는 정보를 가진 모든 값, 컴퓨터가 처리해야 할 사실들을 말한다.
④ **사용자**: 컴퓨터를 사용하는 사람을 말한다.

(5) 컴퓨터의 취약점
① **치명적인 위험요소**: 화재, 지진, 홍수 등과 같은 자연재해적 위험요소와 폭동, 고의적인 사유재산 파괴나 태업 등을 통한 노동자의 쟁의행위(사보타주) 등은 컴퓨터에 치명적 위험요소로 작용한다.
② **잠재된 위험요소**: 컴퓨터를 통한 사기·횡령, 프로그램상의 부정, 프로그램에 대한 침투행위, 조작자의 실수, 입력상 에러, 프로그램 자체의 에러, 비밀정보의 절취 등은 컴퓨터에 잠재적 위험요소로 작용한다.

핵심 기출문제

04 정보보호의 기본원칙으로 옳지 <u>않은</u> 것은? • 제24회 기출

① 정보보호의 목표는 비밀성·무결성·가용성이다.
② 정보시스템 소유자·공급자·사용자 및 기타 관련자 간의 책임을 명확하게 해야 한다.
③ 정보시스템의 보안은 정보의 합법적 사용과 전달이 상호 조화를 이루게 해야 한다.
④ 정보보호의 요구사항은 조직의 기본적인 원칙이므로 시간의 변화에 따른 재평가는 없다.

해설 정보보호는 시간이 지남에 따라 요구사항이 변하므로 주기적인 재평가가 이루어져야 한다. **정답** ④

2. 컴퓨터 시스템 안전관리

(1) 외부 침입에 대한 안전관리

① 화재에 대비하여 컴퓨터가 들어가는 건물은 다른 건물과 충분한 거리를 두고, 건물 내에는 각종 방화설비를 설치하여야 한다.
② 각 출입구마다 화재관련법규와 안전검사절차를 갖춘 방화문이 설치되어야 한다.
③ 어떤 경우에도 시설물 외부에는 컴퓨터 센터를 보호하는 담이나 장벽 같은 것이 설치되어 있어야 하고, 컴퓨터 센터 내부에는 충분한 조명시설을 갖추어야 한다.
④ 환기용 창문, 쓰레기 낙하구멍, 공기 조절용 배관이나 배수구 등을 통한 침입을 차단할 수 있는 설비를 구비하여야 한다.
⑤ 시설물 폭파 등에 의한 방법으로 침입할 수 있으므로 이를 막기 위한 구조적 장치를 반드시 마련하여야 한다.
⑥ 외부 침입자가 은폐물로 이용할 수 있는 장식적인 식수나 조경은 삼가야 한다.

(2) 경보장치의 설치

① 컴퓨터 설비가 24시간 가동되는 경우를 제외하고는 중앙경보시스템이 반드시 설치되어야 하며, 컴퓨터가 24시간 가동되는 경우라면 감지시스템을 이용하는 것이 합리적이다.

② 컴퓨터의 경비시스템에 관하여 가장 합리적인 방법은 모든 설비에 경보시스템을 설치하는 것이다.

(3) 방화대책

① 컴퓨터 센터 시설을 건축할 때부터 화재발생감지기를 장치하는 것이 가장 경제적이며, 화재감지기는 컴퓨터 센터의 완공과 관계없이 반드시 설치하여야 한다.
② 컴퓨터 제조업체인 IBM은 화재에 대비하여 스프링클러를 사용하는 것은 컴퓨터 기능을 훼손할 우려가 있음에 비추어 사용을 금지할 것을 권장하고 있다.
③ 컴퓨터실의 화재감지기는 초기단계에서 화재를 감지할 수 있는 감지기를 사용하는 것이 바람직하다. 초기단계에서 화재를 감지할 수 있는 감지기로는 이온감지기가 있다.

3. 컴퓨터 시스템 안전대책 ★★★

(1) 물리적 안전대책

물리적 대책에는 건물에 대한 안전조치, 물리적 재해에 대한 보호조치, 컴퓨터실 및 파일보관장소에 대한 출입통제, 시스템 백업, 프로그램 백업 등이 있다.

백업
컴퓨터 파일의 손상 혹은 분실에 대비하여 원본 파일의 복사본을 만드는 과정이다.

① 건물보호
  ㉠ 컴퓨터실의 위치 선정 시에는 화재, 홍수, 폭발의 위험과 외부 침입자에 의한 위험으로부터 안전성을 고려해야 하며, 건물 내부에는 각종 안전설비를 갖추고 출입구를 제한하여야 한다.
  ㉡ 컴퓨터 센터의 출입구에 화재관련법규와 안전검사절차에 맞는 방화문이 설치되어야 한다. 화재 시 다른 건물로 불이 옮겨붙는 것을 방지하기 위해 건물과 건물 사이는 충분한 거리를 두어야 하고, 화재에 대비한 각종 설비를 설치하여야 한다.
  ㉢ 침입자의 은폐물로 이용될 수 있는 장식적인 조경은 삼가고, 컴퓨터 센터에는 가시거리를 충분히 확보할 수 있도록 충분한 조명시설을 설치하여야 한다.
  ㉣ 중요한 업무처리시설들은 건물 내의 안전한 지역에 위치시키고, 이 지역에 대한 접근경계구역을 명확히 한다. 컴퓨터실의 벽면이나 바닥면을 강화콘크리트 등으로 보호하고, 화재에 대비하여 불연재를 사용하여야 한다.

ⓜ 컴퓨터센터의 출입을 통제하기 위해서는 최소한의 출입구만 설치하여야 하며, 출입구나 창문에 경보장치를, 센터 내부에는 폐쇄회로TV를 설치하여야 한다.
　　ⓑ 환기용 창문, 공기 조절용 배관이나 배수구 등을 통한 침입을 차단하고, 갑작스러운 정전에 대비하여 예비전력장치를 설치하여야 한다.
　　ⓢ 폭발물에 의한 침입에 대비한 구조적 보호장치를 마련할 필요가 있으며, 시설물 외부에는 컴퓨터 센터를 보호하는 담이나 장벽 같은 것을 설치하여야 한다.
　　ⓞ 컴퓨터실의 내부에는 화재방지장치를 설치하여야 하며, 정전에 대비하여 무정전전원장치를 설치하여야 한다.
② **시스템 보호**
　　㉠ 업무처리를 컴퓨터로 하는 경우에는 불의의 사고에 대비하여 시스템과 프로그램의 백업을 하여야 한다. 프로그램 백업은 예기치 못한 사고에 대비하기 위한 것이므로 선택사항이 아니라 필수사항이다.

시스템 백업	불의의 사고로 인하여 컴퓨터 시스템이 파괴되거나 손상될 것에 대비하여 실시되는 안전대책으로, 같은 기종이나 기능의 백업용 컴퓨터 기기를 준비해 두는 것을 의미한다.
프로그램 백업	• 예기치 못한 사고로 운영프로그램·처리자료들이 손상될 경우를 대비하여 이를 별도로 다른 저장장치에 보관하는 것을 말한다. • 외부 장소에 보관한 백업용 기록문서의 종류는 최소한으로 유지하는 것이 필요하다.

　　㉡ 건물이 완성된 것과 상관없이 화재발생감지기를 설치하는 것이 가장 경제적이므로 반드시 설치하여야 한다.
　　㉢ 컴퓨터실에는 컴퓨터실 내부의 화재에 대비하여 화재예방장치도 설치하여야 한다. 다만, 화재예방장치로서 자동살수장치를 사용할 경우 컴퓨터 기기에 물이 묻을 수 있고 이 경우 기기에 치명적인 손상을 가져올 수 있기 때문에 이산화탄소나 할론가스를 이용한 소화장비를 설치·운용하여야 한다.

③ 출입통제
　㉠ 컴퓨터실 및 파일 보관장소는 허가받은 자만이 출입하도록 엄격히 통제하여야 하며, 출입이 허가된 자라 할지라도 안전요원의 지시에 따라야 한다.
　㉡ 컴퓨터실 및 파일보관장소에 대한 출입은 자격 있는 사람에게만 허용되어야 한다.

(2) 기술적 안전대책

데이터의 무단복제나 파괴 등에 대비하여 데이터의 암호화와 방화벽 구축을 해야 한다. 네트워크의 취약성으로 발생하는 문제는 방화벽 설치 등 기술적 안전대책으로 해결할 수 있다.

① 암호화 시스템
　㉠ 접근통제의 일환으로 특정시스템에 대한 접근권을 가진 이용자의 식별장치라 할 수 있다. 허가받지 않은 접근을 차단하여 정보의 보안성을 확보하기 위한 것이다.
　㉡ 대상시스템에 접근하려는 모든 사람에게 고유암호를 부여하고 시스템에 이러한 사항을 미리 입력한 다음, 부여된 암호의 일치 여부로 접근 여부를 결정하는 시스템을 말한다.
　㉢ 컴퓨터 보안을 위해서는 가능한 한 암호수명을 짧게 하고 패스워드를 자주 변경하는 것이 좋다.
　㉣ 암호설정 시에는 완전한 보안을 위해 단순문자보다 특수한 문자를 조합한 암호설정이 필요하다.

② 방화벽(침입차단 시스템)
　㉠ 정보의 악의적인 흐름이나 침투 등을 방지하고, 비인가자나 불법침입자로 인한 정보의 손실·변조·파괴 등의 피해를 보호하거나 최소화하는 총체적인 안전장치로 방화벽을 설치하여야 한다.
　㉡ 네트워크를 신뢰하는 비공개 내부망과 인터넷에 공개되는 외부망을 분리하고 그 사이에 방화벽을 배치하여 비인가자, 불법침입자, 해커의 침입으로 인한 정보의 손실·변조·파괴로부터 피해를 최소화하는 것을 말한다.

③ 침입탐지 시스템: 침입탐지 시스템(IDS; Intrusion Detection System)은 네트워크에서 백신과 유사한 역할을 하는 것으로, 네트워크를 통한 공격을 탐지하기 위한 장비이다. 즉, 방화벽이 차단하지 못한 내부의 해킹이나 악성코드의 활동을 탐지한다.

> **방화벽**
> 컴퓨터의 정보보안을 위해 외부에서 내부, 내부에서 외부의 정보통신망에 불법으로 접근하는 것을 차단하는 시스템이다.

(3) 인적 안전대책(관리적 안전대책)

① 정보보호 사고 중 내부자에 의한 사고가 통계적으로 가장 많이 발생한다. 따라서 적절한 신규채용과 함께 선발된 대상자들에 대해 정보보호 교육과 훈련이 체계적으로 이루어져야 한다.

② 보안 취약점이나 위협을 발견하였을 경우 신속하게 관리자나 정보 서비스 담당자에게 알려야 하고, 내부자의 컴퓨터 범죄를 방지하기 위해 로그인 시스템을 시행하는 관리대책이 필요하다.

③ 예기치 못한 사고에 대비한 예방이므로 사전에 이에 대한 대비책이 우선적으로 수립되어야 하며, 지속적이고 장기적인 대책 수립이 필요하다.

직무권한의 명확화와 분리	컴퓨터 소프트웨어를 개발하는 프로그래머와 컴퓨터를 조작하는 오퍼레이터의 상호 업무분리원칙을 준수하여야 한다(하드웨어와 소프트웨어의 분리).
프로그램 개발통제	필요한 프로그램을 개발하는 경우 감사팀의 심의가 필수적이다.
철저한 도큐멘테이션	컴퓨터의 문서를 작성하는 경우 업무흐름과 프로그램의 내용이 서로 상반되지 않도록 한다.
스케줄러 점검	스케줄러는 프로그래머에게 건네진 프로그램 테이프와 디스크를 면밀히 점검하여 부정의 여지가 있는지 점검하여야 한다.
액세스 제어	중요한 데이터의 경우 키워드나 패스워드 등을 부여하여 특정 직급 이상이어야만 접근할 수 있게 한다.
레이블링 관리	극비의 경영자료 등이 수록된 파일, 중요한 상품의 프로그램이 수록되어 있는 테이프나 디스크 파일은 별명을 붙여 일반인이 이를 쉽게 이해할 수 없도록 관리하여야 한다.
감사증거기록의 삭제 금지	컴퓨터 시스템의 사용일자와 취급자의 성명, 프로그램의 명칭 등이 자동으로 기록되는 콘솔 시트를 파괴할 수 없도록 하여 부정행위의 증거를 없애지 못하도록 한다.
배경조사	근무자들에 대한 정기적인 배경조사가 필요하다.
기능관리	회사 내부에서 컴퓨터 기술자, 사용자, 프로그래머의 기능을 각각 분리하여 관리한다.

핵심 기출문제

05 컴퓨터 범죄의 예방대책 중 관리적 대책으로 옳지 <u>않은</u> 것은? • 제25회 기출

① 직무권한의 명확화 ② 스케줄러 점검
③ 엑세스 제도 ④ 데이터의 암호화

해설 데이터의 암호화, 방화벽설치(침입차단시스템), 침입감지시스템은 컴퓨터 범죄의 예방대책 중 기술적 안전대책에 해당한다. **정답** ④

(4) 법적 안전대책

① **폰프리킹의 규제(부정사용금지)**: 전화카드를 위조·변조하여 사용하는 행위, 다른 사람의 전화를 허락 없이 무단으로 사용하는 행위 등은 타인 전화를 부정사용하는 경우로 금지된다.

② **통신망 개인정보 통제 강화**: 정보통신서비스 제공자의 개인정보를 무단으로 수집하는 행위는 금지된다. 최근 정보통신서비스 제공자들이 개인의 위치나 하루의 이동경로를 수집하는 행위도 이에 해당되므로 금지된다.

③ 현행「형법」상 규정

컴퓨터 등 장애업무 방해죄	컴퓨터 등 정보처리장치 또는 전자기록 등 특수매체기록을 손괴하거나 정보처리장치에 허위의 정보 또는 부정한 명령을 입력하거나 기타 방법으로 정보처리에 장애를 발생하게 하여 사람의 업무를 방해한 자는 5년 이하의 징역 또는 1천 500만 원 이하의 벌금에 처한다(형법 제314조 제2항).
컴퓨터 등 사용사기죄	컴퓨터 등 정보처리장치에 허위의 정보 또는 부정한 명령을 입력하거나 권한 없이 정보를 입력·변경하여 정보처리를 하게 함으로써 재산상의 이익을 취득하거나 제3자로 하여금 취득하게 한 자는 10년 이하의 징역 또는 2천만 원 이하의 벌금에 처한다(형법 제347조의2).
전자기록 손괴죄	타인의 재물, 문서 또는 전자기록 등 특수매체기록을 손괴 또는 은닉 기타 방법으로 기 효용을 해한 자는 3년 이하의 징역 또는 700만 원 이하의 벌금에 처한다(형법 제366조).
사전자기록의 위작·변작	사무처리를 그르치게 할 목적으로 권리·의무 또는 사실증명에 관한 타인의 전자기록 등 특수매체기록을 위작 또는 변작한 자는 5년 이하의 징역 또는 1천만 원 이하의 벌금에 처한다(형법 제232조의2).
비밀침해죄	봉함 기타 비밀장치한 사람의 편지, 문서, 도화 또는 전자기록 등 특수매체기록을 기술적 수단을 이용하여 그 내용을 알아낸 자는 3년 이하의 징역이나 금고 또는 500만 원 이하의 벌금에 처한다(형법 제316조 제2항).

폰프리킹
전화교환장치 운영을 맡고 있는 컴퓨터 시스템의 허점을 악용하여 전화서비스를 몰래 사용하거나 전화시스템 운영에 침입하는 통신범죄수법이다.

핵심 기출문제

06 컴퓨터 암호화 시스템에 관한 설명으로 옳지 <u>않은</u> 것은? • 제19회 기출

① 컴퓨터 암호는 특정시스템에 대한 접근권을 가진 이용자의 식별장치라 할 수 있다.
② 암호화는 허가받지 않은 접근을 차단해 정보의 보안성을 확보하기 위한 것이다.
③ 컴퓨터 보안을 위해서는 가능한 한 암호수명을 짧게 하고 패스워드를 자주 변경하는 것이 좋다.
④ 완전한 보안을 위해 암호는 특수문자보다는 단순 숫자조합을 사용하는 것이 바람직하다.

해설 암호설정 시에는 완전한 보안을 위해 단순문자보다 특수한 문자를 조합한 암호설정이 필요하다.

정답 ④

(5) 형사정책적 안전대책

① 컴퓨터 범죄가 지능화·악성화되는 등 급격히 빠르게 진전되고 있으므로 컴퓨터 범죄 전담수사관의 수사능력을 배양하고, 검사 또는 법관의 컴퓨터 지식능력을 제고하는 것이 필요하다.
② 수사장비의 현대화, 컴퓨터를 다루는 요원의 윤리의식의 강화, 컴퓨터 범죄연구기관의 설립이 필요하다.
③ 신종 컴퓨터 범죄나 대형 보안사고에 능동적으로 대처하기 위해서는 종합적인 범죄대책에 대한 유관기관의 연구체계 구축이 이루어져야 한다.

핵심 기출문제

07 컴퓨터 범죄에 관한 관리적 안전대책으로 옳지 <u>않은</u> 것은? • 제24회 기출

① 중요한 데이터의 경우 특정 직급 이상만 접근할 수 있도록 키(Key)나 패스워드 등을 부여한다.
② 컴퓨터실과 파일 보관장소는 허가받은 자만 출입할 수 있도록 통제한다.
③ 근무자들에 대하여 정기적인 배경조사를 실시한다.
④ 회사 내부의 컴퓨터 기술자, 사용자, 프로그래머의 기능을 분리한다.

해설 컴퓨터실과 파일 보관장소를 허가받은 자만 출입할 수 있도록 통제하는 것은 물리적 안전대책에 해당한다.

정답 ②

CHAPTER 07 컴퓨터 범죄 및 안전관리 • **329**

CHAPTER 07 컴퓨터 범죄 및 안전관리

중요내용 OX 문제

제1절 컴퓨터 범죄 및 예방대책

01 스턱스넷(Stuxnet)은 인터넷을 이용하여 타인의 신상정보를 공개하거나 거짓 메시지를 남겨 괴롭히는 데 사용된다.

02 데이터가 일시적으로 저장되는 공간에 할당된 버퍼의 양을 초과하는 데이터를 입력함으로써 프로그램이 비정상적으로 동작하도록 하는 공격행위는 허프건(Huffgun)이다.

03 이메일 또는 메신저를 통해 신뢰할 수 있는 사람 또는 기업이 보낸 메시지인 것처럼 가장하고, 이를 통해 비밀번호 및 신용카드 정보를 부정하게 얻어내어 범죄에 이용하는 수법은 스미싱(Smishing)이다.

04 스푸핑(Spoofing)은 스스로 적법한 정보를 취득할 수 있는 시스템으로 위장하여 불법적으로 정보를 읽어 들이는 행위로, 어떤 프로그램이 마치 정상적인 상태로 유지되는 것처럼 믿도록 속임수를 쓰는 수법이다.

05 무료쿠폰 제공, 돌잔치 초대장, 모바일 청첩장 등을 내용으로 하는 문자메시지 내의 인터넷 주소를 클릭하면 악성코드가 설치되어 피해자가 모르는 사이에 소액결제 피해가 발생하거나 개인 금융정보를 탈취당하는 신종금융수법을 파밍이라고 한다.

제2절 컴퓨터 안전관리

06 한번 생성된 정보는 원칙적으로 수정되어서는 안 되며, 원래의 그 상태로 유지되어야 한다. 수정이 필요한 경우, 허가받은 사람에 의해 허용된 절차에 따라 수정되어야 한다는 원칙은 정보보호의 목표 중 무결성에 대한 설명이다.

07 컴퓨터실과 파일 보관장소를 허가받은 자만 출입할 수 있도록 통제하는 것은 관리적 안전대책에 해당한다.

08 컴퓨터실 및 파일 보관장소에 대한 출입통제로서 비밀번호와 카드 등은 수시로 변경할 것이 요구된다.

09 컴퓨터에 필요한 프로그램을 개발하는 경우 감사팀의 심사는 생략하는 것이 바람직하다.

OX 정답 01 × 02 × 03 × 04 ○ 05 × 06 ○ 07 × 08 ○ 09 ×

X 해설
01 스턱스넷(Stuxnet)은 2010년 6월에 발견된 웜 바이러스의 일종으로 산업시설(발전소 · 공항 · 철도) 등을 감시하고 파괴하는 악성 소프트웨어이다.
02 버퍼 오버플로(Buffer Overflow)에 대한 설명이다.
03 피싱(Phishing)에 대한 설명이다.
05 스미싱(Smishing)에 대한 설명이다.
07 컴퓨터실과 파일 보관장소를 허가받은 자만 출입할 수 있도록 통제하는 것은 물리적 안전대책에 해당한다.
09 감사팀의 심사는 필수적인 것이다.

CHAPTER 07 컴퓨터 범죄 및 안전관리

기출 및 예상문제

제1절 컴퓨터 범죄 및 예방대책

01 정보보호의 목표 중 다음 설명에 해당하는 것은? · 제23회 기출

> 한번 생성된 정보는 원칙적으로 수정되어서는 안 되며, 원래의 그 상태로 유지되어야 한다. 만약 수정이 필요한 경우, 허가받은 사람에 의해서 허용된 절차에 따라 수정되어야 한다.

① 비밀성 ② 가용성
③ 영리성 ④ 무결성

해설 적절한 권한을 가진 사용자가 허가받은 방법으로만 허용된 절차에 따라 정보가 수정되어야 한다는 원칙은 무결성이다.
① 비밀성은 허용된 사용자만이 접근이 가능하게 하는 것을 말한다.
② 가용성은 정보가 필요한 시점에 정보 자산에 접근이 가능하도록 하는 것을 말한다.

02 범죄행위자 측면에서 컴퓨터 범죄의 특징은?

① 범행 연속성 ② 죄의식 희박
③ 발각·증명 곤란성 ④ 고의입증 곤란성

해설 컴퓨터 범죄행위자는 죄의식이 희박한 경우가 많고, 점차 연소화·초범화되는 경향이 두드러진다.

컴퓨터 범죄의 특징
- 범죄행위자 측면의 특징: 범죄의식의 희박, 연소화 경향, 초범의 증대 경향
- 범죄행위 측면에서의 특징: 범행의 연속성, 범행의 광범위성, 발각과 증명의 곤란성, 고의입증의 곤란성

03 컴퓨터를 이용한 범죄의 특징으로 옳지 <u>않은</u> 것은?

① 증거인멸이 용이하다.
② 범죄의 고의성을 입증하기 곤란하다.
③ 컴퓨터 범죄는 대부분 재범자에 의해 이루어진다.
④ 범죄의식이 희박하다.

> **해설** 컴퓨터 범죄는 상습범이나 재범자이기보다 죄의식이 빈약한 상태에서 저지르는 초범자들이 많다는 특징이 있다.

04 컴퓨터 범죄의 특성이 <u>아닌</u> 것은? • 제20회 기출

① 범행의 단절성
② 광범위성과 자동성
③ 발견·증명의 곤란성
④ 고의입증의 곤란성

> **해설** 컴퓨터 범죄는 불법적인 침투방법을 알게 된 경우, 새로운 보안시스템이 개발되기 전까지는 임의로 접근하는 것이 용이하여 범죄가 연속적으로 이어지는 연속성의 특징을 가진다.

05 컴퓨터 범죄에 대한 설명으로 옳지 <u>않은</u> 것은?

① 자신의 실력을 과시하기 위하여 개인이 중소기업체의 시스템에 들어가 데이터를 보는 것은 컴퓨터 범죄로 볼 수 없다.
② 컴퓨터 범죄자들은 일반적으로 죄의식이 희박하고, 연령층이 비교적 젊은 것이 특징이다.
③ 컴퓨터 범죄는 주로 원한이나 불만, 정치적 목적, 산업 경쟁 혹은 지적 모험심 등에 의해 발생한다.
④ 컴퓨터 범죄는 단독범행이 쉽고, 완전범죄의 가능성이 있으며, 범행 후 도주할 수 있는 시간적 여유가 충분하다.

> **해설** 자신의 실력을 과시하기 위하여 개인이 기업체의 시스템에 들어가 데이터를 보는 것은 해킹의 일종으로, 컴퓨터 범죄 요건을 충족한다.

정답 01 ④ 02 ② 03 ③ 04 ① 05 ①

06 컴퓨터 범죄의 특성으로 옳지 않은 것은?

① 컴퓨터 부정조작에 의한 경우 행위자가 조작방법을 터득한 이상 임의로 쉽게 사용할 수 있기 때문에 조작행위가 빈번할 수 있다.
② 컴퓨터 범죄는 관련 전문지식을 가진 자들에 의한 경우가 많으며, 전통적 범죄보다 죄의식이 희박한 경향이 있다.
③ 컴퓨터 부정이용을 정당한 이용으로 위장하는 경우가 많고, 발각이나 사후증명을 피하기 위한 수법이 지속적으로 발전하고 있어 범행 발견과 검증이 곤란하다.
④ 고의에 의한 경우와 과실에 의한 경우의 결과가 달리 나타나므로 형사사법기관의 고의입증이 용이하다.

해설 컴퓨터 범죄는 데이터의 처리가 빠르고 단시간에 범죄가 완료되기 때문에 증거인멸이 용이하고 범죄의 고의입증이 어렵다.

07 컴퓨터 범죄의 특징으로 옳지 않은 것은?

① 행위의 대부분은 재범인 경우가 많다.
② 일반적으로 죄의식이 희박하고, 컴퓨터 전문가가 많다.
③ 컴퓨터 지식을 갖춘 비교적 젊은 층이 많다.
④ 대부분 내부인의 소행이며, 완전범죄의 가능성이 높다.

해설 컴퓨터 범죄행위의 대부분은 초범인 경우가 많다. 컴퓨터 범죄의 범죄행위자 측면의 특성으로 죄의식이 희박하며, 범죄행위자의 연소화 경향, 초범의 증대 경향 등을 들 수 있다.

08 컴퓨터 활용에 잠재된 위험요소로 옳지 않은 것은?

• 제21회 기출

① 컴퓨터를 통한 사기·횡령
② 과도한 프로그램의 작성 및 활용
③ 조작자의 실수
④ 비밀정보의 절취

해설 컴퓨터의 취약점인 잠재된 위험요소로는 컴퓨터를 통한 사기·횡령, 프로그램상의 부정, 프로그램에 대한 침투, 조작자의 실수, 입력상 에러, 프로그램 자체의 에러, 비밀정보의 절취 등이 있다.

09 컴퓨터 범죄의 유형 중 컴퓨터 시스템의 자료를 권한 없이 획득하거나 이용·누설하여 타인의 재산적 손해를 야기하는 행위는?

① 컴퓨터 스파이
② 컴퓨터 부정조작
③ 프로그램조작
④ 컴퓨터 부정사용

해설 컴퓨터 시스템의 자료를 권한 없이 획득하거나 이용, 누설하여 타인에게 재산적 손해를 야기시키는 행위는 컴퓨터 스파이 범죄에 해당한다.

10 컴퓨터의 각종 사이버테러에 관한 설명으로 옳지 <u>않은</u> 것은? • 제19회 기출

① 논리폭탄(Logic Bomb): 컴퓨터에 고출력 전자기장을 발생시켜 컴퓨터의 하드디스크 자기기록 정보를 파괴시키는 행위
② 스팸(Spam): 악의적인 내용을 담은 전자우편을 인터넷상의 불특정 다수에게 무차별로 살포하여 컴퓨터 시스템을 마비시키거나 온라인 공해를 일으키는 행위
③ 플레임(Flame): 네티즌들이 공통의 관심사를 논의하기 위해 개설한 토론방에 고의로 가입하여 개인 등에 대한 악성 루머를 유포하는 행위
④ 스토킹(Stalking): 인터넷을 이용하여 타인의 신상정보를 공개하거나 거짓 메시지를 남겨 괴롭히는 행위

해설 논리폭탄이란 어떤 조건을 넣어 주고 그 조건이 충족될 때마다 자동으로 불법행위가 이루어지도록 하는 행위이다. 컴퓨터에 고출력 전자기장을 발생시켜 컴퓨터의 하드디스크 자기기록 정보를 파괴시키는 행위는 허프건(Huffgun)이다.

정답 06 ④ 07 ① 08 ② 09 ① 10 ①

11 스턱스넷(Stuxnet)에 관한 설명으로 옳지 않은 것은? • 제24회 기출

① 2010년에 발견된 웜 바이러스이다.
② 마이크로소프트 윈도를 통하여 감염된다.
③ 산업시설을 감시하고 파괴하는 악성 소프트웨어이다.
④ 인터넷을 이용하여 타인의 신상정보를 공개하거나 거짓 메시지를 남겨 괴롭히는 데 사용된다.

해설 인터넷을 이용하여 타인의 신상정보를 공개하거나 거짓 메시지를 남겨 괴롭히는 행위는 스토킹에 해당한다.
① 스턱스넷(Stuxnet)은 2010년 6월에 발견된 웜 바이러스이다.
② 마이크로소프트 윈도를 통해 감염되어, 지멘스 산업의 소프트웨어 및 장비를 공격한다.
③ 산업시설(발전소·공항·철도) 등을 감시하고 파괴하는 목적으로 제작되었다.

12 다음 사례에 해당하는 신종금융범죄는? • 제20회 기출

자신의 휴대폰으로 모바일 청첩장을 받은 A씨는 지인의 모바일 청첩장인 것으로 생각하여 문자메시지 내의 인터넷주소를 클릭하였는데 이후 본인도 모르게 악성코드가 설치되어 소액결제가 되는 금융사기를 당하였다.

① 스미싱(Smishing)   ② 메모리 해킹(Memory Hacking)
③ 파밍(Pharming)   ④ 피싱(Phishing)

해설 무료쿠폰 제공, 돌잔치 초대장, 모바일 청첩장 등을 내용으로 하는 문자메시지 내의 인터넷 주소를 클릭하면 악성코드가 스마트폰에 설치되어 피해자가 모르는 사이에 소액결제 피해 발생 또는 개인의 금융정보를 탈취하는 신종 금융수법은 스미싱이다.
② 메모리 해킹은 고객 컴퓨터의 메모리에 침투해서 보내는 계좌와 금액을 조작하는 새로운 해킹방식이다.
③ 파밍은 합법적으로 소유하고 있던 사용자의 도메인을 탈취하거나 도메인 네임 시스템 또는 프록시 서버의 주소를 변조함으로써 사용자들로 하여금 진짜 사이트로 오인하여 접속하도록 유도한 뒤에 개인정보를 훔치는 새로운 컴퓨터 범죄수법을 말한다.
④ 피싱은 금융기관 등의 웹사이트에서 보낸 것처럼 이메일을 위장하여 사용자가 접속하도록 유도한 뒤 개인정보를 빼내는 방식이다.

13 컴퓨터 범죄의 수법에 관한 설명으로 옳지 않은 것은?

① 트랩도어(Trap Door): 컴퓨터 시험가동을 이용한 정상작업을 가장하면서 실제로는 컴퓨터를 범행도구로 이용하는 수법
② 트로이 목마(Trojan Horse): 프로그램 속에 범죄자만 아는 명령문을 삽입하여 이용하는 수법
③ 데이터 디들링(Data Diddling): 입력된 자료를 변환하거나 허위자료를 입력하는 것으로 주로 금융거래에서 악용하는 수법
④ 논리폭탄(Logic Bomb): 컴퓨터의 일정한 사항이 작동할 때마다 부정행위가 일어나도록 프로그램을 조작하는 수법

해설 컴퓨터의 시험가동을 이용하여 정상작업을 가장하면서 컴퓨터를 범행도구로 이용하는 수법은 시험가동·모델링이다. 트랩도어는 대규모의 프로그램을 개발할 때 프로그램을 수정할 수 있는 명령어가 끼어 있고 프로그램 개발이 완성되면 이를 삭제하여야 함에도 불구하고 삭제하지 아니하여 이 명령어를 이용하여 프로그램을 조작하는 범죄수법으로, 함정문수법이라고도 한다.

14 컴퓨터 데이터를 입력 또는 변환하는 시점에서 최종적인 입력 순간에 자료를 절취 또는 변경·추가하는 행위를 무엇이라고 하는가?

① 트로이 목마　　② 데이터 디들링
③ 살라미 기법　　④ 슈퍼재핑

해설 데이터 디들링은 컴퓨터 데이터를 입력 또는 변환하는 시점에서 최종적인 입력 순간에 자료를 삭제 또는 변경하는 행위를 말한다.

정답 11 ④　12 ①　13 ①　14 ②

15 컴퓨터 범죄의 수법에 관한 설명으로 옳은 것은? • 제22회 기출

① 컴퓨터의 일정한 작동 시마다 부정행위가 이루어질 수 있도록 프로그램을 조작하는 수법은 데이터 디들링(Data Didding)이다.
② 악성코드에 감염된 사용자 PC를 조작하여 금융정보를 빼내는 수법은 스푸핑(Spoofing)이다.
③ 금융기관의 컴퓨터 시스템에서 이자 계산이나 배당금 분배 시 단수 이하의 수를 특정 계좌로 모이게 하는 수법은 살라미 기법(Salami Techniques)이다.
④ 프로그램 속에 은밀히 범죄자만 아는 명령문을 삽입하여 이용하는 수법은 스팸(Spam)이다.

해설 ① 논리폭탄(Logic Bomb)에 대한 설명이다. 데이터 디들링은 데이터를 최종적으로 입력하는 순간에 자료를 삭제하거나 변경, 추가하는 행위이다.
② 파밍(Pharming)에 대한 설명이다. 스푸핑은 스스로 적법한 정보를 취득할 수 있는 시스템으로 위장하여 불법적으로 정보를 읽어 들이는 행동으로 외부의 악의적 네트워크 침입자가 임의로 웹사이트를 구성하여 일반 사용자들의 방문을 유도하고, 인터넷 프로토콜인 TCP·IP의 구조적 결함을 이용하여 사용자의 시스템 권한을 획득한 뒤 정보를 빼 가는 해킹 수법이다.
④ 트로이 목마에 대한 설명이다. 스팸은 악의적인 내용을 담은 전자우편을 인터넷상의 불특정 다수에게 무차별로 살포하여 컴퓨터 시스템을 마비시키거나 온라인 공해를 일으키는 행위이다.

16 어떤 조건을 넣어 주고 그 조건이 충족될 때마다 자동으로 불법행위가 이루어지도록 하는 것으로 컴퓨터의 일정한 사항이 작동 시마다 부정행위가 일어날 수 있도록 프로그램을 조작하는 컴퓨터 범죄수법은? • 제18회 기출

① 트로이 목마(Trojan Horse) ② 데이터 디들링(Data Diddling)
③ 논리폭탄(Logic Bomb) ④ 살라미 기법(Salami Techniques)

해설 ① 트로이 목마는 프로그램 본래의 목적을 실행하면서 일부에서 부정한 결과가 발생하도록 프로그램 속에 범죄자만 아는 명령문을 삽입하여 범죄자에게 유리하게 사용하는 수법이다.
② 데이터 디들링은 데이터를 최종적으로 입력하는 순간에 자료를 삭제하거나 변경하는 방법이다.
④ 살라미 기법은 은행시스템에서 이자 계산 시 떼어 버리는 단수를 1개의 계좌에 자동적으로 입금되도록 프로그램을 조작하는 수법이다.

17 컴퓨터보안 관련 위해요소와 그 내용의 연결로 옳지 <u>않은</u> 것은?　•제23회 기출

① 트로이 목마(Trojan Horse): 실제로는 파일삭제 등 악의적인 목적을 가지고 있지만, 좋은 것처럼 가장하는 프로그램
② 서비스거부 공격(Denial of Service Attack): 악의적으로 특정시스템의 서버에 수많은 접속을 시도하여 다른 이용자가 정상적으로 이를 사용하지 못하도록 하는 수법
③ 자료의 부정변개(Data Diddling): 금융기관의 컴퓨터 시스템에서 이자 계산이나 배당금 분배 시 단수 이하의 적은 금액을 특정 계좌로 모으는 수법
④ 바이러스(Virus): 컴퓨터 프로그램이나 실행 가능한 부분을 복제·변형시킴으로써 시스템에 장애를 주는 프로그램

> **해설** 자료의 부정변개(Data Diddling)는 금융기관에서 데이터를 최종적으로 입력하는 순간에 자료를 삭제하거나 변경하는 수법으로, 데이터 파괴라고 하기도 한다. 금융기관의 컴퓨터 시스템에서 이자 계산이나 배당금 분배 시 단수 이하의 적은 금액을 특정 계좌로 모으는 수법은 부분잠식수법, 즉 살라미 기법을 말한다.

18 컴퓨터를 운영하기 위해 필요한 운영프로그램이 저장되어 있는 자료들을 불이나 물 그리고 물리적 공격, 자석 등을 이용하여 지워 버리거나 작동하지 못하게 하는 행위는?

① 하드웨어 파괴　　② 소프트웨어 파괴
③ 전자기 폭탄　　　④ 사이버 갱

> **해설** 컴퓨터를 운영하기 위해 필요한 운영프로그램이 저장되어 있는 자료들을 불이나 물 그리고 물리적 공격, 자석 등을 이용하여 지워 버리거나 작동하지 못하게 하는 행위는 소프트웨어 파괴행위에 해당한다.

정답 15 ③　16 ③　17 ③　18 ②

19 행위자가 컴퓨터의 처리결과 혹은 출력인쇄를 변경시키거나, 자신이나 제3자가 재산적 이익을 얻도록 컴퓨터 시스템 자료처리 영역의 정상적인 운영을 방해하는 컴퓨터 범죄의 유형은?

① 컴퓨터 스파이
② 컴퓨터 부정조작
③ 컴퓨터 부정사용
④ 컴퓨터를 이용한 파괴 및 태업

해설 행위자가 컴퓨터의 처리결과 혹은 출력인쇄를 변경시키거나, 자신이나 제3자가 재산적 이익을 얻도록 컴퓨터 시스템 자료처리 영역의 정상적인 운영을 방해하는 컴퓨터 범죄는 부정조작에 해당한다. 컴퓨터 부정조작의 종류에는 입력조작, 출력조작, 프로그램조작, 콘솔조작 등이 있다.

20 다음에서 설명하는 컴퓨터 범죄는?

> 컴퓨터 시스템의 자료를 권한 없이 획득하거나 이용·누설하여 타인에게 재산적 손해를 일으키는 행위를 하며, 자료와 프로그램의 불법획득과 이용이라는 2개의 행위로 이루어진다.

① 컴퓨터 부정사용
② 컴퓨터 스파이
③ 컴퓨터 파괴
④ 컴퓨터 바이러스

해설 컴퓨터 시스템의 자료를 권한 없이 획득하거나 이용·누설하여 타인에게 재산적 손해를 일으키는 행위를 하며, 자료와 프로그램의 불법획득과 이용이라는 2개의 행위는 컴퓨터 범죄 중 컴퓨터 스파이에 해당한다.

21 컴퓨터 범죄유형에 관한 설명으로 옳지 않은 것은?

① 컴퓨터의 부정조작: 컴퓨터 시스템 자료처리 영역 내에서의 정상적인 운영을 방해하는 행위
② 컴퓨터 파괴: 컴퓨터 자체, 프로그램, 컴퓨터 내부와 외부에 기억되어 있는 자료를 개체로 하는 파괴행위
③ 컴퓨터 스파이: 자료를 권한 없이 획득하거나 불법이용 또는 누설하여 타인에게 재산적 손해를 일으키는 행위
④ 컴퓨터 부정사용: 자신의 컴퓨터로 불법적인 스팸메일 등을 보내는 행위

해설 타인의 컴퓨터를 사용할 권한이 없는 자가 타인의 컴퓨터를 일정 시간 동안 자신을 위하여 작동하는 것을 컴퓨터 부정사용이라고 하며, 이를 시간절도라고도 한다.

22 다음 사례에 해당하는 신종 금융범죄는?

• 제19회 기출

> A씨는 자신이 사용하는 PC가 악성코드에 감염된 것을 모르고, 정상 홈페이지라고 여긴 가짜사이트로 유도되어 요구하는 금융정보를 입력하였는데, 자신도 모르게 금융정보를 탈취당하여 범행계좌로 이체되는 금융사기를 당하였다.

① 메모리 해킹
② 스미싱
③ 파밍
④ 피싱

해설 합법적으로 소유하고 있던 사용자의 도메인을 탈취하거나 도메인 네임 시스템(DNS) 또는 프록시 서버의 주소를 변조함으로써 사용자들로 하여금 진짜 사이트로 오인하여 접속하도록 유도한 뒤 개인정보를 훔치는 새로운 컴퓨터 범죄수법을 파밍이라고 한다.
① 메모리 해킹은 비밀번호를 빼내어 고객 계좌의 돈을 인출하던 기존 범죄수법과 달리, 고객 컴퓨터의 메모리에 침투해서 보내는 계좌와 금액을 조작하는 방식으로 돈을 빼돌리는 새로운 해킹방식을 말한다.
② 스미싱은 문자메시지(SMS)와 피싱(Phishing)의 합성어로, 무료쿠폰 제공, 모바일 청첩장 등을 내용으로 하는 문자메시지 내의 인터넷 주소를 클릭하면 악성코드가 스마트폰에 설치되어 피해자가 모르는 사이에 소액결제 피해 발생 또는 개인의 금융정보를 탈취하는 신종 금융범죄 수법이다.
④ 피싱은 스팸메일을 이용한 신종 인터넷 범죄이다. 발송자 신원을 알리지 않은 메일로 금융기관을 사칭하여 신용카드나 통장계좌에 문제가 있다는 구실로 수신자의 원래 계좌번호나 비밀번호, 그 밖의 신상정보를 빼낸 뒤 이를 이용하는 범죄를 말한다.

23 컴퓨터를 이용한 사이버테러에 관한 설명으로 옳지 않은 것은?

• 제21회 기출

① 허프건(Huffgun): 고출력 전자기장을 발생시켜 컴퓨터의 자기기록정보를 파괴시키는 수법
② 서비스거부(Denial of Service): 시스템에 과도한 부하를 일으켜 데이터나 자원을 정당한 사용자가 적절한 대기시간 내에 사용하는 것을 방해하는 수법
③ 논리폭탄(Logic Bomb): 컴퓨터의 일정한 작동 시마다 부정행위가 이루어질 수 있도록 프로그램을 조작하는 수법
④ 스푸핑(Spoofing): 악성코드에 감염된 사용자 PC를 조작하여 금융정보를 빼내는 수법

해설 스푸핑(Spoofing)은 스스로 적법한 정보를 취득할 수 있는 시스템으로 위장하여 불법적으로 정보를 읽어 들이는 행위로, 어떤 프로그램이 마치 정상적인 상태로 유지되는 것처럼 믿도록 속임수를 쓰는 수법이다. 문자메시지 등의 인터넷 주소를 클릭하면 악성코드가 스마트폰에 설치되어 피해자가 모르는 사이에 소액결제가 발생하거나 개인 금융정보를 탈취하는 수법은 스미싱이다.

정답 19 ② 20 ② 21 ④ 22 ③ 23 ④

제2절 컴퓨터 안전관리

24 컴퓨터의 안전관리에 관한 설명으로 옳지 <u>않은</u> 것은?

① 컴퓨터 경비시스템의 경보시스템은 컴퓨터가 24시간 가동되는 경우에만 설치한다.
② 컴퓨터의 안전관리는 크게 하드웨어(H/W)와 소프트웨어(S/W) 안전관리로 나누어진다.
③ 컴퓨터 무단사용 방지대책으로는 Password 부여, 암호화, 권한등급별 접근허용 등이 있다.
④ 컴퓨터 에러 방지대책으로는 시스템작동 재검토, 전문요원의 활용, 시스템 재검토 등이 있다.

해설 컴퓨터 경비시스템과 관련하여 가장 합리적인 방법은 모든 설비에 경보시스템을 설치하는 것이다.

25 컴퓨터 시스템의 암호화에 관한 설명으로 옳지 <u>않은</u> 것은?

① 암호는 특정 시스템에 대한 접근권을 가진 이용자의 식별장치라 할 수 있다.
② 허가받지 않은 접근을 차단하여 정보의 보안성을 확보하기 위한 것이다.
③ 암호가 자주 변경되면 유지관리가 어렵기 때문에 가능한 한 암호수명(Password Age)을 오래 유지하는 것이 좋다.
④ 암호설정은 단순 숫자조합보다 특수문자 등을 사용하여 조합하는 것이 바람직하다.

해설 암호화는 데이터를 특수처리하여 비인가자가 그 내용을 알 수 없도록 하는 것으로, 암호의 기능을 유지하기 위해 가능한 한 정기적으로 암호를 변경해야 한다.

26 컴퓨터 시스템의 물리적 안전대책에 관한 설명으로 옳지 <u>않은</u> 것은?   • 제19회 기출

① 컴퓨터실 내부에는 예비전력장치를 구비하여야 한다.
② 컴퓨터실 내부에는 화재방지장치를 설치하여야 한다.
③ 불의의 사고에 대비하여 프로그램 백업과 시스템 백업을 선택적으로 할 수 있다.
④ 컴퓨터실의 위치 선정 시 화재, 홍수, 폭발의 위험과 외부 침입자에 의한 위험으로부터 안전성을 고려하여야 한다.

해설 프로그램 백업이란 예기치 못한 사고로 운영프로그램, 처리자료들이 손상될 것에 대비하여 이를 별도로 다른 저장장치에 보관하는 것을 말한다. 이는 필수적으로 하여야 하는 사항이지 선택적 사항이 아니다.

27 컴퓨터 시스템의 관리적 대책에 관한 설명으로 옳지 않은 것은?

① 직무권한의 명확화
② 감사증거기록의 삭제
③ 액세스 제어
④ 레이블링 관리

해설 직무권한의 명확화와 분리, 프로그램 개발통제, 철저한 도큐멘테이션, 스케줄러의 점검, 액세스 제어, 패스워드의 철저한 관리, 레이블링의 관리, 감사증거기록을 남겨 두는 방법(감사증거기록 삭제 금지) 등이 관리적 대책에 해당한다.

28 컴퓨터 시스템 안전대책 중 관리적 대책이 아닌 것은?

① 패스워드의 철저한 관리
② 직무권한의 명확화
③ 프로그램 개발통제
④ 데이터의 암호화

해설 데이터의 암호화, 방화벽의 구축, 침입탐지 시스템은 기술적 안전대책에 해당한다.

29 컴퓨터 에러(Error)방지대책으로 옳지 않은 것은? • 제21회 기출

① 적절한 컴퓨터 언어를 사용했는지 여부를 검토하는 시스템 작동 재검토
② 정보 접근권한을 가진 취급자만 컴퓨터 운용에 투입
③ 데이터 갱신을 통한 시스템의 재검토
④ 정해진 절차에 따라 프로그램이 실행되는지에 대한 절차상의 재평가

해설 컴퓨터 취급 자격을 가진 자만 컴퓨터 운용에 투입되도록 하여 효율성과 정확성을 높여야 한다.

| 24 ① | 25 ③ | 26 ③ | 27 ② | 28 ④ | 29 ② | 정답 |

30 컴퓨터 안전관리에 관한 설명으로 옳은 것은?

① 컴퓨터 시스템을 보호하는 데 있어 절차적 통제는 물리적 통제보다 중요시된다.
② 컴퓨터 시설은 허가된 사람에 한해서만 출입이 가능하도록 하고, 접근권한의 갱신은 정기적으로 검토할 필요가 있다.
③ 컴퓨터실의 화재감지는 이온감지기를 사용하고, 화재발생 시에는 스프링클러를 사용하는 것이 바람직하다.
④ 컴퓨터 시스템의 보안성 유지를 위하여 프로그램 개발자와 컴퓨터 운영자를 통합하여 운영하도록 한다.

해설 컴퓨터 시설은 허가된 사람에 한해서만 출입이 가능하도록 하고, 접근권한의 갱신은 정기적으로 검토하여야 한다.
① 절차적 통제뿐만 아니라 물리적 통제도 중요하다.
③ 물은 컴퓨터 기기에 치명적이기 때문에 스프링클러와 같은 자동살수장치의 사용은 바람직하지 않다.
④ 프로그램 개발자와 컴퓨터 운영자를 분리하여 운영하여야 한다.

31 컴퓨터 시스템의 보안 및 컴퓨터 범죄에 관한 설명으로 옳지 않은 것은?   • 제23회 기출

① 컴퓨터 범죄는 다른 범죄에 비해 증거인멸이 용이하며, 고의입증이 어렵다.
② 컴퓨터 보안을 위해 체계적 암호관리는 숫자·특수문자 등을 사용하고, 최소암호수명을 설정하여 주기적으로 관리해야 한다.
③ 타인의 컴퓨터에 있는 전자기록 등을 불법으로 조작하면, 형법상의 전자기록위작·변작죄 등이 적용될 수 있다.
④ 시설 내 중앙컴퓨터실은 화재발생 시 그 피해가 심각하기 때문에 스프링클러(Sprinkler) 등 화재대응시스템을 구축해야 한다.

해설 컴퓨터의 내부 정보가 물에 약하므로 컴퓨터 기능을 훼손할 우려가 있는 스프링클러(Sprinkler) 사용은 제한되어야 한다.

32 정보보호 및 컴퓨터 시스템 안전관리에 관한 설명으로 옳지 않은 것은? • 제15회 기출

① 정보보호를 통해 달성하고자 하는 목표는 비밀성, 무결성, 가용성이다.
② 암호는 특정 시스템에 대한 접근권을 가진 이용자의 식별장치라 할 수 있다.
③ 컴퓨터실의 화재감지는 초기단계에서 감지할 수 있는 감지기를 사용하도록 한다.
④ 컴퓨터 시스템의 보안성 유지를 위하여 프로그램 개발자와 컴퓨터 운영자를 통합하여 운용하도록 한다.

해설 컴퓨터 소프트웨어를 개발하는 프로그래머와 컴퓨터를 조작하는 오퍼레이터의 상호 업무분리원칙을 준수하여야 한다. 이는 인적 안전대책 중 직무권한의 명확화와 분리에 해당한다.

33 컴퓨터 시스템 안전대책에 관한 설명으로 옳지 않은 것은? • 제17회 기출

① 컴퓨터실과 파일보관 장소는 허가받은 사람만이 출입할 수 있도록 엄격히 통제하여야 한다.
② 컴퓨터 기기의 경우 물에 접촉하면 치명적인 손상을 가져오기 때문에 이산화탄소나 할론가스를 이용한 소화장비를 설치·사용하여야 한다.
③ 컴퓨터 시스템의 보안성 유지를 위하여 프로그램 개발자와 컴퓨터 운영자를 통합하여 운용한다.
④ 컴퓨터 시스템 사용이 불가능하게 된 경우를 대비하여 백업용 컴퓨터 기기를 준비해둔다.

해설 컴퓨터 시스템의 보안성 유지를 위하여 프로그램 개발자와 컴퓨터 운영자를 분리하여 운용한다.

정답 30 ② 31 ④ 32 ④ 33 ③

34 입법적 대책과 관련하여 형법에 규정된 컴퓨터 범죄에 관한 설명으로 옳지 않은 것은?

• 제21회 기출

① 재물손괴죄: 컴퓨터 등 정보처리장치에 장애를 발생하게 하여 사람의 업무를 방해하는 행위
② 컴퓨터 등 사용사기죄: 컴퓨터 등 정보처리장치에 권한 없이 정보를 입력·변경하여 재산상의 이익을 취득하는 행위
③ 비밀침해죄: 봉함 기타 비밀장치한 전자기록 등을 기술적 수단을 이용하여 그 내용을 알아낸 행위
④ 사전자기록의 위작·변작죄: 사무처리를 그르치게 할 목적으로 타인의 권리·의무 또는 사실증명에 관한 전자기록을 위작 또는 변작한 행위

해설 재물손괴죄는 타인의 재물, 문서 또는 전자기록 등 특수매체기록을 손괴 또는 은닉 기타 방법으로 기 효용을 해한 죄이다(형법 제366조). 컴퓨터 등 정보처리장치 또는 전자기록 등 특수매체기록을 손괴하거나 정보처리장치에 허위의 정보 또는 부정한 명령을 입력하거나 기타 방법으로 정보처리에 장애를 발생하게 하여 사람의 업무를 방해한 죄는 컴퓨터 등 장애업무방해죄에 해당한다(형법 제314조 제2항).

35 컴퓨터 범죄의 예방대책 중 관리적 대책에 해당하지 않는 것은?

① 컴퓨터 기기 및 프로그램 백업
② 프로그램 개발통제
③ 기록문서화 철저
④ 액세스(Access) 제어

해설 컴퓨터가 들어 있는 건물에 대한 안전조치, 컴퓨터 기기 및 프로그램 백업, 컴퓨터실과 파일보관 장소의 출입통제 등은 컴퓨터 시스템 안전대책 중 물리적 대책에 해당한다.

36 데이터의 기밀을 유지하기 위하여 파일이나 컴퓨터 기기에 대한 접근권을 가진 이용자를 식별하는 일종의 암호장치는?

① 패스워드(Password)
② 백업(Back-up)
③ 액세스(Access)
④ 하드웨어(Hardware)

해설 데이터의 기밀을 유지하기 위하여 파일이나 컴퓨터 기기에 대한 접근권을 가진 이용자를 식별하는 일종의 암호장치는 패스워드이다.

37 컴퓨터실의 안전대책에 관한 설명으로 옳지 않은 것은?

① 화재에 대비하여 소화장비인 자동살수장치를 설치하는 것이 좋다.
② 권한 없는 자가 출입하는 것을 통제해야 한다.
③ 컴퓨터실의 내부에는 화재방지장치를 설치해야 한다.
④ 갑작스러운 정전에 대비하여 무정전전원장치를 설치해야 한다.

해설 화재에 대비하는 소화장비인 자동살수장치(스프링클러)는 화재발생 초기에 물을 이용하여 화재경보와 소화를 동시에 행하는 소화설비이다. 컴퓨터 기기는 물에 취약하므로 자동살수장치를 설치하는 것은 컴퓨터실의 안전대책으로 바람직하지 않다.

38 컴퓨터 시스템의 안전대책에 관한 설명으로 옳지 않은 것은?

① 컴퓨터실은 허가받은 자만이 출입하도록 엄격히 통제하여야 한다.
② 컴퓨터실의 위치 선정 시 화재, 홍수, 폭발의 위험과 외부침입자에 의한 위험으로부터 안전성을 고려해야 한다.
③ 오퍼레이팅 시스템과 업무처리 프로그램은 반드시 복제프로그램을 작성해 두어야 한다.
④ 외부 장소에 보관한 백업용 기록문서의 종류는 최대한 많은 것이 좋다.

해설 불의의 사고에 대비하여 컴퓨터 시스템에 필요한 물리적 안전대책으로는 시스템 백업과 프로그램 백업이 있다. 외부 장소에 보관하는 보관용 백업 기록문서의 종류는 너무 많으면 정보 유출의 우려가 있으므로 최소한으로 하는 것이 좋다.

39 컴퓨터 시스템이 설치·이용되고 있는 모든 컴퓨터실에 컴퓨터 시스템이 사용 불가능하게 될 경우를 대비하여 백업용 컴퓨터 기기를 준비해 두는 백업(Back-up)의 종류는?

① 컴퓨터 기기에 대한 백업
② 프로그램에 대한 백업
③ 도큐멘테이션에 대한 백업
④ 데이터 파일에 대한 백업

해설 컴퓨터 시스템 사용이 불가능하게 될 경우를 대비하여 동일한 기종·기능의 백업용 컴퓨터 기기를 별도로 준비하는 것을 컴퓨터 기기에 대한 백업(시스템 백업)이라고 한다.

정답 34 ① 35 ① 36 ① 37 ① 38 ④ 39 ①

CHAPTER 08 민간경비산업의 과제와 전망

제1절 한국 민간경비업의 문제점
제2절 국내 민간경비업법의 개선방안
제3절 민간경비산업의 전망 등

최근 13개년 출제비중

7.7%

학습 TIP

- ☑ 한국 민간경비산업의 문제점과 개선방안에 대해 정리해야 한다.
- ☑ 4차 산업혁명과 인공지능의 개념을 이해하고, 융합보안의 개념을 확립해야 한다.

| POINT | CHAPTER 내 절별 출제비중 |

01	한국 민간경비업의 문제점	33%
02	국내 민간경비업법의 개선방안	28%
03	민간경비산업의 전망 등	40%

CHAPTER 08 민간경비산업의 과제와 전망

제1절 한국 민간경비업의 문제점

1. 민간경비산업의 당면과제 ★★☆

(1) 경비원들의 전문성 부족

민간경비원에 대한 교육이 미비하여 이들의 전문성이 문제가 되고 있는 실정이다. 민간경비원에게 주어져 있는 임무와 책임에 비례하여 전문화된 경비능력의 확보가 필요하다.

(2) 민간경비영역과 청원경찰영역의 중복

「경비업법」과 「청원경찰법」이 이원화되어 양자 간의 역할 충돌 및 업무영역이 중복되고, 이는 경비의 효율성 등에 장애요인으로 작용한다.

(3) 경비업체의 영세성

경비영역의 양적 팽창은 이루어졌지만, 인력경비 중심의 영세한 경호와 경비업체의 난립은 민간경비의 발전에 걸림돌로 작용하고 있다. 또한 경비원의 높은 이직률은 경비원의 전문성을 저해하는 요인으로 작용한다.

(4) 인력경비의 의존성

경비업체의 영세성은 인력경비에 의존하는 현상으로 나타나고 있다. 단편적인 인력경비에서 벗어나 첨단화된 기계경비의 도입이 필요한 실정이다.

(5) 민간경비의 지역적 편중 현상

민간경비의 수요가 수도권이나 일부 대도시에 집중되어 나타나는 것이 현실이다.

🔵 심화학습

첨단기술의 발달

첨단기술의 발달과 비례하여 범죄 또한 지능화·전문화되어 가고 있다. 이에 따른 과학적인 기계경비의 수요가 증가하고 있다.

핵심 기출문제

01 우리나라 민간경비산업의 문제점으로 옳지 않은 것은? • 제18회 기출

① 경비업체의 영세성
② 경비원의 낮은 이직률
③ 청원경찰과 민간경비의 이원적 운영
④ 청원경찰에 비해 민간경비원의 직업적 안정성 확보의 어려움

해설 경비원의 높은 이직률은 우리나라 민간경비산업의 문제점으로 지적된다.

정답 ②

2. 민간경비의 개선방안 ★☆☆

(1) 국가차원의 전담기구 설치

민간경비의 건전한 육성과 지도·감독을 위해서는 국가차원의 독립된 전담기구가 필요하다. 전담기구와 같은 제도적 장치 없이는 민간경비의 건전한 육성과 체계적인 지도·감독이 어렵기 때문이다.

(2) 손해배상제도

① 경비업자는 경비원의 업무수행 중 고의 또는 과실로 경비대상에 손해가 발생하는 것을 방지하지 못한 때에는 그 손해를 배상하여야 하며, 경비원이 업무수행 중 고의 또는 과실로 제3자에게 손해를 입힌 경우에도 이를 배상하여야 한다.
② 이러한 손해배상제도 이외에도 경비업자들은 고객의 요구에 따라 손해배상보험에 가입하고 있어 경비업자들에게 이중적 부담을 주고 있는 것이 현실이다. 경비업자들의 부담 경감과 고객 보호차원에서 보험회사 측에서 다양한 경비 관련 보험상품의 개발이 필요하다.

(3) 경비업의 허가기준 강화

경비업을 하고자 하는 법인은 당해 법인의 주사무소의 소재지를 관할하는 시·도경찰청장의 허가를 받아야 한다. 실제 경비업의 허가기준은 사전적·사후적 절차에 있어 상당히 미약한 것이 현실이다. 국민의 생명과 재산을 담보로 하는 경비업에 대해서는 국가적 차원에서 규제를 보다 엄격히 설정할 필요가 있다.

➕ 심화학습

경비법인의 요건(경비업법 제4조 제2항)

1. 대통령령이 정하는 1억 원 이상의 자본금 보유
2. 경비인력요건
   - 시설경비업무: 경비원 10명 이상 및 경비지도사 1명 이상
   - 시설경비업무 외의 경비업무: 대통령령으로 정하는 경비인력
3. 경비인력을 교육할 수 있는 교육장을 포함하여 대통령령으로 정하는 시설과 장비의 보유
4. 그 밖에 경비업무 수행을 위하여 대통령령으로 정하는 사항

(4) 경찰과 민간경비의 협력 개선증진

① 양자의 지위나 역할상의 문제, 기본적인 방범활동의 대상에서 오는 여러 문제들로 인해 별다른 진전을 보이지 못하고 있는 실정에도 불구하고 민간경비와 경찰의 효율적인 방범활동을 위해서는 민간경비와 경찰의 공경비 상호 간의 긴밀한 협조체계 구축이 필요하다.

② 책임자 간담회의: 민간경비와 경찰이 업무수행과정에서 상호 간의 교류를 통해 서로의 역할, 능력 그리고 책임을 잘 이해하려는 노력이 필요하다. 민간경비와 경찰이 책임자 간담회의를 정기적으로 개최하여 책임관할 지역 내에서 발생하는 범죄를 공동으로 대처할 수 있도록 하여야 한다. 이러한 책임자 간담회의의 정례화는 민간경비와 경찰 사이의 경험과 접촉을 통해 생겨날 수 있는 편견 등을 제거하는 데에도 기여할 것이다.

③ 전임책임자제도 및 합동순찰제도
　㉠ 전임책임자제도: 민간경비와 공경비인 경찰의 양 조직의 접촉을 공식화하여 민간경비와 경찰의 무분별한 접촉으로 발생할 수 있는 부정적인 요소를 사전에 방지하고 상호 신뢰하는 관계를 계속적으로 유지할 수 있는 제도이다.
　㉡ 합동순찰제도: 양 조직의 실질적인 협력 증진을 위한 하나의 방안으로, 관할 지역 내에서 업무의 이해와 능률을 증진시키고 경비인력을 적절히 배분하기 위해 필요한 제도이다.

④ 상호업무기준 설정: 지금까지 경찰은 민간경비업체를 범죄예방조직으로 제한된 시각과 불명확한 기준에 의하여 이해하여 왔다. 민간경비업체의 내적인 관계, 타 조직과의 연계 그리고 정부기관의 외적인 관계 등을 상호협조적이고 정상적인 관계로 발전시키기 위해서는 전문적이고 기본적인 업무기준 설정이 필요하다.

⑤ 비상연락망 및 경보대응시스템 구축: 범죄신고절차를 신속하게 처리함으로써 범죄의 예방과 범인 검거율을 높이기 위해서는 경찰관서와 민간경비업체의 비상연락망 구축을 정책적으로 권장할 필요가 있다.

⑥ 경비자문 서비스센터의 운용: 민간경비와 경찰이 공동체의식을 갖고 지역사회의 범죄예방을 위한 공동노력의 일환으로 범죄예방과 관련되는 모든 민간경비업체명과 경비상품의 목록을 일반시민들에게 배분하는 경비자문 서비스센터를 공동으로 운영하는 방법도 상호협력 증진을 위한 방안이 된다.

전임책임자제도
민간경비 측에서는 경찰과 접촉을 전담하는 연락담당자를, 경찰 측에서는 민간경비와의 접촉을 전담하는 공식연락관을 공식적으로 임명하는 제도이다.

핵심 기출문제

02 우리나라의 경찰과 민간경비 간의 관계 개선방안으로 옳지 않은 것은?
• 제24회 기출

① 상호업무기준의 설정
② 경비자문 서비스센터의 운영
③ 전임책임자제도의 실시
④ 범죄신고시스템의 통합

해설 우리나라의 경찰과 민간경비 간의 관계 개선방안으로 논의되고 있는 것들은 국가차원의 전담기구 설치, 경비업자의 업무수행 중 고의 또는 과실로 경비대상에 손해가 발생한 경우 합리적 손해배상제도의 확립, 경찰과 민간경비 간의 상호업무기준의 설정, 전임책임자제도의 실시, 경비자문 서비스센터의 운용, 비상연락망 및 경보대응시스템의 구축 등이다.

정답 ④

(5) 경비장비의 현대화 방안

① 경비원의 제복은 경찰공무원 또는 군인의 제복과 색상 및 디자인 등이 명확히 구별될 수 있어야 한다(경비업법 제16조 제1항).
② 경비업자는 경비업무 수행 시 경비원에게 소속 경비업체를 표시한 이름표를 부착하도록 하고, 신고된 동일한 복장을 착용하게 하여야 하며, 복장에 소속 회사를 오인할 수 있는 표시를 하거나 다른 회사의 복장을 착용하게 하여서는 아니 된다. 다만, 집단민원현장이 아닌 곳에서 신변보호업무를 수행하는 경우 또는 경비업무의 성격상 부득이한 사유가 있어 관할 경찰관서장이 허용하는 경우에는 그러하지 아니하다(경비업법 제16조 제2항).
③ 경비원은 근무 중 경적, 단봉, 분사기, 안전방패, 무전기 및 그 밖에 경비업무 수행에 필요한 것으로서 공격적인 용도로 제작되지 아니하는 장비를 휴대할 수 있으며, 안전모 및 방검복 등 안전장비를 착용할 수 있다(경비업법 시행규칙 제20조 제1항).

(6) 경비원의 자질향상을 위한 개선방안

① 우수한 경비인력을 확보하기 위해서는 경비시설물의 도급액수에 관계없이 경비원 개인의 경비능력, 경력, 교육수준, 자격증 유무에 따라 보수규정을 전체적으로 체계화할 필요가 있다.
② 경비인력을 채용하기 전에 하는 경비지원인력의 신원조회가 연락처나 소정양식의 서류를 형식적으로 제출하는 수준에 머물고 있다. 조사비용이 발생하더라도 상설조사기관을 두어 전과조회, 능력, 성격, 자질 등을 면밀하게 조사할 제도적 장치가 필요하다.

> **심화학습**
> **무기휴대**
> 청원경찰과 특수경비원은 무기휴대가 가능하나, 일반경비원은 무기휴대가 인정되지 않는다.

③ 경비협회나 경비업체들을 지도·감독하고 있는 정부기관에서 전체 경비원들의 인적 사항을 전산처리하여 관리하는 방법도 민간경비의 우수인력 확보를 위한 하나의 방안이 된다.

3. 민간경비 육성의 필요성 ★★★

(1) 경비수요의 증가

현대에는 산업시설의 발달과 고도화, 도시화로 인하여 거대시설이나 집단주거시설이 도시에 집중적으로 건설됨과 동시에 범죄도 기하급수적으로 증가함으로써 경찰력만으로 이에 대한 대처가 불가능하다. 따라서 경찰력을 보완할 수 있는 민간경비수요가 증가하고 있다.

(2) 첨단기술의 발달

컴퓨터와 같은 첨단기술의 발달과 더불어 범죄 또한 지능화되고 있으므로, 이를 대비하기 위한 과학적인 인력경비와 고도의 기술을 이용하는 기계경비의 수요가 점차 증가하고 있다.

(3) 경찰력의 한계

경찰력은 민간을 위한 치안보다 시국치안에 대부분 동원되므로 민간치안은 민간경비업체가 상당부분 담당하고 있는 실정이다.

(4) 소득수준의 향상

소득수준의 향상으로 힘든 일이나 위험한 업무를 기피하는 현상이 심화되고 있으므로 기계를 이용하여 산업체나 건물의 경비를 할 수 있는 기계경비의 수요가 점차 증가하고 있으며, 기계경비산업의 발전이 촉진되고 있다.

(5) 인건비의 상승

경영합리화의 일환으로 인건비를 절감하기 위해 첨단기술을 사용하는 기계경비의 수요가 증가하고 있다.

(6) 민간경비의 적극적 육성

경찰은 사회 전반에 걸쳐 범죄대응역량을 강화하기 위해 민간경비업을 적극적으로 지도·육성하고 있다.

제2절 ▶ 국내 민간경비업법의 개선방안

1. 한국「경비업법」과「청원경찰법」이원화의 문제점 ★★☆

(1) 이원적 운용체제의 현황

① 경찰력의 한계로 야기되는 상업화·도시화에 따른 민생치안의 문제를 해결하기 위하여 사회 각 계층의 다양한 경비수요를 충족시켜 주기 위해 수익자부담원칙에 의한 민간경비제도를 1970년대부터 도입하여 여러 분야에서 경찰의 동반자로서 많은 역할을 담당하고 있다.

② 한국의 민간경비는 1962년「청원경찰법」과 1976년 용역경비업법이 제정되어 1980년 초까지 별개의 조직으로 운영되어 왔다.

③ 1986년 아시안게임과 1988년 서울올림픽을 치른 이후 민간경비가 급성장하면서 범죄예방활동의 효율성에 많은 문제점이 제기되고 있다.

④ 법 제정의 배경

「청원경찰법」	• 제3공화국 출범 이후 급속한 경제개발과 계속적으로 늘어나는 국가중요산업시설물에 대한 경비를 경찰인력만으로는 감당할 수 없어 조직되었다. • 민간인 신분으로 근무지역 내에서「경찰관 직무집행법」에 의거하여 경찰관의 직무를 수행할 수 있도록 허가된 준경찰제도 또는 민간경비제도이다. • 경찰업무 중 많은 부분이 청원경찰에 이양되어 산업시설뿐만 아니라 국가기관, 국영기업체, 신문사, 방송국, 항공사, 금융기관 그리고 방위산업체 등과 같은 국가중요시설물에 이르기까지 청원경찰이 경비업무를 실시하고 있다.
「경비업법」	•「경비업법」은 여러 가지 위해로부터 개인의 이익이나 생명 그리고 재산을 보호하기 위하여 특정한 의뢰자가 고객으로부터 받은 보수만큼 경비서비스를 행하는 영리기업의 활동을 규제하는 법을 말한다. • 1960년대 초 주한미군부대를 경비하면서 한국의 민간경비가 최초로 시작되었다. • 실제로 한국 경제구조의 변화에 의해 자생적으로 경비제도를 실시하게 된 것은 1976년 용역경비업법이 제정된 1970년 중반 이후부터이다.

(2) 청원경찰과 민간경비운영의 문제점

① 지휘체계에 대한 문제점

「청원경찰법」	• 청원주는 항상 소속 청원경찰의 근무 상황을 감독하고, 근무 수행에 필요한 교육을 하여야 한다(청원경찰법 제9조의3 제1항). • 시·도경찰청장은 청원경찰의 효율적인 운영을 위하여 청원주를 지도하며 감독상 필요한 명령을 할 수 있다(청원경찰법 제9조의3 제2항).
「경비업법」	• 경비업자는 경비대상시설의 소유자 또는 관리자(시설주)의 관리권의 범위 안에서 경비업무를 수행하여야 하며, 다른 사람의 자유와 권리를 침해하거나 그의 정당한 활동에 간섭하여서는 아니 된다(경비업법 제7조 제1항). • 경비업자는 경비업무를 성실하게 수행하여야 하고, 도급을 의뢰받은 경비업무가 위법 또는 부당한 것일 때에는 이를 거부하여야 한다(경비업법 제7조 제2항). • 경찰청장 또는 시·도경찰청장은 경비업무의 적정한 수행을 위하여 경비업자 및 경비지도사를 지도·감독하며 필요한 명령을 할 수 있다(경비업법 제24조 제1항).
문제점	• 민간경비나 청원경찰 모두 관할 경찰서장의 지도하에 감독·교육하도록 되어 있으나, 실질적으로 민간경비의 경우에는 경비지도사가, 청원경찰의 경우에는 청원주가 지정한 자에 의하여 실시되고 있는 실정이다. • 경비의 효율화와 범죄에 대한 신속한 대응 및 책임을 위하여 청원경찰의 근무배치 및 감독권을 경비업자에게 위임하고 있으나, 경비업자에게 이에 대한 실질적인 권한이 없으므로 실효성이 없다.

② 비용에 대한 문제점

「청원경찰법」	청원경찰의 경비는 경찰청장이 그 최저부담기준액을 매년 12월 순경의 것을 참작하여 고시하고 있다.
「경비업법」	민간경비의 경우 고객과 민간경비업체의 경비계약에 의하여 결정되지만 전반적으로 청원경찰보다 낮게 책정되고 있는 것이 실정이다.
문제점	• 같은 경비시설물 내에서 동일한 근무시간, 근무조건일지라도 청원경찰과 경비원의 보수지급 수준은 양 조직이 가지고 있는 특수성 때문에 상당히 차등 지급되고 있다.

- 청원경찰과 경비원이 같은 수준의 경비업무능력을 가지고 동일 사업장 내에서 분리·운영되고 있는 점, 특히 이중적인 보수지급체계를 유지하고 있는 것은 경비업무의 효율성 향상과 보수지급체계 적정화 문제에 커다란 장애요인이 되고 있다.
- 동일 근무조건에서 청원경찰과 경비원이 경비업무를 실시하여도 보수지급에 차이가 있으므로 이는 경비원들의 사기저하와 경비업무의 비효율성으로 나타나고 있다.

③ 교육·훈련에 대한 문제점

「청원경찰법」	• 청원주는 청원경찰로 임용된 사람으로 하여금 경비구역에 배치하기 전에 경찰교육기관에서 직무수행에 필요한 교육을 받게 하여야 한다. 다만, 경찰교육기관의 교육계획상 부득이하다고 인정할 때에는 우선 배치하고 임용 후 1년 이내에 교육을 받게 할 수 있다(청원경찰법 시행령 제5조 제1항). • 경찰공무원(의무경찰을 포함한다) 또는 청원경찰에서 퇴직한 사람이 퇴직한 날부터 3년 이내에 청원경찰로 임용되었을 때에는 교육을 면제할 수 있다(청원경찰법 시행령 제5조 제2항). • 신임교육은 경찰교육기관에서 2주간 실시하고(청원경찰법 시행규칙 제6조), 경비시설물이나 경비지역에 배치가 되면, 청원주는 소속 청원경찰에 대하여 그 직무집행에 필요한 교육을 매월 4시간 이상 실시하여야 한다(청원경찰법 시행규칙 제13조 제1항).
「경비업법」	• 경비업자는 일반경비원을 채용한 경우 경비업자의 부담으로 일반경비원 신임교육을 받도록 하여야 한다. • 경비원이 되려는 사람은 미리 일반경비원 신임교육을 받을 수 있다. • 특수경비원 신임교육을 받지 아니한 자를 특수경비업무에 종사하게 하여서는 아니 된다. • 일반경비원 또는 특수경비원 신임교육을 받은 사람으로서 채용 전 3년 이내에 경비업무에 종사한 경력이 있는 사람은 신임교육에서 제외할 수 있다. • 다음에 해당하는 사람을 일반경비원으로 채용한 경우에는 일반 경비원 신임교육 대상에서 제외할 수 있다.

	ⓐ 일반경비원 또는 특수경비원 신임교육을 받은 사람으로서 채용 전 3년 이내에 경비업무에 종사한 경력이 있는 사람 ⓑ 「경찰공무원법」에 따른 경찰공무원으로 근무한 경력이 있는 사람 ⓒ 「대통령 등의 경호에 관한 법률」에 따른 경호공무원 또는 별정직공무원으로 근무한 경력이 있는 사람 ⓓ 「군인사법」에 따른 부사관 이상으로 근무한 경력이 있는 사람 ⓔ 경비지도사 자격이 있는 사람 ⓕ 채용 당시 「경비업법」 제13조 제2항에 따른 일반경비원 신임교육을 받은 지 3년이 지나지 아니한 사람 • 신임교육은 법에 따른 일반경비원 교육기관, 특수경비원 교육기관이 실시하고, 직무교육은 경비업자가 실시한다.
문제점	「경비업법」과 「청원경찰법」은 법으로 의무교육시간을 규정하고 있으나 교육시설과 시간이 부족한 실정이다.

④ 무기휴대에 대한 문제점

「청원경찰법」	• 시·도경찰청장은 청원경찰이 직무를 수행하기 위하여 필요하다고 인정하면 청원주의 신청을 받아 관할 경찰서장으로 하여금 청원경찰에게 무기를 대여하여 지니게 할 수 있다(청원경찰법 제8조 제2항). • 청원주가 청원경찰이 휴대할 무기를 대여받으려는 경우에는 관할 경찰서장을 거쳐 시·도경찰청장에게 무기대여를 신청하여야 한다(청원경찰법 시행령 제16조 제1항). • 신청을 받은 시·도경찰청장이 무기를 대여하여 휴대하게 하려는 경우에는 청원주로부터 국가에 기부채납된 무기에 한정하여 관할 경찰서장으로 하여금 무기를 대여하여 휴대하게 할 수 있다(청원경찰법 시행령 제16조 제2항).
「경비업법」	「경비업법」에서는 일반경비원에게는 총기휴대를 허용하지 않고, 특수경비원에 대해서만 총기휴대를 인정하고 있다.
문제점	「청원경찰법」에서는 청원경찰에게 총기휴대를 인정하고 있지만, 총기취급에 대한 전반적인 교육이 부족하여 총기사용이 많이 제한되고 있는 실정이다.

> **심화학습**
>
> **분사기의 휴대**
> 청원주는 「총포·도검·화약류 등의 안전관리에 관한 법률」에 의한 분사기의 소지허가를 받아 청원경찰로 하여금 그 분사기를 휴대하여 직무를 수행하게 할 수 있다(청원경찰법 시행령 제15조).

⑤ 손해배상에 대한 문제점

「청원경찰법」	청원경찰의 직무상 불법행위에 대한 배상책임에 관하여는 「민법」 규정에 의한 불법행위의 책임을 부담한다(청원경찰법 제10조의2). 다만, 국가기관 또는 지방자치단체에 근무하는 청원경찰의 직무상 불법행위에 대해서는 「국가배상법」이 적용된다.
「경비업법」	• 경비업자는 경비원이 업무수행 중 고의 또는 과실로 경비대상에 손해가 발생하는 것을 방지하지 못한 때에는 그 손해를 배상하여야 한다(경비업법 제26조 제1항). • 경비업자는 경비원이 업무수행 중 고의 또는 과실로 제3자에게 손해를 입힌 경우에는 이를 배상하여야 한다(경비업법 제26조 제2항).
문제점	• 「청원경찰법」에 의하면 손해가 발생할 때 청원주가 손해배상책임자인 동시에 피해자이기 때문에 손해를 발생시킨 청원경찰에게는 신분상의 책임만 물을 뿐이므로 손해배상에 문제가 있다. • 「경비업법」에 의해서는 고객과 경비원 사이에 누구의 잘못으로 사건이 발생하여 손해가 생겼는지 알 수 없을 때 이 사건에 대한 책임한계와 책임소재를 결정할 수 없다.

2. 민간경비 관련법 단일화

(1) 이원적 운용

① 「청원경찰법」과 「경비업법」의 이원적 운용에 따른 문제점과 모순점, 업무수행상의 비효율성이 나타나고 있으며, 경비업무에 있어 가장 중요한 지휘체계상의 통일을 기할 수도 없는 것이 경비업계의 사정이다.

② 청원경찰의 이중적 신분구조 때문에 전체 민간경비원의 신분상의 통일이 곤란하며, 청원경찰의 총기사용 훈련부족으로 직무수행의 문제가 노출되고 있다.

(2) 통합방안

1980년 중반 이후부터 민간경비는 인력경비에만 의존하는 청원경찰보다 종합적인 경비기능을 가진 첨단경비시스템을 운용함에 따라 더욱 그 가치를 인정받고 있다. 따라서 청원경찰과 민간경비업을 통합하여 운영하는 것이 필요하며, 그 방안에는 「청원경찰법」을 폐지하고 「경비업법」을 유지하는 방안, 「경비업법」을 폐지하고 「청원경찰법」을 유지하는 방안, 「경비업법」과 「청원경찰법」을 모두 폐지하고 새로운 단일 법안을 제정하는 방안이 있으나, 모든 방안에는 장단점이 있으므로 신중히 고려하여야 한다.

제3절 민간경비산업의 전망 등

1. 민간경비의 발전방안 ★★☆

(1) 민간경비 관련 법규 정비

전문경비의 보다 나은 발전을 위해서는 정부 및 경비협회 등에서 경비 관련 전문연구소를 설립하여 전문경비산업 발전 전반에 관한 연구를 끊임없이 실시할 것이 요구되며, 제 관련 경비법규를 현재의 경비실정에 맞게 정비해야 할 필요성이 있다.

(2) 기계경비업 및 방범장비산업의 육성

현재는 인력경비가 전체 경비업체의 많은 부분을 차지하고 있으나, 미래의 민간경비는 인력경비보다 방범, 화재 등으로부터 인명과 재산을 보호하는 종합적인 안전관리체계로 나갈 것이므로 기계경비업이 더 발전할 것이다. 따라서 이에 대한 관심과 투자가 요구된다.

(3) 민간경비업무의 다변화·전문화

경비업체의 영세성을 탈피하기 위해 경비업체의 업무를 다변화할 필요가 있으며, 이와 별도로 경비인력을 전문화하기 위해 경비원 채용 시 우수한 인력의 확보와 경비인력에 대한 교육과 훈련제도의 발전에 대한 투자개발이 병행되어야 하고, 방범서비스 산업 전반에 걸친 필요 없는 법률적 규제를 완화할 필요가 있다.

(4) 경찰과 민간경비의 상호협력 증진방안

경찰과 민간경비의 효율적인 방범활동과 긴밀한 협력체계 구축을 위해 지속적인 인적·물적 지원이 상호 간에 이루어져야 한다. 경찰은 자체의 교육훈련장을 확보하고 있지 못한 영세 민간경비업체에 대해 방범능력 향상이라는 차원에서 교육훈련시설을 지원할 필요성이 있으며, 강력범죄사건이 발생할 경우에 대비하여 경찰과 민간경비의

심화학습

민간경비의 개선방안

경비원의 적정임금 보장, 경찰과 민간경비원의 합동순찰제 도입, 지역적 특성을 고려한 민간경비 상품 개발 등이 선행되면 우리나라의 민간경비산업이 비약적으로 발전할 것이다.

비상연락망 설치도 고려해 보아야 한다.

(5) 경찰과 민간경비의 동반자 의식 확립

경찰과 민간경비의 치안수요의 다양성과 전문성에 효율적으로 대처하기 위해서는 양자가 범죄예방의 동반자 관계에 있다는 인식을 확립하고, 각자의 역할과 책임을 확실하게 인식하여 치안서비스에 대해 서로 협력체계를 이루어야 한다.

2. 민간경비산업의 전망

인구의 고령화 추세에 따라 고령자의 의료긴급사태에 대비한 긴급통보시스템, 주5일제의 전면적 시행으로 인한 레저산업시설의 안전경비, 각종 산업 자동화 시스템에 맞춘 산업 관련 경비, 홈시큐리티·타운시큐리티 등 각종 서비스사업 회사의 발달에 따라 집단적 통제에 의한 개별 경비나 경호서비스 분야가 발전할 것으로 전망된다.
① 경찰업무의 과다로 민간경비업은 급속히 발전할 것이다.
② 민간경비업의 홍보활동이 적극적으로 전개될 것이다.
③ 지역 특성에 맞는 민간경비 상품의 개발이 요구될 것이다.
④ 경찰 및 교정업무의 민영화 추세는 민간경비업 증가의 한 요인이 된다.

핵심 기출문제

03 우리나라 민간경비산업의 전망에 관한 설명으로 옳은 것을 모두 고른 것은?
• 제19회 기출

㉠ 기계경비보다 인력경비의 빠른 성장
㉡ 지역 특성에 맞는 민간경비 상품의 개발 필요
㉢ 민간경비산업의 홍보활동을 소극적으로 전개
㉣ 물리보안과 사이버보안을 통합한 토털시큐리티 산업으로 전개

① ㉠, ㉡ ② ㉠, ㉢
③ ㉡, ㉣ ④ ㉢, ㉣

해설 ㉠ 인력경비보다 기계경비가 빠르게 성장할 것이다.
㉢ 민간경비의 이미지 쇄신을 위한 홍보활동을 보다 적극적으로 전개하여야 한다.

정답 ③

3. 4차 산업혁명과 융합보안

(1) 의의

① 철도와 증기기관을 기반으로 한 1차 산업혁명, 전기와 생산조립라인을 기반으로 한 2차 산업혁명, 컴퓨터와 인터넷을 기반으로 한 3차 산업혁명에 이어 현재는 과학기술과 디지털이 중심이 되는 산업혁명이 진행되고 있다.
② 4차 산업혁명은 인공지능(AI), 사물인터넷(IoT), 클라우드 컴퓨팅, 빅데이터, 모바일 등 첨단 정보통신기술이 경제·사회 전반에 융합되어 혁신적인 변화가 나타나는 차세대 산업혁명을 의미한다.

(2) 4차 산업혁명과 인공지능

4차 산업혁명의 중심에 인공지능이 있다. 다만, 아직까지는 인공지능의 발전 초입단계로 볼 수 있다. 스스로 학습하는 딥러닝의 기술이 개발되고 발전됨에 따라 인공지능의 발전은 더욱더 가속화될 전망이다.

① 인공지능: 1956년 다트머스 국제학회에서 처음 소개된 용어이다. 영국의 수학자이자 논리학자인 앨런 튜링(Alan Turing)은 튜링 테스트와 튜링 머신의 개념을 고안하는 등 인공지능 연구에 크게 공헌하였고, 그 후 생리학적 측면에서도 인공지능의 핵심 이론 중 하나인 신경망에 대한 연구가 활발하게 진행되고 있다.
② 머신러닝(Machine Learning): 기존의 데이터를 이용하여 앞으로의 일을 예측하는 머신러닝 기술은 인공지능의 한 분야로서 사람이 학습하듯이 컴퓨터에 통계적 데이터를 입력하여 스스로 학습하게 만들어 새로운 결과를 내도록 하는 기법이다.
③ 딥러닝(Deep Learning)
  ㉠ 딥러닝 역시 머신러닝의 한 분야이지만, 머신러닝과 약간의 차이가 있다. 머신러닝이 다양한 정보를 먼저 학습하도록 하고, 그 학습한 결과를 이용하여 새로운 것을 예측하는 반면, 딥러닝은 이러한 학습조차도 스스로 판단하여 학습하도록 하고 미래의 상황을 예측한다.
  ㉡ 딥러닝의 방법
    ⓐ 지도학습: 학습데이터를 통해 예시적으로 각 데이터가 갖는 의미를 학습시키고, 새롭게 입력된 데이터의 의미를 알아내는 학습방법이다.

ⓑ **비지도학습**: 아무런 예시 없이 입력 데이터만 가지고 기계가 스스로 결과를 도출하는 학습방법이다.

ⓒ **강화학습**: 입력 데이터를 기계가 추측하면 사람 또는 정해진 룰에서 평가 피드백을 줌으로써 이를 통해 기계가 학습하는 학습방법이다.

(3) 융합보안

① **의의**

㉠ 보안사업은 크게 자산을 보호하기 위한 기술적·관리적 조치를 의미하는 정보보안과 직원, 데이터, 시설 등 자산에 대한 물리적 보호조치인 물리보안으로 분류할 수 있다. 융합보안은 정보보안과 물리보안이 융합된 형태의 보안이다.

㉡ 4차 산업혁명에 접어들어 위협이 다변화되고 다채널화되면서 정보보안과 물리보안 각각의 보안 영역만으로는 공격에 대응하기가 쉽지 않으므로 위협으로부터 정보, 자산, 시설을 보호하기 위해 융합보안의 필요성이 중시되고 있다.

㉢ 융합보안은 각종 내·외부적 정보침해에 따른 대응은 물론 출입통제, 접근감시, 잠금장치 등의 물리적 보안요소와 불법 침입자 정보인식시스템 등을 상호연계하여 보안의 효과성을 높이는 활동이다. 물리적·기술적·관리적 보안요소를 상호연계하여 보안의 효과성을 높이는 활동이며, 물리적 보안영역, 관리적 보안영역, 기술적 보안영역을 통합적으로 관리한다.

㉣ 보안산업의 새로운 트렌드이며, 차세대 고부가가치 산업으로 급부상하고 있는 영역이기도 하다.

㉤ 물리적 보안인증과 사이버 보안인증을 통합적으로 관리하여 보안관리를 강화하고, 개인, 기업, 정부단체 등의 데이터를 통합해 정확한 사고징후를 감지하고 총체적으로 대응할 수 있다.

② **융합보안에서 인공지능**: 융합보안은 물리보안, 정보보안, 방재 및 환경안전, 유무선 통신 이력 등 수많은 모니터링 데이터를 융합하고 분석한다. 이렇게 분석된 데이터를 딥러닝을 통하여 분석하고 학습하면 다각적 위험에 대한 예측이 가능해진다. CCTV에서 수집된 영상 또는 이미지를 분석하여 상황 파악은 물론 사전에 이상 징후를 보다 쉽게 탐지할 수 있다.

③ **산업보안과 인공지능**: 산업에서 가장 큰 위험은 산업기밀 유출이다. 산업기밀 유출로 인한 기업의 피해는 기업의 존립까지 위협할 수 있다. 산업보안에서 가장 중요한 것은 사전에 유출을 방지하는 것이다. 직원들의 출근 기록, 영상 기록, 시스템 접근 기록, 입·출력 기록, 출력물 출력 기록 등의 데이터를 수집하고, 딥러닝을 통하여 유출된 사례를 스스로 학습하도록 한 후, 유출 가능성이 있는 직원을 고위험군으로 분류하여 관리할 수 있다.

핵심 기출문제

04 다음 사례에 해당하는 개념은? · 제22회 기출

> A회사는 출입통제, 접근감시, 잠금장치 등 물리적 보안요소와 불법 침입자 정보인식시스템 등 정보보안요소를 상호 연계하여 보안의 효과성을 높이고자 한다.

① 융합보안
② 절차적 통제
③ 방화벽
④ 정보보호

해설 출입통제, 접근감시, 잠금장치 등 물리적 보안요소와 불법 침입자 정보인식시스템 등 정보보안요소를 상호 연계하여 보안의 효과성을 높이는 활동을 융합보안이라고 한다.

정답 ①

CHAPTER 08 민간경비산업의 과제와 전망

중요내용 OX 문제

제1절 한국 민간경비업의 문제점

01 민간경비업의 개선방안으로 경비업법과 청원경찰법이 통합적으로 운영되는 것은 바람직한 현상이다.

02 기계경비에서 인력경비로 전환하는 것이 민간경비의 효율을 증대하는 방안이다.

03 경비원이 업무수행 중 고의 또는 과실로 경비대상에 손해가 발생하는 것을 방지하지 못한 경우 1차적인 책임은 경비원에게 있다.

04 민간경비와 경찰의 합동순찰제도의 도입은 양 조직의 실질적인 협력증진 방안의 하나이다.

05 경비원의 제복은 경찰과 동일한 제복과 색상 및 표지를 사용하는 것이 바람직하다.

06 경비업법상 경비원은 근무 중 목검의 착용이 가능하다.

07 첨단전자장비의 혁신적 발전으로 산업스파이에 의한 산업기밀이 유출될 수 있는 위험요소들이 많아지고 있다.

OX 정답 01 ○ 02 × 03 × 04 ○ 05 × 06 × 07 ○

X 해설
02 인력경비에서 기계경비로의 전환이 효율을 증대하는 방안이다.
03 경비원이 업무수행 중 고의 또는 과실로 경비대상에 손해가 발생하는 것을 방지하지 못한 경우 1차적 책임은 경비업자에게 있다.
05 경비원의 제복은 경찰과 식별이 가능하여야 한다.
06 「경비업법」상 목검은 제외한다.

제2절 국내 민간경비업법의 개선방안

08 청원경찰은 공무원의 신분으로 근무지역 내에서 경찰관 직무집행법에 의거 경찰관의 직무를 수행한다.

09 관할 경찰서장은 청원경찰의 근무 상황을 감독할 의무가 있다.

10 경비업자는 경비대상시설의 소유자 또는 관리주의 관리권 범위 안에서 경비업무를 수행하여야 한다.

11 청원주는 반드시 청원경찰로 임용된 사람으로 하여금 경비구역에 배치하기 전에 직무교육을 받게 하여야 한다.

12 경비업자는 경비원으로 채용된 사람을 경비업자의 부담으로 신임교육을 받게 하여야 한다.

13 청원경찰의 직무상 불법행위에 대한 배상책임은 국가배상법 규정에 따라 국가가 책임을 부담한다.

14 경비업자는 경비원이 업무수행 중 고의 또는 과실로 제3자에게 손해를 입힌 경우에는 이를 배상하여야 한다.

제3절 민간경비산업의 전망 등

	O	X

15 우리나라 민간경비산업은 기계경비보다 인력경비가 빠른 성장을 할 것으로 전망된다.

16 우리나라의 민간경비산업은 물리보안과 사이버보안을 통합한 토털시큐리티 산업으로 발전할 것이다.

17 융합보안은 내·외적 정보침해에 따른 기술적 대응은 포함하지 않는다.

18 융합보안이란 물리적 보안요소(CCTV, 출입통제장치 등), 기술적 보안요소(불법출입자 정보인식시스템 등), 관리적 보안요소(조직·인사관리 등)를 상호연계하여 시큐리티의 효율성을 높이고자 하는 접근방법이다.

OX 정답 08 × 09 × 10 ○ 11 × 12 ○ 13 × 14 ○ 15 × 16 ○ 17 × 18 ○

X 해설
08 청원경찰은 민간인의 신분으로 직무를 수행한다.
09 청원경찰의 근무 상황 감독은 청원주의 의무이다.
11 경찰교육기관의 교육계획상 부득이한 경우에는 우선 배치하고 임용 후 1년 이내 교육이 가능하다.
13 청원경찰은 직무상 불법행위에 대해 「민법」 규정에 의한 불법행위의 책임을 부담한다.
15 인력경비보다 기계경비가 빠른 성장을 할 것이다.
17 융합보안은 물리적 보안요소와 정보보안요소를 통합하여 효율성을 높이는 활동으로 내·외적 정보침해에 따른 기술적 대응을 포함하는 개념이다.

CHAPTER 08 민간경비산업의 과제와 전망

기출 및 예상문제

제1절 한국 민간경비업의 문제점

01 민간경비산업의 문제점에 관한 설명으로 옳지 <u>않은</u> 것은?   • 제21회 기출

① 경비업체 및 인력의 지역적 편중
② 경비업법과 청원경찰법의 일원화
③ 경비업체의 영세성
④ 민간경비원에 대한 열악한 대우

해설 「경비업법」과 「청원경찰법」의 이원적 운용체제가 민간경비산업의 문제점으로 지적되고 있다.

02 한국 민간경비산업의 문제점으로 옳지 <u>않은</u> 것은?

① 경비업자의 손해배상책임 규정이 없다.
② 민간경비원의 자질 및 전문성이 문제되고 있는 실정이다.
③ 경비업법과 청원경찰법이 이원화되어 경비의 효율성 등에 장애요인으로 작용한다.
④ 일부 업체를 제외하고는 영세한 업체가 대다수이다.

해설 경비업자는 경비원이 업무수행 중 고의 또는 과실로 경비대상에 손해가 발생하는 것을 방지하지 못한 때에는 그 손해를 배상하여야 하며, 경비원의 업무수행 중 고의 또는 과실로 제3자에게 손해를 입힌 경우 이를 배상하여야 한다(경비업법 제26조).

03 한국 민간경비산업의 문제점으로 옳지 <u>않은</u> 것은?

① 경비입찰단가의 비현실성
② 전문인력의 부족
③ 총기사용의 제한
④ 경비업체의 영세성

해설 청원경찰이나 국가중요시설을 담당하는 특수경비원은 총기휴대가 가능하며, 총기의 사용에 대해서는 합리적 제한을 받고 있다.

04 한국 민간경비의 문제점으로 옳지 <u>않은</u> 것은?

① 인력경비에 치중되어 있다.
② 민간경비와 경찰은 업무에 대한 상호이해가 잘 되어 있어 협조체제가 잘 구축되어 있다.
③ 일부 경비업체 외에는 영세한 업체가 대다수이다.
④ 청원경찰법과 경비업법의 단일화가 아직 이루어지지 않았다.

해설 민간경비와 경찰이 업무에 대한 상호이해가 결여되어 상호협조가 잘 이루어지지 않는다는 점이 한국 민간경비의 문제점이다.

05 우리나라 민간경비산업의 일반적 문제점으로 옳지 <u>않은</u> 것은? • 제20회 기출

① 경비업체들이 활동할 수 있는 경비업종이 다른 국가에 비해 다양하게 되어 있다.
② 경비원의 채용 및 교육훈련이 형식적이고 자격을 검증할 수 있는 객관적인 시스템이 부족하여 전문성이 낮은 수준이다.
③ 대다수의 경비업체들은 영세하여 도급을 받지 못해 폐업하거나, 다른 경비업체로부터 하도급을 받고 있는 실정이다.
④ 경비업체는 정규직원보다 임시계약직이나 시간제 근로자로 채용하고, 경비원들은 조금 더 조건이 좋은 경비업체로 쉽게 이직을 하고 있다.

해설 우리나라는 경비업체들이 활동할 수 있는 경비업종이 다른 국가에 비해 다양하지 않다.

정답 01 ② 02 ① 03 ③ 04 ② 05 ①

06 한국 민간경비산업에 관한 설명으로 옳은 것은?

① 2000년 이후 기계경비가 인력경비의 시장규모를 넘어서고 있다.
② 민간경비업의 설립에 대한 허가제가 신고제로 바뀌어 경비업체의 질적 저하를 초래하고 있다.
③ 경찰업무의 민영화가 빠르게 진전되어 경찰의 위기의식이 고조되고 있다.
④ 민간경비의 수요 및 시장규모는 전국에 걸쳐 보편화되었다기보다 아직까지 특정 지역에 편중되어 있다.

해설 ① 아직까지도 인력경비의 시장규모가 기계경비의 시장규모보다 큰 실정이다.
② 민간경비업의 설립은 시·도경찰청장의 허가를 받아야 한다.
③ 경찰업무의 민영화는 큰 진전을 보이지 못하고 있다.

07 민간경비제도의 단일화 방안이 제기되는 이유로 옳지 않은 것은?

① 외국 경비업체의 국내 진출로 인한 갈등
② 지휘체계 이원화에서 파생되는 갈등
③ 신분 차이에서 오는 갈등
④ 보수의 차이에서 오는 갈등

해설 청원경찰과 민간경비는 같은 근무지역 내에서 역할이나 기능, 추구하는 목표가 거의 동일함에도 불구하고 보수, 법집행 권한, 지휘체계, 무기휴대, 신분에 대한 문제 등으로 단일화 방안이 제기되고 있다.

08 청원경찰과 민간경비에 관한 설명으로 옳지 않은 것은?

① 민간경비는 준경찰관의 신분으로 경찰관 직무집행법에 따라 경찰관의 직무를 수행할 수 있다.
② 민간경비는 고객과 도급계약을 맺고 사적인 범죄예방활동을 한다.
③ 청원경찰은 기관장이나 청원주의 요청에 의해 경비를 필요로 하는 범위에서 경찰관 직무집행법에 따른 직무를 수행한다.
④ 청원경찰과 민간경비의 주요 임무는 범죄예방활동이다.

해설 민간경비는 사인의 지위를 가지며, 청원경찰은 준경찰관 신분으로 경비시설물 내에서「경찰관 직무집행법」에 따라 경찰관의 직무를 수행할 수 있다.

09 청원경찰과 경비원의 운용실태의 차이점에 관한 설명으로 옳지 않은 것은?

① 청원경찰은 기관장이나 청원주의 요구에 의해 국가중요시설에서 활동하고, 경비원은 주로 고객의 요구에 의해 사적인 분야에서 활동한다.
② 청원경찰의 임용 및 감독은 관할 경찰서장이 하고, 경비원의 임용 및 감독은 경비업자만이 할 수 있다.
③ 청원경찰의 배치는 청원주가 관할 시·도경찰청장에게 신청하며, 경비원의 배치는 행정안전부령이 정하는 바에 따라 관할 경찰관서장에게 신고하여야 한다.
④ 청원경찰은 근무지역 내에서 경찰관 직무집행법상의 직무를 수행할 수 있지만, 경비원은 사인의 자격으로 경비시설 내에서 직무를 수행한다.

해설 청원경찰은 미리 시·도경찰청장의 승인을 얻어 청원주가 임용하며, 청원주는 항시 소속 청원경찰의 근무수행상황을 감독하고 근무수행에 필요한 교육을 실시하여야 한다.

06 ④   07 ①   08 ①   09 ②

10 우리나라 청원경찰과 민간경비원의 민·형사상 책임에 관한 설명으로 옳은 것을 모두 고른 것은?

• 제20회 기출

> ㉠ 경비원에게 경비업무의 범위를 벗어난 행위를 하게 할 경우 징역 또는 벌금형에 처해진다.
> ㉡ 청원경찰이 직권을 남용하여 국민에게 해를 끼친 경우 징역이나 금고형에 처해진다.
> ㉢ 청원경찰의 신분은 공무원이고, 형법이나 기타 벌칙을 적용할 때에는 사인의 신분으로 본다.

① ㉠
② ㉠, ㉡
③ ㉠, ㉢
④ ㉡, ㉢

해설 ㉢ 청원경찰의 신분은 일반 민간인의 신분이고, 「형법」이나 기타 벌칙을 적용할 때에는 공무원의 신분으로 본다.

11 한국의 민간경비와 청원경찰제도를 단일화하는 데 발생하는 상황에 관한 설명으로 옳지 않은 것은?

① 전체적으로 통일된 민간경비산업의 육성이 가능하게 되어 경비업무의 능률을 제고할 수 있다.
② 민간경비의 전문성을 확보하게 되어 치안수요에 대한 경찰력의 한계를 극복해 나갈 수 있다.
③ 민간경비의 일원화는 전문적인 경비체제 구축이 용이한 점은 있으나, 효율성과 전문성 확보차원에서는 불리하다.
④ 경비시장이 확대되어 경비원의 보수 수준이 향상된다.

해설 민간경비의 일원화는 전문적인 경비체제 구축이 용이하고 효율성과 전문성을 확보할 수 있다.

제2절 국내 민간경비업법의 개선방안

12 민간경비와 시민의 관계개선에 관한 설명으로 옳지 않은 것은?

① 민간경비원은 정당한 권한 없이 시민의 권리와 자유를 침해하거나 제한하는 일이 있어서는 안 된다.
② 민간경비원이 고객이 아닌 일반시민과 상호작용하는 것은 바람직하지 않다.
③ 민간경비가 일반시민들로부터 긍정적 인식을 얻는 것은 국가 내지 사회 전체적인 안전확보에도 기여한다.
④ 경비업체의 영세성과 지역편중으로 인하여 지역사회와 상호협력을 구축하는 것이 필요하다.

해설 민간경비원이 경비목적을 달성하고, 민간경비의 필요성 증대를 위해서는 일반시민과의 상호교감이 중요하다.

13 우리나라 민간경비의 개선방안으로 볼 수 없는 것은? • 제16회 기출

① 경비인력의 전문화
② 청원경찰법과 경비업법의 일원화
③ 기계경비 중심에서 인력경비 중심으로의 비중 확대
④ 기계경비시스템 및 장비의 현대화

해설 인력경비 중심에서 기계경비 중심으로의 비중이 확대되어야 한다.

10 ② 11 ③ 12 ② 13 ③ 정답

14 우리나라의 민간경비와 경찰의 상호협력관계 개선방안으로 옳지 <u>않은</u> 것은?

① 경찰조직 내에 일정 규모 이상의 민간경비 전담부서 설치
② 민간경비업체와 경찰책임자의 정기적인 회의 개최
③ 민간경비원의 복장을 경찰과 유사하게 하여 치안활동의 가시성을 높이도록 하는 방안
④ 경찰과 민간경비원의 합동순찰제도

> **해설** 민간경비원의 복장은 경찰의 복장과 확연하게 구별되어야 한다.

15 경찰과 민간경비의 상호협력방안에 관한 설명으로 옳지 <u>않은</u> 것은? • 제18회 기출

① 지역방범 및 정보교환 네트워크 구축
② 관련 전문지식, 교육훈련 등의 지속적 교환
③ 지휘·감독 강화를 통한 수직적 관계의 유지
④ 민간경비의 오경보(False Alarm) 감소를 위한 상호노력

> **해설** 지휘·감독 강화를 통한 수평적 관계의 유지가 경찰과 민간경비의 올바른 상호협력방안이다.

16 민간경비산업의 발전방향으로 옳지 <u>않은</u> 것은? • 제21회 기출

① 민간경비원의 전문자격증제도 확립
② 경찰과의 협력체계 구축 및 첨단장비의 개발
③ 국가 전담기구의 설치와 행정지도
④ 인력경비 중심의 민간경비산업 구축

> **해설** 기계경비 중심의 민간경비산업 구축이 민간경비산업의 올바른 발전방향이다.

17 한국 민간경비산업의 발전방안으로 옳지 <u>않은</u> 것은?

① 경비 관련 자격증제도의 전문화
② 인력 중심의 민간경비산업 지향
③ 민간경비 관련 법규 정비
④ 민간경비업무의 다변화

> **해설** 미래의 경비형태는 인력경비보다 기계경비를 중심으로 급속하게 성장·발전할 것으로 전망된다. 따라서 기계경비를 지향하는 것이 민간경비산업의 과제이다.

18 경찰과 민간경비의 협력관계 개선방안으로 옳지 <u>않은</u> 것은? • 제21회 기출

① 민간경비원에 대한 감독 강화
② 합동범죄예방 및 홍보활동
③ 비상연락망 구축과 경비자문 서비스센터의 공동운영
④ 업무기준의 명확화를 통한 마찰 해소

> **해설** 경찰과 민간경비의 협력관계 개선방안으로 책임자 간담회의, 전임책임자제도와 합동순찰제도, 합동범죄예방 및 홍보활동, 비상연락망 구축과 경비자문 서비스센터의 공동운영, 업무기준의 명확화를 통한 마찰 해소 등이 필요하다.

정답 14 ③　15 ③　16 ④　17 ②　18 ①

제3절 민간경비산업의 전망 등

19 민간경비산업의 전망에 관한 설명으로 옳지 않은 것은?

① 지역 특성에 맞는 민간경비상품의 개발이 요구될 것이다.
② 라이프스타일의 변화로 휴일이 증가하고 레저산업이 발전함에 따라 시설경비가 발전할 것이다.
③ 경찰력의 인원·장비의 부족, 업무과다로 인해 민간경비업이 급속히 발전할 것이다.
④ 민간경비업의 홍보활동이 적극적으로 전개될 것이다.

> 해설 라이프스타일의 변화로 휴일이 증가하고 레저산업이 발전함에 따라 홈시큐리티 분야가 크게 발전할 것이다.

20 한국 민간경비산업의 현황 및 발전방안에 관한 설명으로 옳은 것은?

① 민간경비의 수요 및 시장규모가 일부 지역에 편중되어 있다.
② 최근에 기계경비를 배제하고 인력경비를 중심으로 변화하면서 민간경비가 질적으로 향상되고 있다.
③ 청원경찰과 민간경비의 일원적 운용으로 인해 여러 문제점이 발생하고 있다.
④ 경찰 및 교정업무의 민영화 추세는 민간경비업 감소의 한 요인이 된다.

> 해설 ② 최근 인력경비보다 기계경비 위주의 경비형태로 변화되고 있다.
> ③ 청원경찰과 민간경비의 이원적 운용으로 신분의 차이에서 오는 갈등, 보수의 차이에서 오는 갈등 등의 문제점이 발생하고 있다.
> ④ 경찰 및 교정업무의 민영화 추세는 민간경비업의 확대 요인이 되고 있다.

21 우리나라 민간경비산업의 전망에 관한 설명으로 옳은 것은?

① 긴급통보 시큐리티시스템이 구축됨으로써 노인인구와 관련된 경비서비스는 점점 사라질 것이다.
② 컴퓨터 시스템이 광범위하게 보급됨으로써 안전관리서비스를 제공하는 경비서비스가 감소할 것이다.
③ 민간경비는 건축물이 인텔리전트화되면서 예방적인 시큐리티시스템의 운용을 추구할 것이다.
④ 정보통신기술의 발달로 토털시큐리티보다 인력경비시스템 중심으로 발달할 것이다.

해설 ① 인구의 고령화 현상으로 노인인구의 경비서비스는 증가할 것이다.
② 컴퓨터와 연계한 안전관리서비스를 제공하는 경비서비스는 증가할 것이다.
④ 정보통신기술의 발달로 기계경비 위주의 토털시큐리티는 더욱 발달할 것이다.

22 우리나라 민간경비산업의 전망에 관한 설명으로 옳은 것은? • 제20회 기출

① 시설경비업: 국가중요시설의 경비를 담당하는 경비원제도로, 청원경찰과의 이원적 체계로 인한 문제점이 상존하고 있어 관련 정비가 시급한 실정이다.
② 특수경비업: 우리나라 경비업의 가장 큰 비중을 차지하는 분야로, 향후 이러한 증가 추세는 계속될 전망이다.
③ 기계경비업: 기존의 상업시설과 홈시큐리티시스템 등의 첨단기술 발전에 힘입어 주거시설 및 국가안보분야에서의 수요도 혁신적으로 증가될 전망이다.
④ 호송경비업: 외국 기업인과 가족들의 장기 체류 등으로 수요가 증가하고 있으며, 최근 사회불안이 가중되고 개인의 삶의 질이 높아짐에 따라 이러한 증가 추세는 계속될 전망이다.

해설 ① 국가중요시설의 경비를 담당하는 경비원은 특수경비원이다.
② 특수경비업이 우리나라 경비업에서 가장 큰 비중을 차지하지는 않는다.
④ 외국 기업인과 가족들의 장기 체류 등으로 수요가 증가하고 있으며, 최근 사회불안이 가중되고 개인의 삶의 질이 높아짐에 따라 증가 추세가 계속될 것으로 보이는 것은 신변보호경비이다.

19 ② 20 ① 21 ③ 22 ③ 정답

23 국내 민간경비산업의 발전방안에 관한 설명으로 옳지 않은 것은?

① 경비 관련 자격증제도의 전문화
② 첨단장비의 개발
③ 경찰조직과의 협조체제 구축
④ 경비원에 대한 사법경찰권 부여

해설 경비원에 대한 사법경찰권 부여는 인정되지 않으며, 발전방안으로 논의되는 사안이 아니다. 민간경비산업의 발전방안으로 경비업의 허가요건의 강화, 경비원의 자질 향상을 위한 검정제도의 실시, 장비의 현대화 방안, 경비 관련 보험상품의 다양성 구비, 우수인력을 채용하기 위한 경비원 선발과정절차의 엄격화, 경비원 교육훈련의 내실화를 위한 경비전문학교의 설립, 민간경비의 전담기구 설치, 경찰과 민간경비의 협력증진 방안 모색 등이 논의되고 있다.

24 융합보안에 관한 설명으로 옳지 않은 것은?

• 제21회 기출

① 융합보안은 물리적 보안요소와 정보보안요소가 통합된 개념이다.
② 융합보안은 출입통제, 접근감시, 잠금장치 등을 통하여 보안의 효과성을 높이는 활동이다.
③ 물리적·기술적·관리적 보안요소를 상호연계하여 보안의 효과성을 높인다.
④ 보안이 조선, 자동차 등 기타 산업과 결합되어 새로운 서비스나 제품의 안정성과 부가가치를 창출한다.

해설 융합보안은 출입통제, 접근감시, 잠금장치 등 물리적 보안요소와 불법 침입자의 정보인식시스템 등을 상호연계하여 보안의 효과성을 높이는 활동이다.

25 4차 혁명에 대한 내용으로 옳지 않은 것은?

① 기존의 데이터를 이용하여 앞으로의 일을 예측하는 머신러닝 기술은 인공지능의 한 분야이다.
② 딥러닝은 머신러닝의 한 분야이지만, 머신러닝과 달리 일정한 학습 내용을 스스로 판단하여 학습한다.
③ 딥러닝의 한 방법으로 아무런 예시 없이 입력 데이터만 가지고 기계가 스스로 결과를 도출하는 학습방법은 지도학습방법에 해당한다.
④ 입력 데이터를 기계가 추측하면 사람 또는 정해진 룰에서 평가 피드백을 줌으로써 이를 통해 기계가 학습하는 학습방법은 강화학습방법이다.

해설 아무런 예시 없이 입력 데이터만 가지고 기계가 스스로 결과를 도출하는 학습방법은 비지도학습방법이다.

26 융합보안에 대한 내용으로 옳은 것을 모두 고른 것은?

> ㉠ 물리적 보안요소와 정보보안 요소를 상호 연계하여 보안의 효과를 높이고자 한다.
> ㉡ 직원들의 출근기록이나 시스템 접근 기록을 분석하여 정보 유출가능성이 큰 고위험군을 분류하는 것은 딥러닝이 민간경비에 적용된 것으로 볼 수 있다.
> ㉢ 융합보안은 물리보안, 정보보안, 방재 및 환경안전, 유무선 통신 이력 등 수많은 모니터링 데이터를 융합하고 분석한다.
> ㉣ 출입통제, 잠금장치 등을 통하여 보안의 효과성을 높이는 활동도 융합보안의 개념에 포함된다.

① ㉠, ㉡, ㉣
② ㉡, ㉢, ㉣
③ ㉠, ㉡, ㉢
④ ㉠, ㉡, ㉢, ㉣

해설 ㉣ 융합보안은 출입통제, 잠금장치 등 물리적 보안과 정보인식시스템을 상호연계한 융합적 개념으로 파악한다.

27 융합보안에 관한 설명으로 옳지 <u>않은</u> 것은?

• 제24회 기출

① 내·외적 정보침해에 따른 기술적 대응은 포함되지 않는다.
② 물리적 보안요소와 정보보안요소를 통합해 효율성을 높이는 활동이다.
③ 4차 산업혁명에 따른 위협의 다변화에 따라 필요성이 대두되었다.
④ 보안산업의 새로운 트렌드이며, 차세대 고부가가치 산업으로 급부상하고 있다.

해설 융합보안은 물리적 보안요소와 정보보안요소를 통합해 효율성을 높이는 활동으로 내·외적 정보침해에 따른 기술적 대응을 포함하는 개념이다.

| 23 ④ | 24 ② | 25 ③ | 26 ③ | 27 ① | **정답** |

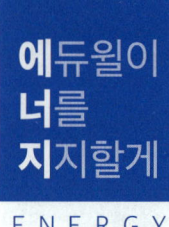

끝이 좋아야 시작이 빛난다.

− 마리아노 리베라(Mariano Rivera)

2025 에듀윌 경비지도사 1차 민간경비론 한권끝장 + 기출특강

발 행 일	2025년 1월 22일 초판
편 저 자	임지수
펴 낸 이	양형남
개 발	정상욱, 배소진
펴 낸 곳	(주)에듀윌
등록번호	제25100-2002-000052호
주 소	08378 서울특별시 구로구 디지털로34길 55 코오롱싸이언스밸리 2차 3층
I S B N	979-11-360-3555-4(14350)

* 이 책의 무단 인용·전재·복제를 금합니다.

www.eduwill.net
대표전화 1600-6700

여러분의 작은 소리
에듀윌은 크게 듣겠습니다.

본 교재에 대한 여러분의 목소리를 들려주세요.
공부하시면서 어려웠던 점, 궁금한 점,
칭찬하고 싶은 점, 개선할 점, 어떤 것이라도 좋습니다.

에듀윌은 여러분께서 나누어 주신 의견을
통해 끊임없이 발전하고 있습니다.

에듀윌 도서몰 book.eduwill.net
- 부가학습자료 및 정오표: 에듀윌 도서몰 → 도서자료실
- 교재 문의: 에듀윌 도서몰 → 문의하기 → 교재(내용, 출간) / 주문 및 배송

63개월, 518회 베스트셀러 1위
시리즈 전 교재 1위

만점합격자를 만든 1위 교재!
클래스의 차이를 직접 경험해 보세요.

1차 기본서

 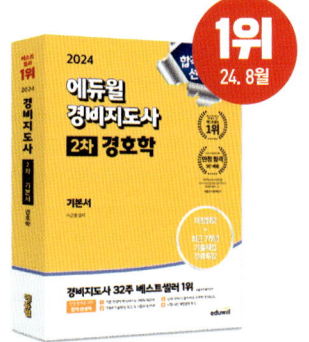

2차 기본서
(개정판 25년 2월 출간 예정)

* 63개월, 518회: 에듀윌 경비지도사 YES24 월별/주별 베스트셀러, 알라딘 월간/주간 베스트셀러 합산 기준 (2017년 1월 1일~2024년 12월 17일)
* 2021년 제23회 경비지도사 2차 시험 만점합격자 5인 배출
* YES24, 알라딘 국내도서 해당 분야 월별, 주별 베스트 기준

베스트셀러 1위
합산 기준

2025 최신판

에듀윌 경비지도사
1차 민간경비론 한권끝장+기출특강

기본개념이 확실해지는
3회독 워크북

1회독 기출 빈칸노트
반드시 알아야 할 기출 개념만 주관식으로 복습

2회독 최신 기출문제
2024년 최신 기출문제로 취약챕터 재점검 후, 집중학습

3회독 마무리 모의고사
출제확률 높은 문제만 모은 모의고사로 확실한 실전연습

eduwill

2025 최신판

에듀윌 경비지도사
1차 민간경비론 한권끝장 + 기출특강

에듀윌 경비지도사

1차 민간경비론 한권끝장 + 기출특강

기본개념이 확실해지는
3회독 워크북

CHAPTER 01 민간경비 개설

21회, 23회, 26회 기출
001 [　　] 개념의 민간경비는 [　　] 개념의 민간경비와 대비되는 민간경비의 개념으로 고객의 생명과 신체에 대한 위해를 방지하고 고객의 재산보호, 질서유지를 위한 제반활동을 의미한다.

20회, 24회 기출
002 경비업법에 의하여 허가받은 법인이 경비업법에서 규정하고 있는 업무를 수행하는 활동을 [　　] 민간경비라 한다. 민간경비의 개념을 [　　] 개념으로 이해할 때 공경비와 민간경비는 명확히 구별된다.

24회 기출
003 [　　]는 경비업법상 공항 등(항공기 포함) 국가중요시설의 경비 및 도난 · 화재 그 밖의 위험발생을 방지하는 민간경비이다.

22회 기출
004 공경비의 임무 중 [　　]나 [　　] 임무는 민간경비와 가장 구별되는 공경비의 임무이다.

22회 기출
005 경비업법 제2조 제1호에서 규정하고 있는 경비업무에는 시설경비업무, 호송경비업무, [　　]업무, 기계경비업무, [　　]업무, 혼잡 · 교통유도경비업무 등이 해당한다.

24회, 25회 기출
006 [　　]은 치안서비스 생산과정에서 경찰과 같은 공공부문의 역할수행은 한정적일 수밖에 없음을 인정하고 점차 민간부문의 공동참여를 통해 민간경비를 성장시키고자 한다.

---

001 실질적, 형식적　**002** 형식적, 형식적　**003** 특수경비　**004** 범인체포, 범죄수사　**005** 신변보호, 특수경비　**006** 공동생산이론

13회, 15회, 24회, 26회 기출
007 [　]은 물리적 환경을 개선하여 범죄를 억제하려는 이론으로, 범죄의 원인을 개인적 요인보다는 환경적 요인에서 찾고 있다.

24회 기출
008 딘글(J. Dingle)이 주장한 [　]은 보호가치가 높은 자산일수록 보다 많은 물리적 통제 공간을 형성해야 한다는 이론이다.

22회, 25회 기출
009 [　]은 경찰의 공권력 작용을 질서유지나 체제수호 등과 같은 [　] 역할에 한정하고 개인이나 집단의 안전과 보호는 해당 개인이나 집단이 담당하여야 한다는 이론이다.

17회, 21회, 23회 기출
010 복지국가 확장의 부작용에 따른 재정위기를 극복하기 위해 국가의 역할 범위를 축소하고 재정립하고자 하는 이론은 [　]이다.

CHAPTER 02　세계 각국의 민간경비의 발전과정

10회, 15회, 17회 기출
011 영국의 [　]은 시민들 중 지원자에 의한 소규모 단위의 범죄예방조직을 만들어 보수를 지급하고 1785년경 인류역사상 최초의 형사기동대에 해당하는 조직을 만들었다.

24회 기출
012 영국의 [　]은 경찰은 헌신적이고 윤리적이며, 지방정부로부터 봉급을 받는 요원들이어야 한다고 주장하였다.

22회 기출
013 핑커톤(Allan Pinkerton)은 [　]시대에 치안의 공백을 메우는 역할을 수행하여 미국 [　] 수송경비의 발전에 기여하였다.

---

007 환경설계를 통한 범죄예방(CPTED)　**008** 동심원영역론　**009** 수익자부담이론, 거시적　**010** 민영화이론　**011** 헨리 필딩　**012** 로버트 필　**013** 서부개척, 철도

24회 기출
014 [   ]시대의 미국 민간경비는 금괴수송을 위한 철도경비를 강화하면서 획기적으로 발전했다.

11회, 16회 기출
015 미국에서는 20세기 중엽 [   ]이 제정됨으로써 기계경비가 발전하였다.

14회, 17회, 23회 기출
016 우리나라에서는 [   ]년 제1회 경비지도사 자격시험이 실시되었다.

23회 기출
017 [   ]년 경비업법 개정으로 집단민원현장에 배치된 경비원의 지도·감독 규정이 강화되었다.

17회, 25회 기출
018 [   ]제도는 경찰과 민간경비를 혼용한 우리나라의 특수한 제도에 속한다.

22회 기출
019 일본의 경비업법 제정 당시에는 민간경비가 [   ]로 운영되었지만 1982년 [   ]로 변경되었다.

CHAPTER 03 민간경비산업 현황

19회, 24회 기출
020 현대사회에서는 무선인터넷과 스마트폰의 보급 확대로 인하여 [   ]가 증가하고 있다.

23회 기출
021 [   ]이란 범죄예방 및 안전사고방지를 위하여 관내 주택, 고층빌딩, 금융기관 등에 대한 방범시설 및 안전설비의 설치상황, 자위방범역량 등을 점검하여 문제점을 보완하는 경찰활동에 해당한다.

22회 기출
022 일본의 민간경비산업은 다양한 영역에서 운영되고 있으며, [   ]제도를 운용하고 있다.

---

014 서부개척 **015** 은행보호법 **016** 1997 **017** 2013 **018** 청원경찰 **019** 신고제, 허가제 **020** 사이버 범죄 **021** 방범진단 **022** 전문자격증

24회 기출
023 우리나라의 치안환경에 있어서 금융·보험, 컴퓨터 등과 관련된 [   ]가 크게 증가하고 있다.

22회 기출
024 경찰이 관내의 각 가정, 기업체, 기타 시설을 방문하여 범죄예방, 선도, 안전사고 방지 등에 대해 지도·계몽하는 활동을 [   ]이라 한다.

CHAPTER 04 민간경비의 조직 및 업무

22회 기출
025 [   ]경비는 [   ]경비에 비해서 이직률이 높은 편이다.

17회 기출
026 경비업법령상 기계경비업자는 관제시설 등에서 경보를 수신한 때부터 늦어도 [   ]분 이내에는 경비원이 도착할 수 있는 대응체제를 갖추어야 한다.

23회, 26회 기출
027 자체경비원은 계약경비원에 비해 신분보장이 안정적이고 상대적으로 고임금을 받고 있어 계약경비보다 [   ]이 낮다.

22회, 25회 기출
028 [   ]는 사건발생 시 현장에서의 신속한 대처가 용이하다.

19회 기출
029 민간경비의 조직화 과정에서 사건의 위험성, [   ], 조직성, 기동성 등 경비업무의 특수성을 고려해야 한다.

14회, 15회, 17회 기출
030 큰 손실이 예상되는 경비대상에는 [   ]시스템이 설치되도록 해야 한다.

023 화이트칼라 범죄 **024** 경찰방문(방범심방) **025** 계약, 자체 **026** 25 **027** 이직률 **028** 인력경비 **029** 돌발성 **030** 종합경비

23회 기출
031 건물 출입구 수는 안전규칙 범위 내에서 [   ]으로 유지되어야 한다.

23회 기출
032 경비원이 다른 부서의 관리자들로부터 명령을 받게 된다면 업무수행에 차질이 생길 것이다. 이 문제를 방지하기 위한 민간경비 조직편성의 원리는 [   ]이다.

20회 기출
033 위험요소의 [   ]는 경비위험요소에 대해 인지된 사실들을 경비대상물이 갖고 있는 위험 가능성이 큰 순서대로 서열화하는 것이다.

24회 기출
034 [   ]는 특정한 위험요소와 관계없이 인력·기계경비를 종합한 표준화된 경비형태이며 종합적 경비라고 하기도 한다.

22회, 23회, 24회, 26회 기출
035 일반경비원의 신임교육시간은 [   ]시간이다. 특수경비원의 신임교육시간은 [   ]시간이다.

23회 기출
036 경비위해요소 [   ]은 경비대상의 취약점을 파악하여 범죄, 화재, 재난 등으로부터 안전하게 보호하기 위한 계획을 수립하기 위함이다.

22회, 25회, 26회 기출
037 경비위해요소 분석단계는 '위해요소 [   ] → 위해요소 손실발생 [   ] → 위해정도 평가 → 비용효과 분석'이다.

24회 기출
038 군중관리의 기본원칙에는 밀도의 희박화, [   ], 경쟁적 상황의 해소, 지시의 철저 등이 있다.

24회, 26회 기출
039 경비위해요소 분석에 있어서 가장 선행되어야 하는 것으로, 경비대상시설이 안고 있는 경비상의 취약점을 파악하는 단계는 경비위해요소의 [   ]단계이다.

---

031 최소한 **032** 명령통일의 원리 **033** 척도화 **034** 총체적 경비 **035** 24, 80 **036** 분석 **037** 인지, 예측 **038** 이동의 일정화 **039** 인지

23회, 25회, 26회 기출

040 일정한 형식이 없는 외부와 내부의 이상행동을 감지하여 저지·방어하기 위한 첨단시스템 장치를 구비하고, 고도로 훈련받은 무장 경비원이 배치되어 경비하는 시스템은 [ ]수준의 경비에 해당한다.

21회 기출

041 경비조사업무의 과정은 '경비대상의 현 상태 점검 → 경비방어상 취약점 확인 → [ ] → 경비활동 전반에 걸친 객관적 분석 → [ ]인 경비프로그램의 수립'의 순서로 진행된다.

22회, 26회 기출

042 경비계획의 수립과정은 '문제의 인지 → 목표의 설정 → 자료 및 정보의 수집·분석 → 전체계획의 [ ] → 대안의 작성 및 비교·검토 → [ ] 선택·실시 → 사후평가'의 과정으로 진행된다.

20회, 24회, 25회 기출

043 특수경비원의 교육 시 관할 경찰서 소속 [ ]이 교육기관에 입회하여 대통령령이 정하는 바에 따라 지도·감독하여야 한다.

23회 기출

044 민간경비 활동은 고객의 생명·재산·신체에 대한 보호인 점에서 일반인의 직업윤리보다 더욱 엄격하고 전문적인 직업윤리가 요구되며, 민간경비의 [ ]문제는 민간경비 자체에 한정되지 않는다.

CHAPTER 05 시설경비

22회 기출

045 외곽경비의 방편으로 비상구나 긴급목적을 위한 출입구의 경우 평상시에는 [ ]되어 있어야 한다.

23회 기출

046 영상정보처리기기인 [ ]의 무분별한 설치는 인권침해 가능성이 높아 개인정보 보호법에서 엄격하게 규제하고 있다.

10회, 17회, 19회, 26회 기출

047 [ ] 자물쇠는 열쇠의 양쪽에 홈이 불규칙적으로 파여 있는 형태이다.

---

040 상위 **041** 보호의 정도 측정, 종합적 **042** 검토, 최선안 **043** 경찰공무원 **044** 윤리 **045** 폐쇄 **046** CCTV **047** 핀날름쇠

24회 기출
048 [　　]은 매우 높은 빛을 빨리 발산하기 때문에 경계구역과 사고발생지역에 사용하기가 유용한 등이다.

15회 기출
049 넓은 폭의 빛을 내는 조명으로서 경계구역에의 접근을 방지하기 위해 길고 수평하게 빛을 확장하는 데 유용하게 사용되는 조명은 [　　]이다.

22회 기출
050 일반적으로 [　　]는 전시 중인 물건이나 고미술품 보호를 위하여 설치한다.

14회, 17회 기출
051 유류화재 발생 시에는 [　　]와 같은 불연성의 무해한 기체를 살포한다.

14회, 17회 기출
052 일반화재 발생 시에는 물을 분사하여 [　　] 밑으로 온도를 떨어뜨린다.

11회 기출
053 화재발생 초기단계에서 연기와 불꽃이 보이지 않고, 감지할 수 있는 열도 나타나지 않는 상태에서 미세한 연소물질이 노출되었을 때 작동하는 감지기는 [　　]이다.

CHAPTER 06　각종 민간경비활동의 유형

24회 기출
054 경비원은 폭발물 협박이 있는 경우 책임자에게 보고하고 통화내용을 같이 들을 수 있도록 하며, 내부인원을 대피시킨 후 [　　]를 동원하여 폭발물 설치 여부를 탐색한다.

23회 기출
055 산업스파이는 [　　]에 의해 이루어지는 경우가 많으며, 그에 대비한 방어시스템을 구축해야 한다.

048 석영등　**049** 프레이넬등　**050** 진동감지기　**051** 이산화탄소　**052** 발화점　**053** 이온감지기　**054** 전문가　**055** 내부인

22회 기출

056 국가중요시설의 분류에 따라 국가보안상 국가경제, 사회생활에 중대한 영향을 미치는 행정시설은 [ ]시설로 분류된다. [ ]시설은 국가의 안전보장에 고도의 영향을 미치는 행정·산업시설로 대통령실, 대통령 관저, 국회의사당, 대법원, 원자력발전소 등이 해당한다.

21회 기출

057 국가중요시설경비에 있어 3지대 방호개념은 제1지대 – [ ]지대, 제2지대 – 주방어지대, 제3지대 – [ ]지대이다.

21회, 25회 기출

058 국가중요시설은 중요도와 취약성을 고려하여 [ ], [ ], [ ]으로 보호구역을 설정하고 있다.

21회 기출

059 확인된 위험의 대응방법으로 물리적·절차적 관점에서 위험요소를 감소시키거나 최소화하는 방법을 강구하는 것은 위험의 [ ]이며, 범죄 및 손실이 발생할 기회를 전혀 제공하지 않는 것은 위험의 [ ]이다.

CHAPTER 07 컴퓨터 범죄 및 안전관리

15회 기출

060 컴퓨터 범죄는 데이터의 처리가 빠르고 단시간에 범죄가 완료되기 때문에 증거인멸이 용이하다는 점에서 범행의 [ ]에 대한 입증이 어렵다.

19회, 24회, 26회 기출

061 [ ]이란 행위자가 컴퓨터의 처리결과나 출력인쇄를 변경하여 정당하게 수행되어야 할 과정에 부당하고 불법적인 간섭을 가함으로써 부당한 결과를 야기하거나 컴퓨터 시스템의 정상적 운영을 방해하는 행위를 말한다.

22회 기출

062 컴퓨터의 일정한 사항이 작동될 때마다 부정행위가 일어나도록 프로그램을 조작하는 수법은 [ ]이다.

---

056 나급, 가급 **057** 경계, 핵심방어 **058** 제한지역, 제한구역, 통제구역 **059** 감소, 회피 **060** 고의성 **061** 컴퓨터 부정조작 **062** 논리폭탄

22회, 26회 기출
063 [　　]은 데이터를 최종적으로 입력하는 순간에 자료를 삭제하거나 변경하는 행위이다.

22회 기출
064 [　　]은 스스로 적법한 정보를 취득할 수 있는 시스템으로 위장하여 불법적으로 정보를 읽어 들이는 [　　] 수법이다.

22회 기출
065 프로그램 속에 범죄자만 아는 명령문을 은밀히 삽입하여 이용하는 수법은 [　　]이다.

24회 기출
066 [　　]는 데이터가 일시적으로 저장되는 공간에 할당된 버퍼의 양을 초과하는 데이터를 입력함으로써 프로그램이 비정상적으로 동작하도록 하는 공격행위이다.

23회, 25회 기출
067 이메일 또는 메신저를 통해 신뢰할 수 있는 사람 또는 기업이 보낸 메시지인 것처럼 가장하고, 이를 통해 비밀번호 및 신용카드 정보를 부정하게 얻어 내는 수법은 [　　]이다.

22회 기출
068 바이러스, 버퍼 오버플로, 트로이 목마 등과 같이 시스템에 해를 입히거나 시스템을 방해할 목적으로 설계된 악성코드를 [　　] 공격이라 한다.

19회, 24회 기출
069 컴퓨터 [　　]은 타인의 컴퓨터를 사용할 권한이 없는 자가 타인의 컴퓨터를 일정 시간 동안 자신을 위하여 사용하는 것이다.

19회 기출
070 [　　]이란 예기치 못한 사고로 운영프로그램·처리자료들이 손상될 것에 대비하여 이를 별도로 다른 저장장치에 보관하는 것을 말한다.

---

063 데이터 디들링　**064** 스푸핑, 해킹　**065** 트로이 목마　**066** 버퍼 오버플로(Buffer Overflow)　**067** 피싱　**068** 멀웨어　**069** 부정사용　**070** 프로그램 백업

20회 기출

071 암호 설정은 완전한 보안을 위해 단순 숫자조합보다는 [　　]를 조합하여 설정하는 것이 바람직하다.

22회 기출

072 금융기관의 컴퓨터 시스템에서 이자 계산이나 배당금 분배 시 단수 이하의 수를 특정 계좌로 모이게 하는 수법은 [　　]이다.

23회 기출

073 컴퓨터의 내부 정보는 물에 약하므로 컴퓨터 기능을 훼손할 우려가 있는 [　　] 사용은 제한되어야 한다.

23회 기출

074 한번 생성된 정보는 원칙적으로 수정되어서는 안 되며, 원래의 그 상태로 유지되어야 한다. 만약 수정이 필요한 경우, 허가받은 사람에 의해서 허용된 절차에 따라 수정되어야 하는 것은 정보보호의 목표 중 [　　]에 해당된다.

CHAPTER 08　민간경비산업의 과제와 전망

20회, 26회 기출

075 우리나라 경찰과 민간경비 간의 관계를 개선하기 위해서는 경찰과 민간경비원의 [　　]순찰제도를 활성화해야 한다.

22회, 25회, 26회 기출

076 출입통제, 접근감시, 잠금장치 등 [　　] 보안요소와 불법 침입자 정보인식시스템 등 [　　]보안요소를 상호 연계하여 보안의 효과성을 높이는 활동을 융합보안이라 한다.

21회, 26회 기출

077 경비업법과 청원경찰법의 [　　] 운용체제가 민간경비산업의 문제점으로 지적되고 있다.

071 특수문자　**072** 살라미 기법　**073** 스프링클러(Sprinkler)　**074** 무결성　**075** 합동　**076** 물리적, 정보　**077** 이원적

20회 기출
078 기존의 상업시설과 홈시큐리티시스템 등의 첨단기술 발전에 힘입어 주거시설 및 국가안보 분야에서의 수요도 혁신적으로 증가될 것으로 보이는 경비분야는 [ ]경비이다.

19회 기출
079 우리나라 민간경비산업은 [ ]경비보다는 [ ]경비가 빠르게 성장을 할 것이다.

23회, 24회, 25회, 26회 기출
080 [ ]은 출입통제, 접근감시, 잠금장치 등의 물리적 보안요소와 불법 침입자 정보인식시스템 등을 상호연계하여 보안의 효율성을 높이고자 하는 접근방법으로 내·외적 정보침해에 따른 기술적 대응을 포함하는 개념이다.

---

078 기계 　**079** 인력, 기계 　**080** 융합보안

최신 기출문제

*2024년도 제26회 시험에 출제된 기출문제입니다.

풀이시간 & 정답과 해설	
적정풀이시간	40분
정답과 해설	p.27

41
민간경비와 공경비의 개념에 관한 내용으로 옳지 않은 것은?

① 공경비는 일반 국민들을 위하여 관할 구역 내에서 법집행의 권한을 가진다.
② 비렉(A. J. Bilek)은 민간경비원의 법적 지위를 크게 3가지 유형으로 구분하였다.
③ 우리나라의 청원경찰은 경찰관 신분을 가진 민간경비원으로 강제력 행사가 가능하다.
④ 제한된 근무지역 내에서 경찰권을 일부 행사할 수 있는 민간경비원도 있다.

42
민간경비와 공경비를 구분하는 기준으로서 경비서비스 항목이 아닌 것은?

① 기능
② 역할
③ 전달조직
④ 적법성

43
민간경비의 이론적 배경 중 공동화이론에 관한 설명으로 옳은 것은?

① 민간경비시장의 성장을 범죄의 증가에 따른 직접적 대응으로 보았다.
② 경찰과 민간경비는 상호보완적 관계에 있다.
③ 개인이나 집단과 조직 등의 안전과 보호는 해당 개인이나 조직이 담당하여야 한다.
④ 치안서비스의 생산과 공급에 민간의 역할을 증대시킨다.

44
민간경비의 활동에 있어서 '서비스 주체의 다원화'에 초점을 맞추고 등장한 이론은?

① 이익집단이론
② 공동생산이론
③ 경제환원이론
④ 수익자부담이론

45
민간경비와 공경비의 관계에 관한 다음 대화 중 옳은 설명을 한 사람은?

① 김하나 : 공경비의 주체는 영리기업이야.
② 배성진 : 민간경비는 모든 시민을 상대로 경비업무를 수행하지.
③ 박서연 : 아니야, 민간경비는 특정 고객을 대상으로 경비업무를 수행해.
④ 정수혁 : 민간경비는 법집행 및 범죄수사를 하지.

① 김하나
② 배성진
③ 박서연
④ 정수혁

46

민간경비의 개념에 관한 설명으로 옳지 <u>않은</u> 것은?

① 실질적 개념: 민간경비는 경찰이 수행하는 경비활동과 본질적으로 차이가 있다.
② 형식적 개념: 경비의 주체를 공적 주체와 사적 주체로 명확하게 구별한다.
③ 대륙법계 개념: 민간경비는 국가의 지도·감독하에 제한적인 기능만을 담당한다.
④ 영미법계 개념: 민간경비의 업무범위가 경찰과 유사하나 집행권한의 차이가 있다.

47

고대 민간경비에 관한 설명으로 옳지 <u>않은</u> 것은?

① 고대 그리스 도시국가에서는 최초의 국가경찰로 추정되는 자경단원(Vigilance Man)제도가 있었다.
② 함무라비시대에는 정부가 법집행을 할 수 있고 개인에게 책임을 부여할 수 있었다.
③ 고대 로마시대에는 지배자가 통치하는 군대가 운영되었으며, 이들은 최초의 비무장 수도경찰로 간주된다.
④ 원시시대의 대표적인 경비 형태는 절벽 동굴이나 수상가옥 등 주거지를 이용한 방법이다.

48

다음의 내용에 해당하는 민간경비와 관련된 인물은?

> 야간경비회사인 방호회사를 설립하여 최초의 중앙감시방식 방호서비스를 시작하였다.

① 딘글(J. Dingle)
② 핑커튼(A. Pinkerton)
③ 헨리 필딩(Henry Fielding)
④ 에드윈 홈즈(Edwin Holmes)

49

일본의 민간경비에 관한 내용 중 옳지 <u>않은</u> 것은?

① 일본은 제2차 세계대전 이후에 현대적 민간경비업의 출현을 맞이하게 되었다.
② 일본의 민간경비는 1964년 오사카 만국박람회(EXPO) 기간 최초로 투입되었으며, 그 역할이 대단한 것으로 평가되고 있다.
③ 1980년대 초 한국에 진출하였고 그 후반에는 중국에까지 진출하였다.
④ 일본의 민간경비는 시설경비·공항보안뿐 아니라 핵연료물질 운반 등 폭넓은 분야로 발전하였다.

50

우리나라의 민간경비에 관한 내용 중 옳지 <u>않은</u> 것은?

① 용역경비업법에 근거하여 미8군부대 용역경비를 실시한 것이 민간경비의 효시라 할 수 있다.
② 용역경비업법이 경비업법으로 변경됨으로써 포괄적인 개념의 전문경비제도를 도입하는 계기가 되었다.
③ 1980년대 이후 기계경비시스템이 점차적으로 도입되었다.
④ 경비협회의 업무는 경비업법에 규정되어 있다.

51

경비원 등의 교육에 관한 설명 중 옳지 <u>않은</u> 것은? (단, 신임교육 면제 대상자는 제외)

① 경비지도사는 경비지도사 시험에 합격하고 38시간의 기본교육을 받아야 한다.
② 일반경비원은 24시간의 신임교육을 받아야 한다.
③ 특수경비원은 80시간의 신임교육을 받아야 한다.
④ 청원경찰로 임용된 사람은 2주간 76시간의 교육을 받아야 한다.

52
일반경비원 신임교육 제외 대상이 <u>아닌</u> 사람은?
① 교정직 공무원으로 근무한 경력이 있는 사람
② 경찰공무원으로 근무한 경력이 있는 사람
③ 경비지도사 자격이 있는 사람
④ 대통령 등의 경호에 관한 법률에 따른 경호공무원으로 근무한 경력이 있는 사람

53
자체경비와 계약경비에 관한 설명으로 옳지 <u>않은</u> 것은?
① 자체경비는 계약경비보다 자신을 고용한 회사나 고용주에 대한 충성도가 상대적으로 높다.
② 자체경비는 계약경비보다 결원의 보충 및 추가인력의 배치가 상대적으로 어렵다.
③ 계약경비는 자체경비보다 상대적으로 전문성이 높다.
④ 계약경비는 자체경비보다 정해진 절차에 따라 소신 있는 경비업무수행이 상대적으로 곤란하다.

54
최근 민간경비의 치안환경변화에 관한 설명으로 옳지 <u>않은</u> 것은?
① 국제화·개방화에 따라 내국인의 해외범죄, 외국인의 국내범죄가 증가하고 있다.
② 인터넷 등 컴퓨터통신망의 발달에 따라 해킹 등 첨단 사이버범죄가 대폭 증가하고 있다.
③ 치안환경이 변화되면서 보이스피싱 등 신종사기범죄는 많이 줄어들었다.
④ 청소년에 의한 마약범죄 증가가 사회문제로 대두되었다.

55
방범경찰활동의 한계요인으로 옳지 <u>않은</u> 것은?
① 치안수요 증가로 인한 경찰인력의 부족
② 지역사회 문제해결을 위한 경찰과 지역주민의 협력
③ 경찰의 민생치안부서 근무 기피현상
④ 경찰활동에 대한 주민들의 이해 부족

56
국가경찰과 자치경찰의 조직 및 운영에 관한 법률에 규정된 자치경찰사무에 해당하지 <u>않는</u> 것은?
① 주민참여 방범활동의 지원 및 지도
② 외국 정부기관 및 국제기구와의 국제협력
③ 지역 내 다중운집 행사 관련 혼잡 교통 및 안전관리
④ 안전사고 및 재해·재난 시 긴급구조지원

57
민간에 의한 방범활동으로 옳지 <u>않은</u> 것은?
① 자율방범대에 의한 방범활동
② 교통단속과 교통위해의 방지활동
③ 시민단체에 의한 방범활동
④ 언론 매체에 의한 방범활동

58
민간경비원의 법적 지위와 권한에 관한 설명 중 옳지 <u>않은</u> 것은?
① 민간경비원이 수집한 증거가 법정에서 원용될 경우 증거능력이 인정된다.
② 민간경비원의 정당방위나 긴급피난은 위법성이 조각된다.
③ 민간경비원은 현행범을 체포할 수 있다.
④ 민간경비원은 범인을 검거하기 위하여 압수·수색할 수 있다.

59
다음에 해당하는 민간경비 조직편성의 원리는?

> 조직의 공동목표를 달성하기 위해 하위조직들이 수행하고 있는 업무가 통일성 내지 조화를 이루도록 해야 한다.

① 조정·통합의 원리　② 전문화의 원리
③ 계층제의 원리　④ 명령통일의 원리

60
각국의 민간경비제도에 관한 설명으로 옳지 않은 것은?

① 미국에서는 경찰관 신분을 가지고 민간경비분야에서 부업을 하고 있는 경우가 있다.
② 일본에서는 교통유도경비에 관한 검정제도가 있다.
③ 한국의 청원경찰은 경비구역에서 발생한 범죄에 대하여 범죄수사를 할 수 있다.
④ 영국의 로버트 필(Robert Peel)경은 수도경찰법을 의회에 제출하여 수도경찰을 창설하였다.

61
경비업법상 경비지도사에 관한 설명으로 옳은 것은?

① 일반경비지도사와 특수경비지도사로 구분한다.
② 특수경비원은 특수경비지도사만이 지도·감독·교육을 할 수 있다.
③ 소방기관과의 연락방법에 대한 지도는 경비지도사의 직무이다.
④ 경비지도사는 경비원의 지도교육과 순회감독을 분기별 1회 실시하여야 한다.

62
경비업법령상 일반경비지도사 시험에 합격하고 받아야 하는 기본교육 과목으로 옳은 것은?

① 일반경비현장실습　② 일반조사론
③ 기계경비현장실습　④ 민간조사론

63
경비위해요소에 관한 설명으로 옳지 않은 것은?

① 자연적 위해는 자연현상에 의해 야기되는 자연재해이다.
② 특정한 위해는 특정 시설물 및 국가 등에 따라 성질이나 유형이 다양하게 나타나는 위해이다.
③ 경비위해요소 분석의 첫 번째 단계는 경비위해요소의 위험도를 서열화하는 것이다.
④ 경비위해요소의 유형에는 자연적 위해, 인위적 위해, 특정한 위해가 있다.

64
경비의 중요도에 따른 경비수준에 관한 설명 중 (　)에 들어갈 용어로 옳은 것은?

> • (㉠) - 전혀 패턴이 없는 외부와 내부의 이상행동 및 침입을 감지하고 저지, 방어, 대응공격을 위한 경비수준
> • (㉡) - 대부분의 패턴이 없는 외부 및 내부의 행동을 발견·저지·방어·예방하도록 계획되어진 것으로, 교도소나 제약회사 또는 전자회사 등에서 이루어지는 경비수준

① ㉠: 최고수준 경비(Level Ⅴ), ㉡: 상위수준 경비(Level Ⅳ)
② ㉠: 최고수준 경비(Level Ⅴ), ㉡: 하위수준 경비(Level Ⅱ)
③ ㉠: 중간수준 경비(Level Ⅲ), ㉡: 상위수준 경비(Level Ⅳ)
④ ㉠: 상위수준 경비(Level Ⅳ), ㉡: 중간수준 경비(Level Ⅲ)

65
경비계획 수립의 순서로 옳은 것은?

① 경비문제의 인지 → 경비목표 설정 → 경비위해요소의 조사·분석 → 최종안 선택 → 경비실시·평가
② 경비위해요소의 조사·분석 → 경비문제의 인지 → 경비목표 설정 → 경비실시·평가 → 최종안 선택
③ 경비목표 설정 → 경비위해요소의 조사·분석 → 경비문제의 인지 → 경비실시·평가 → 최종안 선택
④ 경비문제의 인지 → 경비위해요소의 조사·분석 → 경비목표 설정 → 경비실시·평가 → 최종안 선택

66
외곽감지시스템에 관한 설명으로 옳지 않은 것은?

① 광케이블감지시스템은 광케이블의 충격과 절단을 감지한다.
② 적외선변화감지시스템은 침입에 따른 적외선의 증가량을 감지한다.
③ 장력변화감지시스템은 철선이나 광케이블의 장력변화를 감지한다.
④ 팬스충격감지시스템은 울타리를 침입할 때 발생되는 충격을 감지한다.

67
외곽경비에 관한 설명으로 옳지 않은 것은?

① 하수구, 배수관, 맨홀 뚜껑 등의 점검은 경비계획에 포함시켜야 한다.
② 외곽경비는 자연적 장애물과 인공적 구조물 등을 이용하여 시설을 보호한다.
③ 콘서티나철사는 빠른 설치의 장점을 가지고 있다.
④ 비상시에만 사용하는 출입구는 평상시에 개방되어 있어야 한다.

68
판날름쇠 자물쇠에 관한 설명으로 옳은 것을 모두 고른 것은?

> ㉠ 열쇠의 양쪽에 홈이 규칙적으로 파여 있는 형태이다.
> ㉡ 열쇠의 양쪽에 홈이 불규칙적으로 파여 있는 형태이다.
> ㉢ 열쇠의 홈이 한쪽 면에만 있다.
> ㉣ 돌기형 자물쇠에 비해 안전성이 높다.
> ㉤ 판날름쇠 자물쇠에 비해 안전성이 높다.

① ㉠, ㉢, ㉣
② ㉠, ㉣, ㉤
③ ㉡, ㉢, ㉤
④ ㉡, ㉣, ㉤

69
시설물 내부의 경비요령에 관한 내용으로 옳지 않은 것은?

① 사무실 등의 출입문은 관계자들의 편리성과 내구성을 고려하면서 통제관리가 필요하다.
② 반입물품뿐만 아니라 내부에서 외부로의 반출물품도 검색과 관리가 필요하다.
③ 건물 내부의 중요구역 여부를 고려한 경비설계가 필요하다.
④ 출입문은 따로 구분하지 않고 일원화하여 관리하는 것이 효과적이다.

70
환경설계를 통한 범죄예방(Crime Prevention Through Environmental Design)에 관한 설명으로 옳은 것은?

① 범죄의 원인을 환경적 요인보다는 개인적 요인에서 찾는다.
② CPTED의 기본전략은 자연적인 접근통제와 감시, 영역성의 완화에서 출발한다.
③ 물리적 환경을 개선하여 범죄를 억제하고 주민의 불안감을 해소하고자 하는 이론이다.
④ 뉴만(O. Newman)의 방어공간 개념과는 무관하다.

71
컴퓨터 부정조작의 유형으로 옳지 않은 것은?
① 입력조작
② 프로그램조작
③ 콘솔조작
④ 메모리 해킹

72
다음 컴퓨터 범죄의 특징에 해당하는 것은?

> 범죄행위가 단순히 데이터의 변경, 멸실 등의 형태에 불과할 경우 실수라고 변명한다면 형사처벌이 어렵다.

① 광범위성
② 고의입증 곤란
③ 자동성
④ 범행영속성

73
컴퓨터 범죄의 유형에 해당하지 않는 것은?
① 컴퓨터 부정조작
② 자료의 부정변개
③ 소프트웨어 파괴
④ 컴퓨터 절도

74
컴퓨터시스템의 관리적 안전대책으로 옳은 것은?
① 데이터의 암호화
② 컴퓨터실 출입통제
③ 침입차단시스템
④ 기록문서화 철저

75
다음의 설명에 해당하는 범죄로 옳은 것은?

> 대규모 프로그램을 개발할 때 프로그램을 수정할 수 있는 명령어가 끼어 있고 프로그램 개발이 완성되면 명령어를 삭제해야 하나 고의 또는 과실에 의해 이를 삭제하지 않아 이 명령어를 이용하여 프로그램을 조작

① 데이터 디들링(Data Diddling)
② 스카벤징(Scavenging)
③ 함정문수법(Trap Door)
④ 스푸핑(Spoofing)

76
정보보호의 기본원칙으로 옳지 않은 것은?
① 책임성의 원칙
② 인식성의 원칙
③ 윤리성의 원칙
④ 독자성의 원칙

77
융합보안에 관한 설명으로 옳지 않은 것은?
① 물리적 보안영역, 관리적 보안영역, 기술적 보안영역을 통합적으로 관리한다.
② 인력에 의한 출입통제와 통제시스템의 관리에만 주력한다.
③ 물리적 보안인증과 사이버 보안인증을 통합적으로 관리하여 보안관리를 강화한다.
④ 개인, 기업, 정부단체 등의 데이터를 통합해 정확한 사고징후를 감지하고 총체적으로 대응할 수 있다.

78
청원경찰과 민간경비제도의 이원화에 따른 문제점으로 옳지 <u>않은</u> 것은?

① 지휘체계의 이원화에 따른 혼란
② 보수의 차별화 문제
③ 청원주의 비용 부담 가중
④ 청원경찰 인력의 지속적 증가

79
우리나라 민간경비업의 발전방안으로 옳지 <u>않은</u> 것은?

① 민간경비와 청원경찰제도의 일원화
② 방범서비스 산업에 대한 규제 강화
③ 민간경비와 경찰의 협업체계 구축
④ 경비 관련 자격증제도의 도입을 통한 전문화

80
경찰과 민간경비의 협력증진방안으로 옳지 <u>않은</u> 것은?

① 경찰과 민간경비 책임자의 정기적인 간담회의 개최
② 경찰의 민간경비 전담 부서의 운영
③ 비상연락망 및 개별출동시스템 구축
④ 경찰의 경비자문 서비스센터의 운영

마무리 모의고사

* 2025년도 제27회 시험 출제예상문제로 구성하였습니다.

풀이시간 & 정답과 해설	
적정풀이시간	40분
정답과 해설	p.32

41
민간경비의 개념에 대한 설명으로 옳지 않은 것은?

① 민간경비는 고객의 신체나 재산을 보호하고 그 대가를 받기 위해 제공되는 도급계약관계로 정의된다.
② 경비업법상 민간경비를 담당하는 경비업자인 자연인의 본질은 영리성을 추구하는 데 있다.
③ 우리나라의 경비업법은 계약경비를 전제로 법을 정립하고 있다.
④ 실질적 의미의 경비개념으로 접근할 때 사이버보안이나 자율방범활동 등도 민간경비에 포함된다.

42
민간경비와 공경비의 관계에 대한 옳은 설명을 고른 것은?

> ㉠ 민간경비와 공경비의 경비대상은 동일하다.
> ㉡ 민간경비의 조직화 과정에서 사건의 위험성, 돌발성, 조직성, 기동성 등 경비업무의 특성을 고려하여야 한다.
> ㉢ 증거수집은 공경비의 임무이며, 민간경비의 임무에는 해당하지 않는다.
> ㉣ 범죄의 예방과 대응이 민간경비와 공경비의 주요 임무이다.

① ㉠, ㉡
② ㉠, ㉢
③ ㉡, ㉢
④ ㉢, ㉣

43
민간경비의 필요성이 급증하기 위한 조건을 고른 것은?

> ㉠ 국민소득의 증가
> ㉡ 경비개념의 사회적 인식 변화
> ㉢ 범죄의 증가
> ㉣ 민간경비제도에 대한 인식 변화

① ㉠, ㉡, ㉢
② ㉠, ㉢, ㉣
③ ㉡, ㉢, ㉣
④ ㉠, ㉡, ㉢, ㉣

44
민간경비의 성장이론 중 민영화이론에 대한 설명으로 옳지 않은 것은?

① 작은 정부를 통한 시민권리의 성장을 도모하는 이론이다.
② 복지국가의 이념에 충실하기 위한 이론이다.
③ 경비서비스를 내부공급에서 외부공급으로 전환하여 경비서비스분야에 자율적 경쟁개념을 도입하고자 한다.
④ 재화나 서비스의 생산을 공공분야에서 민간분야로 이전하고자 한다.

45
환경설계를 통한 범죄예방에 대한 설명으로 옳은 것은?

① 뉴만의 동심원영역론과 관련 있다.
② 범죄의 원인을 환경적 요인보다는 개인의 인격형성의 과정에서 찾는다.
③ 허가받지 않은 사람들의 진·출입을 차단하는 것은 2차적 기본전략과 관련성을 갖는다.
④ 사적인 공간에 대해 경계를 표시하여 주민의 책임의식을 증대시키는 것은 영역성의 강화와 관련이 있다.

46
미국의 민간경비 발전에 대한 설명으로 옳은 것은?
① 산업보안자격증인 CPP제도를 국가차원에서 도입하여 시행하고 있다.
② 제1차 세계대전 이후 군사·산업시설의 안전보호와 군수물자 및 장비 또는 기밀 등의 보호를 위한 경비수요의 증가가 민간경비 발전의 토대가 되었다.
③ 1800년대 서부지역 개발과 관련하여 철도가 운행되고, 철도는 사람들이 거주하지 않은 불모지를 통과하는 경우가 많아 민간경비산업이 발전하였다.
④ 20세기 은행보호법이 제정되어 인력경비가 비약적으로 발전하는 계기가 되었다.

47
우리나라의 민간경비 발전사에 대한 설명으로 옳지 않은 것은?
① 청원경찰경비는 1970년부터 1980년대 국가 주요 기간산업체 경비의 중요한 주류를 담당하였다.
② 1977년 한국경비실업은 경비업 허가 제1호를 취득하였다.
③ 1997년 제1회 경비지도사 자격시험을 실시하였다.
④ 2010년 민간이 참여한 민영교도소가 설립되었다.

48
미국 민간경비원의 법적 지위에 대한 설명으로 옳은 것은?
① 민간경비원의 불법행위는 일반인의 불법행위보다 손해배상액을 감액받는다.
② 계약법적으로 민간경비원의 경비서비스에 대해서 일반민사책임과 동일한 책임을 부과하고 있다.
③ 경찰이 행하는 수색과 민간경비원이 행하는 수색에는 상당한 차이가 있다.
④ 민간경비원에 의한 심문 시 일반시민은 이에 응답할 의무가 있다.

49
범죄예방 및 안전사고 방지를 위해 관내 금융기관 등 현금다액취급업소, 상가, 여성운영업소 등에 대하여 방범시설 및 안전설비의 설치상황, 자위방범역량 등을 점검하고 미비점을 보완하도록 지도하는 경찰활동은?
① 방범홍보　　② 방범진단
③ 경찰방문　　④ 생활방범

50
각국 민간경비원의 실력행사에 관한 설명으로 옳지 않은 것은?
① 미국의 민간경비원은 타인의 재산에 대한 침해를 막을 수 있는 경우에만 예외적으로 정당성이 인정된다.
② 우리나라의 민간경비원은 형법상 특별한 권한이 없으며 일반 사인(私人)의 지위를 가진다.
③ 국가중요시설의 경비를 담당하는 특수경비원은 한정된 범위에서 공무수탁사인의 지위를 갖는다.
④ 한국의 민간경비원은 민사법이나 형사법상 실력행사에 관한 특별한 권한을 부여하지 않고 있다.

51
경비계획의 수립에 대한 설명으로 옳지 않은 것은?
① 경비문제가 발생하거나 발생이 예견될 때 또는 경비용역의뢰가 있을 때 문제를 인지한다.
② 조직의 목표를 인식한 다음 구체적으로 수행될 경비의 방향을 설정하는 단계는 진단과정이다.
③ 경비계획은 조직의 공동목표, 손실발생 가능성, 손실의 심각성 정도 등 능률성과 효과성을 모두 고려하여 접근하는 것이 바람직하다.
④ 경비계획안은 구체적인 경비실시에 적용될 계획안으로 경비계획 시 고려사항, 통솔기준, 대상조직의 환경 등을 고려하여 종합적으로 작성된다.

52

영국 민간경비제도의 발전에 대한 설명으로 옳지 <u>않은</u> 것은?

① 규환제도는 범죄에 대하여 개인과 집단이 공동책임을 지는 제도이다.
② 헨리 필딩의 보우가의 주자시대에 범죄예방을 위해 시민 스스로 단결해야 한다는 개념을 확립하였다.
③ 로버트 필은 경찰은 헌신적이어야 하며 훈련되고 윤리적이며, 중앙정부의 봉급을 받는 요원들이어야 한다고 주장하였다.
④ 산업혁명과 과학기술 발달로 민간경비와 공경비가 더불어 발전하였다.

53

경비업법상 특수경비원의 교육에 관한 설명으로 옳지 <u>않은</u> 것은?

① 특수경비업자는 특수경비원 신임교육을 받지 아니한 자를 특수경비업무에 종사하게 해서는 아니 된다.
② 특수경비원으로 채용되기 전 3년 이내에 특수경비업무에 종사했던 경력이 있는 사람은 신임교육에서 제외될 수 있다.
③ 특수경비업의 신임교육시간은 80시간이다.
④ 특수경비원의 신임교육은 필수적인 교육이나 직무교육은 특수경비업자의 판단하에 생략할 수 있는 임의교육이다.

54

민간경비조직의 운영원리에 관한 설명으로 옳지 <u>않은</u> 것은?

① 계층제의 원리: 권한과 책임에 따라 직무를 등급화함으로써 상하 간 지휘·감독 관계를 수립하여야 한다.
② 명령통일의 원리: 직속상관에게 지시를 받고 보고함으로써 책임소재를 명확히 해야 한다.
③ 통솔범위의 원리: 통솔범위는 한 사람의 관리자가 효과적으로 관리할 수 있는 최대한의 부하 수를 말하는 것으로서 계층의 수가 적을수록 통솔범위가 넓다.
④ 조정·통합의 원리: 조직의 목표 달성을 위해 업무의 조화를 추구한다는 원리로서 전문화·분업화된 조직일수록 그 필요성이 감소한다.

55

자체경비와 계약경비에 관한 설명으로 옳지 <u>않은</u> 것은?

① 자체경비는 기업체 등이 조직 내에 자체적으로 경비인력을 조직화하여 운용하는 것을 말한다.
② 자체경비는 계약경비에 비해 사용자에게 높은 충성심을 갖는다.
③ 계약경비는 산업시설 또는 기업시설의 경비에 있어서 경비서비스를 전문으로 하는 경비업체와 계약을 체결하여 운용하는 것을 말한다.
④ 자체경비는 비상사태에 있어서 인적자원의 탄력적인 운용이 가능하다.

56

기계경비의 장단점으로 옳지 <u>않은</u> 것은?

① 인력경비와 같은 종합적 서비스의 제공이 가능하다.
② 24시간 동일한 조건으로 지속적 감시가 가능하다.
③ 현장에서 신속한 대처가 어렵다.
④ 사후 범죄의 수사단서로 활용이 가능하다.

57

일정한 패턴이 전혀 없는 외부 및 내부의 침입을 발견·억제·무력화할 수 있도록 계획된 시스템을 갖춘 경비수준은?

① 최고수준 경비 ② 상위수준 경비
③ 중간수준 경비 ④ 하위수준 경비

58
민간경비의 실시과정에 대한 옳은 설명을 고른 것은?

> ⊙ 경비진단을 위한 물리적 사전조사의 착안사항으로는 경비대상시설의 형태와 용도, 시설 내의 예측할 수 있는 침입경로, 주변 구조물 등의 상황이 있다.
> ⓒ 경비위해요소 분석 시 모든 시설물에 표준화된 시스템을 적용할 필요가 있다.
> ⓒ 특정 시설물 또는 지역 및 국가 등에 따라 성질이나 유형이 다양하게 나타나는 위해를 특정한 위해라 한다.
> ⓔ 경비위해 분석절차 중 비용효과분석은 투입 대비 산출규모를 비교하여 적정한 경비수준을 결정하는 과정으로 절대적인 기준이 있다.

① ⊙, ⓒ
② ⊙, ⓔ
③ ⊙, ⓒ, ⓔ
④ ⊙, ⓒ, ⓒ, ⓔ

59
경비시설물에 대해 민간경비 조사업무를 실시하는 근본 목적이 아닌 것은?

① 조사업무를 통해 종합적인 경비계획을 수립한다.
② 조사업무를 통해 조직 내의 구성원들에게 경비와 관련하여 협력을 구한다.
③ 정보수집으로 범죄자를 조기에 색출한다.
④ 경비시설물에 대해 경비의 취약점을 도출한다.

60
물리적 통제시스템인 CCTV에 관한 설명으로 옳지 않은 것은?

① 아날로그(VCR) 방식에서 디지털(DVR) 방식으로 전환되어 그 효율성이 증대되었다.
② 녹화된 CCTV의 자료는 증거로서의 역할을 수행한다.
③ 국가중요시설에 영상정보처리기기를 설치·운영하려는 자는 관련 안내판을 설치하여 일반인이 쉽게 알아볼 수 있도록 해야 한다.
④ 영상정보를 불특정 다수에게 전달함으로써 범죄발생 시 신속한 대응이 가능하다.

61
경비위해요소 분석 과정에 대한 설명으로 옳지 않은 것은?

① 경비위해분석은 경비활동의 대상이 되는 위험요소들을 대상별로 추출하여 성격을 파악하는 경비진단활동을 말한다.
② 경비위해요소 분석 시 해당 시설물의 공통된 위해를 파악하여 모든 시설물에 표준화된 시스템을 적용해야 한다.
③ 개인 및 기업의 보호영역에서 손실을 일으키기 쉬운 경비상의 취약점을 파악하는 것을 위험요소의 인지라고 한다.
④ 경비위해요소에 대해 인지된 사실들을 경비대상물이 가진 위해 가능성이 큰 순서대로 서열화하는 작업이 필요하다.

62
시설물 내부경비의 경비요령에 관한 내용으로 옳지 않은 것은?

① 반·출입 물품에 대해서는 면밀히 조사하여야 한다.
② 출입문은 구역의 중요성에 따라 등급화하거나 구분하여 관리한다.
③ 내부직원과 외부방문객, 고객 등을 구분할 수 있는 방문증이나 사원증 패용 등 신분확인절차가 마련되어야 한다.
④ 출입차량에 대해서는 출입목적에 따라 출입증을 발급하고, 주차구역은 구분함이 없이 관리하는 것이 합리적이다.

63
경비위해도 분석절차에서 손실에 대한 잠재적 위험 빈도를 조사하는 과정에 해당하는 것은?

① 경비의 위해요소 인지
② 위해요소의 척도화
③ 경비위해도의 평가
④ 경비의 비용효과분석

64

외곽경비에 관한 설명으로 옳은 것은?

① 모든 출입구 수를 파악하고 공기흡입관, 배기관 등은 경비계획에서 제외한다.
② 차량출입구는 충분히 넓어야 하며 평상시에는 한쪽 방향으로 유지한다.
③ 폐쇄된 출입구의 잠금장치는 특수하게 만들고, 외견상 즉시 확인할 수 없게 한다.
④ 긴급목적을 위한 출입문은 외부의 침입으로부터 열리지 않도록 하는 특별한 장치를 갖추고 있어야 한다.

65

시설경비에 관한 설명으로 옳지 않은 것은?

① 의료시설에서 응급실은 불특정다수인이 많이 왕래하는 등의 특성으로 인해 잠재적 위험성이 높은 지역이다.
② 재난 및 안전관리 기본법상 공연 및 행사에서는 군중이 운집한 상황에서 돌발사태 등에 의해 정서의 충동성, 도덕적 모순성 등 정상군중심리가 발생된다.
③ 미국은 금융시설의 강도 등 외부침입을 예방·대응하기 위하여 은행보호법을 제정·시행하고 있다.
④ 의료시설은 지속적으로 수용되는 환자 및 방문객 등의 출입으로 관리상의 어려움이 있기 때문에 사후통제보다는 사전예방에 초점을 두는 것이 바람직하다.

66

사고발생 시 민간경비원의 대처요령에 대한 설명으로 옳지 않은 것은?

① 경비원은 범죄나 사고발생 시 신속히 112에 신고하는 동시에 현장에 들어가서 증거확보 작업에 착수해야 한다.
② 범죄현장의 발견자나 목격자는 중요한 참고인인 경우가 많으므로 남아 있도록 요청한다.
③ 사고 당사자인 가해자 및 피해자가 가벼운 상처를 입은 경우에는 경찰관이 현장에 도착할 때까지 남아 있도록 요청한다.
④ 현장에 중상자가 있는 경우에는 즉시 구급차를 요청하는 동시에 응급조치를 해야 한다.

67

경비와 시설보호의 기본원칙에 관한 설명으로 옳지 않은 것은?

① 경계구역과 건물 출입구 수는 안전규칙 범위 내에서 최소한으로 유지되어야 한다.
② 경비원의 대기실은 시설물의 출입구와 비상구에서 멀리 떨어진 곳에 위치하여야 한다.
③ 효과적인 경비를 위해서는 물건을 선적하거나 하차하는 지역이 분리되어야 한다.
④ 유리창이 지면으로부터 약 4m 이내 높이에 설치되어 있는 경우에는 강화유리 등 안전장치를 설치해야 한다.

68

출입문 통제방법에 관한 설명으로 옳지 않은 것은?

① 차량은 출입목적에 따라 출입증을 발급하고 주차지역을 지정하여야 하며, 반출입 물품에 대해서도 면밀히 조사하여야 한다.
② 직원출입구는 외부 방문객과 구분하여 하나의 문만 사용하도록 하고, 통행하는 직원의 적절한 통제를 위해 출입구의 폭이 최대한 넓어야 한다.
③ 출입증이 없는 차량의 경우에는 그 용도와 목적을 확인하고 내부에서도 이 차량이 주차할 수 있는 지역을 한정하여야 한다.
④ 방문객이 통보 없이 방문하는 경우에는 대기실에서 대기하도록 하고, 대기실 외 이동 시 반드시 방문객임을 표시하는 징표를 부착하여 CCTV 등을 통한 감시와 통제가 이루어져야 한다.

69

화재의 예방과 진압에 대한 설명으로 옳지 않은 것은?

① 화재발생 시 본인의 역할에 대한 사전 분담교육을 실시하여야 한다.
② 화재진압장비의 사용법에 대한 교육과 대피유도 방법에 대한 교육을 실시하여야 한다.
③ 화재발생 시 경비원은 소방요원과 구체적인 업무분담을 한다.
④ 화재발생 시 소방관이 출동하였을 때 이들에 대한 지원업무를 담당해야 한다.

70

비상사태를 대비하기 위한 비상계획의 수립에 대한 옳은 내용을 고른 것은?

> ㉠ 비상계획은 재난발생 시 재난으로부터 피해를 볼 수 있는 기물의 보호에 가장 중점을 두어야 한다.
> ㉡ 경비감독관은 비상위원회에 반드시 포함되어야 한다.
> ㉢ 비상계획서에는 외부기관과의 통신수단 마련과 대중 및 언론에 대한 정보제공이 포함되어야 한다.
> ㉣ 비상사태 발생 시 초기에 사태대응을 보다 신속하게 할 수 있도록 직급이 가장 높은 사람에게 명령권을 주어야 한다.

① ㉠, ㉡
② ㉠, ㉣
③ ㉡, ㉢
④ ㉢, ㉣

71

중요시설경비에 관한 설명으로 옳은 것은?

① 경비구역 3지대 방호개념에서 제1지대는 주방어지대, 제2지대는 경계지대, 제3지대는 핵심방어지대이다.
② 경비구역 제3지대(핵심방어지대)는 적의 침투를 방지하여 결정적으로 중요시설을 방호하는 선을 연결한 지대이다.
③ 제한구역은 비인가자의 출입이 일체 금지되는 보안상 극히 중요한 구역이다.
④ 국가중요시설의 평시 경비·보안활동에 대한 지도·감독은 관계 행정기관의 장과 국가정보원장이 수행한다.

72

국가중요시설경비에 관한 설명으로 옳지 않은 것은?

① 국가중요시설이란 공공기관, 공항·항만, 주요 산업시설 등 적에 의하여 점령 또는 파괴되거나 기능이 마비될 경우 국가안보와 국민생활에 심각한 영향을 주게 되는 시설을 말한다.
② 국가중요시설 중 나급에는 대검찰청, 경찰청, 한국은행 본점 등이 있다.
③ 국가중요시설은 중요도와 취약성을 고려하여 제한지역, 제한구역, 통제구역으로 보호구역을 설정하고 있다.
④ 시설주 등은 시설의 특징, 지역여건, 가용인력 등을 고려하여 경비시설물 설치와 3지대 방호개념에 의한 방호를 실시하여야 한다.

73

민간경비원의 동기부여이론 중 다음 설명에 해당하는 것은?

> 구성원 개인은 조직의 보상체계가 공정하다고 인식하는지의 여부에 따라 동기가 발생한다. 조직원이 다른 사람의 투입 대비 산출과 자신의 투입 대비 산출을 비교하여 불공평함을 느낀다면 그 차이를 줄이는 방향으로 동기가 부여된다.

① 맥클리랜드의 성취동기이론
② 매슬로우의 욕구계층이론
③ 알더퍼의 ERG이론
④ 아담스의 형평성이론

74

정보보호의 목표 중 다음 설명에 해당하는 것은?

> 적절한 권한을 가진 사용자가 허가받은 방법으로만 허용된 절차에 따라 정보가 수정되어야 한다.

① 비밀성
② 무결성
③ 영리성
④ 가용성

75
컴퓨터 범죄 예방을 위한 법적 안전대책은?
① 시스템 백업
② 침입차단시스템
③ 스케줄러 점검
④ 컴퓨터 스파이에 대한 처벌

76
컴퓨터 범죄의 예방대책으로 옳지 않은 것은?
① 컴퓨터 사용에 대한 사후감사나 사후평가를 면밀히 해야 한다.
② 업무흐름과 프로그램의 내용이 다르면 부정의 소지가 있으므로 일치되도록 한다.
③ 예기치 못한 사고에 대비하기 위해 시스템 백업과 프로그램 백업이 필수적이다.
④ 네트워크의 취약성으로 발생하는 문제는 방화벽 설치 등 관리적 안전대책으로 해결해야 한다.

77
컴퓨터 범죄의 수법에 관한 설명으로 옳지 않은 것은?
① 사용자 몰래 프로그램에 침투하여 자기 자신을 복제하여 감염시키는 프로그램을 바이러스라고 한다.
② 스푸핑은 스스로 적법한 정보를 취득할 수 있는 시스템으로 위장하여 불법적으로 정보를 읽어 들이는 행위이다.
③ 금융기관의 컴퓨터 시스템에서 이자 계산이나 배당금 분배 시 단수 이하의 수를 특정 계좌로 모이게 하는 수법은 살라미 기법이다.
④ 컴퓨터 데이터를 입력 또는 변환하는 시점에서 최종적인 입력 순간에 자료를 삭제 또는 변경·추가하는 행위는 슈퍼재핑이다.

78
컴퓨터 범죄의 유형 중 다음 설명에 해당하는 것은?

> 컴퓨터에 일정한 조건이 충족되면 작동할 때마다 부정행위가 일어날 수 있도록 프로그램을 조작하는 수법이다.

① 살라미 기법   ② 논리폭탄
③ 트랩도어   ④ 슈퍼재핑

79
컴퓨터 암호화 시스템에 대한 설명으로 옳지 않은 것은?
① 컴퓨터 암호는 특정시스템에 대한 접근권을 가진 이용자의 식별장치라 할 수 있다.
② 암호화는 허가받지 않은 접근을 차단해 정보의 보안성을 확보하기 위한 것이다.
③ 컴퓨터 보안을 위해서는 가능한 한 암호수명을 짧게 하고 패스워드를 자주 변경하는 것이 좋다.
④ 완전한 보안을 위해 암호설정을 특수문자보다는 단순 숫자조합을 사용하는 것이 바람직하다.

80
우리나라 민간경비산업의 전망에 대한 설명으로 옳은 것은?
① 기계경비업: 기존의 상업시설과 홈시큐리티시스템 등의 첨단기술 발전에 힘입어 주거시설 및 국가안보 분야에서의 수요도 혁신적으로 증가될 전망이다.
② 특수경비업: 우리나라 경비업의 가장 큰 비중을 차지하는 분야로 향후 이러한 증가 추세는 계속될 전망이다.
③ 시설경비업: 국가중요시설의 경비를 담당하는 경비원 제도로 청원경찰과의 이원적 체계로 인한 문제점이 상존하고 있어 관련 정비가 시급한 실정이다.
④ 호송경비업: 외국 기업인과 가족들의 장기 체류 등으로 수요가 증가하고 있으며, 최근 사회불안이 가중되고 개인의 삶의 질이 높아짐에 따라 이러한 증가 추세는 계속될 전망이다.

제2과목 | 민간경비론　　　　　본문 p.13

41	③	42	④	43	②	44	②	45	③
46	①	47	①	48	④	49	②	50	①
51	①	52	①	53	④	54	③	55	②
56	②	57	②	58	④	59	①	60	③
61	③	62	①	63	③	64	①	65	①
66	②	67	④	68	③	69	④	70	③
71	④	72	②	73	④	74	④	75	③
76	④	77	②	78	④	79	②	80	③

41　　정답 ③
민간경비 개설 ▶ 민간경비와 공경비의 제 관계　　난이도 상 중 하

우리나라의 청원경찰은 근무지역 내에서 「경찰관 직무집행법」에 따른 경찰관의 직무를 수행할 수 있으나, 이 외의 수사활동 등 사법경찰관리의 직무를 수행해서는 안 된다는 점에서 강제력 행사는 인정되지 않는다(청원경찰법 제3조 및 시행규칙 제21조 제2항 참조).
① 공경비는 일반적으로 경찰에 의하여 제공되는 치안서비스이다. 관할 구역 내에서 법집행에 관한 권한을 가진다.
② 비렉(A. J. Bilek)은 민간경비원의 법적 지위를 '일반 시민과 같은 민간경비원, 특별한 권한을 가진 민간경비원, 경찰관 신분을 가진 민간경비원'의 3가지 유형으로 구분하였다.
④ 제한된 근무지역 내에서 경찰권을 일부 행사할 수 있는 민간경비원으로, 우리나라의 청원경찰을 예로 들 수 있다.

42　　정답 ④
민간경비 개설 ▶ 민간경비와 공경비의 제 관계　　난이도 상 중 하

민간경비와 공경비를 구분하는 기준으로 '기능, 역할, 전달조직 등'이 해당한다. 민간경비 또한 「경비업법」에 근거하여 행하는 경비인 점에서 적법한 경비이다. 따라서 적법성은 민간경비와 공경비를 구분하는 기준이 될 수 없다.

43　　정답 ②
민간경비 개설 ▶ 민간경비의 이론적 배경　　난이도 상 중 하

① 경제환원론의 입장이다.
③ 수익자부담이론의 입장이다.
④ 공동생산이론의 입장이다.

44　　정답 ②
민간경비 개설 ▶ 민간경비의 이론적 배경　　난이도 상 중 하

공동생산이론은 치안서비스 생산과정에서 민간경비의 공동참여로 인해 민간경비가 성장했다고 보는 이론이다. 민간경비가 공경비의 보조적 차원이 아닌 독립된 주체로 참여한다는 점에서 서비스 주체의 다원화에 초점을 두고 있다.

45　　정답 ③
민간경비 개설 ▶ 민간경비와 공경비의 제 관계　　난이도 상 중 하

① 공경비의 주체는 정부(지방자치단체)로 비영리성을 갖는다.
② 민간경비는 특정 고객을 상대로 경비업무를 수행한다.
④ 법집행 및 범죄수사는 공경비가 수행하는 임무이다.

46　　정답 ①
민간경비 개설 ▶ 민간경비의 이론적 배경　　난이도 상 중 하

민간경비를 실질적 개념으로 이해할 경우, 민간경비는 경찰이 수행하는 경비활동(공경비)과 거의 유사하다.
② 실정법인 「경비업법」에 의하여 허가받은 법인이 「경비업법」에서 규정하고 있는 업무를 수행하는 활동을 형식적 민간경비라고 한다. 이 개념은 경비의 주체를 공적 주체와 사적 주체로 명확하게 구별한다.
③ 대륙법계 국가는 국가권력의 우위를 인정하여 민간경비가 국가의 지도·감독하에 제한적인 기능만을 담당하는 것으로 이해한다.
④ 영미법계 국가는 민간경비업무를 실질적 개념으로 이해하여 민간경비의 업무범위를 넓게 인정하며, 민간경비의 업무범위를 경찰과 유사하지만 집행권한의 차이가 있다고 본다.

47 정답 ①
세계 각국의 민간경비의 발전과정 ▶ 각국의 민간경비의 역사적 발전
난이도 상 중 하

①, ③ 자경단원(Vigilance Man)제도는 고대 로마시대의 제도로, 역사상 최초의 비무장 수도경찰로 추정된다.
② 함무라비시대에는 정부가 법집행을 할 수 있고, 국가차원의 경비와 개인차원의 민간경비개념이 분리되어 개인에게 책임을 부여할 수 있었다.
④ 원시시대에는 생존을 위한 수단으로 절벽 동굴이나 수상가옥 등 주거지를 이용하였다.

48 정답 ④
세계 각국의 민간경비의 발전과정 ▶ 각국의 민간경비의 역사적 발전
난이도 상 중 하

야간경비회사인 홈즈방호회사는 에드윈 홈즈(Edwin Holmes)가 1858년에 설립한 최초의 중앙감시방식 방호서비스이다.

49 정답 ②
세계 각국의 민간경비의 발전과정 ▶ 각국의 민간경비의 역사적 발전
난이도 상 중 하

일본의 민간경비는 1964년 동경올림픽을 계기로 획기적으로 발전하였으며, 1970년 오사카 만국박람회(EXPO)를 통해 하나의 경비산업으로 자리를 잡았다.
① 일본은 제2차 세계대전 이후인 1962년 스웨덴의 경비회사와 제휴하여 일본경비보장회사를 설립한 뒤, 현대적 민간경비업의 출현을 맞이하게 되었다.
③ 기계경비를 중심으로 1980년대 초 한국, 1988년 중국에 진출하면서 비약적인 발전을 하였다.

50 정답 ①
세계 각국의 민간경비의 발전과정 ▶ 각국의 민간경비의 역사적 발전
난이도 상 중 하

1960년대 초 주한미군부대(미8군부대) 용역경비를 실시한 것이 민간경비의 효시라 할 수 있다. 용역경비업법은 그 뒤인 1976년에 제정되었다.
② 1999년 용역경비업법이 「경비업법」으로 변경됨으로써 포괄적인 개념의 전문경비제도를 도입하는 계기가 되었다.
③ 1980년대 이후 외국경비회사와 기술제휴의 형태를 빌려 기계경비시스템이 점차적으로 도입되었다.
④ 경비협회의 업무는 「경비업법」 제22조 제3항에 규정되어 있다.

51 정답 ①
민간경비의 조직 및 업무 ▶ 경비원 교육
난이도 상 중 하

경비지도사는 경비지도사 시험에 합격하고 40시간의 기본교육을 받아야 한다(경비업법 시행령 제15조의2 제1항 참조).

52 정답 ①
민간경비의 조직 및 업무 ▶ 경비원 교육
난이도 상 중 하

다음에 해당하는 사람을 일반경비원으로 채용한 경우에는 일반경비원 신임교육 대상에서 제외할 수 있다(경비업법 시행령 제18조 제2항).
- 일반경비원 또는 특수경비원 신임교육을 받은 사람으로서 채용 전 3년 이내에 경비업무에 종사한 경력이 있는 사람
- 「경찰공무원법」에 따른 경찰공무원으로 근무한 경력이 있는 사람(②)
- 「대통령 등의 경호에 관한 법률」에 따른 경호공무원 또는 별정직공무원으로 근무한 경력이 있는 사람(④)
- 「군인사법」에 따른 부사관 이상으로 근무한 경력이 있는 사람
- 경비지도사 자격이 있는 사람(③)
- 채용 당시 「경비업법」 제13조 제2항에 따른 일반경비원 신임교육을 받은 지 3년이 지나지 아니한 사람

53 정답 ④
민간경비의 조직 및 업무 ▶ 경비업무의 유형
난이도 상 중 하

계약경비는 자체경비보다 정해진 절차에 따라 소신 있는 경비업무수행이 상대적으로 유리하다. 반면, 자체경비는 경비책임자가 경비원을 직접 관리하기 때문에 경비원에 대한 관리 및 통제가 유리하다.

54 정답 ③
민간경비산업 현황 ▶ 국내 치안여건의 변화
난이도 상 중 하

첨단기술을 활용하는 지능적인 범죄가 증가하면서 새로운 기법의 보이스피싱 등 신종사기범죄가 급증하고 있다.

55 정답 ②
민간경비산업 현황 ▶ 국내 경찰의 역할과 방범상황
난이도 상 중 하

지역사회 문제해결을 위한 경찰과 지역주민의 협력이 부족할 경우 방범경찰활동의 한계요인으로 작용될 수 있다.

방범경찰활동의 한계요인
- 치안수요 증가로 인한 경찰인력의 부족(①)
- 경찰방범장비의 부족과 노후화
- 경찰의 민생치안부서 근무 기피현상(③)
- 타 부서 협조업무의 과중
- 경찰에 대한 주민들의 이해 부족(④)

56   정답 ②
민간경비산업 현황 ▶ 국내 경찰의 역할과 방범상황   난이도 상 중 하

외국 정부기관 및 국제기구와의 국제협력은 '국가경찰의 사무'에 해당한다(국가경찰과 자치경찰의 조직 및 운영에 관한 법률 제3조 참조).
①, ③, ④ '자치경찰사무'에 해당한다(동법 제4조 참조).

57   정답 ②
민간경비산업 현황 ▶ 국내 경찰의 역할과 방범상황   난이도 상 중 하

교통단속과 교통위해의 방지활동은 국가경찰의 업무활동에 해당한다(국가경찰과 자치경찰의 조직 및 운영에 관한 법률 제3조 참조).

58   정답 ④
세계 각국의 민간경비의 발전과정 ▶ 각국의 민간경비의 법적 지위   난이도 상 중 하

범인을 검거하기 위한 압수·수색활동은 경찰의 업무활동영역에 속한다.
① 민간경비원이 수집한 증거의 증거능력에 대한 「형사소송법」상 직접적인 근거규정은 없으나, 법정에서 증거로 원용될 경우 증거능력이 인정된다.
② 위법성은 범죄성립요건의 하나로, 위법성이 없으면 범죄는 성립하지 않는다. 「형법」은 위법성에 관하여 적극적으로 규정하지 않고 소극적으로 위법성이 조각(=탈락)되는 사유만을 규정하고 있다. 정당행위, 정당방위, 긴급피난, 자구행위 등은 위법성이 조각되는 사유에 해당한다.
③ 현행범은 누구든지 영장 없이 체포할 수 있다(형사소송법 제212조). 따라서 민간경비원은 현행범을 체포할 수 있다.

59   정답 ①
민간경비의 조직 및 업무 ▶ 경비계획의 수립   난이도 상 중 하

① 조정·통합의 원리: 조직이 지향하는 조직 전체의 공동목표를 달성하기 위해 하위조직들이 수행하고 있는 업무가 통일성 내지 조화를 이루도록 하는 원리이다.

② 전문화의 원리: 조직의 전체기능을 기능별 또는 특성별로 나누어 임무를 분담시키는 원리이다.
③ 계층제의 원리: 권한과 책임의 정도에 따라 직무를 등급화하여 상하 계층 간에 직무상의 지휘·감독관계에 서게 하는 원리이다.
④ 명령통일의 원리: 경비원은 경비책임자로부터 직접 지시를 받아야 하고 보고해야 하며, 지휘계통의 일원화로 책임소재를 명확히 하는 원리이다.

60   정답 ③
세계 각국의 민간경비의 발전과정 ▶ 각국의 민간경비의 역사적 발전   난이도 상 중 하

우리나라의 청원경찰은 근무지역 내에서 「경찰관 직무집행법」에 따른 경찰관의 직무를 수행할 수 있으나, 이 외의 수사활동 등 사법경찰관리의 직무를 수행해서는 안 된다(청원경찰법 제3조 및 시행규칙 제21조 제2항 참조).

61   정답 ③
민간경비의 조직 및 업무 ▶ 경비원 교육   난이도 상 중 하

경비지도사의 직무(경비업법 제12조 제2항)
- 경비원의 지도·감독·교육에 관한 계획의 수립·실시 및 그 기록의 유지
- 경비현장에 배치된 경비원에 대한 순회점검 및 감독
- 경찰기관 및 소방기관과의 연락방법에 대한 지도(③)
- 집단민원현장에 배치된 경비원에 대한 지도·감독
- 그 밖에 대통령령이 정하는 직무
① 일반경비지도사와 기계경비지도사로 구분한다.
② 특수경비원의 지도·감독·교육은 일반경비지도사의 업무이다.
④ 경비지도사는 경비원의 지도교육과 순회감독을 월 1회 이상 수행하여야 한다(동법 시행령 제17조 제2항 참조).

62   정답 ①
민간경비의 조직 및 업무 ▶ 경비원 교육   난이도 상 중 하

자격의 종류별 기본교육 과목(경비업법 시행규칙 별표1 참조)
- 일반경비지도사: 시설경비, 호송경비, 신변보호, 특수경비, 혼잡·다중운집 인파관리, 교통안전관리, 일반경비현장실습
- 기계경비지도사: 기계경비운용관리, 기계경비기획 및 설계, 인력경비개론, 기계경비현장실습

63 정답 ③
민간경비의 조직 및 업무 ▶ 민간경비의 실시과정

경비위해요소 분석의 첫 번째 단계는 경비위해요소를 인지하는 것이다.

경비위해요소의 분석단계
위해요소 인지 → 위해요소 손실발생 예측(위험도의 서열화) → 위해정도 평가 → 비용효과 분석

64 정답 ①
민간경비의 조직 및 업무 ▶ 경비계획의 수립

경비의 중요도에 따른 경비수준
- 최저수준 경비(Level Ⅰ): 일정한 '패턴이 없는' 외부의 단순한 침입부터 무장공격에 이르기까지 외부의 행동을 방해하기 위한 경비
- 하위수준 경비(Level Ⅱ): 일정한 '패턴이 없는' 불법적인 일부 외부의 침입행동을 방해하고 탐지할 수 있도록 계획된 경비
- 중간수준 경비(Level Ⅲ): 대부분의 '패턴이 없는' 외부행동과 일정한 '패턴이 없는' 내부의 행동을 발견·방해하도록 계획된 경비
- 상위수준 경비(Level Ⅳ): 대부분의 패턴이 없는 외부 및 내부의 행동을 발견·저지·방어·예방하도록 계획되어진 경비(ⓒ)
- 최고수준 경비(Level Ⅴ): 전혀 패턴이 없는 외부와 내부의 이상행동 및 침입을 감지하고 저지, 방어, 대응공격을 위한 경비(㉠)

65 정답 ①
민간경비의 조직 및 업무 ▶ 경비계획의 수립

경비계획 수립의 순서
경비문제의 인지 → 경비목표 설정 → 경비위해요소의 조사·분석 → 전체계획의 검토 → 경비계획안의 비교·검토 → 최종안 선택 → 경비실시·평가 등

66 정답 ②
시설경비 ▶ 외곽경비

적외선변화감지시스템은 침입에 따른 적외선의 감소량을 감지한다.

67 정답 ④
시설경비 ▶ 외곽경비

비상구나 긴급목적을 위한 출입구의 경우 평상시에는 폐쇄되어 있어야 하고 잠금장치는 특수하게 만들어져야 한다.

68 정답 ④
시설경비 ▶ 내부경비

핀날름쇠 자물쇠는 돌기형 자물쇠나 판날름쇠 자물쇠에 비해 안전성이 높으며, 열쇠의 양쪽에 홈이 불규칙적으로 파여 있는 형태의 자물쇠이다.

69 정답 ④
시설경비 ▶ 내부경비

출입문은 구역의 중요성에 따라 등급화하거나 구역을 구분하여 관리하는 것이 효과적이다.

70 정답 ③
민간경비 개설 ▶ 민간경비의 이론적 배경

① 범죄의 원인을 개인적 요인보다는 환경적 요인에서 찾고 있다.
② CPTED의 기본전략은 자연적인 접근통제와 감시, 영역성의 강화에서 출발한다.
④ 뉴만(O. Newman)의 방어공간 개념은 환경설계를 통한 범죄예방의 기초이론을 제공하였다.

71 정답 ④
컴퓨터 범죄 및 안전관리 ▶ 컴퓨터 범죄 및 예방대책

컴퓨터 부정조작(자료의 부정조작)이란 컴퓨터의 처리결과나 출력인쇄를 변경시켜서 부당한 결과를 야기하거나 컴퓨터 시스템 자료처리 영역 내에서 정상적인 운영을 방해하는 행위를 말한다. 입력조작, 프로그램조작, 콘솔조작, 출력조작 등이 그 유형에 해당한다.
④ 메모리 해킹(Memory Hacking)이란 고객 컴퓨터의 메모리에 침투해서 보내는 계좌와 금액을 조작하는 방식으로 부당인출하는 수법을 말한다.

72 정답 ②
컴퓨터 범죄 및 안전관리 ▶ 컴퓨터 범죄 및 예방대책

범죄행위는 고의범을 처벌함이 원칙이며, 과실범은 법에 처벌규정이 있는 경우 예외적으로 처벌한다. 따라서 범죄행위가 단순히 데이터의 변경, 멸실 등의 형태에 불과할 경우 실수라고 변명한다면 고의입증이 곤란하여 형사처벌이 어렵다.

73 정답 ④
컴퓨터 범죄 및 안전관리 ▶ 컴퓨터 범죄 및 예방대책

컴퓨터 범죄에는 '컴퓨터 부정조작, 자료의 부정변개(데이터 디들링), 소프트웨어 파괴' 등 다양한 유형이 있으나, 컴퓨터 절도는 일반 범죄의 유형에 해당한다.

74 정답 ④
컴퓨터 범죄 및 안전관리 ▶ 컴퓨터 안전관리

관리적 안전대책은 정보보호의 사고 중 내부자에 의한 사고를 대비하는 인적 안전대책을 말한다. '직무권한의 명확화와 분리, 프로그램 개발통제, 기록문서의 철저화, 레이블링 관리, 감사증거기록의 삭제금지, 배경조사 등'이 있다.
①, ③은 기술적 안전대책, ②는 물리적 안전대책이다.

75 정답 ③
컴퓨터 범죄 및 안전관리 ▶ 컴퓨터 범죄 및 예방대책

① 데이터 디들링(Data Diddling): 주로 금융기관에서 사용되는 수법으로, '자료의 부정변개'라고도 한다.
② 스카벤징(Scavenging): 컴퓨터 작업수행이 완료된 후 주변에서 정보를 획득하는 수법으로, '쓰레기 주워 모으기'라고도 한다.
④ 스푸핑(Spoofing): 어떤 프로그램이 마치 정상적인 상태로 유지되는 것처럼 믿도록 속임수를 쓰는 행위이다.

76 정답 ④
컴퓨터 범죄 및 안전관리 ▶ 컴퓨터 안전관리

정보보호는 독자성이 아니라 다중협력성, 균형성, 통합성 등의 원칙을 기반으로 이뤄져야 한다.
① 책임성의 원칙: 정보시스템의 소유자, 공급자, 사용자 및 기타 관련자 간의 책임을 명확하게 해야 한다.
② 인식성의 원칙: 소유자, 사용자 및 기타 관련자들은 현존하는 보안에 대한 적절한 지식을 습득해야 한다.
③ 윤리성의 원칙: 정보시스템의 보안은 타인의 권리와 합법적 이익이 존중·보호되도록 운영되어야 한다.

77 정답 ②
민간경비산업의 과제와 전망 ▶ 민간경비산업의 전망 등

융합보안은 특정 시스템 관리에 주력하기보다는 각종 내·외부적 정보침해에 따른 대응은 물론 출입통제, 접근감시, 잠금장치 등의 물리적 보안요소와 불법 침입자 정보인식시스템 등을 상호연계하여 보안의 효과성을 높이는 활동이다.

78 정답 ④
민간경비산업 현황 ▶ 각국의 민간경비 현황

청원경찰 인력의 지속적 감소가 청원경찰과 민간경비제도의 이원화에 따른 문제점으로 지적된다.
① 청원경찰과 민간경비 모두 관할 경찰서장의 지도하에 감독·교육하도록 되어 있으나, 실질적으로 청원경찰은 청원주가, 민간경비는 경비지도사가 지정한 자에 의하여 실시되고 있는 등 지휘체계의 이원화에 따른 혼란이 있다.
② 동일 근무조건, 경비업무에서 청원경찰과 경비원의 보수지급에 차이가 있어 경비원들의 사기저하 등의 문제가 있다.
③ 「청원경찰법」에 의하면 손해가 발생할 때 청원주가 손해배상책임자인 동시에 피해자이기 때문에 손해를 발생시킨 청원경찰에게는 신분상의 책임만 물을 뿐이므로 청원주의 비용 부담이 가중될 수 있다.

79 정답 ②
민간경비산업의 과제와 전망 ▶ 국내 민간경비업법의 개선방안

방범서비스 산업 전반에 걸친 필요 없는 법률적 규제를 완화하는 것이 민간경비업의 발전방안으로 거론된다.

80 정답 ③
민간경비 개설 ▶ 민간경비와 공경비의 개념

경찰과 민간경비 양 조직의 실질적인 협력 증진을 위한 방안으로 비상연락망과 합동출동시스템을 구축할 필요가 있다.

마무리 모의고사 정답 및 해설

제2과목 | 민간경비론   본문 p.20

41	②	42	③	43	④	44	②	45	④
46	③	47	①	48	③	49	②	50	①
51	②	52	③	53	④	54	④	55	④
56	①	57	①	58	①	59	③	60	④
61	②	62	②	63	③	64	③	65	②
66	①	67	②	68	②	69	②	70	③
71	④	72	②	73	④	74	②	75	④
76	④	77	④	78	②	79	④	80	①

41 정답 ②
민간경비 개설 ▶ 민간경비와 공경비의 개념   난이도 상중하

우리나라의 「경비업법」상 경비업자는 법인만이 가능하며, 자연인은 경비업자가 될 수 없다.

42 정답 ③
민간경비 개설 ▶ 민간경비와 공경비의 제 관계   난이도 상중하

㉠ 민간경비의 대상은 특정 의뢰인이나, 공경비의 대상은 일반 국민인 점에서 다르다.
㉢ 민간경비는 범죄의 예방이 그 임무이나, 공경비는 범죄의 예방과 대응인 점에서 차이가 있다.

43 정답 ④
민간경비 개설 ▶ 민간경비와 공경비의 개념   난이도 상중하

민간경비의 필요성이 급증하기 위한 조건에는 ㉠ 국민소득의 증가, ㉡ 경비개념의 사회적 인식 변화, ㉢ 범죄의 증가, ㉣ 민간경비제도에 대한 인식 변화 등이 있다.

44 정답 ②
민간경비 개설 ▶ 민간경비의 이론적 배경   난이도 상중하

민영화이론은 1980년대 이후 복지국가의 이념에 대한 반성으로 국가독점에 의한 비효율성을 극복하기 위해 국가의 역할범위를 축소하고자 하는 이론이다.

45 정답 ④
민간경비 개설 ▶ 민간경비의 이론적 배경   난이도 상중하

① 동심원영역론은 딘글이 주장하였다. 뉴만은 방어공간 개념과 관련 있다.
② 범죄의 원인을 환경적 요인에서 찾는다.
③ 허가받지 않은 사람들의 진·출입을 차단하는 것은 1차적 기본전략 중 자연적 접근통제와 관련을 갖는다.

46 정답 ③
세계 각국의 민간경비의 발전과정 ▶ 각국의 민간경비의 역사적 발전   난이도 상중하

① 산업보안자격증인 CPP제도를 민간차원에서 도입하여 시행하고 있다.
② 제2차 세계대전 이후에는 군사, 산업시설의 안전보호와 군수물자 및 장비 또는 기밀 등의 보호를 위한 경비 수요의 증가가 민간경비 발전의 토대가 되었다.
④ 20세기 은행보호법이 제정되어 기계경비가 비약적으로 발전하는 계기가 되었다.

47 정답 ①
세계 각국의 민간경비의 발전과정 ▶ 각국의 민간경비의 역사적 발전   난이도 상중하

청원경찰경비는 1960년부터 1970년대에 국가 주요 기간산업체 경비의 중요한 주류를 담당하였다.

48 정답 ③
세계 각국의 민간경비의 발전과정 ▶ 각국의 민간경비의 법적 지위   난이도 상중하

민간경비원에 의해 실시되는 수색의 범위는 법으로 규정되어 있지 않지만 경찰관의 수색에는 명백한 규정이 있으며, 양자의 수색에는 상당한 차이가 있다.
① 민간경비원의 불법행위는 일반인의 불법행위와 마찬가지로 동일한 책임을 진다.
② 계약법적으로 민간경비원의 경비서비스에 대해서 일반민사책임보다 엄격한 책임을 부과하고 있다.
④ 민간경비원에 의한 심문 또는 질문 시 일반시민이 이에 응답할 의무 규정은 없다.

49 정답 ②
민간경비산업 현황 ▶ 국내 경찰의 역할과 방범상황 난이도 상 중 하

범죄예방 및 안전사고 방지를 위해 관내 주택, 고층빌딩, 금융기관 등 현금다액취급업소, 상가, 여성운영업소 등에 대하여 방범시설 및 안전설비의 설치상황, 자위방범역량 등을 점검하고 미비점을 보완하도록 지도하는 경찰활동은 방범진단활동에 해당한다.

50 정답 ①
세계 각국의 민간경비의 발전과정 ▶ 각국의 민간경비의 법적 지위 난이도 상 중 하

미국의 민간경비원은 특권이나 동의 없이 타인의 권리에 대한 침해가 금지된다. 다만 재산소유자가 자신의 재산에 대한 침해행위를 막기 위한 자기방어의 경우와 신체적 해악을 가하려는 의도가 명백한 타인의 행위에 대하여 정당한 실력행사의 경우 정당성을 인정하고 있다.

51 정답 ②
민간경비의 조직 및 업무 ▶ 경비계획의 수립 난이도 상 중 하

조직의 목표를 인지한 다음 구체적으로 수행될 경비의 방향을 설정하는 단계는 경비목표의 설정단계에 해당한다.

52 정답 ③
세계 각국의 민간경비의 발전과정 ▶ 각국의 민간경비의 역사적 발전 난이도 상 중 하

로버트 필은 경찰은 헌신적이어야 하며 훈련되고 윤리적이며, 지방정부의 봉급을 받는 요원들이어야 한다고 주장하였다.

53 정답 ④
민간경비의 조직 및 업무 ▶ 경비원 교육 난이도 상 중 하

특수경비업자는 대통령령으로 정하는 바에 따라 특수경비원으로 하여금 특수경비원 신임교육과 정기적인 직무교육을 받게 하여야 하기 때문에 신임교육과 직무교육은 필수적인 교육이다.

54 정답 ④
민간경비의 조직 및 업무 ▶ 경비계획의 수립 난이도 상 중 하

조정·통합의 원리란 조직이 지향하는 공동의 목표를 달성하기 위하여 하위체제 간에 수행하고 있는 업무가 통일성 내지 조화를 이루도록 하는 것으로 전문화·분업화된 조직일수록 그 필요성이 크다.

55 정답 ④
민간경비의 조직 및 업무 ▶ 경비업무의 유형 난이도 상 중 하

비상사태에 있어서 인적자원의 탄력적인 운영이 가능한 것은 계약경비이다.

56 정답 ①
민간경비의 조직 및 업무 ▶ 경비업무의 유형 난이도 상 중 하

인력경비와 같은 종합적 서비스의 제공이 어렵다는 점이 기계경비의 단점이다.

57 정답 ①
민간경비의 조직 및 업무 ▶ 민간경비의 실시과정 난이도 상 중 하

최고수준 경비는 일정한 패턴이 전혀 없는 내·외부의 침입을 발견·억제·무력화할 수 있도록 계획된 시스템으로 최첨단 경보시스템과 24시간 즉시대응체제가 갖추어진 경비체계이다. 중요교도소, 중요군사시설, 정부의 특별연구기관, 외국대사관 등의 경비가 이에 해당된다.

58 정답 ①
민간경비의 조직 및 업무 ▶ 민간경비의 실시과정 난이도 상 중 하

ⓒ 경비위해요소 분석 시 해당 시설물마다 적합한 시스템을 적용하여야 한다.
ⓔ 경비활동의 비용효과분석은 절대적인 기준이 있다고 할 수 없다.

59 정답 ③
민간경비의 조직 및 업무 ▶ 민간경비의 실시과정 난이도 상 중 하

경비 관련 조사는 경비업무의 효율적인 수행을 위한 경비업무수행에 소요되는 예산의 정확한 산출과 확보, 경비시설물 내에 있는 모든 구성원에게 경비와 관련된 협력의 확보, 경비방어상의 취약점 확인을 위하여 행하여지는 조사활동이다. 정보수집으로 범죄자를 조기에 색출하는 것은 공경비의 업무이다.

60 정답 ④
시설경비 ▶ 시설경비　난이도 상 중 하

CCTV의 영상정보를 특정인에게 전달함으로써 범죄발생 시 신속한 대응이 가능하다.

61 정답 ②
민간경비의 조직 및 업무 ▶ 민간경비의 실시과정　난이도 상 중 하

경비위해요소 분석 시 해당 시설물마다 적합하고 적정한 위험요소와 위험도를 평가하여야 하며, 모든 시설물에 표준화된 시스템을 적용하여서는 안 된다.

62 정답 ④
시설경비 ▶ 내부경비　난이도 상 중 하

출입차량에 대해서는 출입목적에 따라 출입증을 발급하고, 주차구역은 구분하여 관리하는 것이 합리적이다.

63 정답 ③
민간경비의 조직 및 업무 ▶ 민간경비의 실시과정　난이도 상 중 하

경비위해요소 분석에서 손실에 대한 잠재적 위험 빈도를 조사하는 과정은 경비위해도 평가이다.

64 정답 ④
시설경비 ▶ 외곽경비　난이도 상 중 하

① 모든 출입구 수를 파악하고 공기흡입관, 배기관 등도 경비계획에 포함시켜야 한다.
② 차량출입구는 충분히 넓어야 하며 평상시에는 양방향을 유지하지만 차량통제에 필요성이 생기면 해당 시간에 일방으로 통행을 제한할 수 있다.
③ 폐쇄된 출입구의 잠금장치는 특수하게 만들고, 외견상 즉시 확인할 수 있어야 한다.

65 정답 ②
시설경비 ▶ 시설경비　난이도 상 중 하

군중이 운집한 상황에서 돌발사태 등에 의해 정서의 충동성, 도덕적 모순성 등 비정상적 군중심리가 발생된다.

66 정답 ①
각종 민간경비활동의 유형 ▶ 재난예방과 비상계획　난이도 상 중 하

경비원은 수사권이 없으므로 사고 발생 시 사건현장을 보존하는 수준에서 활동하고 증거확보 작업은 중요 증거를 인멸할 위험이 있으므로 삼가야 한다.

67 정답 ②
시설경비 ▶ 외곽경비　난이도 상 중 하

경비원의 대기실은 시설물의 출입구와 비상구에서 인접한 곳에 있어야 한다.

68 정답 ②
시설경비 ▶ 외곽경비　난이도 상 중 하

직원출입구는 외부 방문객과 구분하여 하나의 문만 사용하도록 하고, 통행하는 직원의 적절한 통제를 위해 출입구의 폭은 너무 넓지 않아야 한다.

69 정답 ③
시설경비 ▶ 화재경비　난이도 상 중 하

화재발생 시 경비원은 소방요원에 대해 보조적인 지원업무를 담당해야 하며, 소방요원과 구체적인 업무분담을 하는 것은 바람직하지 않다.

70 정답 ③
각종 민간경비활동의 유형 ▶ 재난예방과 비상계획　난이도 상 중 하

㉠ 비상계획은 재난 발생 시 재난에서 생존할 수 있는 기회의 증가에 중점을 두어야 한다.
㉢ 비상사태 발생 시 초기에 사태대응을 보다 신속하게 할 수 있도록 신속하게 명령을 내릴 수 있는 사람에게 명령권을 주어 명령체계가 효과적으로 발휘될 수 있도록 한다.

71 정답 ④
각종 민간경비활동의 유형 ▶ 특수경비(중요시설경비)　난이도 상 중 하

① 경비구역 3지대 방호개념에서 제1지대는 경계지대, 제2지대는 주방어지대, 제3지대는 핵심방어지대이다.
② 제3지대, 즉 핵심방어지대는 시설의 가동에 결정적으로 영향을 미치는 특성을 갖는 구역이다. 적의 침투를 방지하여 결정적으로 중요시설을 방호하는 선을 연결한 지대는 제2지대 주방어지대이다.
③ 비인가자의 출입이 일체 금지되는 보안상 극히 중요한 구역은 통제구역이다.

72 정답 ②
각종 민간경비활동의 유형 ▶ 특수경비(중요시설경비)　난이도 상 중 하

한국은행 본점은 가급에 해당한다. 가급 국가중요시설에는 대통령실, 대통령 관저, 국회의사당, 대법원, 정부중앙청사, 원자력발전소, 국제공항, 국방부·국가정보원 청사 등이 있다.

73 정답 ④
민간경비의 조직 및 업무 ▶ 경비원 교육

구성원 개인은 조직의 보상체계가 공정하다고 인식하는지의 여부에 따라 동기가 발생한다. 조직원이 다른 사람의 투입 대비 산출과 자신의 투입 대비 산출을 비교하여 불공평함을 느낀다면 그 차이를 줄이는 방향으로 동기가 부여된다는 이론은 아담스의 형평성(공정성)이론이다.

74 정답 ②
컴퓨터 범죄 및 안전관리 ▶ 컴퓨터 안전관리

한번 생성된 정보는 원칙적으로 수정되어서는 안 되고 원래의 상태로 유지되어야 한다. 만약 수정이 필요한 경우, 허가받은 사람에 의해서 허용된 절차에 따라 수정되어야 하는데 이 원칙은 무결성에 해당한다.
① 허용된 사용자만이 접근이 가능하게 하는 것을 말한다.
④ 정보가 필요한 시점에 정보 자산에 접근이 가능하도록 하는 것을 말한다.

75 정답 ④
컴퓨터 범죄 및 안전관리 ▶ 컴퓨터 범죄 및 예방대책

폰프리킹 규제(부정사용금지), 부정 액세스 금지, 컴퓨터 스파이에 대한 처벌 등은 컴퓨터 범죄 예방을 위한 법적 안전대책에 해당한다.

76 정답 ④
컴퓨터 범죄 및 안전관리 ▶ 컴퓨터 안전관리

네트워크의 취약성으로 발생하는 문제를 해결하기 위해 방화벽을 설치하는 것은 기술적 안전대책에 해당한다.

77 정답 ④
컴퓨터 범죄 및 안전관리 ▶ 컴퓨터 범죄 및 예방대책

컴퓨터 데이터를 입력 또는 변환하는 시점에서 최종적인 입력 순간에 자료를 절취 또는 변경·추가하는 행위는 데이터 디들링이다.

78 정답 ②
컴퓨터 범죄 및 안전관리 ▶ 컴퓨터 범죄 및 예방대책

컴퓨터에 일정한 조건이 충족되면 작동할 때마다 부정행위가 일어날 수 있도록 프로그램을 조작하는 수법은 논리폭탄에 해당한다.

79 정답 ④
컴퓨터 범죄 및 안전관리 ▶ 컴퓨터 안전관리

완전한 보안을 위해 단순문자보다는 특수한 문자를 조합한 암호설정이 필요하다.

80 정답 ①
민간경비산업의 과제와 전망 ▶ 민간경비산업의 전망

② 우리나라 경비업에서 가장 큰 비중을 차지하는 경비분야는 시설경비업이다.
③ 국가중요시설의 경비 및 도난·화재 그 밖의 위험발생을 방지하는 경비분야는 특수경비업이다.
④ 외국 기업인과 가족들의 장기 체류 등으로 수요가 증가하고 있으며, 최근 사회불안이 가중되고 개인의 삶의 질이 높아짐에 따라 증가 추세가 계속될 것으로 보이는 것은 신변보호경비업이다.

여러분의 작은 소리
에듀윌은 크게 듣겠습니다.

본 교재에 대한 여러분의 목소리를 들려주세요.
공부하시면서 어려웠던 점, 궁금한 점,
칭찬하고 싶은 점, 개선할 점, 어떤 것이라도 좋습니다.
에듀윌은 여러분께서 나누어 주신 의견을
통해 끊임없이 발전하고 있습니다.

에듀윌 도서몰 book.eduwill.net
- 부가학습자료 및 정오표: 에듀윌 도서몰 → 도서자료실
- 교재 문의: 에듀윌 도서몰 → 문의하기 → 교재(내용, 출간) / 주문 및 배송

2025 에듀윌 경비지도사 1차 민간경비론 한권끝장 + 기출특강

발 행 일	2025년 1월 22일 초판
편 저 자	임지수
펴 낸 이	양형남
개 발	정상욱, 배소진
펴 낸 곳	㈜에듀윌
등록번호	제25100-2002-000052호
주 소	08378 서울특별시 구로구 디지털로34길 55 코오롱싸이언스밸리 2차 3층
I S B N	979-11-360-3555-4(14350)

* 이 책의 무단 인용 · 전재 · 복제를 금합니다.

www.eduwill.net
대표전화 1600-6700

국가전문자격시험 답안카드

수험자 여러분의 합격을 기원합니다.

국가전문자격시험 답안카드

제( )차 국가전문자격시험 답안카드

수험자 여러분의 합격을 기원합니다.

국가전문자격시험 답안카드

3회독 워크북

2025 최신판

에듀윌 경비지도사
1차 민간경비론 한권끝장 + 기출특강

고객의 꿈, 직원의 꿈, 지역사회의 꿈을 실현한다

에듀윌 도서몰
book.eduwill.net
- 부가학습자료 및 정오표: 에듀윌 도서몰 > 도서자료실
- 교재 문의: 에듀윌 도서몰 > 문의하기 > 교재(내용, 출간) / 주문 및 배송

왜 모두 에듀윌로 공부할까요?
출제 적중으로 검증된 교재!

적중의 차이가 합격의 차이!
합격하는 가장 빠른 답이 보입니다.

2023년 1차 법학개론 시험

33. 근로기준법의 규정 내용으로 옳지 않은 것은?
① 사용자는 근로계약 불이행에 대한 위약금 또는 손해배상액을 예정하는 계약을 체결할 수 있다.
② 사용자는 근로자 명부와 대통령령으로 정하는 근로계약에 관한 중요한 서류를 3년간 보존하여야 한다.
③ 사용자는 사고의 발생이나 그 밖의 어떠한 이유로도 근로자에게 폭행을 하지 못한다.
④ 사용자는 근로계약에 덧붙여 강제 저축 또는 저축금의 관리를 규정하는 계약을 체결하지 못한다.

2023 에듀윌 경비지도사 1차 기본서 법학개론
571p

근로기준법에 관한 설명으로 옳지 않은 것은?
① 사용자는 근로계약 불이행에 대한 위약금 또는 손해배상액을 예정하는 계약을 체결하지 못한다.
② 근로기준법상 기준에 미치지 못하는 근로조건을 정한 계약은 그 부분만을 무효로 한다.
③ 사용자는 근로계약에 덧붙여 강제 저축 또는 저축금의 관리를 규정하는 계약을 체결하지 못한다.
④ 미성년자는 법정대리인의 동의를 받아 임금을 청구할 수 있다.

적중!

2023년 1차 민간경비론 시험

56. 계약경비와 자체경비에 관한 설명으로 옳은 것은?
① 자체경비는 경비부서에서 오래 근무함으로써 회사운영, 매출, 인사 등에 관한 지식이 높아 여러 부분에서 계약경비보다 비용이 적게 든다.
② 계약경비는 자체경비에 비해 고용주나 회사에 대하여 상대적으로 충성심이 높다.
③ 계약경비는 자체경비에 비해 비상시 인적자원을 탄력적으로 운영할 수 있다.
④ 자체경비는 인사관리 측면에서 결원의 보충이 용이하다.

2023 에듀윌 경비지도사 1차 기본서 민간경비론
177p

자체경비와 계약경비에 대한 설명으로 옳은 것은?
① 자체경비는 계약경비에 비해 인사관리 차원에서 효율적이다.
② 자체경비는 사용자를 의식하지 않고 소신 있게 경비업무를 수행할 수 있다.
③ 계약경비는 자체경비에 비해 직업적 안정성이 떨어지기 때문에 이직률이 높다.
④ 계약경비원들은 자체경비원들보다 높은 충성심을 갖는다.

적중!

343p

74. 컴퓨터 범죄의 예방대책 중 관리적 대책으로 옳지 않은 것은?
① 직무권한의 명확화   ② 스케줄러 점검
③ 엑세스 제도   ④ 데이터의 암호화

컴퓨터 시스템 안전대책 중 관리적 대책이 아닌 것은?
① 패스워드의 철저한 관리   ② 직무권한의 명확화
③ 프로그램 개발통제   ④ 데이터의 암호화